U0618196

中央"十三五"规划《建议》重大专题研究

本书编写组◎编

中国市场出版社
China Market Press

·北京·

图书在版编目（CIP）数据

中央"十三五"规划《建议》重大专题研究：全 4 册/《中央"十三五"规划〈建议〉重大专题研究》编写组编.—北京：中国市场出版社，2016.11
　　ISBN 978-7-5092-1507-4

　　Ⅰ．①中… Ⅱ．①中… Ⅲ．①国民经济计划-五年计划-研究-中国-2016-2020 Ⅳ．①F123.3

中国版本图书馆 CIP 数据核字（2016）第 179054 号

中央"十三五"规划《建议》重大专题研究
ZHONGYANG "SHISANWU" GUIHUA《JIANYI》ZHONGDA ZHUANTI YANJIU

编　　者	本书编写组		
责任编辑	辛慧蓉（xhr1224@aliyun.com）		
出版发行	中国市场出版社 China Market Press		
社　　址	北京市西城区月坛北小街 2 号院 3 号楼（100837）		
电　　话	编辑部（010）68033692　读者服务部（010）68022950		
	发行部（010）68021338　68033577　68020340		
	总编室（010）68020336　盗版举报（010）68020336		
经　　销	新华书店		
印　　刷	河北鑫宏源印刷包装有限责任公司		
规　　格	185 mm×240 mm　16 开本		
印　　张	103.5 插页 4	字　　数	2 353 千字
版　　次	2016 年 11 月第 1 版	印　　次	2016 年 11 月第 1 次印刷
书　　号	ISBN 978-7-5092-1507-4		
定　　价	398.00 元（全 4 册）		

版权所有　侵权必究　　　印装差错　负责调换

编 委 会

编委会委员（按姓氏笔画为序）

刘　鹤

杨伟民

万　钢	王　宏	王玉普	王世元	王兆星	王伟光	王志刚
王秀军	王春正	王祖继	王秦丰	王晓涛	王培安	尹蔚民
朱之鑫	刘　旭	刘　琦	刘　鹤	刘世锦	刘永富	齐　骥
江桂斌	汤　涛	孙志军	孙志刚	苏　波	李　伟	李　萌
李培林	李　斌	杨伟民	杨志明	杨学山	连维良	肖　钢
吴晓青	邱小平	何　宪	何立峰	何毅亭	余　斌	余欣荣
汪　民	沈国舫	张　勇	张军扩	张来明	张伯里	张国宝
张建龙	张桃林	陈　希	陈　雷	陈永杰	陈吉宁	陈宝生
陈政高	陈晓华	陈锡文	范恒山	林念修	林毅夫	尚福林
周小川	周学文	郑文凯	房建孟	项兆伦	项俊波	赵进军
赵树丛	胡四一	胡存智	胡祖才	胡晓义	胡家福	信长星
姜大明	洪天云	袁贵仁	倪　虹	徐建培	徐绍史	徐显明
徐宪平	翁孟勇	高　燕	高虎城	高选民	曹健林	黄　明
黄坤明	隆国强	舒国增	彭　波	蒋晓华	葛全胜	韩　俊
韩长赋	鲁　昕	鲁　炜	谢克昌	蔡　昉	蔡赴朝	雒树刚
潘功胜	潘立刚	戴东昌				

编审小组

| 吕传俊 | 刘国强 | 尹艳林 | 蒲　淳 | 方星海 | 王志军 | 蒙　剑 |
| 赵　阳 | 吴宏耀 | 李　航 | 朱红光 | | | |

　　《中央"十三五"规划〈建议〉重大专题研究》,是为党的十八届五中全会制定《中共中央关于制定国民经济和社会发展第十三个五年规划的建议》布置的重大研究专题成果汇编。本书对深刻领会中央"十三五"规划《建议》精神,从而推进实施"十三五"规划,具有重要参考价值。

　　专题研究针对"十三五"时期我国经济社会发展外部环境,我国经济社会发展的主要趋势和重大思路,全面建成小康社会的目标及所存在"短板"问题与对策,消费、投资、出口等需求结构分析,产业结构调整,交通基础设施建设,财政金融发展和有效支持实体经济的政策,创新驱动发展战略,城镇化,农业和农村发展,区域协调发展,京津冀协同发展,长江经济带发展,能源革命,提高资源利用效率,加强污染防治,加强生态保护和修复,应对全球气候变化、发展低碳经济,扩大对外开放,人口战略和应对老龄化,提高居民收入和调整国民收入分配,扩大就业、构建和谐劳动关系和完善社保体系,发展教育、培训和人才队伍建设,医疗卫生事业发展,文化和体育发展研究等涉及国民经济和社会发展中的重大课题进行了比较系统的研究,涵盖了经济、社会发展和生态文明的主要方面。 研究过程中， 各部门高度重视， 集中了高水平的研究人才， 提出了对《建议》 有参考价值的意见， 反映出较好的水平， 不仅体现在思想性上、 战略性上， 而且具有一定的可操作性。

为充分发挥这些研究成果的作用， 有必要将这些重大专题研究成果汇编成册， 供广大研究人员和实际工作者研究、 参考。 希望通过这样的努力， 能够切实为 "十三五" 时期和今后更长一个时期我国经济社会发展战略研究发挥积极的作用。

编 者
2016 年 5 月

认真落实习近平总书记重要批示，努力做好"十三五"规划《建议》前期重大课题研究工作

——在"十三五"规划《建议》前期重大课题部署会议上的讲话（节选）

（2015 年 1 月 6 日）

中央财经领导小组办公室主任 刘鹤

今天会议的任务是，认真贯彻落实习近平总书记和中央其他领导同志的重要指示，启动"十三五"规划《建议》前期重大课题研究工作，为中央研究起草《建议》做好必要准备。

一、充分认识开展重大课题研究的重要意义

经过多年探索，我国经济社会发展中长期规划的研究和编制工作已经形成规范程序，主要是：中央提出规划《建议》，国务院根据规划《建议》研究制定规划《纲要》，全国人民代表大会审议批准。在规划《建议》研究的整个过程中，前期重大课题研究的意义十分重大。课题研究的深度、广度、质量对规划《建议》将产生重要影响，在判断发展趋势、明确前进方向和奋斗目标、提出重大政策措施、形成广泛社会共识等方面都发挥着非常重要的作用。"十一五"前，中长期规划称为五年计划，从"十一五"开始称为五年规划。"八五"计划本质是一个调整规划，总结了改革开放和现代化建设的经验，强调要坚定不移地继续改革开放，贯彻执行国民经济持续、稳定、协调发展的方针。"九五"计划提出推动"两个根本性转变"，即计划经济体制向社会主义市场经济体制转变，经济增长方式从粗放型向集约型转变。"十五"计划提出，坚持把发展作为主题，把结构调整作为主线，把改革开放和科技进步作为动力，把提高人民生活水平作为根本出发点，实现经济和社会协调发展。"十一五"规划提出，以科学发展观统领经济社会发展全局，立足科学发展，着力自主创新，完善体制机制，促进社会和谐，全面提高我国的综合国力、国际竞争力和抗风险能力，强调要提高资源利用效率，确定了单位国内生产总值能源消耗比"十五"期末降低

20%左右的目标，还提出建设资源节约型社会、环境友好型社会。"十二五"规划是在国际金融危机背景下制定的，提出以科学发展为主题，以加快转变经济发展方式为主线，强调要扩大内需，保持经济持续健康发展，为此，必须深化改革。

与历次规划相比，某种意义上"十三五"规划可能是最重要的，也是最富挑战性的。最重要的是，要如期实现我国现代化建设第一个百年目标，全面建成小康社会。以前其他规划都提出了不同发展阶段的要求，而这次规划是要实现以往规划提出对人民庄严承诺和我们自己要求的总汇合，即全面建成小康社会目标。这是一个很高的要求，具有极大挑战性，必须完成，没有退路。最富挑战性的是，从国际看，国际金融危机后世界政治经济复杂变化，充满不确定性；从国内看，经济社会发展也处于深度调整转型中，习近平总书记最近全面论述了我国经济发展新常态，提出认识新常态、适应新常态、引领新常态，是当前和今后一个时期我国经济发展的大逻辑。这对我们的工作提出了新要求。新常态给我们带来了新机遇，也使我们面临很多新挑战。"十三五"规划制定得好、实施有效，我们可以顺利完成第一个百年目标，并为实现第二个百年目标，进而实现中华民族伟大复兴的中国梦打下坚实基础；规划做得不好，或者规划做得好而实施得不好，很可能陷入中等收入陷阱，将使我国现代化事业发展面临风险。从这个角度看，制定科学、合理、有效和具有很强前瞻性、导向性、针对性的规划《建议》，一个重要条件是搞好前期重大课题研究。方向正确，路才能走好。想到了、想对了、想深了，就可能走对走好；想不到、想错了，就可能出现一些我们不愿看到和意想不到的后果。总之，这次课题研究质量的高低，是影响"十三五"规划成功与否的重要基础和前提条件，我们一定要按照中央的要求，扎扎实实、精益求精地做好。

二、重大课题研究的主要内容

这次《建议》前期重大研究课题共 31 个，包括"十三五"时期国内外发展环境和条件，"十三五"时期我国经济社会发展的基本思路、主要目标、重点任务和重大工程，对 2030 年目标展望，以及提高党领导经济社会发展能力和水平等。具体的研究课题和要求是：

1. "十三五"时期我国经济社会发展外部环境。研究"十三五"时期世界整体政治环境；世界经济周期变动状况和增长格局，是否存在延续危机后调整和进入正常增长两个阶段；技术变革前景、经济全球化特征和国际资本流动状况等。

2. "十三五"时期我国经济社会发展的主要趋势和重大思路。重点描述新常态下我国经济社会发展的大趋势，提出规划思路的大逻辑。"十二五"规划的逻辑是，应对外部环境发生的变化，主要通过改革来扩大国内需求。"十三五"时期的重大变化是什么，应采取怎样的思路？

3. "十三五"时期全面建成小康社会的目标及 2030 年目标展望。 通过定性与定量相结合的办法，分析预测全面小康社会各类指标，包括总量、结构和人均指标进展情况，展望 2030 年这些指标的情况。

4. "十三五"时期实现全面建成小康社会目标存在的"短板"问题及对策。 重点分析减贫脱贫、农村人居环境和教育、医疗、生态环境等群众反映强烈问题的进展情况，经济总量和人均增长等目标随发展阶段变化出现的新问题，可采取的直接对策。

5. "十三五"时期消费、投资、出口等需求结构分析。 既要分析三大需求的总量变化趋势，也要分析不同需求结构性的变化特点，如不同消费群体的消费特征，投资结构和出口中的商品、地区、类别等结构情况。

6. "十三五"时期农业和农村发展的重大任务和主要措施。 研究农业和农村发展各自的内在特点，同时也注重两者间的相互联系。

7. "十三五"时期产业结构调整的方向和政策。 重点分析产业结构、产业组织形态和企业行为等变化特征，特别是新技术变革所催生的新业态前景。

8. "十三五"时期实施创新驱动发展战略的方向和重点。 提出创新驱动发展战略的实施方向和确保中央战略有效落地的制度安排等措施，目前大的方向中央已经确定，关键是如何"从天落地"。

9. "十三五"时期信息化发展的方向和政策。 研究判断信息化发展的宏观趋势，提出适合国情和趋利避害的政策措施。

10. "十三五"时期推进能源革命的主要措施和政策。 结合当前世界能源形势出现的新情况新变化，尤其是分析在本轮油价变化后的一系列新趋势，提出实施中央财经领导小组会议确定的我国能源安全战略的具体目标和政策措施。

11. "十三五"时期交通基础设施建设的主要任务。 重点研究交通基础设施补"短板"、促进交通基础设施互联互通和网络化、提高交通体系效率等方面的任务和措施。

12. "十三五"时期促进区域协调发展的方向和主要举措。 在继续实施区域发展总体战略的同时，研究完善全国统一市场的政策措施。

13. "十三五"时期积极稳妥推进城镇化的主要任务。 在继续研究促进农业转移人口市民化有效措施的同时，加强对促进特大城市健康发展、大中小城市合理分工布局等问题的研究。

14. "十三五"时期推进京津冀协同发展的主要任务。 重点研究落实好中央已确定思路的具体措施。

15. "十三五"时期推进长江经济带发展的主要任务。重点研究落实好已出台促进长江经济带发展意见的政策措施。

16. "十三五"时期推进"一带一路"战略实施的主要任务。重点研究落实好中央已批准"一带一路"规划的政策措施。

17. "十三五"时期提高资源利用效率的主要任务。重点研究提高土地、水、能源、矿产等资源利用效率的目标和政策措施。不同部门可各有侧重。

18. "十三五"时期加强污染防治的主要任务。重点研究如何建立有效的制度安排和加大政策力度，确保"十三五"时期在污染防治方面取得明显进展。不同部门可各有侧重。

19. "十三五"时期加强生态保护和修复的主要任务。从生态环境对我们发展所具有的底线和天花板作用更加突出、生态文明建设在我国现代化"五位一体"总体布局中重要性不断上升的情况出发，提出可操作的目标、有效的制度安排和措施。

20. "十三五"时期应对全球气候变化、发展低碳经济的主要任务。研究如何落实好既定思路的政策措施。

21. "十三五"时期财政金融发展和有效支持实体经济的政策。该题目与部署的其他许多课题如加强基础设施建设、区域发展等密切相关，结合其他重大课题，重点研究金融深化和投融资体制改革等相关政策措施。

22. "十三五"时期扩大就业、构建和谐劳动关系和完善社会保障体系的方向和主要政策。分析判断就业总量及结构变化形势，研究提出就业目标和政策，研究进一步完善社会保障体系顶层设计、处理好保底线和财力可持续性关系等的措施。

23. "十三五"时期提高居民收入和调整国民收入分配格局的方向和重点政策。定量测算整个国民收入分配格局，从公平、效率和可持续性等出发，把提高居民收入比重和提高劳动生产率等因素结合起来，提出相应政策。

24. "十三五"时期发展教育、培训和人才队伍建设的重点任务。人力资本、人才队伍是实现创新驱动发展的关键，重点研究提出针对现有短板问题、能够有效提高人才质量的落地性措施。

25. "十三五"时期文化和体育发展研究。结合广大人民群众关心的问题，按照问题导向，提出有针对性的政策措施。

26. "十三五"时期医疗卫生事业发展研究。从已有改革和现实问题出发，从理顺基本思路和明确大政方针方面加强研究。

27. "十三五"时期人口战略和应对人口老龄化的政策。世界和我国老龄化问题突出，人口形势和老龄化问题对中华民族生存发展将产生重大影响。重点分析新出现的苗头性趋势性问题，及时提出超前性的应对措施。

28. **"十三五"时期社会心理和舆论引导研究。**当前和"十三五"时期对全面建成小康社会、发挥市场决定性作用、经济建设为中心等许多问题需要加强舆论引导，形成客观、正确、平和的社会看法。突出问题导向，重视社会心理多变性、舆论热点突发性等特点，提出能够有助于把握好方向、尺度和技巧的政策措施。

29. **"十三五"时期扩大对外开放的战略举措。**坚持改革开放不动摇等基本方针政策，有针对性地回答现有的一些"不同声音"，并做好具体政策研究。

30. **"十三五"时期密切内地与港澳台经济互动发展的重点任务。**

31. **"十三五"时期全面提高党领导经济社会发展能力和水平研究。**

根据中央要求，确定课题的主要考虑：一是研究具有全局性、战略性、宏观性的问题，而不是技术性问题；二是问题之间具有关联性，大家在研究各自课题时，可以参考其他题目；三是问题组合起来，可以成为规划《建议》的整体框架，具有系统性。中央财经领导小组已经研究决策的重大问题、中央全面深化改革领导小组已经部署和即将部署的重大改革问题、国家发展改革委已经组织开展的前期研究课题，为避免重复，不再列入。

三、几点要求

一是"三个体现""两个结合"。在认真学习领会党的十八大和十八届三中、四中全会精神，深入学习贯彻习近平总书记系列重要讲话精神基础上，体现以习近平同志为总书记的新一届中央领导的执政理念和治国方略，体现国情、世情发生的新变化，体现人民群众的新期待新要求。定量分析与定性描述相结合，有准确的定性描述，在可能的情况下有定量分析，有数量指标；政策连续性与创新性相结合，按照稳中求进的原则，政策建议既要从现实出发，考虑现有政策执行的连续性，又要勇于突破问题，大胆提出创新性举措。

二要调查研究。深入了解实际情况，重在了解人民群众要求，了解现实政策的缺陷和不足，了解下一步改革的方向。

三要开好必要的专家座谈会。广泛听取各方面意见，集思广益，如果条件允许，建议各课题单位要注意吸收有特长的专家参加研究，甚至请专家作为重要执笔人。

四要了解国际惯例和最佳实践。力求在符合国情的基础上积极吸收和有效借鉴国际经验。

目 录

ZHONGYANG
"SHISANWU"
GUIHUA 《JIANYI》
ZHONGDA ZHUANTI
YANJIU

专题十五　能源革命

◀◀◀ 国家发展和改革委员会

"十三五" 时期推进能源革命的主要措施和政策　// 003

◀◀◀ 科学技术部

"十三五" 时期推进能源革命的主要措施和政策　// 014

◀◀◀ 中国工程院

"十三五" 时期推进能源革命的主要措施和政策研究报告　// 027

◀◀ **国家能源局**

"十三五"时期推进能源生产和消费革命的主要举措和政策建议　// 040

专题十六　提高资源利用效率

◀◀ **国家发展和改革委员会**

提高资源利用效率研究报告　// 057

◀◀ **国土资源部**

土地资源节约集约研究　// 075
矿产资源保护和合理开发利用研究　// 090
自然资源资产产权制度改革研究　// 099

◀◀ **水利部**

"十三五"时期提高水资源利用效率的主要任务　// 111

专题十七　加强污染防治

◀◀ **水利部**

"十三五"时期加强水污染防治的主要任务　// 125

◄◄ **农业部**

农业面源污染防治专题研究报告　// 135

◄◄ **中国科学院**

"十三五" 时期加强污染防治的主要任务　// 150

◄◄ **中国工程院**

"十三五" 时期加强污染防治的主要任务研究报告　// 161

专题十八　加强生态保护和修复

◄◄ **国家发展和改革委员会**

"十三五" 时期加强生态保护和修复的主要任务研究报告　// 183

◄◄ **国家林业局**

"十三五" 时期加强生态保护和修复的主要任务研究报告　// 196

◄◄ **中国科学院**

"十三五" 时期加强生态保护和修复的主要任务　// 210

◄◄ **国家海洋局**

加强海洋生态环境保护和修复　// 227

专题十九　应对全球气候变化、发展低碳经济

◀◀◀ 国家发展和改革委员会

"十三五" 时期应对全球气候变化、发展低碳经济的主要任务　// 237

◀◀◀ 国家林业局

"十三五" 时期应对全球气候变化、发展低碳经济的主要任务研究　// 251

◀◀◀ 中国科学院

"十三五" 时期应对气候变化、发展低碳经济的主要任务　// 260

◀◀◀ 中国国际经济交流中心

"十三五" 时期应对全球气候变化、发展低碳经济的主要任务　// 275

专题二十　扩大对外开放

◀◀◀ 国家发展和改革委员会

"十三五" 时期扩大对外开放的思路研究　// 295

◀◀◀ 商务部

关于 "十三五" 时期我国对外开放战略举措的研究报告　// 314

◀◀ **国务院参事室**

"十三五" 时期中国企业走出去战略研究　// 325

◀◀ **中国国际经济交流中心**

关于"十三五" 时期进一步扩大对外开放的战略举措与建议　// 333

后 记　// 348

ZHONGYANG "SHISANWU"

GUIHUA 《JIANYI》 ZHONGDA
ZHUANTI YANJIU

专题十五 能源革命

国家发展和改革委员会

"十三五"时期推进能源革命的主要措施和政策

习近平总书记在中央财经领导小组第六次会议上提出，推动能源消费、供给、技术和体制革命，加强全方位国际合作。推动能源革命是一项长期战略，必须从当前做起。"十三五"时期，加快实施能源革命的主要任务和重大举措，对适应经济新常态、促进能源发展转型、建设生态文明、顺应世界发展潮流具有重要意义。

一、现实基础

全面分析我国能源发展面临的现状和问题，是谋划好"十三五"及今后十年推进能源革命的基础和前提。

能源供应保障能力持续增强，但利用方式依然粗放。一方面，能源资源基础不断夯实，煤炭、石油、天然气探明储量继续增加，水能、风能、太阳能资源相对丰富。能源生产能力持续扩大，2014 年能源生产总量 36 亿吨标准煤，约占世界能源生产总量的 19%，已形成世界最大能源生产供应体系。另一方面，我国能源利用方式粗放，"敞口式"供应难以为继。2013 年，我国经济总量占世界的 11.5%，但能源消费却占世界的 22%，单位 GDP 能耗和主要工业产品能耗与世界先进水平都存在较大差距。今后一段时期，我国仍处于工业化、城镇化加快发展阶段，能源需求仍将扩大，在人口和经济总量不断增长的情况下，如果延续目前这种粗放的能耗方式和效率，2025 年能源消费总量将远远超出国内供给能力。

能源结构不断优化，但高碳特征十分明显。一方面，能源生产结构中清洁能源比重不断提高，2014 年电力装机中非化石能源占比达 33%，较 2010 年提高 5 个百分点。能源消费结构出现积极变化，天然气和非化石能源消费占 16.9%，较 2010 年提高 3.9 个百分点。另一方面，清洁能源和优质资源开发利用不足，煤炭消费比重仍然过高，占一次能源消费比重达 66%，比世界平均水平高 35.8 个百分点。非化石能源消费比重 10.9%，水电新开工规模不足，核电发展步伐放缓，弃水、弃风、弃光问题突出，2020 年实现天然气和非化石能源占比 25% 的目标形势不容乐观。

科技装备水平稳步提高，但核心竞争力仍然不强。一方面，部分关键技术取得突破，3 000 米深水油气钻井平台、大型水电筑坝技术和 70 万千瓦水轮机组设计制造技术、特高压输电技术居世界领先水平。现代化煤矿开采、高效清洁火电、百万千瓦级核电、大型水电、风电等能源装备制造能力和国产化水平大幅提高。另一方面，我国能源科技总体原创性不够，核心竞争力不强，核电、燃气轮机、风电、光伏发电、非常规油气和深海油气开发等部分关键设备、核心技术依赖进口，存在受制于人的风险。

综上所述，目前我国能源发展成效显著（见表 1），能源供应能力不断增强，有效保障了国民经济持续健康发展，为未来发展奠定了更加坚实的基础。同时，我国能源发展方式粗放问题依然突出，各种约束条件对能源发展的影响正在加大，能源安全潜在风险仍在积累，必须树立底线思维、战略思维、系统思维，加快推进能源革命，顺应世界能源大势之道。

表 1

"十二五"时期能源发展成就

指标	单位	2010 年完成	2014 年完成	2010—2014 年年均		2015 年规划
				增量	增速（%）	
一次能源生产总量	亿吨标准煤	29.7	36	1.58	4.9	36.6
其中：煤炭	亿吨	32.4	38.7	1.58	4.5	41
原油	亿吨	2.0	2.1	0.03	1.2	2.0
天然气	亿立方米	948	1 300	88.0	8.2	1 565
非化石能源	亿吨标准煤	2.8	4.6	0.45	13.2	4.7
一次能源消费总量	亿吨标准煤	32.5	42.6	2.53	7.0	40
电力装机规模	亿千瓦	9.7	13.6	0.98	8.8	14.9
其中：水电	亿千瓦	2.2	3.0	0.20	8.1	2.9
火电	亿千瓦	7.1	9.1	0.50	6.4	9.6
核电	万千瓦	1 082	1988	226.5	16.4	4 000
风电	万千瓦	3 100	9 581	1 620	32.6	10 000
太阳能发电	万千瓦	86	2 652	641.5	135.7	2 100

注：2010 年数据来自《能源统计年鉴（2013）》，其中能源消费总量数据按发电煤耗法计算出；2014 年数据来自《中华人民共和国 2014 年国民经济和社会发展统计公报》。

二、形势研判

随着我国经济发展进入新常态，我国能源发展将呈现新特点。

（一）经济发展新常态带来能源消费新趋势

发达国家经验表明，通常情况下经济高速增长伴随着能源超高速增长，经济中速增长伴随着能源中低速增长，经济低速增长伴随着能源超低速增长。当前，我国经济发生了根本性转变，进入了发展新常态，步入了中高速增长轨道。从能源发展趋势看，2012 年以来，我国能源消费增速出现明显降低，2014 年比 2013 年仅增加不到 1 亿吨标准煤，增速为2.2％，增量不到前十年平均值的 1/2，增速仅为前十年平均值的 1/4。能源供需关系发生变化，部分能源行业出现产能过剩。高耗能行业先后进入稳定发展期，对能源需求增长的拉动力进一步减弱，加之我国将继续施行严格的能源消费总量控制政策，"十三五"时期，能源需求增速将进一步放缓，创造了有利于能源革命的"窗口期"。

（二）资源环境强约束倒逼能源结构加速转型

我国能源长期以来的粗放式发展导致了严重的水土流失、土地塌陷、植被破坏、土壤及水体污染、大气酸雨以及大范围的雾霾天气，环境污染呈现污染源多样化、污染范围扩大化、污染影响持久化等特征。资源环境的强约束已经对我国能源产业健康发展形成倒逼态势。加快调整能源结构，促进能源清洁生产和绿色消费成为我国能源发展的当务之急。我国承诺 2030 年左右二氧化碳排放达到峰值，随着我国经济不断发展，有效控制温室气体排放已成为转变经济发展方式、推进生态文明建设的内在要求。单位国内生产总值（GDP）二氧化碳排放下降率将纳入"十三五"规划《纲要》的约束性指标，二氧化碳减排的责任将分解到各个地区、各个重点用能企业，成为未来倒逼各地区、各行业和重点排放企业转型发展的重要外部驱动力，能源加快转型、实现低碳化发展成为必然趋势。

（三）科技革命浪潮引领能源技术大变革

当前我国经济社会发展处于创新驱动转型关键期，新的技术不断涌现，主要表现在以页岩气、第三代核电技术、超低排放燃煤发电技术等为代表的能源生产技术变革，以终端能源清洁化利用、超低能耗建筑等为代表的能源消费技术变革，以特高压输电、智能电网为代表的能源输送技术变革，以大型水电、风电机组为代表的能源装备技术变革。依托于试验示范工程，一批新技术、新装备得以应用推广，国产化水平显著提高，势必将涌现一批处于世界领先水平、具有自主知识产权的能源技术。

（四）体制机制多弊端催生改革步伐快推进

我国能源在快速发展过程中，一些不符合发展趋势的矛盾逐渐显现，不适应发展需要的体制机制仍将在部分领域存在，能源体制改革刻不容缓。需要还原能源商品属性，加快构建有效竞争的市场结构和市场体系，形成主要由市场决定能源价格的机制，转变政府对能源的监管方式，建立健全能源法治体系。需要加快电力、油气等领域体制改革，深化能源价格和财税体制改革，完善能源监管和保障体系。

总体上看，"十三五"时期，我国能源发展处于能源消费速度变化期、能源结构调整优化期、能源技术革命爆发期、能源体制改革深化期，是落实能源安全战略、推进能源革命、实现能源生产消费清洁化、低碳化、高效化的关键时期。我们必须抓住机遇、迎接挑战，加快推进能源革命，推动我国能源发展转型。

三、总体思路和主要目标

（一）总体思路

"十三五"及今后十年，加快推进能源革命，以文明消费为引领，以多元供给为保障，以创新驱动为支撑，以深化改革为动力，实现能源消费由粗放型敞口式向集约型高效化转变，能源技术由跟随模仿向自主原创转变，进一步提高非化石能源比重，全面深化能源体制机制改革，适应全面建成小康社会的需要。

（二）主要目标

"十三五"及今后十年能源发展应实现以下五个主要目标：

能源消费总量有效控制。到 2020 年，一次能源消费总量控制在 50 亿吨标准煤左右，并力争早日达到峰值。

能源消费结构继续优化。提升非化石能源在未来能源系统中的地位，到 2020 年，非化石能源占一次能源消费比重达到 15%。

温室气体排放增速减缓。通过大力应用新技术、加速优化能源消费结构、着力推进低碳发展等举措，使温室气体排放增长明显减缓，到 2020 年，单位 GDP 二氧化碳排放比 2005 年下降 40%～45%，力争实现上限目标。

技术创新能力不断提升。煤炭绿色开采和清洁高效发电、新一代核电、超大型风机制造、海上风机制造、高转换率太阳能电池等技术得到规模化推广；大规模储能、智能电网等技术取得重大突破；节能技术、设计和管理创新普遍应用，全社会能源使用效率大幅度提高。

体制机制改革取得突破。电力、油气等重点领域改革全面推进，能源价格和财税机制进一步完善，能源法规政策和标准基本健全，催生新的能源管理模式、能源产业态势和市场组织形式，初步建立与市场经济相适应的现代能源治理体系。

四、推进能源生产和消费革命的主要任务

（一）建立能源文明消费新体系

发挥消费引领的龙头作用，改变原有能源消费由粗放型、敞口型、被动式向集约化、精细化、智能化转变，抑制不合理能源消费，培育科学、绿色的能源消费观，建立文明消费新体系。

1. 严格控制消费总量

一是把能源消费总量作为经济社会发展的重要约束性目标。通过目标管理和过程控制，全面强化生态环境约束和用能管理。二是提高节能约束性目标，调整产业结构，促进产业布局优化和产业发展水平整体升级。实施全民节能行动计划，开展能效领跑者引领行动，推广节能新技术、新产品，加快形成能源节约型社会。2016—2020 年，单位 GDP 能耗降低 15%。三是建立健全用能权、碳排放权初始分配制度，创新有偿使用、预算管理、投融资机制，培育和发展交易市场，推行合同能源管理。四是因地制宜发展清洁能源，推动重点地区和城市实现煤炭消费负增长，有序推进重点用煤领域"煤改气"工程，加快淘汰分散燃煤小锅炉，逐步降低对煤炭的依赖。

2. 大幅提升资源利用效率

一是把提高能效作为能源平衡的首要途径，按照"一体化"思路对各个工艺过程进行整体规划与系统改造，大幅提高能源系统利用效率，提升系统智能化运行管理水平。二是通过跨部门跨领域系统整合优化，推动不同产业间实现能源梯级利用，打破部门分割，推进行业间共生耦合，促进产城融合发展。三是优化城镇空间和功能布局，坚持高效集约推进各类基础设施建设。加快发展公共交通、绿色建筑、分布式可再生能源，推动城乡用能方式变革和效率升级，提升工业化、城镇化发展整体水平。

3. 加快推进终端能源清洁利用

一是大幅提高城镇居民使用天然气比例，鼓励使用高效节能的新型家用电器和控制设备，推进电网升级改造，满足居民不断增长的电力需求，全面提升居民清洁能源利用程度。二是推进交通运输低碳发展，实行公共交通优先，加强轨道交通建设，鼓励自行车等绿色出行。三是推进智能制造技术和装备在能源领域中的示范应用，不断提升制造业智能化水平，提高工业领域电气化水平。

4. 促进建筑用能模式改变

一是结合不同气候区的实际特点，按照不同门类的公共建筑特点，有针对性地制定以"被动房"为代表的超低能耗建筑标准，以及相关建材、工程建设、运营管理、能源管理等标准体系。二是开展"被动房"建筑示范推广，探索将新建建筑强制性节能标准提升到"被动房"的超低能耗标准，并加强对建筑设计、施工、验收全过程的监管与稽查。三是在探索出成熟的"被动房"改造模式和技术路线前提下，启动既有建筑超低能耗技术改造。

5. 大力发展电动汽车

一是鼓励科技攻关和市场研发，重点突破电动汽车的高性能动力电池、电机、电控、充电设备等关键零部件和材料核心技术。二是制定电动汽车电池、电动机、充电桩等统一标准，实现重要零部件相互兼容。三是提高电动车产业化水平，选择适宜的公共建筑建设大型充电站，在小区和商业化楼宇建设慢速和快速充电桩，依托现有网络平台，超前谋划建设充电桩网络。到 2020 年，电动汽车累计产销量超过 500 万辆。

（二）开创能源生产供给新模式

能源供给要立足国内、统筹国际、绿色低碳、智能发展，改变原有单一供给模式，转变为多元互补、多能融合的能源供给新模式。

1.　高比例发展可再生能源

一是在更高的环保标准和妥善安置移民的前提下，继续推进大型水电基地建设，力争到 2020 年水电开发总规模超过 3.5 亿千瓦。二是坚持以陆上风电为主，近海风电为辅，继续有序推进大型风电基地建设，到 2020 年，风电装机达到 2 亿千瓦以上，风电煤电上网电价相当。2020 年后，坚持陆海并重发展。三是因地制宜，坚持集中式与分布式太阳能相结合的发展模式，到 2020 年，光伏发电装机达到 1 亿千瓦。四是积极发展地热能、生物质发电和海洋能等其他可再生能源。坚持统筹兼顾、因地制宜的原则，推进多元发展和清洁高效利用。

2.　促进煤炭产业绿色转型

一是有效推进煤炭产业转型发展。按照资源与环境双重约束，调整优化煤炭产业布局，严格控制新建产能，加大淘汰落后产能，全面推进技术改造升级，使煤炭行业成为技术先进、绿色开发、安全生产的现代化行业。二是推进煤电大基地大通道建设，按照"安全、绿色、集约、高效"的原则，严格煤矿环保和安全准入标准，推广充填、保水等绿色开采技术，重点建设 14 个亿吨级大型煤炭基地，并加快推进现代煤电基地外送电通道建设。三是大力推广煤炭提质加工技术，加大煤炭洗选能力建设。

3.　实现油气当量倍增

一是积极有序推进非常规油气勘探开发，到 2020 年，非常规天然气（不含致密气）产量力争达到 600 亿立方米，占国内天然气产量的 24%。二是实现陆上深层与深海油气资源的规模开发。三是力争形成天然气水合物勘探开发系列技术，加快推进冻土区和海底钻探及开采试验，尽早实现天然气水合物勘探商业化开发。

4. 安全高效发展核电

一是加大宣传力度，引导全社会科学认识核电的安全性，以及在保障能源安全、应对全球气候变化、治理大气污染等方面的重要作用；同时，要加强立法、完善监管，规范决策流程，增强信息公开与互动，努力提高公众对核电的接受度，推动形成核电良好发展的氛围。二是适时启动中部地区核电建设，提升核电国产化装备制造能力和工程建设能力，打造未来核电技术"走出去"的国产品牌。三是要加大科研和示范工程项目投入，以固有安全理念为指引，进一步推动第四代安全反应堆从实验走向工程实际，完成高温气冷堆示范工程验证、产业配套建设和关键技术性能研究。到 2020 年，力争建成核电装机 5 800 万千瓦、在建核电 3 000 万千瓦。

5. 提升电力行业煤炭清洁利用水平

一是加强对燃煤发电的污染物排放源头控制，扩大洗煤配煤比重，广泛应用先进的散煤燃烧技术。二是进一步改进燃煤发电技术，不断提升发电效率，到 2020 年，全国现有 60 万千瓦及以上燃煤发电机组平均供电煤耗降至 300 克标准煤/千瓦时。三是推广应用煤电超低排放技术，提高污染治理效果和效率，进一步降低治污成本。

6. 促进电网向智能化能源网转型

一是综合考虑我国及周边国家资源禀赋，有序推进跨区域电网通道建设，大幅提升电力输送能力，实现更大区域和范围高效配置资源。二是全面提升电网在能量管理和调度方面的智能预测水平，促进可再生能源高效消纳。三是建设智能互动服务平台，引导用户科学用电，构建综合能源服务体系，实现节能、高效、现代、智能化的双向用电服务新业态。四是依托智能电网和城镇建设示范项目，以智慧社区为载体，结合地方资源特点，在工业园区、城市负荷中心等区域建设分布式能源系统。推广利用分布式发电和储能设备，建立集中与分布式协同的区域智能微电网。五是进一步拓展智能电网的范围和功能，推动智能燃气网、智能热力网、智能交通、智能建筑等基础设施建设，探索实现多网智能融合。

（三）抢占能源科技发展新高地

树立"科技决定能源未来，科技创造未来能源"的理念，坚持追赶与跨越并重，加强能源科技创新体系建设，依托重大工程，推进科技自主创新，推动能源技术由学习型、紧跟型向创新型、引领型转变。

1. 瞄准世界前沿争创引领先锋

深化创新驱动战略，瞄准世界能源科技前沿，持续加大基础科学研究和投入。在能源高效洁净利用、高性能热功转换及高效节能储能、电网安全稳定和经济运行等重点领域加强基础理论研究；在地质、材料、环境、能源动力和信息与控制等基础科学领域，超前部署一批对能源发展具有战略先导性作用的前沿技术研发攻关项目，引领世界能源科技发展。

2. 把清洁能源技术作为主攻方向

抓住能源绿色、低碳、智能发展的战略趋向，围绕保障安全、优化结构和节能减排等目标，确立非常规油气及深海油气勘探开发、煤炭清洁高效利用、分布式能源、智能电网、新一代核电、先进可再生能源、节能节水、储能、基础材料等领域为创新主攻方向，"十三五"时期重点实施高参数节能环保燃煤发电、分散煤炭清洁高效利用等技术，推进清洁能源技术创新。

3. 打造世界重要能源装备制造基地

依托重点工程，加强技术攻关和综合配套，实现先进能源装备制造关键环节的突破，努力提高重大能源装备设计、制造和系统集成能力，以及装备国产化水平，打造先进核电、大型水电等世界重要能源装备制造基地，推动我国产业结构调整、能源科技"走出去"战略。

4. 加强技术创新能力建设

实施和加强大型油气田及煤层气开发、大型先进压水堆及高温气冷堆核电站建设等国家科技重大专项，强化技术攻关，力争核心技术取得重大突破。依托国家能源重大工程，加大技术研发，加快科技成果转化。建立以企业为主体、市场为导向、政产学研用相结合的创新体系。以快速发展的新型能源产业为平台，锻炼和储备一批能源领军人才，加强能源人才队伍建设。

（四）谋求能源体制改革新途径

能源体制革命，就是要还原能源的商品属性，促进能源市场主体多元化，建立有效竞争的市场体制，使市场在资源配置中起决定性作用和更好发挥政府作用。

1. 建立有效竞争的市场体制

打破垄断和行政壁垒，放开竞争性业务，构建有效竞争的市场结构和市场体系，实现供应多元化。根据能源行业的特点，对自然垄断的部分，必须主辅分开，与上下游产业分离，独立经营，确保各类市场主体的公平准入，根据"准许成本加合理收益"原则，并通过公开听证方式，确定和调整价格。在竞争性领域，放开准入，培育并大力发展各类市场主体，形成市场决定价格的机制。有序开放开采权，积极开发天然气、煤层气、页岩气。

2. 厘清政府和市场的边界

政府的职能集中在制定发展战略、规划、政策、标准，强化市场监管，保障市场公平竞争，加强能源普遍服务以及对环境、安全、标准等检查和监管。制定各级政府在能源行业管理上的权力负面清单，最大限度减少对微观事务干预。此外，凡是能由市场决定的都要交给市场。

3. 加快形成市场化定价机制

减少政府对价格形成的干预，放开电力、石油、天然气等领域竞争性环节价格。按照"管住中间、放开两头"原则，稳妥有序推进电价改革。逐步放开竞争性环节电力价格，实施输配电价与发售电价形成机制的分开。对参与市场交易的发电企业上网电价，由用户或市场化售电主体与发电企业通过协商、市场竞价等方式自主确定。推动油气市场供给主体充分竞争，探索实施政府发布最高限价、调低操作权交给油气企业机制。力争到2017年，实现成品油价格、气源价格全面放开由市场形成。

4. 重点推动电力和油气体制改革

全面落实《进一步深化电力体制改革的指导意见》，在加快实现政企分开、厂网独立、主辅分离的基础上，有序向社会资本放开配售电业务，以及公益性和调节性以外的发用电计划；推进交易机构相对独立，规范运行；继续深化对区域电网建设和适合我国国情的输配体制改革研究。抓紧制定出台《石油天然气体制改革总体方案》，在全产业链各环节放宽准入，引入竞争。坚持网运分开，逐步实现油气输送业务与其他业务分离，保障油气管网对不同开采企业、不同类型油气源无歧视公平接入和统一输送。

五、相关建议

（一）抓紧组织制定《2050 中国能源战略》

组织专门力量，瞄准实现"中国梦"目标，加强战略研判、顶层设计和全局谋划，前瞻研究国际国内形势发展，清晰明确提出未来 35 年我国能源发展的若干关键领域路径方法、若干重点行业行动纲领、若干体制机制改革方案、若干重大任务落实措施，全力构建中国能源 2050 新版图。

（二）加快出台《能源法》等基础性法律

根据推进能源革命的总体要求，加快出台《能源法》《原子能法》，修订《电力法》《煤炭法》《节能法》，制定《石油天然气法》《核电管理条例》等，为推动能源革命提供法律保障。

（三）推进能源管理体制机制改革

最大限度减少国家能源行业管理部门对微观事务的管理，对于可以有效发挥市场调节的事项，一律取消审批核准。改革国家能源行业管理部门，转变政府职能，优化机构设置、职能配置和工作流程，按照决策权、执行权和监督权既相互制约又相互协调原则，进一步完善能源行业管理运行机制。

科学技术部

"十三五"时期推进能源革命的主要措施和政策

　　世界能源曾经历了煤炭代替薪柴、油气代替煤炭两次重大变革。当今人类社会面临能源安全和气候变化的严峻挑战，传统能源发展方式难以为继，可再生能源大规模利用，互联网、新能源等技术蓬勃兴起，推动了能源清洁化、低碳化、智能化发展。能源技术革命是能源革命的核心驱动力，将影响能源资源勘探、开发、加工、转化、输送、终端利用等各个环节，并带动国民经济主体产业转型升级。

　　我国独特的能源资源禀赋和粗放的利用方式，使能源开发利用与生态环境矛盾日趋激化。在能源需求增速放缓、环境约束强化、碳排放限制承诺的新形势下，我国能源发展正进入结构多元化、科技创新驱动的新阶段，为建立安全、低碳、清洁、高效的能源体系提供了前所未有的机遇，能源革命势在必行。

一、国际能源发展新趋势和"十三五"国内能源发展重大问题

（一）国际能源发展整体进入深度转型期

　　世界主要国家均加速调整能源结构和转变能源开发利用模式，加快向绿色、多元、高效的可持续能源系统转型。

　　1. 一次能源结构加速调整，形成多元化格局

　　2008—2013年，除中国外的全球一次能源结构整体变化趋势为石油（38.2%→37.2%）和煤炭（20.4%→19.3%）份额下降，天然气份额提高（28.6%→29.1%），非化石能源份

额迅速上升（12.8％→14.4％）。2013 年，OECD 国家的非化石能源份额已达到 17.4％，欧盟更高达 23.3％。美国、德国、丹麦等国都提出了 2050 年可再生能源占发电比例 80％～100％的发展目标。

在同一时期，我国能源消费趋势与全球趋势基本一致。2008—2014 年，我国能源消费总量由 28.6 亿吨标煤增加到 42.6 亿吨标煤。石油和煤炭占比分别由 18.7％降至 17.1％和 70.2％降至 66％；天然气占比由 3.8％增加到 5.7％；非化石能源占比由 8.9％增加到 11.1％。

2. 主要发达国家能源战略调整和技术变革取得成效

美国以页岩油气革命为标志的能源独立战略取得重大突破，石油对外依存度降至 45％；欧盟坚持大规模发展可再生能源为核心的低碳经济战略，建立了全球最大的碳排放总量控制交易体系，德国、丹麦可再生能源已占一次能源消费 30％以上；日本大力推进技术革新和产业升级，其能源消费强度降到全球平均水平的三分之一。

3. 以中国为首的新兴经济体在全球能源发展中的作用和地位日益凸显

中国的能源生产和消费变化趋势、俄罗斯的油气开发供应、巴西的海上石油开发等，都已对全球能源发展产生举足轻重的影响。新兴经济体借助其巨大的能源市场和建设能源基础设施的潜力，有机会在未来革命性的能源技术开发与推广应用中起到关键作用。

4. 能源科技成为各国抢占新一轮能源革命制高点的主要手段

可再生能源、非常规油气技术已大规模应用，电动汽车和储能等技术进入市场导入期，高温气冷堆等第四代核能技术、石墨烯、纳米等新材料技术有望取得重大突破，能源与信息、材料等领域深度融合催生能源互联网，将实现多种能源在统一平台下的高效优化运行，正在重塑能源系统。

（二）本轮油价持续走低影响能源未来发展

1. 世界经济疲软、石油供大于求、地缘政治博弈、金融市场投机等四大因素导致本轮石油价格暴跌

与 2008 年次贷危机导致的国际油价暴跌不同，本轮油价暴跌无突发诱因。考虑欧盟等

发达经济体需求下滑、中国等新兴经济体需求增速放缓、OPEC（石油输出国组织）内部减产难以达成共识等因素，以及大国地缘政治博弈及国际资本投机炒作。预计未来2～3年内油价大幅反弹的可能性较低，油价的长远走势难以研判。

2. 近期油价持续低迷将影响国际能源发展

一是制约非常规油气发展；二是压低天然气价格；三是减缓石油在能源消费中比重下降的速度；四是影响油气输出国与输入国利益分配格局，买方话语权有望提升。

3. 我国能源发展深受本轮油价波动的影响

一是石油战略储备迎来机遇期；二是有利于倒逼低成本新能源技术的开发应用；三是油气对外依存度可能加速上升；四是对我国近几年快速发展的煤化工产业带来严峻挑战。

（三）全球科技深度交叉融合加速能源技术变革

新世纪以来世界科技发展呈现交叉融合的态势，不仅为解决能源问题提供了重要的新思路和新方法，而且是引发新一轮能源技术革命的关键因素。

1. 能源科技与信息技术的融合

现代网络、传感和大数据等信息技术催生能源互联网，利用大数据充分挖掘能源资源勘探开发、生产、输送、终端应用等信息，提高能源效率，降低能源成本。利用风能、太阳能的地表分布状况及气象信息，融合能量储存和先进的预测算法，开发出能灵活操控和高效运行的先进设备，大幅提高效率和电力输出。利用传感技术监测大型建筑物内的采暖、制冷的耗能状况以及城市机动车辆的尾气排放等，以实现系统节能减排。

2. 能源技术与纳米新材料技术的融合

充分发挥纳米技术与纳米材料在解决能源存储（储氢、储热、磁性以及超级电容器等）、能源转化（锂离子电池、燃料电池、太阳电池以及各种发光器件等）、能源增效（金属及非金属催化材料、隔热材料、微耗传输材料等）和环境检测及修复（化学及物理传感材料、吸附材料等）方面的独特作用。

3. 能源科技与生物技术的融合

利用转基因技术提高能源作物的产量，模拟植物光合作用提高太阳能转化效率，利用微生物、海藻等制造生物燃料，利用生物催化和绿色化学的方法制造清洁、绿色的能源产品，利用生物技术治理大气污染等问题。

4. 能源科技与社会科学的融合

社会科学的方法和成果为能源科技发展提供制度、机制、政策、金融和商业模式等方面的支持。

（四）我国进入推进能源革命的战略机遇期

当前我国能源发展面临诸多重大挑战。一是能源结构不合理，2014年，煤炭消费比重仍高达66%。二是环境承载能力接近极限，雾霾严重，我国碳排放占全球总量的29%，位居第一，全国有监测的190个城市中172个PM2.5年均数值超标。三是能源利用方式粗放，能源效率低下，综合能源效率不足40%。2013年，我国单位GDP能耗是世界平均水平的1.8倍，是美国的2.3倍，日本的3.8倍，甚至高于巴西、墨西哥和印度等发展中国家。四是技术创新能力不足，燃气轮机、电力电子等核心技术和关键装备与国外差距较大。五是体制机制改革亟待深化，现有的能源法律法规政策不适应新的形势，管理条块分割，科技成果转化率不高，可再生能源融资成本较高，科技人才制度和科技创新制度亟待完善。

推进能源消费革命、供给革命、技术革命与体制革命，将是我国实现可持续发展的必由之路。通过控制能源消费总量、优化能源结构支撑经济持续增长，通过开发利用可再生能源与新能源实现低碳发展，掌握应对全球气候变化的主动权。通过建设新型工业化、信息化、城镇化、农业现代化及推进"一带一路"战略，实现传统产业转移和升级、新能源产业快速发展、与国际能源金融接轨等，带动先进制造、重大装备、新型材料、节能环保、低碳交通、绿色建筑等关联行业协同发展。

30多年的改革开放，我国走过了西方多数国家200年的工业化历程，能源科技在煤炭绿色开采、先进发电、清洁转化、油气勘探开发、风能、太阳能、生物质能等新能源、智能电网及电动汽车等领域取得重要进展。一是迎来"煤清洁利用"新时代，供电煤耗约为

276克标煤/千瓦时的百万千瓦超超临界机组投运，煤制液体燃料和替代石化产品实现大规模产业化。二是核电具备规模化发展与"走出去"的基础与条件，已与阿根廷就"华龙一号"三代压水堆签署合作建设协议，自主研发的高温气冷堆示范电站将于2017年投入运营。三是我国可再生能源发展取得巨大成就，2014年年底我国风电和太阳能发电并网装机达到1.2亿千瓦，占全部发电装机的9%，发电量占3.2%。四是深海和海外油气勘探开发取得重大进展，自主知识产权的海洋石油981深水钻井平台投入运营，海外油气权益产量超过1亿吨。五是电网技术走向世界，已成功中标巴西首个特高压直流输电项目——美丽山水电送出工程。

"十三五"时期是实现我国经济复兴、创新能力持续提升的关键期。经济发展需求和资源、环境可承受条件的双重制约下，创新发展和生态文明的双重驱动下，将推动我国实现化石能源的清洁化与高效化，快速发展风能、太阳能、生物质能、核能、储能与智能电网，使之成为推动我国能源革命的中坚力量。

二、思路与目标

（一）思路

为适应经济发展新常态，有效应对能源发展的重大问题与挑战，按照推动能源消费革命、供给革命、技术革命、体制革命及全方位加强国际合作的指导思想，坚定不移地贯彻节能为本、安全低碳、创新驱动、市场主导的发展战略，全面提高能源产业可持续发展能力。

1. 节能为本

切实转变发展观和消费观，在能源资源开发、能源转化和终端利用的全过程广泛应用先进、适用的节能技术，严格控制不合理的能源消费，控制能源消费总量，形成"倒逼"机制，以更低的能源消耗支撑经济社会持续发展。

2. 安全低碳

在保障能源供应安全前提下实现低碳发展是能源革命的重要目标。突破传统观念，建立互利合作、多元发展、协同保障的新能源安全观，实现能源"供得上""买得起"和"环境友好"。加快发展低碳能源和低碳技术，实现从二氧化碳排放强度削减到排放总量控制的过渡，显著提高碳生产率。

3. 创新驱动

能源技术革命是能源革命的核心驱动力。实施国家能源创新驱动战略，加强能源战略性前沿技术、重大应用技术研发和适用技术推广应用。由目前靠需求拉动的"被动"式创新逐步向由技术积累和需求拉动双重推动的主被动相结合的创新模式转变。深化科技体制改革，切实提高自主创新能力，以科技创新助推产业转型升级，大幅提高科技进步对经济的贡献率。

4. 市场主导

充分发挥市场在配置资源中的决定性作用，放开竞争性业务的市场准入限制和价格管制。还原能源商品属性，克服能源产业的条块分割难题，推进全产业链市场化改革，构建有效竞争的市场结构和市场体系，形成主要由市场决定能源价格的机制。

（二）目标

我国能源革命的核心是加快建设安全、低碳、清洁、高效的现代能源体系，实现可再生能源优先、因地制宜的多元能源结构，集中分布并举、相互协同的可靠能源供应模式，供需互动、有序配置、节约高效的平衡用能方式。

为此，到2020年要实现以下目标：

1. 构建全新的"智慧"能源利用节控体系

形成有效控制能源过快增长、节能优先的约束机制。继续增加能源供应能力的同时，以较低的能源弹性系数来支撑经济发展，有力推动我国产业结构调整，适应经济发展方式的新常态。化石能源消费总量控制在38亿吨标煤以下，单位GDP能耗比2010年下降28%，单位GDP二氧化碳排放强度较2005年下降45%。

2. 建立清洁高效的煤炭开发利用模式

煤炭开发利用的清洁高效水平显著提高，与煤炭相关的环境污染问题得到有效控制，煤矿矿区生态环境大幅改善，形成煤炭可持续发展的局面。煤炭在能源消费结构中的占比下降到60％以下。

3. 建立开放灵活的油气安全保障体系

加大国内油气勘探开发力度，尽快实现非常规油气规模经济开发。持续推进战略储备库和天然气基础设施建设，增强应急保障能力。积极推动并深化多边、双边合作，通过国际合作保障国内油气安全供应。突出天然气在能源结构优化调整中的地位，理顺价格形成机制，天然气在一次能源消费中的比重达到10％以上。

4. 推进非化石能源大规模发展

利用核电、可再生能源实现能源结构调整，将核电作为我国能源长期发展的重大战略选择，保持水电在可再生能源发展的支柱地位，加快发展风电、太阳能和生物质能等可再生能源，以及城市垃圾综合利用，积极推动氢能与燃料电池示范应用。非化石能源占一次能源消费比重达到15％以上。

5. 建立完善的能源技术创新体系

打通从科技强到产业强、经济强、国家强的通道，通过增强自主创新能力和技术装备水平，使我国能源科技贡献率超过50％，能源核心技术达到世界先进水平，综合利用智能电网、储能和分布式供能等新技术，构建新型能源系统。建立全系统能效提高5个百分点以上的示范工程，年节能量达到2亿吨标准煤以上。全面推动知识创新、技术创新、管理创新、产业创新、商业模式创新，并通过创新集成，把清洁能源技术及其关联高新技术产业紧密结合，培育成引领我国未来经济持续发展的新增长点。

三、科技支撑能源革命的关键路径和措施

"十三五"期间，能源科技结合长期战略和当前目标，明确方向，突出重点，切实发挥

基础支撑作用。通过大力促进煤炭发展方式转型，推进稳油增气战略，规模化发展太阳能、风能、生物质能等可再生能源，着力发展核能，积极推动氢能源利用产业发展，加大智能电网建设和能源互联网关键技术开发与示范，寻求能源技术的颠覆性突破，为能源体系的整体变革奠定基础。

（一）安全绿色开发与清洁高效利用并举，推动煤炭战略转型

实现煤炭由主导能源向基础能源的战略转变，大力推进煤炭科学绿色开发和清洁高效利用。

将安全、高效、绿色作为煤炭资源可持续开发的核心，将煤炭生产由以需定产的开发模式转变为根据资源、环境约束确定开采能力的科学开发模式，力争煤炭科学产能由目前不足 40％增加到 2020 年的 70％；严格限制煤炭分散燃烧比例，提高煤炭集中高效发电比例；提高先进燃煤发电机组比重，大力推广燃煤发电超低排放技术，新建机组供电煤耗低于每千瓦时 290 克标煤，污染物排放达到或低于当前天然气发电机组排放水平；有序推进现代煤化工技术、多联产系统和 CCUS（碳捕获、利用与封存）的研发、示范和推广。

重点推广安全高效和保水开采、燃煤发电机组超低排放和现代煤化工等领域一批相对成熟有市场需求的技术。 包括特厚煤层安全高效开采、瓦斯灾害防治、600 兆瓦机组升级改造、超临界循环流化床超低排放、煤气化、煤制烯烃、煤基液体燃料、湿法二氧化硫深度脱除、氮氧化物选择性催化还原等技术。

重点推进煤炭高效安全智能化开采、高参数燃煤发电、煤基多联产等领域一批重大示范工程建设。 包括千万吨级矿井安全高效运输、矿区"三废"完全井下处理、超 600℃超超临界机组和二次再热、超超临界循环流化床锅炉、整体煤气化联合循环发电、基于发电的煤基多联产、煤油共转化等。

重点研发机器人工作面综合采煤、超高参数燃煤发电、新一代煤化工等一批重大前沿技术。 包括隐伏构造与致灾地质因素精准探测、无煤柱无巷道采矿、700℃超超临界机组、定向煤气化、低阶煤分级转化、温和条件下煤液化、多种污染物同时脱除、二氧化碳捕获利用与封存、高压无焰富氧燃烧和二氧化碳矿化发电等。

（二）集中与分布式协调发展，推进可再生能源大规模利用

推进低成本、高能效可再生能源技术的大规模利用，提升可再生能源市场竞争能力，加快培育与开拓国内外市场，占领技术制高点，保持我国可再生能源产业的领先地位，实

现可再生能源在我国未来 5～10 年能源增量中占主导地位。

集中与分布式协同发展，在促进可再生能源更大规模接入电网的同时，积极开展以可再生能源为主的建筑、社区、农牧区、新型小城镇、城市区域能源系统应用示范和推广利用，稳固我国风能、太阳能光伏、太阳能热利用等行业技术和应用规模世界领先的地位。积极推动生物质能、海洋能、地热能等技术突破和应用。

重点推广各类可再生能源与建筑集成系统的规模化发展。大力推进光伏发电在新兴产业园区、新型城镇化等领域的大规模应用，推广分布式光伏发电、生物质废弃物制备清洁燃气在城市与新农村的应用。加快发展陆上风电场、分散式风电、地面并网光伏电站、太阳能热利用、生物质能、地热能等可再生能源综合利用系统。

重点示范可再生能源为主以及 100% 可再生能源的区域能源系统。积极推动以可再生能源为主的建筑冷热电供能及节能一体化系统、海岛及边远地区独立微电网、城镇联网型微电网的示范应用，开展区域冷热电能源系统示范，实现区域分布式与集中式、可再生能源与传统能源相互衔接和优化利用；建设以可再生能源为主传统能源为辅的示范区、示范城镇，以及 100% 可再生能源的特定示范区；开展风电非并网应用示范；大力推进利用禽畜粪便、秸秆枝叶、城市垃圾等制备生物质清洁燃气，实现面源污染治理、废弃物综合利用的循环经济效应；因地制宜开展可再生能源制氢、储氢和输配示范，推进燃料电池系统在电动汽车、分布式供能、应急备用电源、深海探测等领域的示范应用。

重点研发可再生能源高效发电技术和大规模并网集成技术。全面突破太阳能发电、风电、生物质能利用全产业链关键技术，发展高效率、低成本太阳电池产业化技术和智能并网光伏系统技术，太阳能热发电及跨季节储热技术，海上 10 兆瓦级风电机组关键技术和风电场成套技术，高效生物燃气热电联产关键技术，以及相关器件、部件及系统测试技术；研发可再生能源发电大规模并网集成技术，基本实现不弃风、不弃光。突破"制氢—储氢—输配—应用"等氢能产业链成套关键技术，研制核心装备并形成技术标准体系。

（三）推进智能电网建设，构建安全高效的能源互联网

智能电网是可再生能源大规模发展的基础保障，是推进能源资源优化配置、实现能源结构有效调整的重要途径；以智能电网为平台的能源互联网可实现多种形式的能源互联互通，是安全高效智慧的未来能源系统的核心，对能源革命具有全局性和根本性的推动作用。

"十三五"期间，利用智能电网技术着力解决大规模可再生能源消纳难题，有力支撑分布式电源推广应用，建成全面消纳 2 亿千瓦风电、1 亿千瓦光伏（包括 6 000 万千瓦分布式光伏）以上的能力；促进能源大范围优化配置，支撑煤电、水电、核电的远距离大容量跨

区输送，跨区输电能力达到 3 亿千瓦；建立电动汽车充换电服务网络，满足 500 万辆电动汽车发展需要，近期着力推动电动汽车在特定行业（如出租车）、特定区域（如机场、码头等）的应用。初步构建安全高效的能源互联网，实现不同新能源的高效、清洁化开发和协调发展，推动以电代煤、以电代油等电能替代技术的广泛应用，全面转变能源开发和利用方式，重构能源供给与消费体系。

重点推广大规模新能源消纳的调度运行与控制、特高压交直流输电、智能变电站、交直流混合配用电、智能微电网、电能替代、电动汽车与电网互动等关键技术。

重点示范海上风电场规模化开发与送出、大容量柔性直流输电、±1 100 千伏特高压直流输电、交直流混联大电网控制保护和仿真、多能互补运行调控、高比例分布式电源接入规划和运行、分布式储能、需求侧响应等关键技术。

重点研发大规模储能、直流电网关键设备和规划运行、超导输电实用化等关键技术，移动互联网、云计算、物联网、大数据等在电力系统中的应用技术，探索我国新一代能源系统规划、运行、交易模式与价格机制。

（四）安全优先，规模化发展新一代核能

核能在我国能源体系低碳化变革中将发挥不可替代的作用，坚持"热堆—快堆—受控核聚变堆"三步走技术发展战略。率先实现第四代核能系统高温气冷堆产业化，近期以发电为主，远期探索高温核热分解水制氢。坚持以压水堆为核电主力机型，加快新核电项目的审批和建设。开发应用固有安全技术，推广核能的非发电应用。在采用国际最高安全标准、确保安全的前提下，研究论证并尽快部署内陆机组。推进关键设备制造能力建设，在目前每年 8 套（约 800 万千瓦）主设备制造硬件能力的基础上进一步提升产能。加强机组运行管理，确保投运机组安全可靠运行，主要运行指标达到世界领先水平。坚持核燃料闭合循环技术路线，适度超前发展核燃料产业，加快推进后处理厂建设。

重点推广自主产权的"华龙一号"、AP 系列等三代压水堆和 200 兆瓦低温供热堆技术。

重点建设大型先进压水堆和高温气冷堆核电站重大专项示范工程，突破核心工艺与装备，加快国内自主技术工程验证；重点示范 60 万千瓦高温气冷堆、CAP1400 压水堆、快中子反应堆等技术。

重点研发核电先进装备与核心技术、核电安全技术、核燃料后处理技术等。保持我国高温气冷堆技术的全球领先地位，开展超高温气冷堆热化学分解水制氢技术开发，实现第四代核能系统技术突破。

（五）"稳油增气"，推进深层、深海、非常规油气资源开发

国内油气是保障油气供应安全的基石。立足国内、实施"稳油增气"战略有利于提高我国灵活应对国际能源市场变化以及获取海外资源的能力，实现开放条件下的能源安全。

在东部地区强化老区挖潜，大幅提高采收率，减缓产量递减；中西部地区深浅并重，加大新区、新领域探索，重点突破深层油气勘探开发瓶颈，实现石油产量稳定增长、天然气产量快速增长；海域巩固近海，开拓深海，以近养远，实现快速健康发展，形成战略接替；非常规油气突出重点，示范先行，形成规模产量。

重点推广老油田稳产和油气田高效勘探开发技术。包括隐蔽油气藏目标评价与识别、深层－超深层油气藏识别与描述、高含水老油田提高采收率、有水气藏排水采气提高采收率、水平井与直井联合井网开发、复杂气藏高效开发井网优化等。

重点示范复杂油气田提高采收率和非常规油气开发技术。包括断块油藏提高采收率、稠油火烧油层、深海油气目标快速评价、非常规油气开采等。

重点研发低品位油田提高采收率和深层、深海、非常规高效开发技术。包括全速度建模与全波形成像、超深层安全快速钻井、特低渗油藏提高采收率、三次采油后提高采收率、二氧化碳埋存与驱油、驱气注采工程、深水油气水下生产、非常规油气有利区评价等。

（六）关注能源颠覆性技术对未来能源系统的影响，前瞻部署，持续探索

能源技术的颠覆性创新将从根本上改变现有能源的供给方式与消费模式。发挥多部门、多主体的优势，前瞻部署基础研究和前沿技术研究，协同攻关，实现原创性重大突破。

重点关注基于移动互联网、云计算、物联网、大数据融合的智慧能源网络，氢能制取、储运和燃料电池，天然气水合物，钙钛矿、砷化镓等超高效率太阳电池，空间太阳能电站、可控核聚变等领域的颠覆性技术。

四、有关政策的建议

加强顶层战略决策和统筹协调，拟定"十三五"时期推进能源革命工作的总体战略目标和具体行动方案，指导具体工作的落实。树立和强化新的能源安全观，深化能源体制和机制改革，推进重大科技平台和重大工程的建设。

（一）树立开放的新型能源安全观，积极开展能源外交，立足国内国外两个市场，深化能源科技合作

以胸怀全球、大国作为的心态，树立开放的新型能源安全观，强化外交、市场和科技对能源安全的保障作用。

积极开展能源外交，围绕大国关系和"一带一路"的战略布局，努力构筑稳固、安全的能源地缘政治关系，加大中亚、中东、美洲、非洲等油气的合作力度。积极参与能源体系的全球治理，进一步提高在国际组织（联合国、国际能源署、国际可再生能源署等）和区域组织（上海合作组织、亚太经合组织领导人非正式会议、世界能源理事会等）中的参与度；强化与重点国家和地区的双边能源科技合作。通过多层次、多方位合作，将我国庞大的能源生产和消费能力以及先进的能源技术转化为对国际能源体系的影响力和话语权。

顺应国际市场规则，显著提高能源产业的国际竞争力。重点培育一批实力雄厚、多元经营、产融结合的跨国能源集团，有效增加海外投资，在全球范围内、全产业链上加强对国际能源资源的合理掌控和优化配置能力。同时，加速能源金融基础设施建设，加速打造亚洲能源金融中心，保障能源市场稳定运行，提高在国际能源定价中的话语权。

深化能源科技的国际合作和增强自主技术的国际影响力。扎实推进中美两国领导人确定的中美清洁能源技术联合研究合作，加强与国际可再生能源署、国际标准化组织的合作，积极参与新能源技术的标准、规范、认证体系研究制定工作。围绕"一带一路"战略布局，推进我国洁净煤、先进核电等优势技术装备和部分过剩产能"走出去"，与"一带一路"主要国家共同探索多国参与、互联互通的智慧能源网络建设，打造"一带一路"新型清洁能源示范走廊。

（二）组织实施和推进一批重大科技项目、科技平台、科技工程和示范区建设

加快国家能源技术创新体系的顶层设计，改革资源配置体制和机制，进一步推进能源科技的统筹管理。坚持以市场为导向，创新能源科技投入和能源金融体系，完善能源科技知识产权体系；发挥举国体制优势，重点攻克煤炭清洁高效利用、智能电网、核电安全、可再生能源大规模应用等面临的技术瓶颈。

强化融合创新，启动一批跨领域、多学科交叉的能源科技融合重大科技项目，重点包括能源互联网、非常规油气、超导、核能乏燃料后处理、碳捕集利用与封存等。

强化协同创新，搭建一批产学研一体化的能源科技研发平台，推进能源与信息、新材料、生物、社会科学深度融合，可再生能源及智能电网实证性研究示范，矿山安全生产云服务，深海和非常规油气勘探开发，第四代核能系统综合利用等。

强化产业创新，以建立一批战略新兴产业为目标，组织实施一批重大科技工程项目，为煤炭清洁高效开发利用、深水油气和非常规油气勘探开发、可再生能源大规模应用及智能电网等产业提供技术支撑。

强化商业模式创新，建设一批以探索商业模式为目的的重点工程示范项目和示范区，包括高比例可再生能源规模化推广、特低渗油藏提高采收率等。

（三）进一步完善能源领域相关法律、法规和政策，健全适应能源革命要求的体制机制

切实转变政府职能，强化能源法治和市场主导环境中的战略规划管理和政策标准制定、实施职能，加快简政放权，继续取消和下放行政审批事项。

将能源消费总量控制目标纳入"三步走"的国家战略愿景和"十三五"规划，大力加强节能环保理念的宣传和教育工作，以增强全社会的忧患意识和调动全民参与节能。出台严格的政策措施，重点控制煤炭生产和消费总量，钢铁、水泥、化工、有色金属等高耗能产品产量，建筑面积总量和新建规模，交通用油总量等。要求重点地区和重点行业出台具体目标和办法。

健全能源法治体系，加快推动《能源法》制定和《电力法》《可再生能源法》《煤炭法》修订工作。积极推进海洋石油天然气管道保护、核电管理、能源储备等行政法规制定或修订工作，切实加强法律法规的效力和执行力。

创新能源价格形成机制，推进石油、天然气、电力等领域价格改革，有序放开竞争性环节价格，逐步取消政府定价，充分发挥市场在资源配置中的主导作用。

改变能源行业存在的事实垄断局面，加大输配电、油气开采开发，引入多元化投资。以 2016 年即将启动的碳市场为契机，建立促进电动汽车、碳捕集利用与封存等低碳技术广泛应用的相关机制。

围绕煤炭清洁高效开发利用、可再生能源、核能大规模发展、开放灵活的油气安全保障体系、智能电网及能源互联网建设等战略重点，完善相关技术标准体系以及配套科技政策、财政政策、税收政策及金融政策，保障能源供应革命工作的推进。

中国工程院

"十三五"时期推进能源革命的主要措施和政策研究报告

一、"十三五"时期我国能源发展的基本态势

（一）总体态势

当前，世界能源多元化、清洁化和低碳化趋势进一步加强，能源结构加快调整，世界能源版图发生深刻变化。能源消费重心进一步向发展中国家转移，油气供应呈现多极并存格局。可再生能源、非常规油气已进入大规模应用阶段，能源技术革命推动能源生产和消费方式发生深刻变化。未来 5 年，全球能源需求增速以及可再生能源和非常规能源产量增速均将减缓，石油、煤炭等能源价格的大幅波动，将对我国节能减排和能源结构调整进程产生重大影响。

我国是世界最大的能源生产和消费国，能源工业的快速发展为国民经济和社会发展做出了重要贡献，但全社会能源利用效率仍然偏低，能源消费总量过大，能源结构亟待优化，生态环境约束不断强化，能源科技创新与体制机制创新亟待加强。粗放的经济发展方式和"需求导向"的能源供应模式导致能源开发利用规模急剧扩大。煤炭等传统化石能源在一次能源结构中占比过大，且远未优质化利用；天然气、核能、可再生能源发展虽然较快，但替代化石能源的作用并不突出。2014 年，全国能源消费总量达到 42.6 亿吨标准煤，其中煤炭、石油、天然气和可再生能源分别占 66.0％、17.1％、5.5％和 11.4％。生态环境容量已成为制约能源可持续发展的重大问题；能源利用效率低，与发达国家差距明显，全社会

节能仍有巨大潜力。控制能源消费总量，优化能源结构，保障能源安全，实现化石能源清洁高效利用，迫切需要推进能源革命进程。

　　未来5～10年，我国能源需求仍将持续增长，但能源消费增速可能继续下降。以天然气、核电、可再生能源为主的清洁能源在能源结构中的比重将不断提高，但传统能源仍将占据主体地位，石油缺口仍较大。国内外形势，特别是"一带一路"战略的实施，为优化我国能源供给、推进能源市场化改革和能源科技创新、推动企业"走出去"提供了难得的历史机遇。

（二）存在的主要问题

1. 煤炭

　　煤炭作为我国主体能源，为促进经济社会发展和保障能源安全做出了重大贡献，但煤炭产能过剩、在建产能规模较大、符合科学绿色开发的煤炭产能和清洁高效用煤的比例低等问题突出。一方面，煤炭供给面临在建煤矿规模大等严峻形势。"十三五"时期，保守估计仍有8亿～10亿吨的煤炭产能有待投放。与此同时，我国总体符合科学绿色开发的煤炭产能比例偏低，尽管开发条件较好的西部地区已经逐渐成为煤炭主力产区，水资源和地表生态损伤严重仍制约着西部煤炭资源的绿色开发。另一方面，煤炭利用面临着大气污染控制、温室气体减排和生态环境保护的多重压力。虽然部分用煤行业的节能减排已取得重要进展，煤电污染物超低排放技术已达到世界领先水平，但是还未能规模化应用，中小燃煤锅炉、窑炉污染排放严重，我国东部地区大范围燃煤污染未能得到根本性遏制。

2. 油气

　　我国已成为油气生产与消费大国，但国内生产远赶不上消费增速，国内石油稳产困难，油气对外依存度高，天然气是优质清洁能源，但是扩大消费受到市场、价格和管道建设等因素的影响，需把握当前国际油气市场供应充裕、价格低位运行的战略机遇，持续推动油气的国际合作、有效投资及战略储备。历经60多年的勘探开发，我国已成为全球第四大产油国和第六大产气国，但产量增速落后于油气消费需求增长速度，导致供需缺口大幅攀升，2014年石油对外依存度已达59%，成为全球第二大石油消费国，天然气对外依存度已达32%，对我国油气安全与经济社会发展产生明显影响。近年来，全球油气供应呈现"自西向东"流动的格局，美国"页岩油气革命"不仅助推其油气自给率大幅提升，还推动全球油气供应格局重构。近来国际油价的大幅下降，为我国当前及"十三五"时期利用国外油气资源带来难得的战略机遇。

3. 核电

核电在安全、装备、废物处理等方面具备规模化发展条件，但受到福岛事故影响，项目审批过少，必须加快审批，恢复核电合理的发展规模和速度。核电是稳定、洁净、高能量密度的能源，是我国少数几个能够有实力在世界上获得核心竞争力的高新技术领域之一。我国核电运行业绩良好，处于世界中上水平。受日本福岛核事故的影响，我国核电的发展速度和节奏放缓，截至 2014 年年底，我国核电运行机组 22 台，合计装机容量 2 010 万千瓦，在建机组 26 台，装机容量 2 845 万千瓦，约占全国发电量的 2%。由于核电规模较小，在国家能源结构的调整过程中，短期内难以发挥很大作用。2015 年国家批准建设福清 5、6 号机组和防城港 3、4 号机组，机型为我国自主研发设计的三代核电——华龙一号，并在巴基斯坦开工建设两台机组，这对我国核电走出国门、提高核电技术水平，拉动核电装备制造能力，具有重要的战略意义。

4. 可再生能源

可再生能源发展迅速，水电、风电和光伏发电装机规模世界第一，市场竞争力显著增强，但非水可再生能源发展仍面临诸多挑战。"十二五"期间，我国非水可再生能源进入了快速发展阶段，2014 年风电装机达到 9 500 万千瓦，占全国发电量的比例约 3%，太阳能发电达到 2 300 万千瓦，占发电量的比例约 0.4%。风电、光伏发电有望展现出非常好的发展前景。生物质、地热等其他可再生能源目前的发展规模虽然不大，但也有较快的发展。同时，我国风电、光伏发电等非水可再生能源的发展也存在诸多问题。比如，装备制造技术和运行管理水平与世界先进水平存在一定的差距，相关配套政策不够健全，需要制定更具操作性的可再生能源发电上网政策。此外，风光资源大多分布在西部地区，与用电需求呈逆向分布，与煤炭等化石能源分布重叠，大规模集中式风力、太阳能开发模式面临远距离、跨区域电力外送难题。目前广受重视的可再生能源分布式发展模式又面临用户分散，投资和运行主体多样，设备管理和运行维护困难等问题，已经制定的一些政策的有效性尚需时间检验。

5. 电力

我国已建成世界最大规模的电力系统，具备全国范围内大规模跨区域配置和优化能源资源的能力，但可再生能源发展支撑能力和供电可靠性有待提高，火电装机规模大、设备利用小时数不高，电力市场化体制改革尚待深入。2014 年，我国全口径发电装机容量达 13.6 亿千瓦，高居世界第一位。其中：火电装机 9.2 亿千瓦，同比增长 5.9%，但发电量同比下降 0.7%，设备利用小时数为 4 706 小时，同比降低 314 小时；四川、吉林、上海、湖南分别仅为 3 552、3 680、3 744 和 3 884 小时，利用率不到 45%。全国 24 个省火电设备利用小时数低于上年。西电东送输电能力达到了 1.4 亿千瓦。目前，已建成投运世界上首个 ±800 千伏特高压直流输电示范工程和 1 000 千伏特高压交流输电试验示范工程。然而，我国电网接纳大规模可再生能源的能力尚有不足，由于技术、管理、市场机制等原因，弃风、弃光问题还比较严重。随着西部可再生能源开发的规模日益扩大，大规模远距离跨区可再生能源的经济输送问题日益严峻，将成为我国大规模可再生能源集中式开发的瓶颈。此外，我国电网供电可靠性和社会服务能力有待进一步提升，电力体制有待深化改革。

6. 能源管理

我国拥有世界上最庞大、最复杂的能源生产和供给体系。在中央的正确领导下，我国的能源管理工作取得显著成效，有效地支撑了国家经济社会发展。但面对复杂国际国内能源发展形势和推进能源革命的战略任务，国家能源管理工作迫切需要在能源发展战略的统一指导下，进一步全面深化改革，加强各类能源的协调发展和统筹规划，强力推进节能和科技创新，控制能源的生产与消费规模，推进清洁生产，提高能源利用效率，促进能源产业的健康、可持续发展。

二、"十三五"时期推进能源革命的总体思路与目标

推进我国的能源革命，全面深化体制机制改革是根本，科技创新是关键，把握"一路一带"机遇、加强能源国际合作是平台，推进能源节约、能源清洁高效开发利用和加快天然气、核能、可再生能源的健康发展是重要任务，基于能源互联网的化石能源与非化石能源的耦合协同的现代能源系统是载体，促进能源革命与保障能源安全是核心。

"十三五"时期，我国能源消费总量年均增长率争取控制在 2% 以内，单位 GDP 能源消费量下降 16％以上；到 2020 年，非化石能源在一次能源消费结构中占比 15％以上。

煤炭："十三五"期间，力争煤炭消费总量基本不增长，符合煤炭科学绿色开发的产量达到 80％以上，严控新增火电厂建设，确保燃煤发电利用小时数 5 000 小时以上。

油气：2020 年，我国石油产量稳定在 2.0 亿吨，天然气产量达到 2 000 亿立方米左右。石油消费量限制在 5.5 亿吨，天然气消费量达到 4 000 亿立方米，海外权益油气产量达到 2.5 亿吨油当量。

核电：规模化发展核电，实现到 2020 年投运 5 800 万千瓦、在建 3 000 万千瓦的目标。

电力与可再生能源：2020 年，常规水电装机达到 3.5 亿千瓦左右，风电装机达到 2 亿千瓦，光伏装机达到 1 亿千瓦；全国并网风电设备平均利用小时数提高到 2 000 小时以上，配电网具备接纳 6 000 万千瓦以上分布式光伏的能力；建成满足 500 万辆电动汽车需求的充换电服务设施。

三、"十三五"时期推进能源革命的重大措施

（一）全面推行瞄准世界先进水平的节能标准

我国能源技术和装备制造能力已经大幅度提高，出现一大批先进能效技术和高效能源开发技术，强化节能已经具备较好技术条件。需改变能源粗放快速增长模式，抓住我国经济发展方式转变的机遇，强化节能，进一步提高能效，降低能源消费增速。

1. 提高工业能效标准

推进信息化与工业化融合发展，着力提高产品质量和全生命周期的能源利用效率。到 2020 年主要工业行业（包括发电、冶金、建材、化工等）技术能耗达到国际先进水平，争取 2030 年工业能效全面达到国际领先水平。以火电行业为例，2020 年前应全面推广以上海外高桥三厂等为代表的先进燃煤发电系统，完成对落后燃煤发电机组的淘汰和改造，通过大力建设和优化电力调峰能力，实现电网优化调度运行，优先保障高效清洁机组满负荷运行，提高电力系统效率。2020 年燃煤发电行业平均供电煤耗达到 310 克标准煤以下。

2. 制定新的建筑节能标准

完善覆盖城乡、不同气候区、不同建筑类型的建筑节能标准体系和耐久性标准体系，

强化全生命周期节能，全国推行新建建筑节能75％～80％设计标准，"十三五"期间新建建筑采用国际先进能耗标准，实现新建建筑建设和运行超低能耗化，加快出台农村建筑节能标准和大型公共建筑能耗限额标准，严格监管建筑节能标准的执行与落实。

3. 全面挖掘交通部门节能潜力

严格控制燃油汽车发展速度与规模，加快推进乘用车燃料消耗量第四阶段标准实施，坚决淘汰不达标车型或车企；进一步提高大排量汽车使用成本，扭转近期新增车辆大型化发展势头。把握当前国际油价低位运行良机，加快推进石油产品质量升级换代，力争用1～2年时间在全国范围推广应用国Ⅴ标准汽柴油；超前研发符合更高排放要求的清洁汽柴油生产技术。逐年增加电动汽车、混合动力汽车等新能源汽车在各汽车企业总产量中的比例，到2020年全面实现大中城市、主要交通干道充电设施普及化。着力打造智能物联网，降低对公路运输的依赖，大幅减少货车空载。科学规划和建设城市道路网络，确保交通畅通。

（二）积极推进煤炭清洁高效开发利用

针对煤炭开采产能过剩与科学绿色开发比例较低问题，应严格控制煤炭生产总量的地域分布，加快淘汰煤矿落后产能，建立安全、高效、绿色、经济、可持续的现代化煤炭工业生产体系。针对煤炭利用低效高污染问题，应严格控制煤炭占能源消费结构中的比重，加快淘汰煤炭直接分散燃烧，推广清洁高效煤电技术和煤炭转化利用技术。

1. 强化煤炭科学绿色开发

我国煤炭开发战略西移取得重大进展，西部已成为煤炭主力产区，煤炭安全、高效开采已达世界先进水平，地下水资源保护和地表生态修复将是"十三五"时期煤炭开发产业发展需解决的主要问题。到2020年建成完善的煤炭开采水资源保护技术体系和工程标准规范，煤炭开采矿井水利用率由目前的25％提高到2020年的60％。加大生态环境保护和建设投入力度，土地复垦率由目前的25％提高到2020年的40％。同时，采用先进技术，着力提升煤炭资源开采利用效率，全国加快淘汰10万吨以下煤矿，华北地区彻底淘汰30万吨以下煤矿。

2. 加快煤炭清洁高效利用

加快推进煤炭利用方式革命，促进煤炭产品由燃料向原料与燃料并重转变。提高原煤洗选率，到 2020 年达到 75%。力争到 2020 年我国大中城市全面淘汰中小燃煤锅炉窑炉，基本实现煤炭利用集中化、大型化、规模化，从根本上改变占 40% 左右的低效率分散利用煤炭的局面，有效遏制大气环境恶化的趋势。稳步提高发电用煤比重，到 2020 年达到 65%，在提高煤电转化效率的同时，快速推广煤炭发电污染物超低排放技术。因地制宜、有序布局、稳步推进现代煤化工产业化发展，突破技术瓶颈，减少水耗，达到废水近零排放，通过系统优化、技术创新和设备国产化等途径降低成本。开发低成本低能耗的碳捕获、储存和利用（CCUS）技术，并开展工程示范。

3. 设立"煤炭清洁高效可持续开发利用"重大工程

针对煤炭科学绿色开发，应重点攻关煤炭开采地下水保护利用技术，地表生态减损和修复技术，大型综采技术与设备、煤炭回收率提升技术，实施生态脆弱区煤炭开发生态建设关键技术示范工程、煤矿地下分布式水库示范工程、智能矿山示范工程。

针对煤炭清洁高效利用，应重点攻关低负荷条件下安全、高效、低污染发电技术，煤化工节水与废水处理技术，先进整体煤气化联合循环及燃料电池（IGCC/IGFC）发电技术，煤化电热一体化多联产技术，实施先进高效、超低排放燃煤发电示范工程，新型煤制液体燃料、煤制清洁燃气、煤和油共转化等示范工程，煤化工二氧化碳地质封存技术工业示范、煤基多联产系统示范工程。

（三）创新技术，加强勘探，确保石油稳产、天然气较快增长

实施"固内强外、节油快气"的发展战略。国内采取"陆海并重、浅深并重、常非并重"的思路，实现石油产量长期稳定、天然气产量快速增长，夯实国内油气基础保障地位。海外以合作勘探开发与国际贸易相结合，构建多元化的全球油气安全供应链，最大限度分享利用海外油气资源。控制石油消费，适度发展油气替代，加快提高油气利用效率与清洁高效利用，实现石油消费低速合理增长。积极发展天然气消费与利用，提高天然气利用经济性，推进天然气消费快速增长。

1. 加大陆地和浅海油气勘探及老区挖潜力度

开展全国新一轮油气资源评价，落实剩余常规油气资源潜力及空间展布，明确非常规油气资源潜力及"甜点区"分布。加大陆地和浅海油气勘探力度，确保年新增探明石油地质储量 10 亿吨以上，天然气地质储量 6 000 亿立方米以上。

利用大数据、数值模拟等信息技术，构建油藏剩余石油空间展布，重建二次采油与三次采油相结合的层系井网及注采系统。加大聚合物驱、三元复合驱、多介质复合驱等技术攻关与推广应用，超前研发纳米智能化学驱、有机及无机化学驱、微生物驱等新型提高采收率技术，力争实现提高采收率 1～2 个百分点。

立足松辽、渤海湾、鄂尔多斯、准噶尔、塔里木五大产油盆地，做好老区精细勘探与提高采收率两项工程，力争实现石油接替率大于 100%，保证产量基本稳定。以四川、鄂尔多斯、塔里木三大盆地为重点，立足寻找优质高效储量，规模效益建产，实现天然气产量年均增长 7%以上。

2. 实施海域深水、陆地深层、非常规油气"两深一非"科技创新工程

设立海洋深水油气勘探开发技术及装备综合创新工程，加强海洋深水油气富集规律及地震采集、深水钻井、水下生产系统等地质理论、关键技术与装备攻关，推动深水勘探开发获得重大突破。

设立国家级陆地深层勘探开发技术攻关项目，针对万米深层地震成像、超深高温钻井提速、体积压裂改造等关键技术及装备攻关，推动深层碳酸盐岩与碎屑岩油气藏勘探开发。

统筹规划致密油、致密气、煤层气、页岩气、天然气水合物等非常规油气发展梯次与策略，引导并鼓励企业加强技术攻关和勘探开发试验，探索建立适合我国地质地表条件的环境友好、低成本勘探开发技术，推动非常规油气产业快速发展。

（四）精心建设，完善布局，规模化发展核电

及时决策、抓紧行动，尽快批准一批满足当前国家核安全标准的、具有自主知识产权的机组建设。合理布局，加快启动内陆核电建设。在压水堆堆型路线中，让企业自主选择不同机型建设。加快重大专项示范工程建设，推进引进技术自主化进程。

1. 尽快开展自主设计压水堆核电站的批量建设

为实现 2020 年投运 5 800 万千瓦的目标，需要推广建设一批满足当前最高国家核安全标准的、技术上成熟的、具有完全自主知识产权的核电机型如"华龙一号"，以及在消化吸收引进技术基础上自主研发的 CAP1400，并需续建一批满足核安全要求，具有成熟的建造、运行经验，经济可靠的机组，如阳江 5 号、6 号的优化机型，同时为"核电走出去"奠定良好的基础。

2. 尽早启动内陆核电首批工程建设

我国内陆核电项目按照当前最高的国家核安全标准设计，选址在地震活动性水平相当低的地区，采取超过可能最大洪水的"干厂址"设计标准，不会产生类似福岛核事故那样的灾难；采用先进核电技术和严格的废水、废气处理措施，实现"零排放"或"近零排放"；具有全面的严重事故预防和缓解措施，实现"从设计上实际消除大规模放射性物质释放的风险"，即使发生概率极低的极端事故，也能够保证放射性释放的后果可控，不至于对周边环境造成损害。目前，核安全和环境安全是有保障的，已具备建设条件，建议启动内陆核电首批工程的建设。

3. 推进核燃料闭式循环示范工程，探索核能多样化

自主设计、建造 60 万千瓦示范快堆和配套的 200 吨/年乏燃料后处理工程，下一步建设 800 吨/年大型乏燃料后处理厂，以及配套的高效废物玻璃固化设施及最终深地质处置场建设，后处理及高放废物固化的建设，将为我国核废物的处理和处置奠定基础，并为快堆提供首次装料所需燃料，具有重大意义；建议支持开展金属燃料的研发，开展百万级商业快堆技术以及快堆乏燃料干法后处理的研究，最终实现一体化快堆闭式燃料循环。促进重大专项 CAP1400 示范工程验证；推进高温气冷堆开展多模块、热电联供研究和建设；模块化小堆可以满足多样化能源需求，为海洋开发、浮动核电站建设、破冰船建造、城市供热，提供电力、动力和热力，建议予以政策推动建设示范堆。

（五）以太阳能、风能等可再生能源利用为重点，积极推进智能电网发展

大力发展可再生能源产业，积极推进智能电网技术发展，提升电网接纳大规模可再生

能源能力和用户服务能力，为大规模电动汽车产业发展创造条件，提升电能在终端能源消费中的比例。积极发展风能、太阳能、地热能、生物能等互补的新型综合能源系统，提高能源综合利用效率。以电力体制机制改革为依托，稳步推动电力市场化改革。

1. 大力发展可再生能源产业

风电发展以陆上为主、集中与分布式并重，在西北、华北和东北地区主要建设新疆、甘肃、蒙东、蒙西、吉林、黑龙江等风电基地，在东部地区加速发展分布式陆上风电，稳步发展海上风电。按照分布式优先原则发展光伏发电，积极推动在公共建筑、公用设施、工业园区和民居等建设屋顶分布式光伏发电系统，鼓励光伏电量就地消纳；在河西走廊、宁夏和内蒙古等太阳能资源丰富、具有大片荒漠土地的区域建设大型并网光伏和光热发电示范项目，积累经验。启动怒江流域的水电建设，全面开发金沙江、雅砻江、澜沧江、大渡河的阶梯发电，部署雅鲁藏布江水电论证。

2. 积极推进智能电网产业发展

以实现电力发、输、配、用、储过程中的数字化管理、智能化决策、互动化交易为目标，建设高效灵活的智能配电网和智能用电互动服务平台，突破关键技术，建设具备高比例分布式电源接入、满足大规模电动汽车需求、用户与电网间能够友好互动等特征的综合性示范工程，提高需求侧响应能力和多元化用户需求服务能力，实现电网与用户友好互动，满足分布式能源广泛接入，为国家智慧城市、绿色能源县乡建设提供能源保障。

3. 大力扶持分布式可再生能源综合利用产业

积极发展风能、太阳能、地热能、生物能等多能互补的新型综合能源系统，研发相关系统装备与运行优化控制技术，示范实验一批集地热、光伏、光热、节能材料、储能技术以及智能控制技术的节能生态型智能建筑和社区供能系统，提高能源综合利用效率；建设风能、太阳能、波浪能等独立型分布式能源系统示范工程，因地制宜地解决农村、边远地区和海上岛屿的能源供应问题；通过重点产业的发展，应用推广一批农林废物能源化工系统、特色农林废物资源化系统、生活固废综合利用系统，示范实验一批畜禽粪便能源化工系统。

四、"十三五"时期推进能源革命的主要政策

（一）全面深化能源体制机制改革，进一步加强顶层设计，提高统筹协调能力，充分发挥市场在资源配置中的决定性作用，提高科学管理水平

抓住当前有利时机，着力推进能源生产与消费革命；增强忧患意识，积极谋划应对国际能源价格波动可能对我能源安全带来的影响。近来，国际油价大幅走低，对我国总体有利，当前要充分利用这一有利时机，进行深入的战略谋划。对外，要加强统筹协调、形成合力，鼓励和支持有能力的企业参与国际竞争，以入股、并购等多种形式分享和占有国际油气资源和能源开发技术资源；对内，大力推进创新驱动发展战略的实施，强化科技攻关，提高能源及油气资源开发能力和企业的核心竞争力，同时要充分利用体制机制改革和经济杠杆等手段，着力推进能源革命和节能减排，坚决抑制能源消费增速，控制消费总量，加强战略储备，研究制定后低油价时期可能出现的高油价、高碳税的应对措施，确保国家能源安全和经济运行安全。

（二）全面执行《节约能源法》，建立有利于引导合理消费、推动节能、促进能源结构向清洁高效低碳的多元化体系发展的市场信号系统

进一步推动能源价格改革，尽快取消不合理的能源消费补贴，恢复能源产品的商品属性。将普遍性民用能源价格补贴改变为提高低收入群体的低保标准。

通过加大资源税征收水平，建立和完善能源资源消费税、环境税（包括碳税），提高成品油等消费税税率的综合措施，使能源价格总水平控制在可以刺激节能、抑制不合理能源消费、推动清洁低碳能源市场化发展的合理范围之内。在"十三五"期间使我国成品油价格争取达到欧盟平均水平，逐步缩小清洁能源和化石能源发电的成本差别。

（三）建立有效推动能源生产革命和消费革命的能源治理和监管体系

建立国家和省级能源需求预测分析平台，对能源需求和节能潜力进行连续分析、跟踪与评估，为能源规划的制定和政府部门的及时决策提供可靠的数据支撑。加快推进全国或区域性的能源物联网和信息网建设，逐步实现对进入市场交易的能源生产、流通和消费数据实时统计与动态调节。

将主要工业设备和工艺、建筑物、交通运输能效标准提高到国际先进水平。实施更严格的"三废"排放标准，尽快制定和落实污染突出的重点区域的煤炭消费控制措施。实施排污权交易制度、减免环保企业税款、鼓励"三废"资源化利用等经济激励手段，推动污染物排放控制和资源化利用技术的推广与应用。逐步建立全国范围的碳排放配额和交易制度，试点对重点碳排放企业、大型建筑实行碳排放配额管理。

针对当前煤炭产能过剩情况，坚决淘汰煤矿落后产能，抑制新增产能投入建设，进一步严格行业准入条件。应全面禁止规模以下煤矿建设，重点关闭不满足安全、高效、绿色开采标准的煤矿，尤其是全国开采条件较差、规模较小的煤矿，防止煤炭产能过剩进一步扩大。

加快混合所有制油气能源企业建设。由于油气能源行业过去是以国有资本的投入为主，"十三五"期间应根据技术难易程度、风险高低、进入门槛大小，从加油站等低风险、少投入的项目开始，支持民营资本进入油气能源行业。将油气管道纳入国家基础设施建设范畴，成立独立运营公司，推进管网设施公开准入、依法监管。

核电站审批应落实核准制，政府的主要职能应集中在宏观政策控制、总体规划、核安全和环境监管上，由企业根据国家政策和市场需求自主选择核电站的机型。

（四）深化电力体制改革，尽快建成竞争充分的全国性电力市场

加大电力体制改革力度，扩大电力体制改革试点范围，厘清输电系统和配电系统成本，形成合理的常规能源与可再生能源上网电价、输电电价、配电电价和消费电价形成机制，还原电力商品属性，消除电价交叉补贴，构建竞争充分的市场机制。通过环境和碳排放配额制和交易机制，形成清洁低碳能源优先上网的调度运行规则。

尽快制定促进可再生能源消纳的电力系统辅助服务市场机制，促进储能和燃气机组等调峰电厂的发展，合理分担电价，确保非化石能源优先上网与消纳。制定合理的负荷侧辅助服务机制，鼓励用户与电网互动，参与电网调峰。

加快建成全国性电力市场交易系统，为发电商与用户在电力市场中公平交易提供支撑平台。政策支持鼓励民营企业进入电力能源服务业。

（五）大幅度提高清洁高效低碳能源技术的研发投入，推动形成以能源新技术与产业发展为主轴的新的经济增长点

能源领域是资本技术密集型产业，具有投资大、风险高、周期长、惯性强的特点。建

议将"能源新技术产业"统一列入国家层面的战略性新兴产业，加大清洁、高效、低碳能源技术的研发投入，利用积极的财税与投融资政策，优先支持国内先进能源技术的产业化，扶持具有自主知识产权的核心能源技术、产品与装备制造业及相关产业发展，既有利于现阶段促进经济稳增长，又有利于推动产业结构调整，实现创新驱动发展。

先进技术的应用部署和商业化是能源科技创新成功的最终评价标准，选错方向将错失发展机会甚至长期受制于人，因而建立正确的战略导向至关重要。应着眼于从原始创新、技术开发、商业化再到推广应用的能源科技创新全价值链，进行重点研究计划布局，完善智库、第三方咨询和评议机构建设，建立健全能源项目风险管控机制。对于高风险、高回报的革命性能源技术，应设立国家层面知识创新和产业创新基金支持。

（六）加强"一带一路"经济带能源合作以及海外能源资源的获取与保护，支持具有竞争力的能源基础设施、能源产品、能源技术与装备输出海外

我国能源行业处于向外发展的战略关键期，需制定国家层面的激励政策，通过"一带一路"经济带建设，推动我国具有竞争力的能源基础设施、能源产品、能源技术与装备以及关联性强的产业生产能力输出海外，开发新的境外能源技术市场和综合能源供应与中转基地，多方面提高我国能源安全保障程度。

设立国家海外能源投资基金，支持海外优质资产并购。目前能源价格较低，能源企业用于海外并购的资金受限，而此时海外油气、煤炭、电力等领域往往会出现优质能源资产的并购机会，且资产价格相对较低。建议设立国家海外油气等专项投资基金，鼓励相关企业开展海外优质资产并购，增强中长期能源供应安全。

加快在上海自贸区构建亚太能源现货与期货交易中心，谋划人民币交易结算体系，力求在"天然气—人民币"交易结算方面率先取得突破。

国家能源局

"十三五"时期推进能源生产和消费革命的主要举措和政策建议

"十二五"时期，我国能源发展成效显著，供应能力不断增强，能源结构持续优化，节能减排深入推进，能源国际合作不断深化，科技创新迈上新台阶，能源普遍服务水平明显提高，生产生活用能条件显著改善，形成了煤炭、电力、石油、天然气、新能源和可再生能源全面发展的能源供给体系，有效保障了经济社会发展的需要。

"十三五"时期，是全面建成小康社会的决胜阶段，是全面深化改革的攻坚期，也是全面推动能源生产和消费革命的蓄力加速期。从国际看，随着页岩油气、可再生能源技术的突破，世界能源格局发生深刻变化，供求关系持续缓和，能源版图开始重构，清洁化低碳化步伐加快，围绕能源资源和技术的国际竞争仍很激烈。从国内看，我国经济发展进入新常态，能源发展环境和形势出现新动态、新变化，能源消费增速进入换挡期，能源结构调整进入双重更替期，能源转型发展进入攻坚期，能源需求巨大，供给制约较多，能源生产和消费对生态环境损害严重，雾霾治理刻不容缓，技术水平整体落后的地位仍未改变。

面对新形势和新变化，党中央国务院审时度势，及时做出一系列战略决策和部署。习近平总书记亲自主持召开了中央财经领导小组第六次会议并发表重要讲话，确立了"四个革命、一个合作"的能源发展战略思想。李克强总理主持召开了新一届国家能源委员会第一次会议，审议通过了《能源发展战略行动计划（2014—2020年）》，确立了能源发展的战略方针目标和重点任务。把中央确定的推动能源生产和消费革命的战略决策落到实处，是"十三五"乃至今后较长时期能源发展改革的中心任务。

一、总体思路和发展目标

(一) 总体思路

贯彻习近平总书记"四个革命、一个合作"的战略思想,坚持"节约、清洁、安全"的战略方针,统筹协调国内与国际、资源与环境、能源与经济的关系,**牢固树立能源安全底线、生态环保红线、节能提效主线的"三线"思维**,深入实施"节约优先、立足国内、绿色低碳、创新驱动"的战略举措,推动能源生产和消费革命,增强能源创新发展能力,确保能源战略安全,努力构建清洁低碳、安全高效的现代能源体系,为全面建成小康社会提供坚实的能源保障。

推动能源生产消费革命是一项长期艰巨的战略任务和系统工程,"十三五"是能源发展全面转型、能源革命蓄力加速的重要时期,必须统筹谋划,找准着力点和突破口,以钉钉子精神,推进能源革命迈出积极坚实的步伐。

更加注重系统优化,推进传统能源与新兴能源互补融合,着力构建可持续自适应的智慧能源系统。以现代智能电网为平台和枢纽,着力提升非化石电力消纳能力、资源优化配置能力,建设能源集成供应系统。推动主要用能领域和产业协调优化升级,走系统节约发展道路。建设智慧能源系统,满足多元化服务要求,提高供应和需求双向互动响应能力,推动能源走智能融合发展道路。

更加注重清洁低碳,推动能源结构优化,着力构建安全可持续的能源供应保障体系。基于资源和生态环境约束条件,科学确定能源生产规模和开发布局,提高能源清洁利用水平,加快清洁低碳能源供应能力建设,使低碳能源逐步满足未来新增能源需求,推动能源走环境友好和低碳可持续发展道路。

更加注重集约高效,抑制不合理能源需求,着力转变能源消费模式。推进重点领域实施国际先进能效标准,不断降低全社会能耗水平。提升传统能源品质,推广新型用能方式,推进能源分质梯级利用,积极利用低品位能源,挖潜提效,变废为宝,推动能源走循环集约发展道路。

更加注重科技引领,带动产业转型升级,着力打造能源革命加速器。构建完善的能源科技创新体系,分类推动技术创新、产业创新、商业模式创新,突破能源发展的技术瓶颈,促进科技成果推广应用,为推动能源产业转型升级提供有力支撑。

更加注重深化改革,破除体制机制障碍,着力打通能源发展快车道。完善公平竞争的市场机制,最大限度地发挥市场配置资源的决定性作用,建立健全能源法治体系,构建规划、政策、标准、监管"四位一体"能源管理新机制，增强能源发展动力和产业活力。

更加注重务实合作，统筹利用国际国内两种资源、两个市场和两类规则，着力实现开放条件下的能源安全。全方位加强能源国际交流和务实合作，加强重点能源合作区资源开发利用，优化能源贸易结构，积极推进贸易渠道、品种和运输方式多元化。积极参与全球能源治理，推动建立健全全球能源治理新体系，提升我国在全球能源市场的影响力和话语权。

（二）发展目标

一是能源消费过快增长趋势根本扭转，高碳化石能源消费得到有效控制。到 2020 年，能源消费总量控制在 50 亿吨标准煤以内，其中煤炭消费总量基本达到峰值。到 2030 年，能源消费总量控制在 60 亿吨标准煤以内，碳排放达到峰值，化石能源消费总量接近峰值。

二是能源结构大幅优化，清洁能源比重显著上升。到 2020 年，非化石能源占一次能源消费比重达到 15％以上，天然气和非化石能源等清洁能源占比力争超过 25％；煤炭终端利用比重下降到 15％以内，电力和天然气终端利用比重分别超过 26％和 10％。到 2030 年，非化石能源占一次能源消费比重达到 20％，天然气和非化石能源等清洁能源比重超过 35％，满足所有新增能源需求。

三是能源科技创新体系不断完善，科技创新能力显著增强。到 2020 年，以企业为主体、市场为导向、政产学研用相结合的能源科技创新体系基本建立，研发投入持续增长，科技创新评价体系逐渐完备。到 2030 年，能源科技原始创新、集成创新能力和引进消化吸收再创新能力全面提升，重点战略领域关键技术与核心装备自主化程度大幅提高，科技创新对产业发展的贡献率明显提升，能源产业国际竞争力整体跃进。

四是能源体制机制改革取得重大进展。到 2020 年，适应能源新系统的体制机制初步建立，能源价格改革、电力市场和绿色财税体系建设取得显著成效。到 2030 年，建成统一开放、公平有序的现代能源市场体系，形成法规健全、监管闭合、运转高效的能源管理体制。

二、主要任务和重大举措

（一）创新规划理念，塑造高效自适应的能源系统

能源系统及其支撑的工业体系一旦形成，对能源消费模式和经济发展方式有较强的路径锁定效应。系统优化是提升能源效率和经济效益的重要途径。习近平总书记指出："规划科学

是最大的效益，规划失误是最大的浪费。""十三五"及未来一段时期，我国能源发展仍有较大的增量空间，**应当确立系统、全面、协调的规划理念，健全能源统一规划机制，统筹能源系统增量优化与存量调整，推动能源系统整合集成，实施一次能源到终端利用的全过程优化，**全面提升能源系统的总体效率、经济效益和环境效益。

1. 打造安全、高效、自适应的现代电力系统

电力是化石能源清洁转化、非化石能源开发利用以及分布式能源、电动汽车等新业态发展的主要途径和形态。当前，我国电力系统调峰能力不足，调度运行机制不合理，"三北"地区弃风、弃光和西南地区水电弃水问题较为突出，全国平均弃风率 15％，部分地区弃风率超过 30％，西北地区弃光问题开始显现。同时，大功率煤电机组过度参与调峰，降低了运行效率和利用小时，也增加了能耗和排放。据测算，100 万千瓦煤电机组带 40％负荷运行时，能耗将增加 8％，污染物排放将增加 10％以上。**电力发展应从根本上转变依靠扩大装机规模满足负荷增长的思路，**因地制宜、综合施策，着力提高电力系统效率和经济性。

着力提高电网调峰和可再生电力消纳能力。以"三北"地区和西南地区电网为重点，实施**电力系统灵活高效调峰机组建设工程。**加快建设抽水蓄能、流域龙头水电站等调峰机组，适度发展天然气调峰电站，推动储能技术突破和规模化应用，加强风、光、火、水等多种电源和储能设施的集成互补，提高可再生能源消纳能力。同时，配套建立调峰成本合理补偿机制，改进和完善电力调度，统筹发挥各类型机组的调峰功能，大幅提高电力设备利用小时和负荷率。初步测算，西北、华北电网通过增加 5％的系统调峰能力，预计可以分别多消纳风电 700 万和 1 000 万千瓦，使电网风电消纳能力提高 50％左右；通过建设一个多年调节龙头水电站（如龙盘水电站），可使枯水期电量提高一倍以上。

着力增强需求侧响应能力。长期以来，我国能源发展侧重保供，对需求侧的调节特性以及可以节约的资源重视不足。应变革规划思路，不以保供和安全裕度为唯一目标，充分考虑需求侧节能提效潜力，实施供应与需求紧密结合的综合资源规划。根据国际研究成果，利用电力需求响应资源的成本比新建调峰电源可降低 25％～35％。如果通过电力需求响应将占系统最大负荷 3％的尖峰负荷（全年持续时间为 50～100 小时）削减，我国华东电网可以减少约 700 万千瓦的新增装机，全国可以减少 2 700 万千瓦左右。"十三五"时期，可选择用电峰谷差较大的电网开展试点示范，**实施"能效电厂"建设工程，**扩大实施峰谷、丰枯分时电价及可中断电价等科学的价格制度，引入合同能源管理等市场化机制，加快分布式能源、电动汽车、智能微网等新型用能方式的推广，提高需求侧节能和用户响应能力，

鼓励用户主动"削峰填谷"，减少电力系统调峰压力。

加快发展智能电网和智慧能源系统。面向未来，以电力系统为中枢，加快智能电网发展，提高电网的信息化、自动化、互动化、智能化水平，开展智能楼宇、智能小区、智能微网试点示范，推动能源系统与互联网、云计算、大数据等技术深度融合，为形成智慧能源系统创造条件。

2. 构建集成互补、梯级利用的终端供能系统

我国终端供能体系规划滞后，与城市规划、工业园区规划等严重脱节，电力、热力、燃气等不同供能系统也缺少统筹衔接，能源梯级综合利用程度较低。我国仍处于工业化和城镇化加速发展的进程中，未来十几年内仍将会建设一大批总量有可能超过现有规模的新工业园区和新城区，加强终端供能系统集成尤为重要。**能源集约利用可大幅提高效率**，如燃煤热电联产综合效率可达70%，天然气热电冷三联供系统效率则可达80%～90%，**可将现行单一供能方式的效率提高一倍左右**。应进一步加强新型工业化、城镇化发展规划和能源规划的内在融合，规划建设集成供能系统，大力推广新型用能方式。

实施新建工业园区、新城镇供能设施一体化规划工程。将清洁能源发展、节能减排、资源综合利用等纳入规划目标。以满足终端多品种能源需求为导向，规划设计集成供能系统，统筹建设电力、燃气、热力、供冷等基础设施，使不同类型能源以清洁、节约、互补的方式利用。因地制宜扩大热电联产、天然气热电冷三联供系统等集约供能方式利用规模，通过"高能高用、低能低用、温度对口、梯级利用"和"就近利用"，全面提高能源利用效率。根据我国苏州工业园区科教创新区集中供冷供热项目的实践经验，通过利用燃气热电联产机组的余热蒸汽制冷，满足了0.7平方千米的供冷和11平方千米的供热需求，减少了25%空调设备、50%电力装机和配电设施。

大力推广小型分散利用与大规模集中利用相结合的新型用能方式。以分布式能源、智能微网、电动汽车为重点，扩大新型能源利用技术规模化应用。积极推广分布式可再生能源和天然气分布式能源集成供能工程，加强电动汽车充电站（桩）建设和电动汽车发展，实现能源供应由单一集中模式向小型分散利用与大规模集中供应并重转变。

3. 协同优化能源产业与高耗能产业布局

我国能源与高耗能产业布局不协调的问题长期存在，能源被动跟随高耗能产业布局，导致能源不得不大规模跨区流转，降低了能源整体效率和产业竞争力。预计未来5～10年，

我国高耗能产业将呈现需求趋于饱和、布局大规模重组转移的发展趋势。根据预测，受水资源量和环保容量两个因素制约，2030 年前，我国西部地区可新增调出的煤电只有 2 亿千瓦左右，而受端地区新增电力需求在 5 亿千瓦以上。应立足于经济发展全局，充分考虑区域间资源环境承载能力差异和能源流转成本，**以整体经济性、安全性最优为原则**，统筹安排高耗能产业和能源产业布局，在西部地区实施高耗能产业带布局优化工程，在东中部地区实施清洁能源提速工程。**通过产业转移合理调节能源消费分布，实现能源优先就地平衡供应**，电力以区域平衡为主，远距离大规模输送作为必要补充。

西部高耗能产业带布局优化工程。结合丝绸之路经济带战略的实施，引导高耗能产业向西部地区以及国外转移，提高能源就地平衡消纳比例，减少远距离大规模输送。

东中部清洁能源提速工程。结合长江经济带、京津冀协同发展等区域战略，在东中部地区，加快天然气、核电和可再生能源发展，尽可能使新增能源需求依靠当地清洁能源和分布式能源供应，逐步降低对远距离能源输送的依赖。

（二）夯实清洁能源基础，构建多元安全能源供应体系

目前，我国化石能源约占一次能源消费的 88％，其中煤炭占一次能源消费的比重高达 64％，远高于世界平均水平。在油气替代煤炭、非化石能源替代化石能源的双重更替期，推进能源供应革命必须适应我国能源发展的阶段性特征，因时制宜，相应施策。**未来五到十年应着力增加天然气、非化石能源供应，打牢清洁能源发展基础，远期主要依靠新能源和可再生能源对化石能源的全面替代，实现能源供应的革命性转变。**

1．构建安全、高效、绿色煤炭生产体系

一是实施煤炭科学产能升级改造工程，明确科学产能标准，加快淘汰落后产能，"十三五"时期努力将煤炭科学产能比重由目前的 30％提高到 50％以上。二是实施煤炭"减量开发"。在加快淘汰落后产能的前提下，重点开发大型煤炭基地，2020 年 14 个大基地煤炭生产能力占全国 95％以上，成为我国煤炭生产的绝对主体。三是建设安全绿色智能化矿山。推广应用保水充填开采等生态友好的开采技术，建设数字化、智能化示范煤矿。

2．构建竞争充分的油气勘探开发新格局

应强化竞争机制，严格油气探矿权退出机制，依法加强对既有矿权所有者勘查投入考

核，对未达到考核要求的依法核减或退出区块。按"先试点、后推广"的思路，逐步放开油气勘探开发权，健全探矿权和采矿权准入机制，实现油气多元高效开发。

3. 实施多元化石油替代工程

坚持煤基替代、生物质替代和交通替代并举，有序发展新型煤化工，加快生物质燃料利用，积极鼓励发展电动汽车、混合动力汽车和船舶，加大对石油的科学替代，2020 年形成石油替代能力 4 000 万吨以上，2030 年形成 1 亿吨的石油替代能力。

4. 创新水电开发模式，加快水电发展步伐

为实现非化石能源消费比重目标，2020 年水电装机规模需达到 3.5 亿千瓦以上，2030 年需达到 4.3 亿千瓦以上。"十三五"时期是水电发展难度较大的时期，必须采取更加积极有力的措施推进。一是加大水电开发与环境保护协调力度。遵循统筹规划、生态优先的原则，积极有序推进水电开发，明确水电开发的重点区域和河段，以及重大项目开发时序，对生态环境敏感的支流实施保护，对有重大环境制约的项目明确搁置。二是从根本上改变前期工作程序。政府委托中立咨询机构统一开展流域开发规划和大中型水电站可行性研究论证，可开发的项目纳入能源发展规划，通过招投标等市场机制选择投资主体。三是从根本上破解移民难题。进一步理顺中央与地方的事权与财权，将水电增值税、水库库区基金和水资源费使用权向基层地方政府倾斜，充分调动地方积极性。四是坚持流域统一规划开发，优先建设龙头水电站，整合开发业主，研究建立水电流域梯级效益合理补偿机制，完善电价政策，有效平抑丰枯矛盾，提高水电利用效率。

5. 安全发展核电，打造具有自主知识产权的先进核能工业体系

为实现非化石能源消费比重目标，未来 15 年力争开工核电 1.7 亿千瓦，2020 年在运核电装机规模达到约 5 800 万千瓦，2030 年达到 2 亿千瓦左右。一要稳步推进沿海核电建设，采用国际最高安全标准，确保安全的前提下，启动新的核电项目建设，积极开展内陆核电项目前期工作。二要通过国内核电发展，掌握核心技术，加强行业管理，积累核电安全建设运行经验，推动核电"走出去"。三要重视新型核电技术发展，加大政府投入，开展下一代先进堆型或革新型的核电技术研发工作，建设示范项目，培育核电产业新的增长点。

6. 坚持集中与分散利用并举，大力发展可再生能源

一是充分挖掘电力系统调峰能力和市场消纳能力，合理确定可再生能源开发规模与布局，在东中部地区以分散开发为主，在西部有条件地区适度集中开发，因地制宜发展海上风电，多措并举解决不合理弃风、弃光问题。2020 年，风电达到 2 亿千瓦以上，光伏发电达到 1 亿千瓦以上。2030 年，风电达到 4.5 亿千瓦左右，光伏发电达到 4 亿千瓦左右。二是**实施屋顶光伏工程**，结合城镇化建设，大力推进分布式光伏发电，2020 年屋顶光伏装机规模比重达到 30%，2030 年达到 50%。三是**建设光热发电示范工程**，力争 2020 年光热发电规模达到 1 000 万千瓦以上。四是创新可再生能源发展方式，**将分布式可再生能源发展融入农业、建筑业及城乡发展规划中**，探索与现代生态农业、节能环保建筑以及新型城镇化相结合的发展模式。

（三）坚持高效低碳利用，统筹推进能源消费革命

"十三五"及未来一段时期，我国工业用能增速将放缓，但建筑、交通用能将继续较快增长。适应用能结构新变化和生态环境新要求，能源供应质量和利用效率也必须相应提高。推进能源消费革命，要把落实节能优先战略、合理控制能源消费作为基本前提，实施高耗能行业和产能过剩行业能源消费总量强约束，争取早日达到能源消费峰值；同时要在重点地区实施煤炭减量消费，积极推进能源绿色替代，大力提高能源清洁化利用水平。

1. 推进散煤集中治理工程

我国散烧煤炭占煤炭消费总量的 23%，是重度雾霾频发的重要成因。目前燃煤发电超低排放技术已经成熟，能够达到气电排放水平，可实现煤炭集中高效利用，大幅降低污染物排放强度，是目前最可行的煤炭清洁利用途径。"十三五"时期，要大力**推进散煤集中治理工程**，加强政策引导，加快实施城镇及农村生活用煤替代，分梯次推进工业锅炉、供热锅炉、工业窑炉治理改造，**未来煤炭新增产量和非电产业改造淘汰置换的用煤量，主要用于发电**。争取到 2020 年，煤炭用于发电的比重由当前 48% 提高到 55% 以上，2030 年提高到 80% 左右。

此外，近年来我国燃煤发电机组脱硫、脱硝装置安装率有了显著提高，但装置使用率较低。据环保部公布的有关数据和相关研究表明，如果现有环保设备全部投入运行，杜绝

偷排漏排，火电行业二氧化硫和氮氧化物的排放量可比当前实际排放水平分别降低 60％和
30％左右。因此，要在继续推进燃煤电厂节能减排升级改造的基础上，实施**发电企业能耗
和污染物排放在线监测监管行动计划**，从严从重处罚违规排放行为，使既有煤电节能环保
装置最大限度发挥作用。

2. 实施能源品质提升工程

煤炭和石油的产品质量，直接影响下游使用环节的效率和排放水平。"十三五"时期，
要大力实施煤炭质量提升工程。我国煤炭洗选比例低，比美国低 30 多个百分点，商品煤质
量较差。煤炭洗选可消除煤中 50％～80％的灰分、30％～40％的硫分，有效提高煤炭质量，
减少污染物排放。因此，要强化煤炭使用管理，严格执行商品煤质量标准，大力发展煤炭
洗选加工，大中型煤矿均应配套建设选煤厂或中心选煤厂，推进井下选煤厂示范工程建设，
提高原煤入选率。积极推广先进的型煤和水煤浆技术。完善煤炭储配体系，实现煤炭精细
化加工配送。积极推进煤炭分质利用，推行煤炭生产运输环节封闭运行，大幅减少煤炭使
用污染物排放。到 2020 年，原煤入选率由 50％提高到 90％左右，相当于节约原煤约 5 000
万吨，减少 SO_2 排放约 700 万吨。

加快煤炭利用向深加工方式转变。发挥煤炭化学组分丰富的优势，生产多种高品质能
源产品和高附加值化学品。一是推进煤制燃料示范工程。建设煤制油、煤制气示范工程，
对污染物集中处理或回收利用，清洁油品、天然气送至消费市场，替代分散燃煤，减少污
染物排放。二是推动煤化工与相关产业融合发展。以技术集成耦合为基础，以梯级利用为
目标，推动煤化工与钢铁、建材、冶金、电力等行业融合发展，最大限度地提高煤炭利用
的经济效益和社会效益。

实施油品质量提升及尾气净化加装工程。交通尾气排放是大气污染的重要成因之一。
我国北京、上海、广州等特大型城市使用的汽柴油标准与国际先进水平基本相当，其他城
市的使用标准要低一到两个等级。交通尾气排放严重，与油品质量等级较低有关，更与交
通工具尾气排放净化设施安装不到位、排放监管缺失相关。"十三五"时期，应加大政策扶
持，**全面加快我国成品油质量升级步伐**。在提前全面供应国 Ⅴ 车用汽、柴油基础上，抓紧
制定发布国 Ⅵ 汽、柴油标准，同步开展普通柴油、船用油品质量升级，适时启动航空煤油
减排国际合作与研究。积极支持生物燃料、煤制燃料先进技术产业化示范与推广，拓展清
洁油品来源。同步实施**交通尾气净化设施改造与排放监管行动计划**，确保实现油机协同升
级。同时，在城市积极推广天然气等清洁能源汽车。

3. 建立城市绿色交通用能体系

我国城市轨道交通里程短、公共交通比例低，新能源汽车数量少，燃油汽车经济性不高，交通能耗大。研究表明，公共交通能耗低、污染少，轨道交通百人千米能耗仅为公路交通的15％～40％，公共汽车人均百千米能耗更是私人小汽车的1/20～1/18。电动汽车和新能源汽车比重提高10％，每年可减少汽柴油约2 000万吨。乘用车燃油标准提高5％，每年可节省约800万吨汽柴油。因此，要**建立完善城市绿色交通用能体系**，完善以轨道交通为枢纽的公共交通系统，积极推广新能源汽车，提高传统汽车燃油经济性标准，有效降低交通用能消耗。

4. 推进终端用能清洁替代

电力在终端用能中的比重，是能源利用清洁化的重要标志。电力在终端用能的比重每提高1％，单位GDP能耗可下降4％。"十三五"时期，要**实施终端用能清洁替代工程**。城镇地区要增加电力供应，积极推进**"以电代油""以电代煤"**等清洁替代，减少工业锅炉、居民取暖炊事用煤需求，鼓励推广应用电动汽车，提高终端电力消费比重；农村地区要因地制宜积极推广太阳能发电、生物质发电、生物沼气等多元化能源利用技术，减少煤炭消费。争取到2020年，电力占终端能源消费的比重提高到26％以上，煤炭比重下降到15％以内。

5. 实施余热余压高效利用工程

我国高载能产业生产布局有效衔接不够，企业间能源供应系统相互割裂，能源梯级利用程度较低，全国余热资源利用率只有35％左右，回收利用潜力巨大。工业中低温余热利用过低，是我国综合能源利用效率比国外低的主要原因。低品位能源利用技术的突破，为能源资源互补高效利用提供了可能。"十三五"时期，要大力实施**余热余压高效利用工程**，加强城镇及产业园区能量利用的系统规划，统筹优化区域内的电力、热力、供气、供水以及物料供应系统，**实现生产过程中副产品及废料的回收使用和不同品质能源的梯级利用**，最大限度地提高能源利用效率。

（四）坚持科技引领，打造推动能源革命的加速器

当前，全球范围内新技术新业态新经济不断涌现，必须适应新形势，准确把握科技发展的大趋势，**以发展需求为导向、以工程项目为载体**，自主创新和再创新相结合，集中力量开展重大能源科技攻关和应用，为推动能源革命奠定坚实基础。

1. 加强国家能源科技战略统筹与研发能力建设

经过多年发展，我国形成了门类比较齐全的能源科技研发院所，但在战略统筹、前沿技术研发等方面力量相对薄弱，难以适应能源发展新形势和新要求，需要在依托和整合现有科研力量的基础上，加大能源各品种各环节开发利用技术集成研发力度，推进战略管理和前沿技术的高度融合，打造统筹能力和创新能力强大的国家级能源战略科技研发机构。一是组建国家能源战略科技研究院，统筹推进基础性、综合性、战略性能源科技研发，提升国家能源战略、能源科技、能源安全等综合运筹能力。二是借鉴美欧日等国家先进做法和经验，推动建立一批产学研相结合的技术创新联盟，健全能源科技攻关协同组织体系。三是实施能源科技人才工程，建设梯次完备的能源科技人才队伍。

2. 着力实施"三个一批"行动计划

根据能源发展战略目标和现实基础，应用推广一批相对成熟、有需求、有市场的技术，试验示范一批有一定技术积累但技术工艺路线尚不定型、经济性和市场可接受性有待检验的技术，集中攻关一批前景广阔但核心技术尚未突破的技术。"十三五"时期，要依托重大能源项目，加速科技创新和成果转化应用。力争尽快突破页岩气开发、大规模储能、电动汽车、燃气轮机发电、光热发电、低浓度煤层气利用等核心技术，并依托能源重大项目尽快推广应用，培育新的经济增长引擎。**中长期，要把握未来能源发展趋势，积极推进基础性、战略性重大能源前沿技术研发应用**。力争在四代核电、可燃冰、氢能、新一代生物质能、煤炭无人开采等核心技术领域居世界领先地位。

（五）坚持深化改革，推进能源革命走上快车道

"十三五"时期，应坚持**"打破垄断、提高效率、规范竞争、强化监管"**的原则，充分发挥市场的决定性作用，深化重点领域和关键环节改革。

1. 组建相对独立的电力交易机构

目前中央已审议通过了《关于进一步深化电力体制改革的若干意见》，总体思路是"**三放开、一独立、三强化**"。其中组建独立的电力交易机构是落实若干意见的"牛鼻子"。"十三五"期间，为推动电力体制改革顺利实施，应尽快组建由政府主管部门直接领导的电力交易机构，独立于电网企业，统筹负责市场交易与结算等相关事项的具体组织协调，并根据电力市场发展的需要，逐步发展为国家电力交易与调度中心，实现区域间交易平台的互联互通，扩大市场范围。

2. 创新油气管网建设运营模式

长期以来，我国油气管网由三大油公司建设运营，各公司上下游一体化程度高，未充分公平开放。"十三五"期间，应加强规划引导，推动管网互联互通，并健全第三方公平准入监管。对新建油气管网，积极推进以多元化股份制等方式吸引社会各类主体参与建设，按照网运分离的模式由独立管道公司运营；对已投运管网，探索在三大油公司内部实施输送业务与其他业务财务分离乃至产权分离试点，推动管网设施向社会公平开放。

3. 进一步理顺政府和市场的关系

目前政府对能源的管理缺位与越位并存，政策引导和监管不足，不能适应新常态下能源发展和改革需要。"十三五"期间，一方面，要继续加大简政放权力度，尽可能取消和减少行政审批，充分还权于市场和企业；另一方面，**要剥离由企业代行的公共管理职能，包括能源管网规划、标准、发电并网和油气管网准入等能源管理职能，由政府管理部门或委托中介机构承担**。同时，按照"大能源"管理的内在要求，强化对能源行业的总体规划和专业监管，促进能源行业整体协调健康发展。

4. 加快能源法制建设

着力推进《能源法》《电力法》《煤炭法》《石油天然气法》的制定、修订工作，积极推进《核电管理条例》《海洋石油天然气管道保护条例》《国家石油储备管理条例》《能源监管条例》的研究和制定。

（六）坚持务实合作，实施积极有为的能源开放战略

统筹国际国内两种资源、两个市场，全方位实施能源开放与合作战略，是保障我国能源安全的重要途径。

1. 加快实施丝绸之路经济带和 21 世纪海上丝绸之路战略规划，稳步推进中巴经济走廊能源项目建设

编制"一带一路"建设能源专项规划，研究制定"一带一路"建设能源安全保障措施，尽快形成"一带一路"能源合作项目生成和滚动实施机制。加快推进一批重点能源项目的前期工作，积极推进签署一批能源项目合作协议，为"一带一路"建设形成重大项目储备。

2. 实施"拓展美洲"能源合作新战略

近年来，随着美国、加拿大、委内瑞拉非常规油气（页岩气、页岩油及油砂）大规模开发及巴西深海油气开发，美洲在全球能源供应格局中的地位不断上升，且能源价格有较强竞争力。**"十三五"期间，在巩固现有海外合作区块的基础上，应重点加强与美洲国家油气开发合作，扩大贸易规模，促进油气进口多元化。**

3. 开辟油气进口陆上新通道

我国石油进口 80％以上经过马六甲海峡，未来应在巩固原有三大陆路进口通道的基础上，**结合"一带一路"战略与中巴经济走廊建设，开辟油气进口新通道。**

4. 提升能源"走出去"质量

制定中长期能源对外合作规划，**重点推动核电、水电、火电及特高压输电"走出去"，**带动相关装备、技术与服务贸易出口，促进核电等高端研发人才及工程队伍稳定，消化国内制造业过剩产能，为新常态下稳增长提供有力支撑。

5. 积极参与全球能源治理

利用上海自贸区平台，建设上海国际能源交易中心，加快我国原油期货市场建设；形

成统一完整有国际影响力的能源技术与装备标准体系；健全企业海外投资风险应急和保障体系；加强国家能源信息、统计与形势分析能力建设，建立定期发布机制。

三、"十三五"期间建议出台的政策要点

1. 同步实施气、电价格联动和季节差价机制

从国际经验看，天然气大发展必然伴随燃气发电的大规模应用。我国天然气、电力目前以单一固定价格为主，且相互没有关联，难以适应天然气发展需求。**在气、电价格市场化之前，应推行气、电价格联动，同时天然气和电力均实行季节差别价格。长远应鼓励燃气发电参与电力市场竞争。**天然气和电力需求具有较强的季节调峰互补特性，通过设计气、电价格季节价差和联动机制，燃气机组可以在夏季 2 000 多小时内利用富余天然气发电，实现低价气发高价电，其他季节主要用于调峰，可有效缓解燃气发电亏损局面，平抑天然气、电力峰谷差过大的矛盾。

2. 创新非水可再生能源激励与约束机制

"十三五"期间，可再生能源政策既要保障风电和太阳能发电的规划目标，又要促进技术进步，较大幅度降低成本和价格。应坚持激励与约束并举，一方面，面向地方政府和电力企业**实施可再生能源配额制及市场交易机制**，促进风电、太阳能建设和消纳；另一方面，综合考虑合理发展规模和经济可承受力，**科学确定风电、太阳能发电补贴总额上限**，提前**设定未来若干年的补贴规模并向社会公布**，逐步降低电价补贴标准，通过倒逼机制促进技术进步。若风电、太阳能发电上网电价分别下降15％和30％，则全国可再生能源电价附加标准可降低为1分/千瓦时。

3. 完善电力调峰成本补偿和价格机制

合理的调峰成本补偿和价格机制是提高全系统调峰能力和优化运行的基础。"十三五"时期，在电力交易市场尚未建立或成熟的阶段，应建立抽水蓄能机组、燃气电站、龙头水电站等优质调峰机组的成本补偿机制，扩大上网电价峰谷价差。电力市场完善后，**应建立用户和全体发电企业参与的辅助服务补偿机制**，采用竞争方式确定承担低谷调峰电厂，推动用户提供可中断负荷，实现调峰价格市场化。

4. 调整东部地区煤电准入政策

超低排放技术为煤电机组控制污染物排放提供了新的解决方案，东部地区新增火电机组准入政策应相应调整。"十三五"时期，京津冀、长三角和珠三角区域在同时满足煤炭消费控制目标和大气污染物排放达到燃气机组排放限值的前提下，可按规划适度新上清洁煤电项目，不仅限于新增热电联产机组，以优化煤电区域布局，减轻跨区输电压力。

5. 完善天然气多元供应保障政策

"十三五"时期，要继续加大对非常规天然气开发的支持力度，重点提高页岩气、煤层气财政补贴标准，页岩油、油砂等其他非常规能源和深海油气开发补贴政策比照执行。为充分利用国际油价下跌机遇，提高天然气进口保障能力，应进一步放开 LNG（liquefied natural gas，液化天然气）进口资质及接收站、储气库等基础设施建设运营权和使用权，鼓励各类市场主体参与国际贸易，推动进口来源、进口主体、进口方式多元化，在现货采购的同时，以长协方式锁定未来气价风险。

6. 实施能源价格与税收、财政政策联动改革

目前我国能源生产环保成本主要以脱硫、脱硝、除尘电价等环保加价的形式体现在能源价格上，本质上是将企业的治污成本由全社会共同负担，对企业难以真正形成清洁低碳生产的约束机制和内生动力。应逐步取消环保加价过渡性政策，实施价、税、财联动改革，利用能源市场降价空间，按照"谁污染、谁治理、谁付费"的原则，合理提高排污费和能源消费税标准，或研究开征环保税以及建立污染物和碳排放交易市场，相应降低或取消环保加价，逐步理顺价、税关系，增强政府调控能力，促进节能减排。

7. 实施电力项目招投标机制试点改革

强化规划引导，创新项目审批方式，电力建设项目可行性研究等前期工作由政府委托咨询机构统一实施，经论证后纳入发展规划，符合规划的电力建设项目，均通过招投标等市场化方式确定投资主体。

ZHONGYANG
"SHISANWU"
GUIHUA 《JIANYI》 ZHONGDA
ZHUANTI YANJIU

专题十六　提高资源利用效率

国家发展和改革委员会

提高资源利用效率研究报告

"十三五"是我国全面建成小康社会的决战时期,是实现"两个百年"奋斗目标的第一步,做好顶层设计、加强规划引导、深化制度改革至关重要。本研究坚持问题和目标导向,分析"十三五"资源开发利用面临的形势,研究提出提高土地、水、能源、矿产等资源利用效率的目标任务和政策建议,为科学编制"十三五"规划提供参考。

一、我国资源利用现状分析

党和政府历来高度重视提高资源利用效率,坚持节约优先的方针,采取一系列强有力政策措施,取得了积极成效。同时要看到,我国资源禀赋不足,利用方式粗放,加上体制、机制和制度不健全等原因,资源利用效率总体不高,资源约束已经成为发展的"短板""软肋",是我们必须翻过去的山、越过去的坎。

(一)提高资源利用效率取得积极成效

国家"十一五"起将耕地保有量、能耗强度降低、工业水效提升等作为经济社会发展的约束性目标,"十二五"又增加了水资源开发利用"三条红线"管理,提出了资源产出率提高、能源消费总量控制等预期性目标,通过加强规划引导、强化目标责任、优化产业结构、推动技术进步、完善政策机制、加强监督管理、开展全民行动等,资源利用效率稳步

中央"十三五"规划《建议》重大专题研究（第三册）

提升。与 2005 年相比，2014 年能耗强度下降 29.9%，单位工业增加值用水量降低 53.7%，单位国内生产总值建设用地下降 59.3%，再生资源回收利用率提高 13 个百分点，对于支撑经济社会发展、提高发展质量和效益发挥了重要作用。

（二）存在的主要问题

1. 资源支撑能力不足

我国能源、土地、水、矿产等资源保有总量居世界前列，但人均资源占有量偏低、质量总体不高。人均占有石油、天然气、煤炭仅为世界平均水平的 7%、7%、50% 左右，且大多分布在生态环境脆弱地区，开发利用的环境代价高；人均耕地不足世界平均水平的 30%，质量不断下降；人均淡水资源为世界平均水平的 28% 且水资源时空分布不均，全国年均缺水近 500 亿立方米，600 多个城市中有 400 多个缺水，水污染造成的水质性缺水又加剧了水资源的短缺，资源性、工程型、水质性缺水并存；铁矿石、铝土矿等人均占有量仅为世界平均水平的 17%、11%。由于资源禀赋不足，国内供给能力受限。

2. 利用方式依然粗放

产业结构偏重，2013 年我国国内生产总值约占世界的 12.3%，但消耗了全球 22.4% 的能源、47.3% 的钢铁、58.6% 的水泥，精炼铜、原铝、精炼铅、精炼锌消费量分别占全球的 41.7%、47.5%、43.2% 和 45.8%，资源产出率明显低于发达国家水平。单位 GDP 能耗是世界平均水平 2 倍多，远高于发达国家，也高于印度、巴西等发展中大国。城镇人均建设用地约 130 平方米，远超发达国家平均 82.4 平方米、发展中国家平均 83.3 平方米的水平，土地城镇化速度远远快于人口城镇化速度。水资源产出率为世界平均水平的 62%，万元工业增加值用水量为 67 立方米，约是英国和日本的 6.5 倍。

3. 粗放开发利用造成严重资源浪费和生态环境破坏

能源、矿产资源的无序开发造成资源浪费问题严重，非法开采、超计划生产、采富弃贫等问题屡禁不止，也造成了植被破坏、地表沉陷、水土流失，并引发泥石流、山体滑坡等次生灾害。能源粗放利用造成大气雾霾严重、碳排放总量快速攀升等；超承载取用水、大量排放废水造成江河断流、湖泊干涸、地下水位下降、水环境污染，生态用水被挤占又进一步加剧生态退化，造成降雨量减少，陷入恶性循环；新城新区无序扩张造成优质耕地、生态用地被大量占用，生态空间受到严重挤压。资源低效粗放利用带来的生态环境破坏已成为民之痛、国之殇。

（三）原因分析

1. 市场配置资源作用没有得到充分发挥

市场配置资源作用未得到充分发挥的原因主要是：一是自然资源产权制度亟待完善。我国水、矿产等自然资源归国家所有，土地资源归国家或集体所有。由于国有自然资源资产所有者缺位，各级地方政府对资源一级市场控制力很强，以行政划拨方式出让自然资源问题突出，即使通过招拍挂方式出让也存在市场不透明、暗箱操作等问题，导致市场配置资源作用没有得到充分发挥。二是价格形成机制不畅。资源开发中的资源税征收范围偏窄、征收机制不健全，环境税尚未实施，政府定价范围仍然偏宽、具体定价项目仍然偏多，部分行业集中度高、市场竞争不充分，资源性产品价格不能全面准确反映资源的市场需求、稀缺程度、环境损害和代际公平。三是碳排放权、用水权、用能权、地权等市场交易机制尚未建立。

2. 资源管理法规制度不完善

一些法律法规过多考虑部门利益，强化权利、模糊责任，加上问责机制不健全，导致有利可图时的权利争夺与无利可图时的相互推诿，法律法规不能得到完整、严格实施。标准建设滞后，一些行业标准缺失、一些标准长期"睡大觉"，不能及时反映技术进步和社会要求，指导和约束作用不强。目标责任落实不力，虽然对地方政府进行节能、用地、水资源管理等考核，但分量不够，激励作用不强，问责没有落实。固定资产投资项目节能评估审查、用地许可、用水许可等源头把控执行不力，有些地方流于形式，甚至通过拆分项目等方式逃避审批。支持节能、循环经济发展的财政政策有所弱化，支持政策出现"大水漫灌"倾向，政策靶向精准性不够。

3. 技术和产业支撑能力不足

资源高效循环利用、深加工重大科技研发与产业发展协调性不够，企业研发力量偏弱，关键技术和装备缺乏重大突破，核心技术受制于人，一些先进技术亟待大范围推广。节能环保产业面临新的困难，原生资源价格下降造成市场主体节约资源动力降低，节能、循环经济企业经营困难，社会资本投入意愿下降。资源循环利用体系未全面建立，回收利用、循环型产业体系尚处于试点示范阶段。

二、充分认识提高资源利用效率的重要性和紧迫性

资源是人类生存和发展的重要物质基础，是一切生产和生活的源泉。提高资源利用效率，是经济社会发展的永恒主题，是全面建成小康社会、实现中华民族伟大复兴的有力支撑，是保障国家经济安全、提升国际竞争力的有效途径，对于转变发展方式、提高发展质量和效益、建设生态文明，意义重大而深远。

（一）全面建成小康社会的基础保障

"十三五"是建成全面小康社会的决战时期，是基本实现工业化、积极稳妥推进城镇化、加快信息化和农业现代化的关键时期。随着经济规模持续扩大，人口数量高位增长，人民生活稳步提高，消费结构升级换代，能源、土地、水等消耗总量刚性增长。据测算，我国城镇化水平提高一个百分点，将增加能源消耗6 000万吨标准煤、水资源消耗17亿立方米、建设用地1 004平方千米，消耗钢材、水泥、砖木等建材总量约6亿吨。但由于资源禀赋不足，资源开发潜力不断降低，如石油产量仅能维持在2亿吨左右，2020年天然气产量不超过2 000亿立方米、非化石能源供给量只有7.5亿吨标准煤左右。在需求供应"两头挤"的情况下，只能把提高资源利用效率作为主攻方向，用最少的资源消耗支撑经济中高速增长，为全面建成小康社会提供基础保障。

（二）提升发展质量和效益的内在要求

资源是重要的生产要素，在生产成本中占很大比重。提高资源产出率，是减少成本投入的有效途径，是竞争力的重要体现，也是世界经济发展的一个基本脉络。世界上许多资源贫乏国家通过提高资源利用效率展示了较强的国际竞争力，但一些资源丰富国家由于不重视提高资源利用效率而在国际竞争中处于劣势。只有以提高资源利用效率为中心，加快产业技术创新，推动企业技术进步，把资源环境压力转化为转变发展方式的动力，使发展由主要依靠资源大量投入转为主要依靠提高利用效率上来，才能增加投入产出比，创造更高的经济效益和良好的社会效益。

（三）改善生态环境质量的治本之策

提高资源利用效率与生态环境保护同根同源，具有很强的协同效应。我国出现的生态环境问题，很大程度上是由于资源的盲目开发和粗放利用造成的。在同等技术水平、产能规模下，资源利用效率越高，污染排放越低。提高废弃物再生循环利用程度，可以替代原生资源使用，减少污染物排放量和最终处置量，有效改善环境。例如，2012 年我国废钢铁等主要再生资源回收量已超过 1.6 亿吨，相当于节约矿石资源 6.5 亿吨、节约能源 1.7 亿吨标准煤，减排废水 1.12 亿吨、固废 3.39 亿吨、二氧化硫 374 万吨。有关研究测算，每回收利用 1 吨废旧物资，可节约自然资源 4.1 吨，减少 6～10 吨垃圾处理量。提高资源利用效率，是从源头减少生态破坏和环境污染、改善生态环境的必由之路和根本之策。

（四）保障国家资源安全的迫切需要

受制于资源禀赋和实际需求，近年来我国资源对外依存度不断攀升，成为矿产资源进口第一大国。2014 年，石油对外依存度达 59.5%，天然气对外依存度达 32%，铁矿、铝土矿、铜、钾盐等大宗矿产对外依存度超过 50%，资源安全严重受制于人。同时，国际上围绕能源资源的竞争更加激烈，政治博弈、经济利益、文化影响相互交织，地缘冲突不断加剧，呈现出复杂多变的局面。在主要资源输出国中，加拿大、澳大利亚等发达国家资源控制和保护意识提高，在非洲"中国资源掠夺论"有一定的市场；在主要资源输入国中，随着美国、日本"制造业回归"，以及印度、印尼、越南等新兴经济体的快速发展，各国对资源的需求更加旺盛，世界资源版图正在发生深刻变化，我国利用境外资源的复杂性和难度也将增加。提高资源利用效率，对于掌握资源主动权，缓解获取国外资源压力，保障国家资源安全和经济安全，具有重要意义。

（五）应对国际绿色竞争和全球气候变化的必然选择

绿色、循环、低碳发展已成为国际经济发展的潮流和趋势，成为未来竞争的重要内容。绿色能源正在酝酿重大突破，并与智能技术、传统产业深度融合，正在催生新的工业技术革命。德国等推动的"工业 4.0"，其核心之一就是以智能制造提升资源利用效率。同时，应对气候变化成为人类社会共同挑战，已成为重大国际政治问题，并逐步影响国际经济格局和国际贸易规则。我国温室气体排放总量大、增速快，已经成为全球关注的焦点，减少排放压力越来越大。大力提高资源利用效率，对增强国际绿色竞争力，有效控制温室气体排放，打破绿色贸易壁垒，维护负责任大国形象，具有重大作用。

三、"十三五"提高资源利用效率的总体思路

（一）指导思想

以习近平总书记系列讲话精神为指导，全面贯彻党的十八大和十八届三中、四中全会精神，坚持节约资源和保护环境基本国策，树立和弘扬新资源观[1]，发挥市场配置资源的决定性作用，完善政府资源环境管控机制，把提高资源利用效率贯穿于生产生活的各个方面，着力推动绿色循环低碳发展，构建有利于资源高效循环利用的城镇化格局、产业结构、生产方式、生活方式，大幅降低资源消耗强度，合理控制资源消费总量，形成节约、集约、循环的资源利用新方式，提高发展的质量和效益，为实现"两个百年"战略目标提供坚实的物质基础。

（二）基本原则

1. 深化改革，市场机制和政府调控两手发力

理顺政府与市场的关系，尽可能减少政府对资源的行政性配置，把资源配置的决定性作用交给市场。合理界定政府的管理权限，理顺资源性产品价格形成机制，打破行业垄断和地区封锁，综合考虑发展阶段、产业结构、资源禀赋、资源环境承载力等合理确定资源消耗强度和总量，加强用途管制，使市场与政府各司其职、优势互补。

2. 创新驱动，推动资源利用方式根本转变

把技术创新作为提高资源利用效率的关键，紧抓制约我国资源高效循环利用的核心技

---

[1] 相对传统资源观，新资源观主要体现在"四新"上：一是对我国资源禀赋的认识。要转变传统的地大物博、资源丰富的概念，充分认识我国资源禀赋并不优越，支撑经济社会发展能力严重不足、约束趋紧。二是对资源供给来源的认识。要转变传统的增加资源供给只能依靠开发原生资源的认识，深刻理解节约资源、推动废弃物循环利用也是增加资源供给的重要渠道，加大开发利用再生资源力度，减少对原生资源的依赖。三是充分认识环境也是资源，绿水青山可以源源不断带来金山银山。四是树立资源环境统筹协调的观念。认识到环境问题归根到底是资源的过度开发和粗放利用造成的，解决环境问题必须从转变资源利用方式、提高资源利用效率上下功夫。

术和装备瓶颈，紧盯国际绿色技术新潮流，加强科技研发，推动集成创新，完善推广机制，加大推广力度，形成减少消耗的节约利用、优化结构和布局的集约利用、资源质量和用途相匹配的梯级利用、废弃资源再生的循环利用等资源利用新方式。

3. 优化结构，提高资源利用系统效率

大力发展生产型服务业、战略性新兴产业、循环经济和现代农业，推动产能过剩、资源消耗高的产业向境外转移，推动产业结构和资源结构优化升级。树立全国"一盘棋"的思想，充分发挥各地区比较优势，重大生产力布局、城镇化发展要统筹考虑资源承载、环境容量、市场需求、运输成本等，做到全局最优、系统最优。

4. 协同推进，促进生态环境质量根本改善

统筹资源与环境、结构与技术、经济与社会、国内与国际的关系，资源开发利用要充分考虑生态损害和环境影响，倒逼资源利用方式转变和效率提高，从源头上减少污染排放，改善生态环境质量。

（三）主要目标

到 2020 年，新资源观深入人心，节约集约循环利用资源成为主流价值导向；能源、水、建设用地等资源消耗强度大幅下降，能源、水、建设用地消耗总量得到合理控制，再生资源回收利用率大幅提高，资源循环利用体系初步形成；市场配置资源的决定性作用得到切实发挥，政府调控手段更加科学高效，制度体系更加完善；科技装备水平得到明显提高，高消耗、高排放、低效率的粗放型发展方式根本转变，经济发展质量和效益显著提高。

能源。一次能源消费总量控制在 50 亿吨标准煤左右，单位国内生产总值能耗比 2015 年下降 15％左右，非化石能源占一次能源消费比重达到 15％。

水资源。全国用水总量控制在 6 700 亿立方米以内，万元国内生产总值用水量比 2015 年下降 23％，农田灌溉水有效利用系数提高到 0.55 以上，非常规水利用量达到 100 亿立方米以上。

土地资源。耕地保有量保持在 18.65 亿亩；单位 GDP 建设用地使用面积下降 20％；新增建设用地规模小于 3 256 万亩。

矿产资源。矿产资源总回收率和共伴生矿综合利用率比 2015 年提高 3～5 个百分点；尾矿综合利用率提高到 30％。

再生资源。资源循环利用率达到 40%，废弃物利用率不低于 50%，主要品种再生有色金属占当年有色金属总产量的比例稳步提高。

节能环保产业。节能环保产业产值年均增长 15% 以上，节能环保产业总产值超过 9 万亿元。

四、主要任务

紧紧围绕供需矛盾突出、约束力强的能源、土地、水、矿产等重要资源，以转变资源利用方式为主线，突出重点领域和关键环节，大力推动结构调整和技术进步，加快发展循环经济，全面提高资源利用效率。

（一）提高能源利用效率

实施全民节能行动计划，实施能源消费总量和强度"双控"，全面推进工业、建筑、交通运输、公共机构等领域节能。实施节能重点工程，推广节能技术产品，开展重点用能单位"百千万"行动和节能自愿行动，推动建立能源管理体系。

1. 工业能效水平提升

工业能耗占全社会总能耗的 70% 以上，是提高能效的主战场。要通过严格准入、推动产品升级等做优增量，通过淘汰落后产能、产业境外转移、技术改造等提升存量，切实优化工业结构。实施重点工业行业能效提升计划，推动钢铁、电力、有色金属、石油石化、化工、建材等高耗能行业实施余热余压利用、能源系统优化、电机系统节能、煤炭消费减量替代等改造，开展节能技术产业化示范，推动重点用能企业建立能源管理系统、开展能效水平对标，实施燃煤锅炉节能环保提升工程，推广先进高效通用设备，推动工业技术进步。推行节能低碳电力调度。

2. 提高城镇化进程中的能源效率

城镇化具有锁定效应，其建设水平决定了未来几十年的能效水平，必须未雨绸缪。要实施建筑能效提升和绿色建筑全产业链发展计划，大力推广绿色建筑，提高建筑节能标准，推进既有建筑节能改造，加强大型公共建筑用能管理，推行建筑工业化，推动新能源和新型建材在建筑上的应用。发展以公共交通为主的城市交通系统，建立自行车出行服务系统，党政机关和公交系统强制购买节能新能源汽车，激励居民购买节能新能源汽车，加快淘汰老旧交通运输装备，城市货运积极推行共同配送、统一配送、集中配送。

3. 优化能源结构

大力发展风电、光伏发电、生物质能，积极发展水电，安全发展核能，开发利用页岩气、煤层气等非常规天然气。控制煤炭消费总量，制定实施大气污染治理重点城市煤炭消费总量控制方案。加强煤炭洗选，提高煤炭清洁利用水平。积极发展智能电网，提高电网对非化石能源和清洁能源发电的接纳能力。科学规划农村沼气建设布局，鼓励发展大中型沼气，因地制宜发展户用沼气。

4. 发展节能产业

加快节能技术装备研发生产，重点发展高效锅炉、高效电动机、蓄热式燃烧等技术装备，加快实施节能与新能源汽车技术创新工程，推广半导体照明等高效节能产品。推行合同能源管理，完善支持机制，鼓励专业化能源服务公司为用能企业提供节能诊断、改造等"一条龙"服务。实施能效领跑者制度，及时发布能效最高企业、产品、公共机构名单，形成对相关行业的有力带动。

（二）提高土地利用效率

实行建设用地总量和强度"双控"行动，严控新增建设用地，强化存量用地挖潜，优化开发利用格局。

1. 严控新增建设用地

加强城乡建设用地总量控制，加快划定城乡开发边界，有效管控新城新区和开发区无序扩张。对存量建设用地大量闲置、土地利用效率低的地区，主要依靠存量建设用地挖潜解决土地需求，有关部门要制定具体的标准。对新增建设用地，要合理确定规模、结构和时序，充分考虑土地永续使用。严格保护耕地，实行耕地占补平衡，做到数量和质量双平衡。

2. 强化存量用地挖潜

促进建设用地流转，加强闲置土地、低效用地、废弃地管理，开展建设用地节约集约利用调查评价，提高存量建设用地效率。强化闲置土地管理，严格执行依法收回闲置土地或征收土地闲置费规定，鼓励采取有偿收回、以收促建、腾笼换鸟等方式，盘活闲置土地。加强低效用地再开发，重点推进城中村、旧城、旧工厂改造，有序推进城镇低效用地再开发和低丘缓坡土地开发利用，推进农村宅基地管理改革，促进土地高效配置。推进工矿废弃地开发和复垦利用。加强城市地下空间开发利用，鼓励产业园区建设高层标准化厂房。开展农田质量提升工程，提高耕地生产能力。

3. 优化开发利用格局

加强国土空间用途管制，按照发挥土地最大效能的原则，明确功能要求和开发、利用、保护边界，促进生产、生活、生态用地合理布局。构建以城市群为主体，大中小城市和小城镇协调发展的城镇化格局。鼓励城市功能混合和产城融合，推进建设用地的多功能开发、地上地下立体综合开发和复合利用，促进城市紧凑发展。加强开发区用地功能改造，推动单一生产功能向城市综合功能转型。

（三）提高水资源利用效率

落实最严格的水资源管理制度，实施全民节水行动计划，实行水资源消耗总量和强度"双控"行动，加快农业、工业、城镇节水改造，加强非常规水资源开发利用，切实提高水资源利用效率和保障能力。

1. 构建与水资源相适应的经济社会布局

提升粮食生产与水资源匹配度，稳定南方地区耕地面积，控制或压缩华北、西北等地下水超采区灌溉面积，减少高耗水作物种植面积。严控水资源紧缺地区城市过度发展，以水定城、以水定人、以水定产，对水资源短缺地区实行更严格的产业准入、取用水定额控制。构建适水的区域产业发展格局，水资源短缺地区禁止发展高耗水产业，水资源超载地区要坚决压缩高耗水产业规模。

2. 加强节水技术改造和基础设施建设

加快农业节水改造，推进大中型灌区续建配套与节水改造，重点抓好粮食主产区、严重缺水区以及生态脆弱区；加强田间灌排渠系、雨水集蓄利用等工程建设；因地制宜发展牧区节水灌溉。加强重点行业节水改造，全面推广节水技术与设备，加强废水回收处理和循环利用。加快城镇供水节水改造，提高自来水厂制水效率，优化配置城镇供水管网，减少跑冒滴漏。加强农业灌溉、市政环卫绿化取用水监控计量设施建设。强化重点用水单位监管，鼓励一水多用、优水优用、分质利用。建立水效标识制度，实施水效领跑者引领行动，推行合同节水管理。

3. 大力推动非常规水资源利用

制定非常规水资源开发利用规划，建立常规与非常规水源的统一配置格局。建设城市再生水利用与分质供水管网系统，城市绿化、洗车等要强制使用非常规水。全面推进雨水集蓄，积极建设"海绵城市"。因地制宜推进海水淡化、苦咸水、矿井水、空中云水等非常规水资源利用，实施海岛海水淡化示范工程。

（四）提高矿产资源利用效率

强化矿产资源规划管控，严格分区管理、总量控制和开采准入制度，加强复合矿区开发的统筹协调，完善优势矿产限产保值机制，开展找矿突破行动。

1. 着力提高矿山开采效率

严格执行矿产资源开采回采率、选矿回收率、综合利用率指标要求，实施矿山最低开采规模准入制度，支持小型矿山企业实施兼并、联合或重组，关闭技术落后、破坏环境的矿山，支持矿山企业采矿、选矿技术和工艺改造。

2. 大力推动尾矿、共伴生矿资源综合利用

积极开展铁、铜、铅、锌、黄金等尾矿综合利用，重点推进铁矿尾矿伴生多金属的高

效提取、富铁老尾矿低成本再选，铜、铝土矿等有色金属尾矿中有用组分分离提取，加强有色多金属尾矿中有价元素高效分离回收；推广黄金尾矿中残留贵金属高效再选、氰化法替代技术，加强黄金尾矿中伴生有色金属、硫资源高效回收。推进非金属矿山尾矿生产建筑材料，填充采空区及露天矿坑，开发尾矿微晶玻璃等高附加值利用。

3. 调控矿产资源开发利用结构

做好矿山储量动态监测和矿业权核查，严格监督检查矿山企业执行开采总量控制情况。实行分类管理，对钨、锡、稀土等优势矿产实行限产保值。调整矿产品进出口结构，增加初级产品进口，提高出口矿产品的附加值。建立矿产资源国家权益金制度，健全矿产资源税费制度。

（五）大力发展循环经济

实施循环发展引领行动，推进生产与生活系统循环链接，促进企业间、园区间、产业间耦合共生，加快废弃物资源化利用，切实提高资源产出率。

1. 推行企业循环式生产

建设循环型企业，实现企业内部资源循环高效利用。积极开展生态设计，推进产品零部件标准化生产，促进产品废弃后拆解回收利用。加强企业清洁生产审计，严禁有毒有害材料使用，加大可再生材料使用比例。推进生产过程物质流合理高效匹配，推动废渣、废水、废气、余热、余压的资源化利用。推动企业间、企业与社会间资源循环链接。

2. 推进产业循环式组合

总结提炼我国煤炭、电力、钢铁、石油石化、建材等重点工业行业，以及农业、服务业领域循环经济发展的实践经验，宣传推广循环经济发展模式。推进产业循环式布局，鼓励企业间能源梯级利用、废物交换利用、水资源循环利用。按照布局优化、企业集群、产业成链、物质循环、集约发展的要求，推动工业、农业、服务业间的循环链接、共生耦合。推动粉煤灰、煤矸石、脱硫石膏、农作物秸秆等大宗固体废弃物资源化利用，大力推动园区循环化改造，完成全部国家级产业园区改造工作，建立工农复合型循环经济示范区。

3. 推进重点区域循环经济发展

把循环经济要求贯穿到国家实施的重大区域发展战略中，京津冀地区重点推动产业与生活系统的循环链接，长江经济带、珠三角地区要以园区循环化改造为重点，把"一带一路"作为国际大循环的突破口，切实提高资源的循环高效利用水平。开展循环经济示范市、县建设。

4. 构建循环型社会

推进城市矿山开发利用，建立和完善再生资源回收网络，构建废弃物交换信息平台，提高重要再生资源回收利用水平。积极发展再制造，推动餐厨废弃物、建筑垃圾、废旧纺织品、电子垃圾等资源化利用和无害化处置。加强生活垃圾分类回收与再生资源回收体系的有机衔接，建设静脉产业基地。推进生产和生活系统循环链接，因地制宜推动工业生产过程协同处理生活废弃物。

五、重点制度建设

提高资源利用效率，制度建设是根本。要抓住影响全局的关键环节锐意改革，建立起体系健全、科学合理、运行有效的制度体系，形成促进资源利用效率提高长效机制，激发各类市场主体提高资源利用效率的内生动力。

（一）理顺资源性产品价格形成机制，发挥市场决定性作用

1. 完善资源产权管理制度

产权是市场的基础，要通过健全自然资源产权制度建立政府随意配置的"防火墙"。明晰产权，推动国有自然资源资产所有者尽快到位。规范土地、矿产等资源出让程序和方式，利用大数据系统加快建立全国统一、竞争充分、公平透明的自然资源交易平台，所有土地、矿产等国有自然资源资产出让、回购都要在此平台上交易，坚决堵塞暗箱操作，斩断政府乱伸的手。理顺土地价格形成机制，清理整顿地方土地优惠政策，取缔营利性生产经营项目通过政府划拨、协议低价、以税抵地等方式取得用地。

2. 推进税费改革

推动资源税、环境税等进入资源性产品价格形成成本。按照"清费正税"、扩大范围、提高税率的原则加快推进资源税改革，逐步将资源税扩展到占用各种自然资源和生态空间。加快推动环境保护"费改税"，严格征收管理。加大对高耗能、资源性产品和奢侈品征收消费税的力度和范围。

3. 严格政府定价范围

政府定价主要限定在重要公用事业、公益性服务、网络型自然垄断领域，体现基本需求与非基本需求、资源利用效率高低。完善水资源费、水利工程供水价格和城市供水价格政策。全面实施居民生活用水、用电、用气阶梯价格制度，严格落实高耗能行业差别性电价政策。

（二）建立资源环境承载能力管控制度，实行差别化调控政策

1. 建立监测预警机制

建设资源环境监测网络，构建区域资源环境信息数据库，评估区域资源环境承载能力状况，确定各地区资源环境承载能力上限，设置预警控制线和响应线，建立警情发布平台。对资源消耗和环境容量接近承载能力的地区，及时采取适当措施，保障基本需求，抑制不合理需求。

2. 加强总量管控

对资源环境承载能力已经达到或接近上限的地区，实行资源消耗"红线"管理，分门别类提出消耗"天花板"，以总量管控为主。严格节能评估审查，合理分解目标任务，加强监督检查。严格水资源论证和许可制度，落实水资源开发利用总量和用水效率红线控制要求。加强用地预审，强化土地利用总体规划和年度计划管控。

（三）完善市场化交易制度，推动第三方服务

1. 建立完善市场化交易制度

建立平等协商、有效申诉、独立仲裁、信息公开、政府监管、权益保障的市场化交易制度，实现全社会范围内资源环境优化配置。结合重点用能单位节能低碳行动和新建项目能评审查，开展用能权交易试点。制定碳市场管理办法，合理确定初始分配额度，建立全国性碳排放权交易市场。培育和规范区域性水市场，推动建立水权交易机制。总结地方地票交易的实践经验，研究扩大试点范围。

2. 推行专业化服务

推行合同能源管理，完善支持政策，公共机构节能节水改造要优先采用合同管理方式，支持社会各类单位采用合同能源管理、合同节水管理方式实施节能节水改造。推进资源节约和循环利用专业化服务，充分利用专业化机构在资金、技术、人才等方面作用，构建产学研用一体化的专业化服务平台和机制。

（四）建立绩效评价考核机制，开展离任审计和责任追究

1. 完善考核评价机制

将能源、水、土地等资源消耗总量和消耗强度控制指标，以及资源循环利用率等指标纳入地方政府政绩考核体系，提高考核权重，明确考核办法，考评结果作为领导干部选拔任用的重要依据。整合资源环境类各项工作考核，提高考核权威性，减轻地方负担。

2. 建立离任审计制度

编制自然资源资产负债表，及时反映各地能源、土地、水、矿产等资源数量和质量变化情况，对领导干部实行自然资源资产离任审计。

3. 实施责任终身追究制

对推动资源高效利用和保护工作不力，未完成资源环境约束性目标、盲目决策造成严重资源浪费和环境破坏的要及时进行诫勉谈话，并记录在案，相关人员不得转任重要职务或提拔使用，问题严重的要给予处分，已经调离的也要问责。对履职不力、监管不严、失职渎职的，要依纪依法追究有关人员的监管责任。

六、保障措施

坚持理念转变先行，以法规标准为准绳，以规划政策为引导，以科技进步为支撑，以组织体系为保障，切实动员各方面的力量，确保任务落实、目标实现。

（一）牢固树立新资源观

要使各级领导干部和广大群众充分认识我国资源禀赋的不足和面临的严峻形势，树立和弘扬新资源观，深刻理解提高资源利用效率就是创造资源，更加重视资源利用的系统效率，更加重视在资源开发利用过程中减少对生态环境的损害，更加重视资源的再生循环利用，用最少的资源环境代价取得最大的经济社会效益，使新资源观成为社会主义主流价值观。

（二）健全法律法规标准

按照山水林田湖是一个生命共同体的理念，推动制定自然资源管理法，修订相关专项法律，加强各类资源管理法律的协调性。启动修订《节约能源法》《循环经济促进法》。建立健全资源高效利用的技术、产品、装备和管理标准，扩大标准覆盖范围，提高行业准入门槛。实施能效、水效领跑者引领行动，及时更新相关标准，体现技术进步情况。鼓励地方按规定程序制定严于国家的地方标准。

（三）加强规划政策引导

在制定实施国家有关发展战略、专项规划、产业政策以及财政、税收、金融、价格和土地等政策过程中要充分体现提高资源效率的要求，政策措施有利于推进资源节约和环境保护。加强国家层面经济社会发展规划、城乡规划、土地规划、生态环境保护规划之间的协调和功能定位，大力推行"多规合一"，确保提高资源利用效率的各项要求落到实处。

（四）完善组织保障

建立权责明晰、协调配合、运行高效的自然资源管理体制，按照决策权、执行权、监督权相分离的原则，设立自然资源资产管理部门、宏观管理部门和执法监督部门。资产管理部门作为国有自然资源资产所有者代表，对自然资源享有占有权、处置权和收益权。宏观管理部门负责经济社会发展与资源环境的统筹协调，研究制定相关法规、规划、政策、标准。执法监督部门要独立执法，严肃查处各类严重浪费资源、破坏生态环境的违法违规问题。

（五）强化科技支撑

资源环境与群众联系紧密，创新的力量在民间，要推动大众创业、万众创新，完善资源高效利用技术创新体系。加快共性、关键和前沿技术研发，国家和地方科技计划要加大支持力度。加强创新团队和研发基地建设，组建一批国家级实验室及专家队伍，搭建技术产业联盟。建立关键技术绩效评估制度和科技服务体制，加强技术装备产业化示范和推广，建立先进技术遴选、评定及推广机制，发布国家鼓励的技术、工艺和装备名录，建立资源高效利用的信息技术平台。深化国际合作，加强先进技术引进、吸收和再创新。

（六）动员社会参与

倡导合理消费，力戒奢侈浪费，制止奢靡之风，深入开展反过度包装、反食品浪费、反过度消费行动。加强宣传教育，开展节俭养德全民节约行动，推动形成节约适度、绿色低碳、文明健康的生活方式和消费模式，引导消费者购买节能环保再生产品，推动形成勤俭节约的社会风尚。健全信息披露制度，推动企业定期公布能耗、水耗等资源消耗状况。完善公众参与决策和监督途径，重大资源开发项目要广泛听取公众意见，畅通群众举报途径，完善公益诉讼制度。推动建立系统全面的资源利用第三方监测体系。发挥各类环境组织、新闻媒体的作用，营造良好的舆论氛围。

　　资源既要支撑当代人过上幸福的生活，也要为子孙后代留下生存的根基。提高资源利用效率功在当代、利在千秋，千万不能涸泽而渔。要把提高资源利用效率作为经济社会发展的重大任务，扎实做好各项工作，为建设生态文明、美丽中国做出新的贡献，让青山常在、绿水长流。

国土资源部

土地资源节约集约研究

　　土地资源节约集约利用是我国现代化进程中具有全局性、战略性、根本性的重大问题，事关经济社会可持续发展、生态文明、美丽中国建设大局和实现中华民族伟大复兴中国梦。持续推进土地资源节约集约利用，全面提升经济社会发展用地效率和资源保护、保障能力，是落实节约优先战略、保障科学发展、促进发展方式转变的根本要求和必由之路，也是立足我国土地国情和当前发展阶段的现实选择。"十三五"时期是我国全面建成小康社会的决定性阶段，随着我国经济发展步入新常态，经济增长换挡期、结构调整阵痛期、前期刺激政策消化期"三期叠加"，土地资源供需矛盾依然较大，面临形势严峻复杂，坚持和完善最严格的节约用地制度，全面提升土地资源对新常态下经济发展的支撑保障能力，对于切实做好"十三五"时期土地资源管理工作具有重要意义。

一、"十二五"节约集约用地工作进展与成效

　　"十二五"时期，国土资源系统坚持解放思想、深化改革，深入贯彻党的十八大和十八届三中、四中全会精神，积极落实中央经济工作会议和农村工作会议部署，围绕"稳增长、促改革、调结构、惠民生"大局，坚定"尽职尽责保护国土资源、节约集约利用国土资源、尽心尽力维护群众权益"职责定位，积极主动作为，严格规范管理，强化制度建设，细化政策措施，致力探索创新，注重总结提升，全力推进节约集约用地各项工作，取得积极进展。

（一）制度建设不断强化，最严格的节约用地制度基本确立

国家一直高度重视和积极推动最严格的节约用地制度建设，"十二五"时期更是取得重大突破。2011年，国家首次将单位GDP建设用地下降30%纳入《国民经济和社会发展第十二个五年规划纲要》，明确了节约集约用地的国家战略目标和规划控制要求；2012年，国土资源部下发《关于大力推进节约集约用地制度建设的意见》（国土资发〔2012〕47号），系统提出以"规划管控、计划调节、标准控制、市场配置、政策鼓励、监测监管、考核评价、共同责任"为核心的最严格的节约用地制度框架体系；2014年，国土资源部颁布了《节约集约利用土地规定》（国土资源部第61号令）和《关于推进土地节约集约利用的指导意见》（国土资发〔2014〕119号），对节约集约用地制度进行了系统梳理、归纳和提升，对节约集约用地政策措施进行了规范和引导，明确了具体工作要求，最严格的节约用地制度基本确立。

（二）节约集约用地管理不断细化，政策机制渐成体系

一是积极推进土地利用总体规划的编制实施，通过严格土地用途管制、强化规划管控，统筹安排和合理引导各类各业建设用地，控制建设用地规模、布局和节奏，合理调整城乡建设用地的结构和空间布局，促进土地资源利用效率提升；按照"确保我国实有耕地数量基本稳定、质量不下降，土地节约集约利用水平明显提高，维护规划的严肃性和可操作性，促进新型城镇化和生态文明建设"的总体要求，启动了规划调整完善工作。二是改进计划指标编制下达、监管考核方法，推进计划精细化与差别化管理，提高计划管理的针对性和导向性，发挥计划的调控和引导作用，促进区域、城乡和行业协调发展，以及土地要素与资金、劳动力和地区发展阶段的匹配，切实提高土地利用效率和效益。三是建立城镇国有土地使用权招标拍卖挂牌和协议出让、转让、出租、抵押、作价出资（入股）等交易制度，健全完善以有偿使用、交易管理、监管调控、市场服务等为主要内容的土地市场基本制度框架，不断扩大土地有偿使用和市场配置范围，搭建全国土地市场动态监测监管系统，建立从土地供应到开发利用的全程监管体系，加快形成土地有效供给，提高土地资源利用效率。四是会同相关行业主管部门制定、修订并发布实施《限制用地项目目录（2012年本）》《禁止用地项目目录（2012年本）》《工业项目建设用地控制指标》以及涉及轻工、纺织、机械、钢铁、化工、电子、电力、公路、铁路、民航、石油天然气等行业类型的工程项目建设用地控制指标共计27项土地使用标准，下发《关于严格执行土地使用标准促进节约集

约用地的通知》（国土资发〔2012〕132 号），从严格执行和不断完善土地使用标准、明确土地使用标准的审查内容和使用环节、加强土地使用标准执行的监管和评价、大力开展土地使用标准的培训和宣传四个方面做了全面、系统规定，基本确立了符合节约集约用地原则的土地使用标准体系。五是通过配合制定地价调节和财税优惠政策，鼓励和引导用地主体自发提高土地利用强度和效率，促进节约集约用地。六是制定了规范城乡增减挂钩、实施工矿废弃地复垦、鼓励企业增容改造、推动城市更新改造、支持铁路建设综合开发等土地政策，为节约集约用地实践提供政策保障。

（三）基础工作机制不断完善，重点领域取得关键突破

一是积极落实国家发展规划控制要求，将"十二五"规划纲要确定的"单位 GDP 建设用地下降 30％"目标，分解下达到各省（自治区、直辖市），开展年度测算评估，确保目标落实。二是积极开展国土资源节约集约模范县（市）创建活动，连续 3 年将创建活动纳入国土资源部重点工作布局，2011 和 2012 年，累计评选产生 212 个国土资源节约集约模范县市，2014 年部署启动了新一周期创建活动，切实发挥了节约集约用地典型示范和引领作用。三是先后完成 30 个直辖市、省会城市和 20 个小城市的节约集约用地评价，部署启动全国 578 个城市的节约集约用地评价，城市节地评价与更新机制逐步健全。四是连续组织开展两轮全国 1 500 多个开发区的土地集约利用评价，掌握了开发区用地现状、集约利用程度、潜力状况及动态变化，为规范和加强开发区用地管理提供了依据。五是积极开展建设项目节地评价体系研究与实践，进一步加强项目节地源头控制。

（四）探索创新日益深入，节约集约典型经验不断涌现

面对保障发展与保护资源的两难境地，"十二五"期间各地积极探索创新，涌现了一批好的节地典型模式和经验。广东省以"三旧改造"为重点，积极推进城市用地二次开发，促进土地内涵挖潜，提升集约化用地水平；云南、浙江、山东等省科学实施低丘缓坡开发，实现劣地优用，积极拓展用地新空间；长沙市在推进城乡一体化过程中，积极推进节地型城市建设，取得阶段性成果。在总结地方经验的基础上，加大政策支持，稳步推动各项工作开展，先后批准广东省、安徽省合肥市、湖南省长沙市黎托片区为节约集约用地的试点省、试点城市和试点片区，29 个省份开展城乡建设用地增减挂钩试点，10 个省份开展城镇低效用地再开发试点，15 个省份开展低丘缓坡地开发利用试点，12 个省份开展工矿废弃地复垦利用试点，5 个省份部分露天矿开展采矿临时用地方式改革试点。通过改革试点与节

地模式推广，在优化城乡建设用地结构、盘活存量建设用地、减少优质耕地占用等方面储备了系列促进节约集约用地的政策措施，为加快形成促进节约集约用地的有效制度供给奠定了基础。

（五）节约集约用地水平日益提高，资源过度消耗得到有效控制

2011年、2012年和2013年单位GDP建设用地下降幅度分别达到6.9％、5.6％和6.9％，单位新增固定资产投资新增建设用地消耗由2010年的2.56公顷/亿元下降到2013年的1.37公顷/亿元，单位GDP和固定资产投资规模增长消耗的新增建设用地进一步降低，为顺利实现"十二五"规划目标奠定良好基础。国务院和省两级批准建设占用耕地面积比例由"十一五"期间的43.4％下降到2013年的41.1％，耕地占用比例稳步下降；招拍挂出让土地占出让土地总面积的比例由2010年的88.3％提高到2014年的92.5％，市场配置水平持续提高。截至2011年年底，全国341个国家级开发区的工业用地综合容积率、工业用地建筑系数、工业用地固定资产投入强度和工业用地产出强度分别达到0.83、47.3％、5 407.31万元/公顷和12 984.94万元/公顷，开发区工业用地利用效率和效益比"十一五"期间明显提高。

二、"十三五"节约集约用地面临形势

"十三五"期间，随着新型工业化、信息化、城镇化、农业现代化同步推进，经济发展步入新常态、生态文明建设加快、人口规模与结构持续变化及一系列区域发展规划和政策的实施，使得土地资源供需关系更加复杂、矛盾进一步加大，节约集约用地和管理形势依然严峻。

（一）经济发展新常态下的资源供需关系更加复杂，对节约集约用地提出新的更高要求

从资源需求看，在经济高速增长时期，对土地资源的需求偏重生产性，工业的"生产需求"导致城镇工矿用地过度扩张，用地比例偏高。进入新常态，对建设用地的需求虽然有所减缓，但新型工业化、信息化、城镇化、农业现代化同步推进，基础设施互联互通、战略性新兴产业发展对基础设施和生产用地需求仍然较大；与此同时，适时适度生态退耕提上日程，"人的城镇化"和"人的新农村"建设，推动生活、生态用地需求快速增长。从资源供给看，在经济高速增长时期，主要依靠要素规模驱动，消耗了大量土地资源，资源

供给不足成为主要矛盾，增量扩张和总量平衡是资源供给的基本特点。随着经济增速换挡、结构优化、动力转化，土地资源供给正在出现调整。在城镇化发展过程中，一些地方存在土地城镇化快于人口城镇化问题，闲置低效土地大量存在，盘活利用潜力巨大，存量土地正在成为土地供应的重要来源。总体来看，经济发展新常态下，土地的生产性需求趋于减少，生活性、生态性需求显著增加，总需求仍然居高不下，建设用地从增量扩张为主转向盘活存量与做优增量并举的调整势在必行，必须统筹增量与存量，优化土地供应结构，强化节约集约用地。

（二）资源约束进一步加大，节约集约用地成为现实选择与必由之路

人多地少、人均耕地资源不足的是我国资源基本国情。第二次土地调查结果显示：2009 年，全国耕地面积 13 538.5 万公顷，中低产田约占 70％，人均耕地 1.52 亩，较 1996 年第一次土地调查时的 1.59 亩有所下降，人均耕地不到世界平均水平的 1/2。当前和今后一个时期，随着我国"四化"同步快速推进、全面建成小康社会各项工作深入开展，土地资源的刚性需求进一步加大，对资源的需求集中释放，资源需求刚性上升与资源供给刚性制约的矛盾将更加突出。"十二五"以来，全国建设用地需求总量达到 4 659 万亩，年均超过 900 万亩，每年土地利用计划下达的新增建设用地指标 785 万亩，缺口在三分之一以上。基本国情不可改变、发展阶段不可逾越，必须通过做优增量、盘活存量、提高质量，用更少的土地消耗支撑更大规模的经济增长，保障经济社会合理发展用地需求。

（三）粗放浪费与结构布局失衡现象仍然存在，转变土地利用方式任务依然艰巨

虽然"十二五"时期节约集约用地工作取得明显进展，但土地利用中不节约、不集约问题仍然较为突出：各级政府批准设立的城市新区数量过多、规模偏大，大量圈占新增建设用地现象依然存在；城镇低效用地量大面广，农村地区"人减地增"与"人走房空"的态势日益严重，出现了较多的空心村和废弃宅基地，存量资源亟待盘活；人均建设用地居高不下，建设用地经济产出强度不高，部分土地开发利用较为粗放；城乡建设用地空间布局不合理，特大城市、大城市呈现"摊大饼"方式外蔓延发展态势，城市内土地利用结构和布局不合理，工业用地占比较高，而集镇和村庄用地布局散乱，用途与功能配置不合理，生产、生活功能配套基础设施用地缺失较多，用地布局和结构亟待调整优化；部分城市、行业超标准、浪费用地现象依然突出，重复建设现象严重。"十三五"期间，迫切需要转变土地利用方式，以节约集约用地促进经济发展方式转变和产业升级，实现经济效益好、科

技含量高、资源消耗低、环境污染少、人力资源优势可以得到充分发挥的"集约型增长方式"。

三、"十三五"总体思路与主要目标

（一）总体思路

以邓小平理论、"三个代表"重要思想和科学发展观为指导，认真贯彻生态文明建设和新型城镇化战略部署，落实党的十八大和十八届三中、四中全会精神以及国务院关于节约集约用地的一系列重大决定，充分发挥市场配置资源的决定性作用和更好发挥政府作用，坚持最严格的节约用地制度，遵循严控增量、盘活存量、优化结构、提高效率的总要求，全面实施建设用地总量控制和减量化、土地空间引导和布局优化、土地内涵挖潜和整治再开发三大战略，加强规划管控、市场配置、标准控制和考核监管，着力推进职能转变、机制创新、科技应用和法制建设，促进土地利用方式和经济发展方式加快转变，不断提高土地资源对"稳增长、促改革、调结构、惠民生"的服务能力和新常态下经济发展的支撑保障能力，为全面建成小康社会和实现中华民族伟大复兴中国梦提供坚实保障。

（二）主要目标

节约集约用地制度机制政策不断健全。 国土空间规划体系不断完善，国土规划得到有效实施，规划管控制度进一步强化。"统一开放、竞争有序"的城乡建设用地市场逐步建立，市场配置资源的决定性作用得到充分发挥。规划调控、标准控制、市场配置、利益调节、考核评价、监测监管、激励约束、共同责任等节约集约用地政策机制进一步细化和完善，"严格控制总量、做优做好增量、积极盘活存量、有序放活流量、稳步提升质量"的节约集约用地新机制得以确立，"党委领导、政府负责、部门协同、公众参与、上下联动"的国土资源管理新格局基本形成。

节约集约用地管理基础进一步夯实。 加快推动土地资源节约集约利用立法。完善节约集约用地基础调查评价制度，固化工作实施机制，拓展调查评价工作领域，全面推动调查评价工程化实施。建立土地使用标准控制与动态更新制度，加快推进土地使用标准制订和修改，健全符合节约集约用地原则的土地使用标准体系。研究制定区域、城市、农村等规划用地控制指标，推动用地差别化管理。总结典型节地模式和经验，研究节地新技术，加大推广应用力度。完善节约集约用地考核制度，强化政府目标责任。

建设用地总量得到严格控制。实施建设用地总量控制和减量化战略，城乡建设用地总量控制在土地利用总体规划确定的目标之内，努力实现全国新增建设用地规模逐步减少，城镇建设用地特别是优化开发的三大城市群地区实现存量盘活发展为主。到 2020 年，单位国内生产总值建设用地相比 2015 年下降 25％，单位固定资产投资建设用地相比 2010 年下降 80％，单位建设用地二、三产业增加值比 2010 年翻一番，城市新区平均容积率比现城区提高 30％以上。

土地利用结构和布局不断优化。实施土地空间引导和布局优化战略，完成全国城市开发边界、永久基本农田和生态保护红线划定，引导城市建设向组团式、串联式、卫星城式发展；城镇工矿用地与农村居民点用地比例不断优化，工业用地逐步减少，生活和基础设施用地逐步增加，中西部地区建设用地占全国建设用地的比例有所提高，国土空间开发格局和城乡土地利用结构不断优化。

土地存量挖潜和综合整治取得明显进展。实施土地内涵挖潜和整治再开发战略，加大存量建设用地盘活力度，全面推进城镇低效用地再开发和农村建设用地整治，规范工矿废弃地复垦利用，拓展城乡建设用地增减挂钩试点，稳步提升土地利用效率。"十三五"期间，要加大城镇低效用地再开发力度，农村建设用地整治 450 万亩、历史遗留工矿废弃地复垦利用 150 万亩，土地批后供应率、实际利用率明显提高。

四、"十三五"主要任务与政策措施

（一）多措并举，严格建设用地规模管控

严格控制城乡建设用地规模。实行城乡建设用地总量控制制度，强化县市城乡建设用地规模刚性约束，遏制土地过度开发和建设用地低效利用。加强相关规划与土地利用总体规划的协调衔接，相关规划的建设用地规模不得超过土地利用总体规划确定的建设用地规模。按照国家统一部署和节约集约用地要求，组织开展新一轮土地利用总体规划编制，探索编制实施重点城市群土地利用总体规划和村土地利用规划，从严控制城乡建设用地规模。严格执行围填海造地政策，控制围填海造地增加城乡建设用地规模。

逐步减少新增建设用地规模。与国民经济和社会发展计划、节约集约用地目标要求相适应，逐步减少新增建设用地计划和供应，东部地区特别是优化开发的三大城市群地区要以盘活存量为主，率先压减新增建设用地规模。严格核定各类城市新增建设用地规模，适

当增加城区人口 100 万～300 万的大城市新增建设用地，合理确定城区人口 300 万～500 万的大城市新增建设用地，从严控制城区人口 500 万以上的特大城市新增建设用地。在确定各地新增建设用地规模时，应充分考虑补充耕地能力。区分重点建设项目、重点城镇、一般城镇等情形，用地有保有压，对于城镇土地利用低效闲置问题突出、耕地后备资源又不足的，应压缩新增建设用地规模，从规划源头形成"以补定占"机制。全面实施建设占用耕地耕作层土壤剥离再利用制度。

着力盘活存量建设用地。着力释放存量建设用地空间，提高存量建设用地在土地供应总量中的比重。加大对批而未征、征而未供、供而未用土地的盘活利用力度，将实际供地率作为安排新增建设用地计划和城镇批次用地规模的重要依据，对近五年平均供地率小于 60% 的市、县，除国家重点项目和民生保障项目外，暂停安排新增用地指标，促进建设用地以盘活存量为主。严格执行依法收回闲置土地或征收土地闲置费的规定，加快闲置土地的认定、公示和处置。建立健全低效用地再开发激励约束机制，推进城乡存量建设用地挖潜利用和高效配置。完善土地收购储备制度，制定工业用地等各类存量用地回购和转让政策，建立存量建设用地盘活利用激励机制。

有序增加建设用地流量。按照土地利用总体规划和土地整治规划，在安排新增建设用地时同步减少原有存量建设用地，既保持建设用地总量不变又增加建设用地流量，保障经济社会发展用地，提高土地节约集约利用水平。在确保城乡建设用地总量稳定、新增建设用地规模逐步减少的前提下，逐步增加城乡建设用地增减挂钩、工矿废弃地复垦利用和城镇低效用地再开发等流量指标，统筹保障建设用地供给。建设用地流量供应，主要用于促进存量建设用地的布局优化，推动建设用地在城镇和农村内部、城乡之间合理流动。各地要探索创新"以补充量定新增量、以压增量倒逼存量挖潜"的建设用地流量管理办法和机制，合理保障城乡建设用地，促进土地利用和经济发展方式转变。

提高建设用地利用效率。合理确定城市用地规模和开发边界，强化城市建设用地开发强度、土地投资强度、人均用地指标整体控制，提高区域平均容积率，优化城市内部用地结构，促进城市紧凑发展，提高城市土地综合承载能力。制定地上地下空间开发利用管理规范，统筹地上地下空间开发，推进建设用地的多功能立体开发和复合利用，提高空间利用效率。完善城市、基础设施、公共服务设施、交通枢纽等公共空间土地综合开发利用模式和供地方式，提高土地利用强度。统筹城市新区各功能区用地，鼓励功能混合和产城融合，促进人口集中、产业集聚、用地集约。加强开发区用地功能改造，合理调整用地结构和布局，推动单一生产功能向城市综合功能转型，提高土地利用经济、社会、生态综合效益。

（二）调整优化，着力构建国土开发新格局

优化建设用地布局。发挥国土规划和土地利用总体规划的引导管控作用，最大限度保护耕地、园地和河流、湖泊、山峦等自然生态用地，促进形成规模适度、布局合理、功能互补的城镇空间体系，加快构建以城市群为主体、大中小城市和小城镇协调发展的城镇化格局。划定城市开发边界、永久基本农田和生态保护红线，促进生产、生活、生态用地合理布局。结合农村土地综合整治，因地制宜、量力而行，在具备条件的地方对农村建设用地按规划进行区位调整、产权置换，促进农民住宅向集镇、中心村集中。完善与区域发展战略相适应、与人口城镇化相匹配、与节约集约用地相挂钩的土地政策体系，促进区域、城乡用地布局优化。

严控城市新区无序扩张。严格城市新区用地管控，除因中心城区功能过度叠加、人口密度过高或规避自然灾害等原因外，不得设立城市新区；确需设立城市新区的，必须以人口密度、用地产出强度和资源环境承载能力为基准，以符合土地利用总体规划为前提。按照《城市新区设立审核办法》，严格审核城市新区规划建设用地规模和布局。制定新区用地扩张与旧城改造相挂钩的方案，促进新旧城区联动发展。

加强产业与用地的空间协同。强化产业发展规划与土地利用总体规划的协调衔接，统筹各业各类用地，重点保障与区域资源环境和发展条件相适应的主导产业用地，合理布局战略性新兴产业、先进制造业和基础产业用地，引导产业集聚、用地集约。完善用地激励和约束机制，严禁为产能严重过剩行业新增产能项目提供用地，促进落后产能淘汰退出和企业兼并重组。推动特大城市中心城区部分产业向卫星城疏散，强化大中城市中心城区现代商贸、现代服务等功能，提高城市土地产业支撑能力。

合理调整建设用地比例结构。与新型城镇化和新农村建设进程相适应，引导城镇建设用地结构调整，控制生产用地，保障生活用地，增加生态用地；优化农村建设用地结构，保障农业生产、农民生活必需的建设用地，支持农村基础设施建设和社会事业发展；促进城乡用地结构调整，合理增加城镇建设用地，加大农村空闲、闲置和低效用地整治，力争到2020年，城镇工矿用地在城乡建设用地总量中的比例提高到40％左右。调整产业用地结构，保障水利、交通、能源等重点基础设施用地，优先安排社会民生、扶贫开发、战略性新兴产业以及国家扶持的健康和养老服务业、文化产业、旅游业、生产性服务业发展用地。

（三）科学设置，健全用地标准控制制度

完善区域节约集约用地控制标准。分解落实单位国内生产总值建设用地下降省级目标，实行年度跟踪、五年评估。探索开展土地开发利用强度和效益考核，依据区域人口密度、第二和第三产业产值、产业结构、税收等指标和建设用地结构、总量的变化，提出控制标准，加快建立综合反映土地利用对经济社会发展承载能力和水平的评价标准。

引导城乡提高土地利用强度。加强对城镇和功能区土地利用强度的管控和引导，依据城镇建设用地普查，开展人均城镇建设用地、城市土地平均容积率、各功能区容积率和不同用途容积率、建筑密度、单位土地投资等土地利用效率和效益的控制标准研究。提出"十三五"平均容积率等节约集约用地考核的具体指标。逐步确立由国家和省市调控城镇区域投入产出、平均建筑密度、平均容积率控制标准，各城镇自主确定具体地块土地利用强度的管理制度，实现城镇整体节约集约、功能结构完整、利用疏密有致、建筑形态各具特点的土地利用新格局。

严格执行各行各业建设项目用地标准。在建设项目可行性研究、初步设计、土地审批、土地供应、供后监管、竣工验收等环节，严格执行建设用地标准，建设项目的用地规模和功能分区，不得突破标准控制。各地要在用地批准文件、出让合同、划拨决定书等法律文本中，明确用地标准的控制性要求，加强土地使用标准执行的监督检查。鼓励各地在严格执行国家标准的基础上，结合实际制定地方土地使用标准，细化和提高相关要求。对国家和地方尚未编制用地标准的建设项目，国家和地方已编制用地标准但因安全生产、地形地貌、工艺技术等有特殊要求的建设项目确需突破土地使用标准的，应进行节地评价，组织有关专家论证评估，集体决策，合理确定项目用地规模。

（四）高效配置，发挥市场决定性作用

发挥市场机制的激励约束作用。深化国有建设用地有偿使用制度改革，扩大国有土地有偿使用范围，逐步对经营性基础设施和社会事业用地实行有偿使用，缩小划拨供地范围。加快形成充分反映市场供求关系、资源稀缺程度和环境损害成本的土地市场价格机制，通过价格杠杆约束粗放利用，激励节约集约用地。完善土地租赁、转让、抵押二级市场。健全完善主体平等、规则一致、竞争有序的市场规制，营造有利于土地市场规范运行、有效落实节约集约用地的制度环境。

鼓励划拨土地盘活利用。按照促进流转、鼓励利用的原则，进一步细化原划拨土地利

用政策，加快推进原划拨土地入市交易和开发利用，提高土地要素市场周转率和利用效率。符合规划并经市、县人民政府批准，原划拨土地可依法办理出让、转让、租赁等有偿使用手续。符合规划并经依法批准后，原划拨土地既可与其他存量土地一并整体开发，也可由原土地使用权人自行开发。经依法批准后，鼓励闲置划拨土地上的工业厂房、仓库等用于养老、流通、服务、旅游、文化创意等行业发展，在一定时间内可继续以划拨方式使用土地，暂不变更土地使用性质。

完善土地价租均衡的调节机制。完善工业用地出让最低价标准相关实施政策，建立有效调节工业用地和居住用地合理比价机制，提高工业用地价格，优化居住用地和工业用地结构比例。实行新增工业用地弹性出让年期制，重点推行工业用地长期租赁。制定有利于节约集约用地的租金标准，根据产业类型和生产经营周期确定各类用地单位的租期和用地量，引导企业减少占地规模，缩短占地年期，防止工业企业长期大量圈占土地。进一步完善土地价租税体系，提高土地保有成本，强化对土地取得、占有和使用的经济约束，提高土地利用效率和效益。

（五）盘活存量，大力实施综合整治利用

推动城乡土地综合利用。在符合建设要求、不影响质量安全和生态环境的基础上，因地制宜推动城市交通、商业、娱乐、人防、绿化等多功能、一体化、综合型公共空间立体开发建设，引导城镇建设提高开发强度和社会经济活动承载力。引导工业企业通过技改、压缩绿地和辅助设施用地，扩大生产用地，提高工业用地投资强度和利用效率。推动农村各类用地科学布局，鼓励农用地按循环经济模式引导、组合各类生产功能，实现土地复合利用、立体利用。

大力推进城镇低效用地再开发。坚持规划统筹、政府引导、市场运作、公众参与、利益共享、严格监管的原则，在严格保护历史文化遗产、传统建筑和保持特色风貌的前提下，规范有序推进城镇更新和用地再开发，提升城镇用地人口、产业承载能力。结合城市棚户区改造，建立合理利益分配机制，采取协商收回等方式，推进"旧城镇"改造；依法办理相关手续，鼓励"旧工厂"改造和产业升级；充分尊重权利人意愿，鼓励采取自主开发、联合开发、收购开发等模式，分类推动"城中村"改造。

强化开发区用地内涵挖潜。推动开发区存量建设用地盘活利用，鼓励对现有工业用地追加投资、转型改造，提高土地利用强度。提高开发区工业用地准入门槛，引导各地制定各开发区亩均投资强度标准和最低单独供地标准。推动开发区建设一定规模的多层标准厂房，支持各类投资开发主体参与建设和运营管理。加强标准厂房建设的土地供应。各地可

结合实际，制定扶持标准厂房建设和鼓励中小项目向标准厂房集中的政策，促进中小企业节约集约用地。

因地制宜盘活农村建设用地。统筹运用土地整治、城乡建设用地增减挂钩等政策手段，整合涉地资金和项目，推进山、水、田、林、湖综合整治，促进农村低效和空闲土地盘活利用，改善农村生产生活条件和农村人居环境。土地整治和增减挂钩要按照新农村建设、现代农业发展和农村人居环境改造的要求，尊重农民意愿，坚持因地制宜、分类指导、规划先行、循序渐进，保持乡村特色，防止大拆大建；要坚持政府统一组织和农民主体地位，增加工作的公开性和透明度，维护农民土地合法权益，确保农民自愿、农民参与、农民受益。在同一乡镇范围内调整村庄建设用地布局的，由省级国土资源部门统筹安排，纳入城乡建设用地增减挂钩管理。

积极推进矿区土地复垦利用。按照生态文明建设和矿区可持续发展的要求，坚持强化主体责任与完善激励机制相结合，综合运用矿山地质环境治理恢复、土地复垦等政策手段，全面推进矿区土地复垦，改善矿区生态环境，提高矿区土地利用效率。依法落实矿山土地复垦主体责任，确保新建在建矿山损毁土地及时全面复垦。创新土地管理方式，在集中成片、条件具备的地区，推动历史遗留工矿废弃地复垦和挂钩利用，确保建设用地规模不增加、耕地综合生产能力有提高、生态环境有改善，废弃地得到盘活利用。

（六）示范引领，推动科技创新与应用

推广应用节地技术和模式。及时总结提炼各类有利于节约集约用地的建造技术和利用模式，完善激励机制和政策，加大推广应用力度。要重点推广城市公交场站、大型批发市场、会展和文体中心、城市新区建设中的地上地下空间立体开发、综合利用、无缝衔接等节地技术和节地模式，鼓励城市内涵发展；加快推广标准厂房等节地技术和模式，降低工业项目占地规模；引导铁路、公路、水利等基础设施建设采取措施，减少工程用地和取弃土用地；推进盐碱地、污染地、工矿废弃地的治理与生态修复技术创新，加强暗管改碱节地技术研发和应用，实现土地循环利用。

研究制定激励配套政策。加大节地技术和节地模式的配套政策支持力度，在用地取得、供地方式、土地价格等方面，制定鼓励政策，形成节约集约用地的激励机制。对现有工业项目不改变用途前提下提高利用率和新建工业项目建筑容积率超过国家、省、市规定容积率部分的，不再增收土地价款。在土地供应中，可将节地技术和节地模式作为供地要求，落实到供地文件和土地使用合同中。协助相关部门，探索土地使用税差别化征收措施，按照节约集约利用水平完善土地税收调节政策，鼓励提高土地利用效率和效益。

组织开展土地整治技术集成与应用。加强土地整治技术集成方法研究，组织实施一批土地整治重大科技专项，选取典型区域、行业领域开展应用示范攻关。在土地整理、土地复垦、土地开发和土地修复中，综合运用先进科学技术，推进农村土地整治和城市更新，修复损毁土地，保障土地可持续利用，提高节约集约用地水平。

深入开展节约集约用地模范县市创建。完善创建活动指标标准体系和评选考核办法，深化创建活动工作机制建设，定期评选模范县市，引导开展节约集约示范省建设。以创建活动引导各地树立正确的政绩观和科学发展理念；广泛动员社会各方力量，推进土地节约集约利用进社区、进企业、进家庭、进课堂。

（七）夯实基础，加强考核评价监管宣传

完善节约集约用地行政考核体系。建立节约集约责任考核体系，将节约集约用地情况作为目标考核的重要内容，会同相关部门，每年对各省（自治区、直辖市）节约集约用地目标完成情况进行考核，考核结果向社会公布，并交由干部主管部门，作为对领导班子和领导干部综合考核评价的重要依据。

全面清查城乡建设用地情况。以第二次全国土地调查和城镇地籍调查为基础，通过年度土地变更调查和年度城镇地籍调查数据更新汇总，全面掌握城乡建设用地的结构、布局、强度、密度等现状及其变化情况。在此基础上，各地可根据需要开展补充调查，为充分利用各类闲置、低效和未利用土地及开展节约集约用地评价考核提供翔实的建设用地基础数据。

全面推进节约集约用地评价。持续开展单位国内生产总值建设用地消耗下降目标的年度评价。建立规划节地评价制度，构建规划节地评价指标体系，对规划实施节地效果进行客观评价，作为规划编制、调整修改和计划安排的依据。按照"一年一次更新、三年一次全面评价"工作要求，持续开展开发区土地集约利用评价与更新。完善城市节约集约用地评价更新制度，完成全国80％地级以上城市、60％县级城市节约集约用地初始评价，有序部署开展更新评价。加快建立工程建设项目节地评价制度，明确节地评价的范围、原则和实施程序，通过制度规范促进节约集约用地。

加强建设用地全程监管及执法督察。全面落实土地利用动态巡查制度，超过土地使用合同规定的开工时间一年以上未开工且未开工建设用地总面积已超过近五年年均供地量的市、县，要暂停新增建设用地供应。建立健全土地市场监测监管实地核查办法和诚信体系，加大违法违规信息的网上排查和实地核查，强化对土地使用者依法依规用地的诚信约束。加大土地督察力度，督促地方政府落实责任，加强节约集约用地监管，促进存量建设用地

利用和开发建设。使用土地调查监测成果，充分运用执法和督察手段，加强与纪检监察、检察、审计等监督或司法机关的联动，有效制止和严肃查处违法违规用地行为。

强化舆论宣传和引导。充分利用多种媒体渠道和"6·25"土地日等活动平台，广泛宣传我国土地资源国情和形势，增强社会各界的资源忧患意识，促进形成节约集约用地全民共识。深入宣传全面落实节约优先战略，提高土地利用效率和效益的做法和典型经验。加强科普宣传和人才培训，普及推广耕地保护和节约集约用地知识。

五、"十三五"重大工程建议

（一）建设用地普查工程

全面开展建设用地普查，查清我国城镇、工矿、农村、基础设施等各类建设用地现状及开发利用情况，重点查明空闲、废弃、土地的面积、分布和权属，分析盘活利用、布局调整、更新改造等的潜力，为开展相关评价、整治、二次开发等提供基础支撑。

（二）建设用地节约集约利用状况评价工程

完成全国578个城市、1500所高校、350个行政村的建设用地节约集约利用初始评价和1500多个开发区的土地集约利用年度更新评价，健全评价更新机制，掌握节约集约用地状况和潜力规模、布局，为城市、开发区、高校和农村开展建设用地结构优化、效率提升、集约挖潜等提供依据。

（三）节约集约模范县（市）创建工程

组织开展"十三五"模范县（市）创建活动，评选一批国土资源节约集约模范市（地）、县（市），充分发挥模范县（市）创建工程对节约集约用地的示范引领作用。

（四）城镇低效用地再开发工程

启动东部地区城市住宅用地"集约改造"项目800个、地县级城市商业区"优化整合"项目1500个、东部沿海地区城市旧厂矿用地"振兴发展"项目1000个、中西部大城市城中村用地"融合提升"项目1000个、省会城市空闲地"创新利用"项目600个，累计改造住宅用地 8 万公顷、商服用地 4 万公顷、旧厂矿用地 15 万公顷、城中村用地 6 万公顷、城市空闲地 3 万公顷，切实优化城镇用地结构、布局，提高土地利用效率和效益。

（五）工矿废弃地复垦利用工程

在全面摸清历史遗留工矿废弃地现状和基础地质条件基础上，组织开展工矿废弃地复垦利用工程，复垦利用工矿废弃地 10 万公顷，改善矿区生态环境，实现废弃土地盘活利用。

（六）农村建设用地整治工程

结合山、水、田、林、湖综合整治，组织开展农村建设用地整治工程，整治农村建设用地 30 万公顷，改善农村生产生活条件和人居环境，提高农村建设用地节约集约利用水平。

（七）节地技术与模式示范工程

在地级以上城市，推广公交场站立体开发、综合利用节地技术与模式，推动地上地下空间协同开发，促进城市内涵发展。在国家级开发区，推广标准厂房节地技术与模式，降低工业项目占地规模，提高工业用地利用效率。

国土资源部

矿产资源保护和合理开发利用研究

　　矿产资源是工业的"血液"和"粮食"，是经济社会发展的重要物质基础和能源来源，为我国经济社会发展提供了约90％的一次能源、80％以上的工业原材料、70％以上的农业生产资料和30％以上的生活用水，有力支撑了经济社会发展对矿产资源日益增长的消费需求。与此同时，传统的粗放型资源开发利用模式难以为继，生态环境压力不堪重负，资源环境承载力逼近"天花板"，削弱了资源保障能力，对资源安全、经济安全、生态安全构成挑战。"十三五"是全面建成小康社会的关键时期，大宗矿产资源需求总量仍将维持高位，资源利用从规模速度型粗放增长转向质量效率型集约增长是经济社会发展面临的新常态，迫切需要加快提高资源利用效率。

一、现状与形势

　　多年来，我国矿产资源主要依靠立足国内，为我国工业化、城镇化、信息化和农业现代化建设提供资源保障。但是，受结构不合理、技术装备相对落后，以及管理制度不健全等因素影响，直接制约了资源利用效率的提升。

　　（一）矿产资源开发利用有力地支撑了经济社会发展，但结构不合理成为制约资源利用效率提升的根本性问题

　　目前，我国已经迈入世界矿业大国行列，2013年非油气矿山企业近10万个，非油气原矿产量86.8亿吨，其中煤炭、粗钢、精铜等大宗原材料产量多年维持世界第一，支撑和保障了我国"四化"建设的顺利进行。随着资源需求结构变化和经济发展进入新常态，结构不合理问题制约着我国资源利用效率的提高。第一，消费结构不合理。以煤为主的能源结构导致能源系统效率低、生态环境压力大；同时，模仿发达国家的住房、交通消费方式，以及大量出口低附加值初级产品，造成了资源过度消费。第二，产业结构重型化和结构性过剩。二次产业比重大，降低资源消耗强度难度大；部分矿种采掘及冶炼产能过剩问题突出，加剧了中低端产品的无序竞争，产业链结构性失衡，导致拼资源、比消耗等粗放型资源开发利用现象时有发生。第三，资源开发结构不合理，主要体现在规模化集约化水平低。过去，为了满足过快的资源需求，矿山数量一度达到空前程度，但因规模小、集中度低，造成开发成本高、环境代价大、竞争力弱。第四，资源勘查结构不合理。一些投资主体对优势矿产、国家保护性开采矿产的勘查积极性较高，勘查力度大；部分已发现资源埋藏过深、区位偏远，不具备建矿条件，容易形成呆矿。第五，国内外资源配置结构不合理。一些行业高价进口资源、低价出口初级产品的资源配置方式，过多消耗了国内能源，留下了环境污染，资源配置效率低，环境代价巨大。

（二）我国资源利用效率大幅提高，但与先期工业化国家相比水平略低

通过贯彻落实节约优先战略，调整产业与经济结构，促进经济发展方式不断转变，我国下游产业对资源利用效率有明显提高，单位GDP能耗矿耗总体呈现下降趋势。与2001年相比，2013年我国单位GDP能耗下降64%，主要资源型产品单位GDP消耗：石油下降70%、煤炭下降60%、粗钢下降39%、铜下降35%、铝下降8%。与国际对比，考虑技术进步等后发优势因素，我国资源宏观利用效率略低于先期工业化国家。从静态上对比，2013年我主要能源、粗钢消费高于美国、英国、法国和日本等发达国家。但以相同发展阶段对比，我国能源消费强度低于发达国家当时水平，粗钢消费强度略高于当时的美国、英国和法国，而低于日本（见图1）。

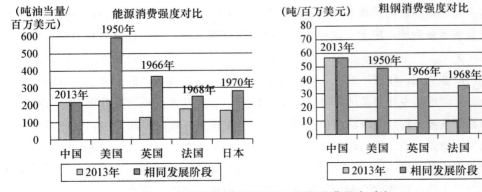

图1　中国与典型国家能源、粗钢消费强度对比
（GDP按购买力平价折算，以1990年为基准）

（三）我国大中型矿山企业技术装备与信息化水平有明显提高，但整体水平还难以适应发展现代矿业的要求

技术装备水平、信息化水平、先进适用技术是影响资源利用效率提升的重要因素。我国矿业科技水平较 20 世纪有明显提高，大型露天矿山高效采、运设备普遍使用，地下无轨运输设备、煤矿大型综合机械化开采设备、井下定位系统、生产监控系统在许多矿山得到应用。先进磨矿、浮选和磁选设备在主要选矿企业得到应用。但是，目前我国的矿业技术装备水平与发展现代矿业的要求还有较大差距。第一，与国外相比，技术装备整体水平还存在一定差距。我国大型先进技术装备以进口为主，核心技术自主化不足。少数国有大型矿山技术装备水平虽然迈进了国际先进行列，但是整体上与国外露天采矿装备大型化、自动化和智能化要求还有很大差距。国产矿山装备的高可靠性与长寿命存在不足。第二，信息化水平落后制约资源开发管理效率提高。多年来，加拿大、德国等国家大力发展数字化矿山技术，并集成了地下移动计算机网络、地下定位和导航系统、采矿过程监控等技术，矿山数字化程度较高。近年来，我国虽然高度重视数字化矿山建设，但进展缓慢，离普及应用还任重道远。第三，先进适用技术普及率低，约束了资源利用效率整体提高。目前，矿山先进采选技术主要集中在大中型矿山企业，多数小型矿山企业先进技术使用率低；特别是与我国资源特点相适应的、高效经济的采选冶技术还比较缺乏，这已成为我国矿产资源综合利用的主要障碍之一。

（四）管理改革取得积极成效，但以资源效率优先的资源配置制度仍未建立

经过系列管理体制机制改革，我国资源管理制度不断完善，陆续出台行业标准与规范，市场在配置资源和调动市场主体积极性等方面取得显著成效；但是管理体制不顺、机制不活、效率优先制度仍未建立、政策不配套等问题依然存在。第一，管理体制上，资源行业分割，部门职能交叉，权责不统一，统筹资源高效利用存在体制障碍。第二，市场调节机制不健全。资源保障主要还是依靠开源，节约挖潜、二次资源循环利用等在资源保障中的作用尚未很好发挥。特别是资源再生循环利用，主要还是以政府推动为主，企业积极性不高，公众参与意识不强。第三，制度不健全、政策缺乏活力。我国稀土、钨矿生产总量控制制度缺乏配套政策抓手，"三率"考核标准和监督机制未完全建立，经济激励政策不能有效地调动市场主体在资源综合利用、循环利用等方面的积极性。效率优先制度不完善，已有制度执行不到位，市场配置资源的决定性作用难以充分发挥。

（五）"十三五"期间，我国矿产资源消费大国地位难以改变，未来5～10年，矿产资源需求峰值相继到来

第一，能源与矿产资源消费大国地位难以改变。2013年，我国煤炭、铁、铜、铝、铅、锌、镍、钨、锡等重要矿产资源消费量超过全球总量的40%，其中铁、铜等20余种矿产资源消费量居世界第一。第二，主要矿产需求的对外依存度居高不下。目前，我国石油、铁、铜等重要矿产对外依存度都超过了50%，随着需求总量不断增加，以石油、天然气和铀为主的能源矿产对外依存度仍将持续走高。第三，主要大宗矿产资源需求量将陆续接近峰值。虽然能源与矿产资源消费从高速转向低速增长，但总量仍在不断增加，主要大宗矿产需求将在未来5～10年接近峰值。第四，不同部门行业的能源需高峰相继来临。农业、工业、商业和民用部门将相继出现能源需求高峰。目前，工业部门的能源消费占比和总量已临近峰值，并将依次转向商业和民用部门（见图2）。

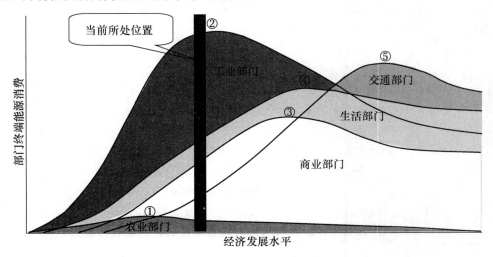

图2 部门能源消费结构转移趋势

总之，我国矿产资源需求增长由高速向低速转变，供需矛盾减缓，但作为全球矿产资源消费大国的地位短时期内难以改变，加上过去以开源为主和粗放利用为特征的传统资源供应保障模式，正面临资源环境双重约束的挑战。提高资源利用效率，盘活各类潜在资源，加强二次资源回收利用，减少"三废"排放，是今后资源保障发展的重要方向，对保障我国资源安全和管护好生态环境具有重要的现实意义。

二、目标与任务

（一）总体思路

针对我国资源禀赋差、资源消费强度高、技术装备和信息化水平不高、市场机制不活、资源环境约束趋紧等突出问题，矿产资源保护和合理开发利用，必须坚持开源节流并举，贯彻节约优先战略，以提高资源利用效率为中心，实施"调整结构、创新技术、严格管理"的综合治理措施，即通过调整系列结构、创新并推广先进技术装备、改革管理体制机制"三措并举"（见图3），实现资源节约集约与高效利用，促进生态文明建设。

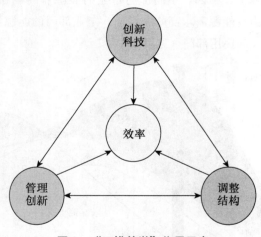

图 3　"三措并举"作用示意

（二）发展目标

与 2013 年相比，到 2020 年的目标是单位 GDP：能耗降低 25％～30％，粗钢消耗降低40％～45％，铜耗降低 25％～30％，铝耗降低 20％～25％；矿山企业采选回收率提高 3％、达标率达到 90％；重要金属循环利用率（循环利用量占消费总量的比例）达到 30％～35％。实现矿产资源开发利用结构明显优化，矿业技术装备与信息化水平全面提高，管理制度体系基本完善。

（三）主要任务

建立"三大体系"，实施"四大工程"。第一，配合经济发展方式转变，重点调整勘查结构、产能结构、产业结构、企业结构、利用结构，形成有利于资源高效利用的产业体系。第二，加快发展现代矿业，促进矿业技术装备现代化程度和信息化水平显著提升，解决一批与我国资源特点相适应的复杂资源开发利用技术，储备一批战略新兴矿产资源利用技术，形成有利于资源保护和合理开发利用的技术体系。第三，全面深化改革，完善管理制度，落实政策抓手，形成有利于资源高效利用的资源管理体系。第四，实施矿产资源节约集约利用调查评价工程、尾矿等固体废弃物资源化利用工程、重要矿产资源循环利用工程和矿产资源节约与综合利用技术推广工程。

三、重大措施与工程

以调整结构为主线，发挥市场配置资源的决定性作用，全面优化勘查、开发和消费结构，推动开发利用技术创新，加强矿产资源利用效率管理，实施一批重大工程，全面提升矿产资源利用效率和水平。

（一）全方位调整资源利用结构

推进从资源勘查、开采到产品消费全过程的结构调整，做到上下游联动，共下一盘棋，提高调整的协同性。

一是调整资源勘查结构。加大国家基础性公益性地质调查投入，调整勘查方向，降低勘查风险。加强石油、天然气、铀矿、非常规等能源矿产，以及铬、铜等急缺矿产和战略性新兴产业所需矿产的勘查，加大富矿优质资源找矿力度，抑制产能过剩行业勘查。打破石油行业垄断，放开油气资源勘查开发市场，设立非常规油气勘查开采示范基地，调动石油公司和社会投资的积极性，提高非常规油气资源规模化开采水平。

二是调整矿山企业生产结构。严格行业准入门槛，推进小型矿山整合，淘汰低效产能，实现矿山企业向集约化、规模化发展，提高矿业集中度。限制小型、分散和难利用资源低效开发，扭转资源开发局部有利但社会成本高、环境代价大的局面。推进煤电一体化、采选及冶炼加工上下游生产联合化，延伸资源开发利用产业链，优化产品结构。

三是优化全球资源配置结构。推进从全球资源配置向全球资源产业配置转变，转移一批国内优势产业，提高初级产品境外加工规模，优化全球资源产业配置结构。转变高价进口资源、低价出口初级产品的产业发展模式，提高矿产资源深加工和应用技术水平，提升高端产品份额，提高我国在国际产业链分工中的层级，形成一批有国际竞争力的跨国企业。

四是调整产业结构。分行业科学确定产能，通过环境标准和规模限制等措施，淘汰煤炭、钢铁、水泥、电解铝等行业落后产能。转变资源采选产能"以需定产"的发展模式，实现我国资源由被动式的保障供应模式向合理需求、有效供给模式的转变。提高矿产勘查开发准入门槛，达不到资源利用效率要求的不予配置矿业权。煤炭富集区适当加大开发强度，贫煤、劣质煤所在地区要严格控制煤炭开发；考虑产品运输和开发效益，铁矿资源东部地区控制开发，中部地区限制开发，西部地区保护性开发。

五是优化消费结构。用节约集约理念促进消费方式转变，树立资源忧患意识、节约集约利用意识，实施全民节约行动计划，转变脱离资源国情简单模仿发达国家的消费方式和消费行为，引导绿色消费、抑制不合理消费。合理制定行业发展规划，抑制低端重复建设，减少不必要的矿产资源消耗。大力推进煤炭清洁高效利用和集中利用，控制散煤利用，积极发展非煤清洁能源，提高水电等能源在一次能源消费中的比例，形成煤、油、气、核、新能源、可再生能源比例合理的能源消费结构。

（二）全面推动资源开发利用技术创新

突破关键技术，实施创新驱动，推进矿产资源分级利用和高效利用，实现优质优用、物尽其用。

一是以资源利用效率的技术瓶颈为导向，突破一批关键技术。加强基础理论研究和关键技术攻关，建设"产学研"创新平台和技术研发与应用的利益共同体。重点开发非常规油气资源勘查开发重大共性关键技术、适合我国资源特点的低品位矿、复杂共伴生矿、难选冶矿高效利用技术，突破一批尾矿等废弃物高值利用技术。研发精细化产品的加工技术、应用技术，加快非传统资源替代技术创新和非金属资源应用创新。

二是提升装备制造和信息化水平，发展智能矿山。提高装备制造能力，研发高可靠性、长寿命、自动化水平高的矿山设备，研发非金属矿高效利用专用设备。完善财税和金融政策，鼓励企业加大技术改造，提高国产装备的比重和装备的信息化、智能化。组织遴选有应用前景的信息化、智能装备，开展应用示范和推广，带动矿山管理水平升级。

三是创新战略性资源材料和非传统资源应用技术。开展稀土、石墨等战略性新兴产业所需矿产的勘查保护及应用研发，创新一批传统资源新型应用技术。开展扩大清洁能源消费比重的技术革命，突破非常规能源应用关键技术。储备一批战略性资源材料和资源替代应用技术，加快传统资源替代步伐。

（三）全面强化资源利用效率管理

一是建立以利用效率为核心的资源配置制度，实现资源向优势企业聚集。对以矿产资源为原料的生产加工企业，实施建设前的利用效率评价，在资源配置过程中将效率作为约束条件，效率评价未达标的不予核准，从源头遏制低效利用项目建设。鼓励具有技术优势的大型企业对不达标小型企业的兼并重组，优化资源配置。

二是建立效率管控制度，实现资源优质优用。分矿种制定利用效率标准，划定资源利用效率红线；建立利用效率统计监测体系和统计报告制度，将利用效率重要指标纳入宏观国民经济统计体系；强化资源利用过程中的效率达标监管，建立利用效率公示制度，纳入企业信用体系，接受社会监督。

三是健全配套政策，以税费调节、投融资政策等经济手段为核心构建资源高效利用的激励约束机制。设定级差税率，合理调整矿山企业的税收负担。加大税费征收与资源利用效率挂钩的力度，扩大税费征收中的资源利用效率调节系数适用范围。对高于利用效率标准和尾矿、废石（矸石）等矿山固体废弃物利用好的企业进行奖励或税费减免，加大对达不到指标要求企业的处罚力度。对开发页岩气、致密油、油页岩、煤层气等非常规油气资源，低品位、难利用资源给予经济补贴等鼓励措施。研究制定《重要矿产资源循环利用法》，明确重要矿产资源循环利用责任，规范循环利用行为，推进铁、铜、铝、铅重要矿产从废旧产品中回收再利用。

（四）实施一批提高资源利用效率重大工程

一是实施矿产资源节约集约利用调查评价工程，动态掌握资源利用水平。突出石油、天然气、铀矿等优质资源及非常规资源调查评价，查清资源利用潜力。开展主要矿集区节约集约利用现状调查、低品位资源开发利用调查、已探明未利用矿产地和尾矿等可利用性调查评价，全面评价利用效率、经济效益和环境效益，合理确定资源开发利用边界。开展重要矿产采选技术、装备应用与需求调查，掌握采选技术需求和先进技术的转化率和普及率，研究制定不同资源类型、赋存条件和生态约束下的采矿、选矿和综合利用技术政策。

二是实施尾矿等固体废弃物资源化利用工程，促进生态文明建设。在尾矿资源调查评价基础上，攻关核心技术，依据尾矿类型和条件研究制定不同的利用方案。设立专项资金，示范引领社会资金投入尾矿资源高效利用，减少矿山占地和环境污染。

三是实施重要矿产资源循环利用工程，降低原生资源消耗强度。加强"城市矿产"二次回收利用，建立"谁生产、谁销售、谁回收"为主的"城市矿产"回收利用制度。规范回收处理和销售网络，完善税收、资金奖励等优惠政策，培育循环利用和综合利用产品市场，提高金属矿产循环利用率，降低原生矿消耗强度。

四是实施矿产资源节约集约利用技术推广工程，提升整体开发利用水平。建立技术推广信息服务平台，畅通矿山企业信息获取渠道，加快采选冶先进适用技术广泛应用。设立矿产资源先进技术推广专项资金，采取"以奖代补"等手段，加强低品位、难选冶、共伴生资源、尾矿、废石（矸石）等高效应用企业的奖励和示范。探索引进合同管理模式，培育专业化服务机构，提升先进技术推广效能。

国土资源部

自然资源资产产权制度改革研究

自然资源资产产权制度是法律上关于自然资源归谁所有、使用以及由此依法履行监管、保护和合理利用义务的一系列规定构成的规范系统，由产权界定制度、确权登记制度、市场交易制度、保护监管制度等一系列具体制度组成。自然资源资产产权制度是自然资源保护管理中最有影响力、不可缺少的基础法律制度，是维护自然资源所有者和使用者合法权益的根本保障，是发挥市场在资源配置中的决定性作用、提高资源利用效率的重要基础，也是强化资源保护、加强资源监管的关键手段，贯穿于经济社会发展和生态文明建设的全过程，在生态文明制度体系中处于基础地位，发挥着核心作用。本文在阐述我国自然资源资产产权制度历史沿革、主要进展与突出问题的基础上，提出了进一步完善自然资源资产产权制度的总体思路、基本原则和主要任务。

一、我国自然资源资产产权制度建设的历史沿革

新中国成立以来，伴随我国政治经济制度的发展历程，我国自然资源资产产权制度大致经历了以下三个主要阶段：

（一）国家全面、直接行使自然资源资产产权阶段（20 世纪 50—70 年代）

这一时期，我国自然资源资产产权制度具有如下特点：

1. 国有自然资源资产产权处于主导地位

《宪法》（1954 年）规定："矿藏、水流，由法律规定为国有的森林、荒地和其他资源，

都属于全民所有。"除宪法提及以外的自然资源产权归属，在合作化运动以前，按照土地改革政策，应当属于私人所有，在合作化运动以后，应当属于集体所有。但是，20 世纪 50 年代至 70 年代末，我国一直没有制定一部自然资源法律对这些自然资源进行确权，实践中，政府行为是确权的唯一根据。所以，实践中虽然也存在集体所有的自然资源资产产权，但往往均处于附属地位。

2. 自然资源成为国家和集体所有权的专有物

依照当时的指导思想，基于生产资料公有性质，自然资源就成为禁止流通物，资源产品也成为限制流通物。依照当时法规以及政策，自然资源的禁止交易是社会主义经济与政治的铁律，一切交易资源的行为都被视为对社会主义公有制的瓦解与破坏。即使在公有产权内部国家与集体之间、集体与集体之间的产权变动也不能通过交易，而是通过行政行为进行。

3. 政府供给、分配、经营、管理自然资源

当时，政府的自然资源所有权与行政权是结合配置的，政府对资源产权的行使主要表现为资源行政管理。按资源品种，从中央到地方的各级政府都设立了完整的行政部门。这些政府和部门在向厂商供给、分配资源的同时，通过计划与指标直接决定企业经营管理。尽管各级政府与部门及其行政管理权限有过多次调整与变动，但行政权力对自然资源的支配与控制却在进一步加强。

4. 国有自然资源企业成为国家经营自然资源的车间

国有自然资源企业是当时我国自然资源开发利用的主力军，占有了大部分赋存条件好的自然资源。但是，企业的生产与经营活动全部由政府安排、包揽，企业的宗旨就是完成上级下达的生产指标与任务，特别是国家统配物品和利润的上缴。彼时，国有自然资源企业既不是自然资源产权主体，也没有独立的企业法人。国有自然资源企业充其量是国家自然资源生产经营中的一个生产车间，既无活力，也无压力。

5. 自然资源资产产权行政管理制度替代了法律制度

1954 年《宪法》对我国自然资源产权制度虽有规定，但并没有相应的法律对自然资源

产权制度做出具体安排。自然资源产权制度长期为自然资源行政管理制度所替代和管理，有关自然资源产权管理及其运作的规则都由政府确定与裁决。在我国，自然资源产权制度从一开始就成为行政管理制度。

（二）自然资源资产所有权、使用权分离和使用权无偿使用阶段（20 世纪 70 年代末至 90 年代初）

1975 年《宪法》和 1978 年《宪法》都在重申国有自然资源地位与范围的同时明确规定，国家可以依照法律规定的条件，对土地等生产资料实行征购、征用或者收归国有。这些规定尽管有其历史局限性，但毕竟表明，政府对自然资源产权的管理必须依法行政，集体所有权的变动也必须符合法律程序。它对日后我国自然资源产权制度的变迁无疑是一个良好的开端。进入 80 年代后，我国自然资源产权制度才正式进入创设阶段。此间，我国颁布了一批规范自然资源产权的法律与法规：《宪法》第九条和第十条共六款（1982），《民法通则》第八十条、第八十一条、第八十三条共七款（1986），还有七个单行法律：《森林法》（1984）、《草原法》（1985）、《渔业法》（1986）、《矿产资源法》（1986）、《土地管理法》（1986）、《野生动物保护法》（1988）、《水法》（1988）以及大量行政法规、地方法规和行政规章。这一阶段的自然资源资产产权立法主要体现为以下特点：

1. 我国自然资源资产的所有权主体只有国家和集体

1982 年《宪法》在突出以国有自然资源所有权为主的同时，还规定了自然资源资产的集体所有权，明确了自然资源资产产权安排的二元结构。宪法对自然资源资产所有权主体资格的限制和规定，使得其他主体无法进入。

2. 自然资源所有权禁止交易的前提下，无偿赋予社会主体以使用权

当时，宪法等法律均规定"任何组织或者个人不得侵占、买卖、出租或者以其他形式非法转让土地""土地不得买卖、出租、抵押或者以其他形式非法转让""国家所有的矿藏、水流，国家所有的和法律规定属于集体所有的林地、山岭、草原、荒地、滩涂不得买卖、出租、抵押或者以其他形式非法转让"。但同时，几乎所有的自然资源单行法律都规定，国家所有和集体所有的自然资源可由个人和单位依法开发和利用，包括对自然资源的使用、收益、勘探、开采、采伐等活动，还规定了各种自然资源开发和利用的产权如勘探权、采

矿权、林业权等。但是，这些自然资源使用权往往是"无偿取得"的，很多单位和个人所获得的这些自然资源资产产权都是免费从政府手里获得的，政府通过各种许可证形式将自然资源资产产权无偿地授予开发和利用者。

（三）自然资源资产所有权、使用权分离和使用权有偿使用阶段（20 世纪 90 年代中期至今）

这一阶段的自然资源资产改革起源于 1994 年的《城市房地产管理法》，该法规定了土地使用权交易制度，明确规定了土地使用权出让、转让、出租、抵押制度，并划出了土地使用权出让和划拨的界线。随后，我国开展了对几个主要自然资源法的修改，包括：1996年对《矿产资源法》的修改；1998 年对《森林法》的修改；2002 年对《水法》的修改；2004 年对《土地管理法》的修改；2004 年对《渔业法》的修改。除了对主要自然资源管理法的修改，这一阶段我国还相应地对各主要自然资源资产制定和颁布了一系列法律、法规和规章，共同奠定了我国当前的自然资源资产产权制度的基础。

1. 这一阶段立法进一步明确和强化了各种自然资源资产的所有者

许多自然资源单行法律规定了自然资源的国家所有权，并明确由国务院代表国家行使所有权。如，《水法》第三条规定，"水资源属于国家所有，水资源的所有权由国务院代表国家行使"；《矿产资源法》第三条规定，"矿产资源属于国家所有，由国务院行使国家对矿产资源的所有权"；《森林法》第三条规定"森林资源属于国家所有，由法律规定属于集体所有的除外"。

2. 确立了部分自然资源资产的有偿使用制度

如就土地使用权制度，《土地管理法》第二条规定，国家依法实行国有土地有偿使用制度，但国家在法律规定的范围内划拨国有土地使用权的除外。如探矿权、采矿权制度，《矿产资源法》第五条规定，国家实行探矿权、采矿权有偿取得制度，但国家对探矿权、采矿权有偿取得的费用，可以根据不同情况规定予以减缴、免缴。

二、我国自然资源资产产权制度的主要进展与突出问题

回顾我国自然资源资产产权制度的历史变迁，既取得了可喜进展，但还存在一些亟待

改进的突出问题。

（一）主要进展

1. 自然资源资产产权法律体系基本建立

既有一批分资源门类的单行法，也有综合性法律，初步建立了以宪法为核心，以《物权法》《土地管理法》《矿产资源法》《水法》《森林法》《草原法》《渔业法》《专属经济区和大陆架法》《海域使用法》《海洋环境保护法》《农村土地承包法》等为主要支撑的自然资源法律体系。

2. 国有资源有偿使用制度深入推进

在我国社会主义市场经济建设过程中，自然资源市场化配置程度不断提高，促进了要素市场体系建设，自然资源要素市场已成为社会主义市场体系的重要组成部分。土地、矿产等资源有偿使用的出让范围不断扩大，出让方式趋向多元并不断优化。2006—2013 年，全国土地招拍挂出让面积占年度出让土地总面积的比重由 32.4％上升到 92.3％。2013 年全国矿业权出让 3 305 宗，涉及价款 66.7 亿元。

3. 资源资产价值不断显现

在市场经济条件下，我国资源的资产价值逐步显现，资源资产的融资能力进一步增强，为经济社会发展和城镇化建设提供了强大的资金支持，注入了强大动力。2001—2014 年，全国土地出让总价款累计达到 23 万亿元。

4. 促进了资源有效保护和合理利用

随着自然资源产权的明确和确定，有偿、有期限的使用，节约利用和保护资源的意识和责任不断增强，有力促进了自然资源的有效保护和合理利用。通过退耕还林、退牧还草、基本农田建设、土地综合整治、矿山环境恢复治理、水生态保护与修复、天然林保护工程和人工林建设、海洋生态整治修复等，局部地区自然生态环境已有明显改善。截至 2011 年，以自然保护区、风景名胜区、地质公园和森林公园等为主体的各种特殊保护地已接近我国陆地国土面积的 20％，成为保护国家生态安全名副其实的主要屏障。

（二）突出问题

1. 国有自然资源资产产权制度有待进一步健全

国有自然资源有偿使用推进不平衡，土地有偿使用推进较快，但矿产资源有偿使用制度亟待重构，海域有偿分级使用制度亟须完善，水、森林资源有偿使用相对缓慢。自然资源价格形成机制、税费体系、收益管理有待完善。收益分配不合理，国家、地方和资源所在地之间尚未建立合理的收益分配机制。

2. 集体自然资源资产产权制度存在严重缺陷

征地范围过宽，征地程序不规范，补偿安置不到位，引发群体性事件和影响社会和谐。农村集体建设用地有偿使用制度基本缺失。权能不完善，集体经营性建设用地流转受到严格的限制或禁止，宅基地只有占有权和使用权，却没有收益和处分的权力，但实际中，全国不少省份出现了农村地区私自以出让、转让、出租、抵押等形式自发流转农村集体建设用地使用权的行为，并且不断扩大，逐渐形成一个庞大的集体土地使用权流转的"隐性市场"。由此带来了很多的产权利益纠纷，集体土地的无序使用，以及管理中的巨大难题。

3. 公益性自然资源管理制度缺失

最核心的问题是，对公益性自然资源没有明确规定保护的主体，由于主体不明确、责任不落实，很难实现严格保护，引发公地悲剧。即使明确了保护主体，也没有相关的配套制度，没有很好的保护措施和办法，导致资源开发秩序混乱、掠夺性使用或粗放利用，生态破坏和环境污染严重。如现行法律法规大多没有依照公益性和经营性等社会经济属性对各种自然资源资产进行合理分类，对各种公益性自然资源资产（如生态用地、生态用水、生态林等）未能有效按照其公共、公益属性进行使用和监管。

三、我国自然资源资产产权制度改革的总体思路、基本原则和主要任务

基于我国自然资源资产产权制度的历史基础和现状，按照党的十八届三中全会《中共

中央关于全面深化改革若干重大问题的决定》精神，借鉴国外先进经验，提出进一步健全完善我国自然资源资产产权制度的总体思路、基本原则和主要任务。

（一）总体思路

按照"归属清晰、权责明确、保护严格、流转顺畅、监管有效"的要求，坚持自然资源社会主义公有制不动摇，着力建立健全公益性自然资源资产国家统一管理制度，坚持和完善经营性自然资源资产有偿使用制度，健全完善自然资源资产产权调查评价、确权评估、统一登记、保护监管、利益分配等管理制度和体制，加快建设符合自然资源特点、与我国资源国情和发展阶段、生态文明建设要求相适应的自然资源资产产权制度。

（二）基本原则

1. 坚持资源公有、物权法定的原则

坚持自然资源社会主义公有制，是建立完善自然资源资产产权制度应当坚持的基本原则。在坚持自然资源社会主义公有制不改变的前提下，探索自然资源所有权的多种实现形式，既要维护好国家所有者权益，也要保护好使用者合法权益。

2. 坚持"两权"分离、有偿使用的原则

通过自然资源所有权和使用权相分离，将使用权有偿让渡于使用者，并加强监管，实现国家自然资源所有者权益。使用权人作为市场主体，按照法律规定履行保护和合理开发利用自然资源的权利和义务，并接受政府监督管理，促进自然资源的高效利用。

3. 坚持归属清晰、统一登记的原则

统一确权登记是对产权的确认和保护。按照国务院整合不动产登记职责和"四统一"的要求，加快推进土地、矿产、森林、山岭、草原、荒地、滩涂、海域、水流等不动产统一登记，完善行政确权和自然资源权利体系，构建权利清单，明确所有权、经营权和管理权，明确各类产权主体行使权利的财产范围及管理权限。

4. 坚持权责统一、有效监管的原则

建立权利与义务对等的自然资源管理和使用制度，强化自然资源综合监督管理和全流程管理，确保依法行政和保护权益，有效实现效率和公平并重的资源监管。

5. 坚持公益资源、政府保护的原则

保护公益性自然资源资产，是一项政府行政管理职能，不论其属于国家所有、集体所有还是个人所有。所有公益性自然资源资产，都应当纳入保护范畴，建立完善一整套的法律规范，由政府承担管理和保护主体责任，提升公共服务和改善民生，防止公地悲剧。

（三）主要任务

1. 建立公益性自然资源资产保护制度

要明确规定各类公益性自然资源资产的具体代理或者托管机构，明确相应的行政管理主体和职责，丰富完整保护的制度、措施和办法。

一是加快建立国家公园体制。建立国家公园体制是严格保护资源的重要体制保障。坚持保护优先、统一规范、分级管理、权责一致的原则，推进建立国家公园体制。保护优先，就是以严格保护自然资源为首要目标，充分发挥自然资源的生态效益和社会效益，在一定条件下可以实行特许经营，兼顾经济效益。统一规范，就是统筹自然地质景观和资源环境特点，明确国家公园划定的原则和标准。分级管理、权责一致，就是按照重要程度，实行中央和地方分级管理，明确中央和地方国家公园管理机构的权力和责任，并使二者保持一致。加快建立国家公共财政投入机制和补偿机制，改变目前各类景区靠门票生存、靠经营盈利的状况，对于国家公园内集体所有的土地等自然资源，可通过征收、出租、协议等多种方式，明确用途和保护要求，并对产权主体给予合理的经济补偿。开展国家公园建设试点，研究制定国家公园管理法，实行统一、规范、有序管理。

二是完善落实严格的自然资源保护制度。落实最严格的耕地保护制度，按照数量、质量、生态并重的思路，发挥土地利用总体规划的统筹管控作用，健全完善土地用途管制制度、基本农田保护制度、耕地占补平衡和土地整治制度、执法监察和土地督察制度、耕地保护共同责任制度和领导干部离任审计制度，探索建立耕地保护基金，建立完善粮食主产区耕地保护补偿机制，扎紧耕地保护的"篱笆"，筑牢国家粮食安全的基石。落实最严格的水资源管理制度，划定水资源保护红线。严格围填海总量控制制度，建立实施"自然岸线零消减"制度、森林限额采伐制度，健全林地、天然林、湿地保护制度和沙区植被封禁保育制度、草原资源的限制和禁止开垦制度以及以草定畜制度。

三是加快划定生态红线。明确划入生态红线的内容、标准、范围和责任主体，将重点生态功能区、生态环境敏感与脆弱区等纳入生态红线范围，科学划定森林、湿地、草原、海洋等领域生态红线。

四是健全自然资源生态补偿机制。明确补偿对象、标准、主体和途径等，完善转移支付制度，探索建立粮食主产区、水源涵养区、湿地等生态补偿机制。按照谁受益、谁补偿原则，建立地区间横向生态补偿制度。对有责任主体的，坚持谁破坏、谁治理，全面建立生态恢复治理保证金制度。对无法找到责任主体的，由各级人民政府按"不欠新账、加快还旧账"的原则开展综合整治，也可以按"谁投资、谁受益"吸引社会资金参与。

2. 健全完善国有自然资源资产有偿使用制度

按照所有权和使用权相分离、权利和义务相统一的思路，继续深化国有自然资源资产有偿使用制度改革，完善有偿、有限期、有条件使用的各项制度。在赋予各类使用权出让、转让、出租、抵押、继承、入股等权能的同时，明确使用权人遵守各项法定义务。

一是全面落实和完善国有自然资源有偿使用制度。按照全面落实、有偿处置、收益合理分配、强化综合监管的思路，建立健全国有自然资源资产管理制度和体制。第一，健全国有自然资源有偿处置制度。减少国有建设用地划拨，研究建立国有农场、林场和牧场土地有偿使用制度，完善取水许可制度，加快水权交易试点，完善海域有偿使用制度。健全完善国有自然资源价格形成机制、有偿使用方式和成交价格确认制度。完善国有林区经营管理体制。积极探索国有自然资源特许经营权制度。第二，完善国有自然资源收益及分配管理制度。合理调整国有土地出让收入在中央、地方之间的分配比例，充分体现国有土地全民所有性质。建立矿产资源国家权益金制度，调整矿业权使用费征收标准和方式，实现资源收益全民共享，并适当向资源所在地倾斜。改革和规范水资源费制度，积极稳妥和差别化提高水资源费标准。适时调整海域使用金征收标准。第三，加强国有自然资源资产监管。自然资源、财政和审计部门要按照分工切实履行监管职责。同时，探索建立国有自然资源资产统一监督管理体制，统一代表国家对属于全民所有的自然资源资产行使所有者权利，切实维护所有权人合法权益。健全外部监督机制，加强全国人大、司法部门和社会公众对国有自然资源处置和收益的监督。

二是深化土地资源有偿使用制度改革。按照扩大范围、完善方式、合理分享、强化监管的思路，深化土地有偿使用制度改革。第一，进一步完善国有建设用地有偿使用制度。扩大国有建设用地有偿使用范围，减少非公益性用地划拨，逐步对除军事国防和特殊用地以外的各类建设用地实行有偿使用。严格实施工业用地出让最低价标准，提高工业用地准入门槛。改革完善工业用地供应方式，探索弹性出让年期以及长期租赁、先租后让、租让结合供应。健全土地等级价体系，理顺价租税费关系，规范和提高土地资源开发利用各环节的税费制度。完善国有建设用地租赁、转让、抵押二级市场。第二，探索通过土地承包经营、出租等方式，建立健全国有农用地和未利用地有偿使用制度。对国有农场、林场和牧场土地，明确所有者与使用者的关系，支持国有农场、林场和牧场的改革和发展。第三，健全完善国有土地资产监管体制。在强化土地主管部门、财政部门、审计部门监管职能的同时，设立专门的国有自然资源资产监管机构，强化对土地资产处置、收益和分配的监督管理，切实维护国家所有者权益。

三是深化矿产资源有偿使用制度改革。按照国家所有、分级管理、使用有偿、收益共享的思路，深化矿产资源有偿使用制度改革。第一，研究建立矿产资源国家权益金制度。在总结国内外经验的基础上，理清资源有偿取得、有偿开采各环节中，所有者、管理者、投资者、使用者的经济利益关系，以及各项资源税费之间的关系，明确矿产资源国家权益金收取的基数、费率、方式、征收主体、国家与地方的分配比例等，切实维护国家矿产资源所有者权益。第二，调整探矿权采矿权使用费标准、矿产资源最低勘查投入标准。建立与经济发展水平、矿业发展水平相适应的矿业权使用费动态调整机制，加大对矿业权市场和矿产勘查开发的调控，有效遏制"圈而不探"、"占而不采"、炒买炒卖矿业权等行为，形成合理的矿业权退出机制。第三，完善矿产资源收益合理分配机制。将矿产资源收益进一步向地方倾斜，提高地方分成比例，特别是增加资源所在地的收益。按照财政预算体制改革要求，扩大资金使用范围、取消专款专用，将资源收益的使用方向扩展到关系民生发展的各个领域。第四，完善矿业权出让制度。健全完善矿业权出让管理办法，依托政府公共资源交易平台推进实现全国统一的矿业权交易平台，加大矿业权出让转让信息公开力度。

3. 健全完善集体所有自然资源资产有偿使用制度

按照扩大有偿范围、创新取得方式、健全占用制度的思路，深化集体所有自然资源资产有偿使用制度改革。

一是深化农村集体土地有偿使用制度改革。坚持土地公有制性质不改变、耕地红线不突破、农民利益不受损三条底线，稳妥推进农村土地制度改革。第一，健全完善程序规范、补偿合理、保障多元的土地征收制度。缩小土地征收范围，探索制定土地征收目录，严格界定公共利益用地范围；规范土地征收程序，建立社会稳定风险评估制度，健全矛盾纠纷调处机制，全面公开土地征收信息；完善对被征地农民合理、规范、多元保障机制。第二，在符合规划和用途管制的前提下，建立同权同价、流转顺畅、收益共享的农村集体经营性建设用地入市制度。完善农村集体经营性建设用地产权制度，赋予符合规划、用途管制和依法取得的农村集体经营性建设用地出让、租赁、入股权能；明确农村集体经营性建设用地入市范围和途径；建立健全市场交易规则和服务监管制度。第三，改革完善依法公平取得、节约集约使用、自愿有偿退出的宅基地制度。完善宅基地权益保障和取得方式，探索农民住房保障在不同区域户有所居的多种实现形式；对因历史原因形成超标准占用宅基地和一户多宅等情况，探索实行有偿使用；探索进城落户农民在本集体经济组织内部自愿有偿退出或转让宅基地；改革宅基地审批制度，发挥村民自治组织的民主管理作用。此外，按照所有权、承包权、经营权"三权"分离的原则，完善农民集体承包经营土地使用制度。建立兼顾国家、集体、个人的土地增值收益分配机制。针对土地增值收益分配机制不健全，兼顾国家、集体、个人之间利益不够等问题，要建立健全土地增值收益在国家与集体之间、集体经济组织内部的分配办法和相关制度安排。

二是深化集体林权制度改革。坚持农村基本经营制度，确保农民平等享有集体林地承包经营权，尊重农民意愿，确保农民得实惠，统筹兼顾各方利益，加强分类指导的思路，推进集体林权制度改革。在明晰产权的基础上，放活经营权、落实处置权、保障受益权。完善林木采伐管理机制，改革商品林采伐限额管理，严格控制公益林采伐。进一步规范林地、林木流转，在依法、自愿、有偿的前提下，林地承包经营权人可采取多种方式流转林地经营权和林木所有权。扶持发展林业专业合作组织和林业专业协会，培育龙头企业，促进林业规模化、标准化、集约化经营。探索林权抵押贷款等政策。

4. 完善自然资源资产统一登记制度

在对土地、房屋、草原、林地、海域等不动产实行统一登记的基础上，逐步将水流、矿产等自然资源纳入统一确权登记，实现登记机构、登记簿册、登记依据和信息平台"四统一"。根据《不动产登记暂行条例》实施情况，全面总结不动产登记立法和各地登记实践有益经验，进一步实现与《物权法》有效衔接，将不动产登记的程序、效力、簿证、信息保护和查询、法律责任等制度上升为法律。

5. 建立自然资源调查评价制度

统一规划、协调开展各类自然资源调查评价和监测预警工作,明确各项自然资源要素调查评价和监测预警的范围和规程,统一技术规范和标准体系,提高调查评价数据成果的准确性、系统性、权威性和实用性,健全信息共享机制,形成自然资源"一张图、一套数、一盘棋",全面、准确、及时掌握我国自然资源"家底",提升自然资源管理的公共服务水平。

6. 健全完善自然资源资产产权保护和监管制度

健全自然资源产权交易规则,完善产权争议调解处理制度,构建自然资源损害赔偿和权利救济机制,严格保护权利人的权利。对权利人履行用途管制、保护和合理利用资源、保护生态环境、安全生产及遵守市场交易规则情况等进行监管,使权利人的法定义务得到有效落实。在坚持自然资源分类分级管理的基础上,按照"山水林田湖"是一个生命共同体的理念,以统一调查评价、统一确权登记、统一用途管制、统一监管信息平台、统一保护修复为重点,通过构建部门协调机构、职能调整、机构调整等不同方式,强化对自然资源资产的综合监管。

7. 加强法制建设

按照改革决策与立法决策相衔接的原则,适应自然资源资产产权制度改革的要求,加快推进《物权法》《担保法》《土地管理法》《矿产资源法》《森林法》《草原法》等相关法律法规的立改废释工作,制定完善生态补偿和海洋生态环境保护等法律法规,研究制定《不动产登记法》《公益性自然资源保护法》《自然资源法》等,逐渐形成以宪法为基础,以自然资源综合法为龙头,以各类自然资源单行法为主体,各项行政法规和行政规章为配套的自然资源法律法规体系。

水利部

"十三五"时期提高水资源利用效率的主要任务

人多水少、水资源时空分布不均是我国的基本国情。随着经济社会快速发展和全球气候变化影响加剧，水资源短缺已经成为我国经济社会可持续发展的主要制约因素和面临的突出安全问题。"十三五"时期是全面建成小康社会最后冲刺的五年，全面推进节水型社会建设，提高水资源利用效率，破解水资源瓶颈制约，提高水安全保障程度，意义十分重大。

一、我国水资源开发利用和节约面临的形势

党中央、国务院高度重视水资源开发利用和节约工作，我国已建成世界上规模最大的水资源开发利用工程体系，有效保障了工农业生产和城乡居民生活用水。加快落实最严格水资源管理制度，严格水资源开发利用控制、用水效率控制和水功能区限制纳污"三条红线"管理；积极推进节水型社会建设，不断完善节水制度和标准规范，着力推进农业、工业和服务业节水，开展节水公益宣传，在不同类型的区域建设了 100 个全国节水型社会试点，全社会用水效率逐步提高。2014 年，已建成水库 9.77 万座，总库容 8 394 亿立方米，发展耕地灌溉面积 9.7 亿亩；全国总用水量 6 095 亿立方米，其中，农业用水、工业用水分别占总用水量的 63.5％和 22.2％；农田灌溉水有效利用系数达到 0.530，万元工业增加值用水量降至 59.5 立方米，全国万元 GDP 用水量降至 96 立方米。我国以占世界 6％的淡水资源、9％的耕地，保障了占全球 20％人口的吃饭问题，为经济社会快速发展奠定了重要基础。

但也要清醒地看到，目前我国在水资源利用和节约方面还存在突出问题。一是水资源

开发利用逼近红线。近十年用水总量年均增长约 1%，2014 年全国用水总量已达到 6 095 亿立方米，国务院确定 2020 年用水总量控制目标为 6 700 亿立方米，开发空间十分有限。海河、黄河、辽河流域水资源开发利用率已经达到 106%、82%、76%，西北内陆河流开发利用已接近甚至超出水资源承载能力。

二是产业布局与水资源分布不匹配。北方地区人口、耕地、经济总量分别占全国的 42.1%、57.5%、42.7%，水资源仅占全国水资源总量的 19%；南方地区人口、耕地、经济总量分别占全国的 57.9%、42.5%、57.3%，水资源占全国水资源总量的 81%。全国 13 个粮食主产区有 7 个在北方，东北地区、黄淮海地区承担了 60% 以上的粮食增产任务，粮食流通总体为"北粮南运"的格局，与水资源分布严重不匹配。黄淮海地区既是粮食主产区，还是火电、钢铁等高耗水工业密集区，用水量大、耗水率高，环境污染严重。西北地区煤炭、石油、天然气等资源丰富，是我国重要的能源和重化工业基地，对当地水资源水环境造成巨大压力。

三是用水方式还较为粗放。农业灌溉方式还比较落后，节水灌溉工程面积占耕地灌溉面积的 45.0%，高效节水灌溉工程面积仅占耕地灌溉面积的 25.0%，农田灌溉水有效利用系数远低于 0.7～0.8 的世界先进水平。我国高耗水工业行业用水量占工业用水量的 75%，但用水效率普遍较低；工业企业布局相对分散，不利于水资源集约利用和废污水集中处理，县城工业用水重复利用率只有 50% 左右；我国工业用水效率与世界先进水平相比还有较大差距，万元工业增加值用水量为世界先进水平的 2 倍左右。城市供水管网漏损严重，材质落后，节水器具普及率低，国内 600 多个城市供水管网的平均漏损率超过 13%。

四是水环境污染加剧了水短缺。2014 年，全国废污水排放量 771 亿吨，大量废污水未经处理直接排入河道，化肥、农药和畜禽养殖等产生的农业面源污染严重。全国监测评价的河流中水质优于 Ⅲ 类水的河长比例为 72.8%；全年总体水质属于 Ⅰ～Ⅲ 类的湖泊个数仅占 32.2%，大部分湖泊处于富营养状态；地下水水质达到 Ⅰ～Ⅲ 类的监测井仅占 38.5%；国家和省级 8 499 个水功能区水质达标率为 62.9%。

五是节水产业发育不足。目前，我国水嘴、坐便器、滴灌带等产品生产企业多达 1 500 多家，但 85% 以上企业为中小企业，生产规模较小，专业化程度较低，研发能力不强，产品品种规格单一，配套性差，与同类非节水产品或国外产品相比缺乏市场竞争能力，没有世界知名品牌。2014 年，陶瓷坐便器产品质量国家监督专项抽查不合格率为 7.3%，滴灌带不合格率达到 40%。节水的社会服务体系薄弱，专业的节水技术服务队伍尚未形成，服务标准和激励政策缺失。

存在以上问题，原因是多方面的。一是经济发展阶段和发展方式制约。农业分散经营，集约化程度低，制约了高效节水灌溉技术的推广应用。我国正处于工业化后期阶段，火电、石化、钢铁等高耗水工业产值占工业总产值38％，用水量占工业总用水量75％。二是节水约束和激励机制不完善。水资源水环境对经济社会发展的刚性约束不强，尚未发挥应有的倒逼作用；用水效率纳入地方考核指标刚刚开始，节水与政绩相挂钩的机制还处于研究建立中；财政税收的引导和激励功能、水权水价等市场手段在水资源配置和节约中的作用没有充分发挥，节水内生动力不足。三是节水监管能力不足。节水法律法规不健全；取用水计量与监控设施建设滞后，城镇和工业取水计量率不到70％，农业灌溉用水取水口计量率不到50％；强制性的节水产品技术标准不全，市场监管薄弱；基层节水管理机构和队伍能力不足。四是节水意识不强。长期习惯于重开源、轻节约，过多依赖于调水解决水短缺问题；节水、洁水的宣传教育不够，全社会节约用水的氛围不强。

二、"十三五"时期提高水资源利用效率的指导思想和目标

（一）指导思想

贯彻落实党的十八大和十八届三中、四中全会精神，按照"节水优先、空间均衡、系统治理、两手发力"的新时期水利工作方针，把水资源条件作为城镇发展、土地利用、产业布局的先导性因素，把节约用水贯穿于经济社会发展和群众生活生产全过程，把全面落实最严格水资源管理制度作为重要抓手，进一步强化政府在水资源管理中的主导作用，充分发挥市场在水资源配置中的重要作用，强化用水需求和用水过程管理，加快形成节水内生动力机制，提高水资源利用效率和效益，促进经济发展方式转变，全面推进节水型社会建设。

（二）基本原则

坚持节水与发展相互促进。大力提高水资源利用效率，促进经济发展方式转变，更好地支撑经济平稳健康发展和社会和谐稳定；在经济转型升级中，不断提高节水水平，实现水资源可持续利用。

坚持节水优先、合理开发。供水先节水，排水先治污，通水先环保，以水定需，量水而行，因水制宜，按照确有需要、生态安全、可以持续的要求，合理开发利用水资源。

坚持政府与市场协同发力。强化政府对节水的统筹规划、政策引导、资金投入、市场监管作用，深化水价改革、完善水资源有偿使用制度、推进水权水市场建设，增强全社会节约用水的动力。

坚持科技引领、法治保障。推动节水技术和制度创新，加快节水科技成果转化和应用，建立健全节水法律法规体系，强化制度对节水用水的规范和约束作用。

（三）目标

到 2020 年，全社会节水意识显著增强，水资源管理制度体系基本完善，节水技术水平进一步提升，节水型生产方式和消费模式基本形成，水资源利用效率明显提高。全国用水总量控制在 6 700 亿立方米以内，农业用水基本实现零增长；节水灌溉工程面积达到 7 亿亩左右，其中高效节水灌溉工程面积达到 3.5 亿亩左右，农田灌溉水有效利用系数提高到 0.55 以上，全国万元 GDP 用水量、万元工业增加值用水量较 2015 年分别降低 23%、20%，公共供水管网漏损率控制在 10% 以内；城镇和工业用水、农业灌溉用水取水口计量率分别达到 85%、70% 以上。

确定上述目标，主要基于以下考虑：

一是《国务院关于实行最严格水资源管理制度的意见》（国发〔2012〕3 号）确定的用水总量和用水效率控制目标，到 2020 年，全国用水总量力争控制在 6 700 亿立方米以内；万元工业增加值用水量降低到 65 立方米以下（以 2000 年不变价计），农田灌溉水有效利用系数提高到 0.55 以上。

二是有关标准和规划确定的指标。《城市供水管网漏损控制及评定标准》（CJJ92—2002）规定，城市供水企业管网基本漏损率不应大于 12%。《全国城镇供水设施改造与建设"十二五"规划及 2020 年远景目标》（建城〔2012〕82 号）提出，到 2015 年 80% 设市城市和 60% 县城的供水管网漏损率达到国家相关标准要求。《水污染防治行动计划》提出，公共供水管网漏损率控制在 10% 以内。

三是"十一五"和"十二五"的节水进展。"十一五"期间，全国万元 GDP 用水量降低了 36.8%，万元工业增加值用水量下降了 35.3%。"十二五"末，全国万元 GDP 用水量降低到 103.8 立方米以下（以 2010 年不变价计，下同），万元工业增加值用水量降低到 58.3 立方米以下，均比 2010 年降低 30% 以上。

四是目标实现的可行性。考虑经济增长速度变化和节水边际成本增加等因素影响，提高全社会用水效率难度增加，速度会放缓。提出 2020 年万元 GDP 用水量比 2015 年下降 23%，万元工业增加值用水量比 2015 年下降 20%。用水计量是监督考核各行业用水的基础手段。目前，我国用水计量率仍然较低，为满足最严格水资源管理制度考核的要求，需要在现状基础上尽快提高城乡用水计量率。

三、"十三五"时期提高水资源利用效率的主要措施

提高水资源利用效率涉及面广，需要全社会的广泛参与，要统筹兼顾、综合施策、加强协作、全面推进。

(一)促进产业结构和产业布局优化

推动产业结构优化。在编制《国民经济和社会发展"十三五"规划》、推动经济结构优化升级、修订《产业结构调整指导目录》中，应充分考虑水资源要素，通过结构优化来提高水资源利用效率。调整优化农作物种植规模和结构，培育、推广高产节水耐旱品种，改进耕作栽培灌溉制度，合理确定各地区农业产业结构。推动高端制造业发展，不断降低高耗水、高污染行业比重，限制、淘汰用水效率不高的工业企业。大力发展现代服务业，合理控制洗浴、洗车、高尔夫球场等高耗水服务业发展。充分考虑国际和国内贸易的虚拟水因素，推动产业结构优化调整。

调整产业布局。根据水资源分布和开发利用情况，合理布局高耗水产业。充分利用海水资源，集中建设能源、钢铁、石化等高耗水产业，推动高耗水产业布局向沿海地区转移。严禁开发利用地下水兴建火电、煤化工等高耗水项目。在江河源头区域、水资源严重短缺、水环境承载能力弱的地区，严禁新建制浆造纸、印染、食品酿造、化工、皮革、医药等高耗水、高污染、高排放项目。

充分发挥水资源管理"三条红线"的倒逼作用。切实落实最严格水资源管理制度，强化用水总量控制、用水效率控制、水功能区限制纳污"三条红线"的刚性约束，建立以水定城、以水定地、以水定人、以水定产的倒逼机制，推动产业结构升级和优化布局。对城市新区、大型煤电基地、石化产业等重点领域规划进行水资源论证，并逐步扩大规划水资源论证范围。严格执行建设项目水资源论证制度，严格取用水总量控制和取水许可审批管理。实行区域限批，对取用水量超过控制指标的地区，暂停审批新增取水。

(二)推进各行业节水

全力推进农业节水。基本完成现有规划内 434 处大型灌区、1 200 处重点中型灌区的续建配套与节水改造，以及 251 座大型灌排泵站的更新改造，加快灌区现代化改造建设。在东北平原、长江上中游等水土资源条件较好的地区，新建一批现代灌区。以西北节水增效、

华北节水压采、南方节水减排为重点，大力推广区域规模化高效节水灌溉。

加快实施工业节水技术改造。加强高耗水工业企业计划用水和定额管理，加快推进火电、石化、钢铁、纺织、造纸、化工、食品发酵等高耗水工业行业节水技术改造。发挥全国重点工业行业节水标杆企业的示范带动作用，大力推广先进实用节水工艺和技术，加快淘汰落后用水工艺和技术。鼓励工业园区集约利用水资源，强化园区用水管理，实行统一供水、废水集中处理和水资源梯级优化利用，实现不同行业间的循环用水和一水多用。

深入开展城镇生活和服务业节水。加快城镇公共供水管网改造，减少"跑冒滴漏"，强化公共供水企业成本监审，不断降低公共供水管网漏损率。加快洗车、高尔夫球场等高耗水服务业节水技术改造，对非人体接触用水强制实行循环利用，减少对新鲜水的取用量。全面推广城镇生活节水器具，加快换装公共建筑和住宅小区中不符合节水标准的用水器具，引导居民淘汰现有不符合节水标准的用水器具。

大力推进节水示范引领行动。以用水产品、重点用水企业、灌区为重点，实行水效领跑者引领行动，带动全社会节水。高标准开展节水型社会综合示范，在水资源短缺地区，以严控用水总量、多水源联合调配、调整经济结构为重点开展综合示范；在水资源相对丰富地区，以严格定额管理、推进清洁生产、转变用水方式为重点开展综合示范。

（三）建立节水市场激励机制

完善水资源有偿使用制度。研究建立水资源资产评估制度，推进水资源资产产权制度，对水资源进行统一确权登记，落实水资源所有权人权益。完善现有水资源费征收管理制度，严格规范水资源无偿使用的范围和条件，合理调整水资源费标准，推动落实超计划或超定额取水累进征收水资源费，加强对地方水资源费征收使用管理的监督检查。推进对江河源头区、饮用水源保护区等重点区域的水生态补偿。研究对农业超限额用水开征水资源费的办法。探索推进水资源税费改革。

深化水价改革。推进农业水价综合改革，严格农业用水总量控制和定额管理，建立合理反映供水成本、有利于节水和农田水利体制机制创新、与投融资体制相适应的农业水价形成机制。实施小型水利工程管理体制改革，明晰农田水利设施产权。逐步实行超定额累进加价制度，因地制宜探索实施两部制水价和季节水价制度，建立农业用水精准补贴机制。完善一户一表计量，全面实行城镇居民用水阶梯水价制度。严格实行非居民用水超计划超定额累进加价制度，拉开高耗水行业与其他行业的水价差价。

推进水权制度建设。不断健全完善区域用水总量控制指标体系，加快推进江河水量分配。完善取水许可制度，加快推进水资源使用权确权登记，探索水资源有偿取得。稳步推进水权交易试点，因地制宜探索地区间、流域间、行业间、用水户间、流域上下游等多种形式的水权交易流转方式。建立水权交易平台，积极培育水市场，加强交易监管。

落实节水财税支持政策。修订完善《环境保护、节能节水项目企业所得税优惠目录》，补充增加节水技术改造、第三方服务等节水类项目，对这些项目落实"三免三减半"企业所得税优惠。修订完善《节能节水专用设备企业所得税优惠目录》，增加建筑中水、微灌等节水专用设备类型，对企业购置并实际使用目录中的节水专用设备，实行税收抵免。对节水灌溉工程贷款，加大中央财政贴息力度。建立节水器具推广财政补贴政策，对购买符合节水标准的水嘴、坐便器等用水器具实行财政补贴。鼓励社会资本通过参与节水供水重大水利工程建设等方式优先获得新增水资源使用权，在投资补助、贷款贴息、征地移民、水价电价等方面享受同等政策。

开展第三方节水服务。推行合同节水管理，培育专业化的节水服务企业，在高耗水工业园区等工业集聚区，高校、医院等大用水户，引入节水服务公司等第三方，对用水、排水、水处理及循环利用系统进行集中式、专业化改造，降低用水成本。加强第三方节水服务的规范和政策引导，明确用水户和节水服务第三方相关责任，研究制定第三方服务相关规章制度，发布标准合同文本，建立健全履约保障机制。利用第三方节水服务推进节水专业化、产业化，促进节水产业发展。

（四）强化水资源优化配置和统一调度

加快实施一批重大水资源配置工程。在全面强化节水、增效、治污、环保、控需的前提下，加快实施一批重大引调水和水源工程，保障重要经济区和城市群供水安全。建立水资源战略储备体系，加强深层地下水保护，作为区域经济社会发展的战略储备水源。在西南等工程性缺水严重的地区，建设一批骨干水源工程，对单一水源供水的地级以上城市基本完成双水源和应急备用水源建设，增强城乡供水保障和应急能力。

实施河湖水系连通工程。针对河湖萎缩严重、水系循环性差、不同水源难以相互调剂等问题，要根据当地水资源条件、河流水系分布和工程布局特点，以水库为调蓄中枢，以河道、渠系为主要输水载体，因地制宜建设一批区域水资源调配、江河湖库水系连通及水源工程，形成布局合理、生态良好，引排得当、循环通畅，蓄泄兼筹、丰枯调剂，多源互补、调控自如的江河湖库水系连通体系，增强径流调蓄能力和区域供水保障能力。

加大非常规水源利用力度。加大再生水、海水、微咸水等非常规水源开发力度，纳入水资源统一配置。提高城市污水处理标准，建立完善再生水利用管网系统，城市园林绿化、消防、水景观等优先使用再生水。积极推动海绵城市试点建设，宾馆、学校、居民区等建设项目，应当配套建设雨水集蓄和再生水利用设施。在沿海地区和微咸水资源丰富地区，建设海水、微咸水直接利用和海水淡化工程，提高海水、微咸水利用量。北方缺水地区和南方部分丘陵区，建设集雨水窖、水池、水塘等小型雨水集蓄工程，解决群众生活、生产用水问题。

加强水资源统一调度。统筹生活、生产、生态等用水需求，统筹地表水、地下水、外调水、非常规水等水源，依托水库、江河控制性工程、引调水及河湖连通工程，强化水资源统一调度，实现优水优用、水尽其用。重点做好南水北调东中线工程及受水区、黄河流域、长江上游水库群及三峡工程、西北内陆河水资源统一调度。

（五）推进节水科技进步

加大节水技术推广应用。积极推广节水新技术、新产品、新设备，全面提高节水科技含量和装备水平。大力推广喷灌、微灌等高效节水技术。大力推广循环利用、高效冷却、热力系统节水、洗涤节水等通用节水工艺和技术，提高工业用水循环利用率，降低单位产品用水量。加快推广城市雨水收集利用、再生水安全回用等适用技术。引进、消化、吸收再生水利用、海水淡化、应急快速净化水等国外先进技术，积极推进国产化。

加强节水科技创新。注重科技创新在节约用水中的引领作用，加大科技创新研发力度，力争在农作物节水机理、转基因耐旱节水品种等重大科学问题，在农业高效用水过程精量控制、高耗水工业行业非常规水源利用集成等关键技术方面取得新突破。统筹各级政府的节水科技创新资源，完善节水科技创新组织管理体系。制定鼓励节水创新的扶持政策，通过税收优惠、政府采购等方式，鼓励企业加大研发投入，建立以企业为主体的节水技术创新体系。

设立节水重大科技专项。整合现有科技计划，充分发挥国家科技重大专项、科技计划专项等方面资金作用，设立综合节水重大科技专项，开展高效节水、多行业循环联用、海水淡化、中水回用等重点节水技术研发与系统集成创新。推动节水国家重点实验室和国家工程技术研究中心的组建与完善，强化节水科技基础条件平台，推进节水技术信息共享。

（六）强化节水监管

落实各级政府节水责任。健全并严格落实最严格水资源管理责任和考核制度，把节水作为约束性指标纳入政绩考核，在严重缺水的地区先试行，考核结果作为干部主管部门对政府领导班子和相关领导干部综合考核评价的重要依据。建立国家水资源督察制度，加强水资源管理、节约用水、水资源保护责任目标落实情况的监察检查。建立健全部门联动机制，发挥全国节约用水办公室作用，共同推进节水型社会建设。

提高水资源监控能力。建立重要取水户、重要水功能区和主要省界监测断面三大监测体系，全面提高水量水质监测能力。大力推进农业、工业等取用水计量设施建设，对城镇年取水规模以上的用水户全部安装取水计量设施，对万亩以上灌区和井灌区取水口全部安装取水计量设施。全面建成国家水资源管理信息系统，实现中央、流域和省级三级平台互联互通，资源共联共享。以县域为单元建立水资源承载能力监测预警及响应机制。

加强节水市场监管。制定国家认证的节水产品和设备目录，完善节水产品认证管理制度，规范节水产品市场生产和销售。加快建立国家水效标识制度，对主要用水产品逐步实行水效标识管理，在产品或包装物上加施水效分级标识，推动生产者改进产品节水性能，引导消费者购买节水产品。严格建设项目节水设施"三同时"管理，明确管理主体，强化监督检查。

（七）加强宣传教育

大力开展节水宣传。通过节水主题宣传、公益广告、电视片、节水进社区等多种方式，提高公众的水资源忧患意识和节约意识。落实《节俭养德全民节约行动总体方案》，深入开展人人节水行动，做好"节水中国行""节水在路上"等大型主题宣传活动，在全社会营造亲水、惜水、节水的良好氛围，使节约水、爱护水成为全社会的良好风尚和自觉行动。

提升全民水素养。编制全民水素养行动计划纲要，确定全民水素养行动目标、任务和措施，引导公众掌握必备的水知识，培养科学的水态度，形成规范的水行为。编写水情教育读本，把水情教育纳入国民素质教育体系和中小学教育课程体系，作为各级党政干部教育培训的重要内容。建设中小学节水教育社会实践基地，支持大中型水利水电工程配套建设水情教育展馆或者设施，为公众提供节水教育实践平台。

四、"十三五"时期提高水资源利用效率的政策建议

（一）加快落实规划水资源论证制度

习近平总书记在关于保障水安全的重要讲话中要求把水资源、水生态、水环境承载力作为刚性约束，贯彻落实到发展改革各项工作中。2015年中央1号文件明确要求，建立健全规划和建设项目水资源论证制度。目前，国家发展改革委要求大型煤电基地、城市新区

建设必须进行规划水资源论证，水利部出台了《关于做好大型煤电基地开发规划水资源论证的意见》，天津、新疆等部分省市正积极推动规划水资源论证工作，但是规划水资源论证还处于起步阶段。

从决策"源头"控制用水需求，提高用水效率，亟须加快落实规划水资源论证制度。一是以国家法律法规的形式明确规划水资源论证的法律地位，制订出台实施规划水资源论证制度的指导意见，建立完善论证的标准和规范体系，明确规划主体单位的责任和义务、水行政主管部门的监管职责。二是要求城市总体规划、矿产等资源开发利用规划、产业聚集区规划以及涉及利用水资源的产业发展规划编制规划水资源论证报告，将规划水资源论证作为规划审批的重要依据。

（二）创新节水的财政引导和激励政策

节水既节约资源又保护环境，具有较强的正外部性，各级政府应对节水给予必要的支持。目前的节水引导政策还存在覆盖面有限、执行力度不够等问题。从国外经验看，利用财政补贴对节水技术创新、器具设备推广普及等进行引导和激励，政策效果明显。国内在节能减排方面，近年来中央财政安排节能产品补助资金推广 8 大类消费品以及 5 大类工业产品，2013 年安排 350 亿元，同时在 18 个城市开展节能减排综合示范并给予财政奖补，发挥财政资金"四两拨千斤"的作用，取得很好效果。下一步应建立财政对节水产品普及和水效领跑者的奖补机制。

一是建立生活节水器具财政补助机制。中央财政制订对节水器具推广使用进行财政补助的政策，地方各级财政建立专项资金，以节水型水嘴、坐便器、淋浴器为主要补贴对象，对购置使用的消费者进行直接补贴。二是提高高效节水灌溉设施的补贴力度，将补助的比例从目前的 30％左右提高到 50％左右。三是建立水效领跑者奖补机制。中央财政设立奖补资金，对节水成效显著的用水产品生产企业、重点用水企业、灌区予以奖励，发挥示范带动作用。四是探索建立节水产业发展基金，主要投向节水设备设施研发、生产，发挥财政资金的杠杆作用，助推节水创业创新和产业升级。

（三）加强节水立法工作

我国目前尚无全国层面的节水法律法规，节水工作缺乏强有力法律法规保障。在水权制度建设方面，取水权取得和转让方式等制度内容已经不能适应实践的要求，亟须加快完善相关法律法规。

　　一是开展《节约用水法》立法前期工作，通过法律确立节水管理制度，强化用水户节水的义务和责任，明确各行业节水要求，推进节水型社会建设。二是修订《取水许可和水资源费征收管理条例》，完善水资源有偿使用制度，建立水资源使用权确权登记和用途管制等制度，增加水权交易类型和可交易水权内容，为水权交易提供法律保障。

ZHONGYANG
"SHISANWU"
GUIHUA 《JIANYI》 ZHONGDA
ZHUANTI YANJIU

专题十七　加强污染防治

水利部

"十三五"时期加强水污染防治的主要任务

水污染防治和水资源保护事关人民群众生命安全，事关经济社会可持续发展，事关生态文明建设，事关国家水安全保障。今后五年是全面建成小康社会的冲刺阶段，是实现中华民族伟大复兴中国梦的关键时期，为确保水污染得到有效防治、水资源得到有效保护、水生态得到有效改善，必须科学谋划、统筹兼顾、综合防控、系统治理。

一、我国水污染防治面临的形势和问题

随着经济社会快速发展，日趋严重的水污染已对我国水安全构成严重威胁。国家高度重视水污染防治工作，自"九五"期间的"三河三湖"污染治理以来，不断加强重点流域区域的水污染防治力度，并在局部区域取得一定成效，淮河、辽河、太湖等流域水环境恶化趋势得到一定程度遏制。然而，总体上看，我国水环境状况依然严峻，一些地区还呈现水污染源多样化、污染范围扩大化、污染影响持久化特征。特别是水环境污染、水资源短缺和水生态损害等问题相互交织、相互影响，使水污染防治更加复杂艰巨。

（一）废污水排放量居高不下，威胁人民群众生命健康

21世纪以来，我国用水量增加，废污水排放量呈持续增高趋势，从2001年的626亿吨增加至2014年的771亿吨，14年间增加了20%以上；虽然2005年以来我国工业废水排放量呈下降态势，但生活污水排放量呈上升态势。据调查，我国目前主要污染物COD（化学

需氧量）入河量在 900 万吨左右，重点区域污染物入河量远远超出水功能区纳污能力。全国 32％的河流和 11％的湖泊污染物入河量超出水功能区纳污能力，约 2/3 的点源污染物集中汇入仅占全国纳污能力 1/3 左右的河湖，加上面源及内源污染日趋加重，江河湖泊不堪重负。目前，我国有监测评价资料的河流湖泊中，27.2％河道长度、67.8％湖泊面积水质劣于Ⅲ类，国家和省级 8 499 个水功能区水质达标率为 62.9％，海河、太湖及松花江等大江大河流域水功能区水质达标率仅为 45％左右，城市黑臭水体问题十分突出。饮用水源受到不同程度的污染，部分城市水源地重金属及有毒有机物超标，水库水源富营养化现象及河道水源水质风险凸显，威胁人民群众生命健康。我国城市化仍处于快速发展阶段，中长期用水总量和废水排放量仍呈上升的态势。持续的废污水高排放量和高浓度将使得我国面临的水污染减排压力长期存在。

（二）水生态系统严重受损，挤压生存发展空间

黄河、淮河、海河已接近或超过水资源承载能力，不少地方水资源过度开发。此外，各类建设活动对河湖生态空间的挤压严重。过度的水资源开发、严重的水污染及河湖生态空间的侵占导致河道断流和湖泊干涸、河湖连通性和自净能力下降、湿地绿洲萎缩退化、滨河滨湖带生态功能受损、生物多样性降低等一系列生态环境问题，生存环境受到挤压。

（三）地下水超采严重和污染凸显，危及供水和生态环境安全

我国地下水超采严重，全国有 23 个省（自治区、直辖市）存在地下水超采问题，全国超采区面积约为 30 万平方千米；北方平原区地下水平均开发利用程度达 85％，其中河北、天津、河南、山西超过 100％；目前全国平均每年超采地下水 170 亿立方米，地下水超采引发了地面沉降、地面塌陷及地裂缝、海（咸）水入侵、土地荒漠化、泉水衰减等一系列严重的生态环境问题。全国累计地面沉降量超过 200 毫米的面积已达到约 8 万平方千米，因超采引发的地面塌陷超过 2 500 处，总面积超过 2 300 平方千米，因地下水超采引发的海水入侵面积约 2 500 平方千米。地下水超采还致使许多地区含水层几近疏干，在导致严重生态问题的同时，也造成地下水的战略、应急储备功能严重受损或丧失，影响区域特别是重要城市的应急供水安全。与此同时，地下水污染状况堪忧，且仍呈由点状、条带状向面上扩散，由浅层向深层渗透，由城市向周边蔓延的恶化态势。

（四）突发水污染事件高发频发，影响社会稳定

"十五"以来，我国水污染突发事件高发频发，平均每年发生千余起，2009 年以来仅重大突发性污染事件就发生 29 起，广西龙江镉污染和贺江铬污染事件、山西浊漳河苯胺污染事件、惠济河河南安徽交界段氨氮污染事件、兰州自来水污染事件等都造成了重大社会影响。我国石油化工、制药、造纸及制革等高污染企业等潜在风险源广泛分布且多布局在大江大河沿岸，企业生产装置爆炸、废水事故排放及危险品交通运输事故等可能导致重金属、有毒有机物及石油类等污染物进入水体，易引发突发性水污染事件。突发水污染事件危害大、处理时间紧、管控难度高，不仅给沿岸城市人民群众生活供水造成严重威胁，造成巨大的经济损失，若处理不当，极易引发重大社会问题，影响社会稳定。

造成我国水污染防治形势严峻的原因是复杂的，主要有以下四个方面：一是现阶段我国经济发展方式仍比较粗放，资源能源消耗和污染排放强度大，现实上仍未摆脱"先污染、后治理"的路径；二是水污染防治工作侧重于陆域污染源控制，水资源保护工作侧重于水域的保护，尚未建立水功能区纳污限排倒逼陆域污染物减排的机制，陆域污染物减排目标与水域纳污能力未有机衔接，客观上导致水污染防治与水资源保护脱节；三是水污染防治体制机制不完善，以流域为单元的水污染联防联控机制不健全，流域机构在水污染防治和水资源保护中的监管权限不足，作用未得到充分发挥；四是水污染防治监管能力与目前水污染严峻形势不相匹配，责任追究机制尚待进一步加强。

二、"十三五"时期加强水污染防治的总体思路与目标

（一）总体思路

贯彻落实党的十八大和十八届三中、四中全会精神，大力推进水生态文明建设，按照"节水优先、空间均衡、系统治理、两手发力"的治水新思路，以改善水环境质量为目标，以控源减排为核心，以建立有效的制度安排和加大政策力度为重点，以水系为脉络、流域为单元，强化最严格水资源管理"三条红线"刚性约束，全面实施控源减排和系统治理，协同推进水污染防治、水资源保护和水生态修复，实现水源安全达标、水质持续改善、水量基本保障、生态逐步修复，确保"十三五"时期水污染防治和水资源保护取得明显进展。

（二）目标

总体目标是：到"十三五"期末，通过控源减污、调水引流、生态修复、综合整治等措施，江河湖泊水功能区水质明显改善，城镇供水水源地水质全面达标，地下水超采得到严格控制，形成有效的水资源保护和水污染防治协调机制，基本建成水资源保护和河湖健康保障体系。

具体指标为：主要污染物 COD 和氨氮入河量比 2011 年分别削减 20％和 30％，国务院批复的重要江河湖泊水功能区水质达标率提高到 80％以上，地级及以上城市建成区黑臭水体均控制在 10％以内；城镇集中式饮用水水源地水质达标率达到 95％以上；受损的河湖生态系统得到初步恢复，主要河湖生态水量保障程度达到良好。

确定"十三五"时期水污染防治和水资源保护主要目标，主要基于以下考虑：

一是依据 2011 年中央 1 号文件《中共中央关于加快水利改革发展的决定》确定主要目标。主要包括：到 2020 年，江河水功能区水质明显改善，城镇供水水源地水质全面达标，地下水超采基本遏制，全面建成河湖健康保障体系。

二是依据国务院批准的《全国水资源综合规划》和《国务院关于实行最严格水资源管理制度的意见》，到 2020 年，全国重要江河水功能区水质达标率达到 80％。

三是依据有关规划确定具体指标。依据正在送审中的《全国水资源保护规划（2015—2030)》等规划的近期水平年目标，确定主要入河污染物削减率、水功能区水质达标率、城镇饮用水水源地水质达标率等具体指标。

四是考虑和"十二五"相关规划的衔接以及目标实现的可行性等确定相关指标。《重点流域"十二五"水污染防治规划》提出：2015 年 COD 排放量比 2010 年削减 9.7％，氨氮排放量比 2010 年削减 11.0％；基于上述目标并考虑 2020 年水质达标要求，提出"十三五"期间 COD、氨氮的入河量比 2011 年分别削减 20％、30％。

五是考虑建成小康社会及保障人民群众生命健康的刚性需求。对城镇集中饮用水源提出了水质全面达标的总体目标和水源地水质达标率为 95％的具体指标。

三、"十三五"时期加强水污染防治的主要措施

"十三五"时期加强水污染防治的主要任务是：把控污减排作为工作核心，在总量控制的基础上全面提高排放标准，实现达标排放，从源头减少污染物排放量；把节水作为减污的重要举措，全面落实最严格水资源管理制度；把生态修复作为重要手段，维护水资源和

水环境承载能力；把水功能区监督管理作为重要平台，加强水资源保护，建立流域与区域水污染防治协调联动机制；把提升水资源水环境监测监控能力作为重要基础，建立责任追究制度，完善监督考核体系；把发挥政府主导和市场机制作用作为重要保障，建立长效、稳定、多元的水污染防治和水资源保护投入机制。

（一）狠抓源头治理，全面控制污染物排放

一是严格以水功能区限制排污总量为依据，科学制定陆域污染物减排计划。要依法科学核定水域纳污能力，提出水功能区限制排污总量意见，严格以水功能区限制排污总量作为陆域污染物减排计划的刚性约束；根据水功能区水质达标要求，将限制排污总量逐级分解到各行政区域和入河排污口，分阶段、分区域制定陆域污染物减排计划。

二是建立倒逼机制，严控工业污染。要贯彻落实循环经济、绿色产业的理念，强化实施源头控制和末端治理相结合的工业污染治理模式。以陆域污染物减排计划为依据，完善污染物排放总量控制制度，严格环境执法，倒逼排污企业加大治污力度、重污染区域进行产业结构调整或实施产业转型。在污染物排放量超过排放总量控制指标的地区，实施更严格的排放标准，制定产业发展约束政策。全面取缔不符合国家产业政策"十小"企业，专项整治"十大"重点污染行业，强制工业企业建设污水深度处理设施，实施清洁化改造，推进工业清洁生产。

三是强化城镇生活污染治理，推进再生水资源利用。加快建制镇污水处理设施建设，提高污水处理率。因地制宜开展现有城镇污水处理设施升级改造，确保达标排放。全面加强污水处理厂运行管理和配套管网建设，因地制宜推进雨污分流和现有合流管网系统改造，强化城中村、老旧城区和城乡接合部污水截留和收集，系统提高城镇污水收集能力和处理效率。大力推进缺水地区中水回用系统建设和再生水资源利用。

四是推进农业、农村污染治理，综合防治面源污染。调整种植业结构和布局，发展节水农业，推广低毒、低残留农药，控制氮肥用量。重点在松嫩平原灌区、宁蒙灌区及黄淮海平原灌区等水资源短缺地区开展灌区退水生态处理示范工程建设，净化农田排水。科学划定禁养区，依法关闭或搬迁禁养区内畜禽养殖场，规模化畜禽养殖场配套要建设污水、粪便处理设施。合理确定水产养殖规模和布局，严格控制围网养殖面积，加强重点湖库的水产养殖管理，积极推行"人放天养"。实施农村清洁工程，实行农村生活污水和生活垃圾集中收集处理。加强重点区域水土流失治理和水土保持建设，提高土壤持水保肥能力，减少陆域面源污染物入河量。

五是开展河湖污染内源治理，清理历史污染欠账。对长期污染造成底质污染严重的河

湖实施底泥清淤、生态疏浚及生物防控综合治理。重点推进太湖、滇池、巢湖等重点湖泊和长江中下游、珠江三角洲等地区河湖内源治理。

（二）加大节水减污力度，强化水功能区监督管理

一是把节水作为减污的重要举措，大力推行节水防污型社会建设。树立节水就是减排、减排就是减污的观念，把节约用水贯穿于经济社会发展和群众生产生活全过程，落实最严格水资源管理制度，强化"三条红线"刚性约束。严格控制用水总量，建立以水定发展规模、定产业方向、定城镇布局的约束机制。根据水资源和水环境承载能力，调整区域产业结构，转变发展方式，淘汰高耗水的落后产能。建立水资源水环境承载能力监测预警机制，对取用水总量已达到或超过控制指标的地区暂停审批新增取水。大力推进工业、农业、生活节水，加强计划用水和用水定额管理，建设节水防污型社会。

二是以水功能区限制纳污红线考核为抓手，全面加强水功能区监督管理。把水功能区划作为水资源开发利用与保护、水污染防治和水环境综合治理的重要依据。以水功能区限制纳污红线考核为抓手，建立健全流域和区域相结合的水功能区分级分类监督管理体系。严格省界缓冲区、水源保护区等重要功能区目标和用途管制，严格水功能区划及目标调整，严格地方政府水功能区目标管理考核与责任追究。

三是以入河排污口综合整治为重点，严格入河排污口监督管理。根据水功能区划，划定入河排污口禁止、严格限制及一般限制设置水域，建立入河排污口与建设项目环境影响评价的联动机制，严格控制新改扩入河排污口设置，对排污量超过水功能区限排总量的区域，限制审批新增取水和入河排污口。全面实施已建入河排污口登记制度，对现有排污口进行综合整治，重点针对京津冀、长三角、珠三角等入河排污口布局问题突出、威胁饮水安全或水质严重超标区域的排污口，实施截污导流、湿地生态处理等入河排污口的综合整治。

（三）严格饮用水水源地保护，确保饮水安全

一是加大治理力度，加快水源地安全保障达标建设。落实饮用水水源地核准和安全评估制度，把供水人口20万人以上的水源地纳入全国重要饮用水水源地名录，按照"水量保证、水质合格、监控完备、制度健全"的达标要求，全面开展水源地达标建设和评估工作。落实地方主体责任，科学划定饮用水水源保护区，依法清理水源保护区内违法建筑、排污口和各类养殖户；加强水源地保护和管理，实施水源地安全警示、隔离防护、水源涵养和

修复措施，在有条件的水源地推行封闭管理。

二是完善城镇应急备用水源方案，提高应对供水安全突发事件能力。对供水人口 20 万人以上、饮用水源单一的城市，制定应急备用水源方案。根据区域水源条件，在已有饮用水源外，统筹考虑地下水水源、其他功能水源及外调水源，合理确定城市应急备用水源方案，重点完成地级及以上城市应急备用水源建设。加强重点流域和地区水资源统一调度，建设相应工程体系和运行管理机制，提升应对突发水污染事件及特大、连续干旱的应急供水能力。调查重要及规模以上饮用水水源地周边产业布局及危险品交通运输状况，对潜在风险源进行识别和风险评估，制定应急预案，提出风险防范措施，提高水源地监控、风险预警及应急能力。

三是实施农村饮水提质增效工程，保障农村饮水安全。坚持进度、质量、效益并重，通过工程改造、升级、配套、联网等方式，提高农村集中供水率、供水保障率、水质合格率和自来水普及率。加强农村饮水水源保护和水质监控，建立健全县级农村饮水安全专管机构，实现农村饮水提质增效。对城镇周边地区，通过延伸供水管网、扩大供水范围，推进城乡供水一体化。对人口相对集中、有水源条件的地区，通过联村并网，推进规模化集中供水。对人口相对分散区域，进行小型和分散式供水工程标准化改造。

（四）实施河湖水系连通，修复河湖生态

一是推进河湖水系连通工程建设，提升水资源水环境承载能力。以自然河湖水系、调蓄工程和引排工程为依托，以水资源紧缺、水生态脆弱和水环境恶化地区为重点，逐步构建国家、区域、城市层面布局合理、功能完备、工程优化、保障有力的河湖水系连通格局，实施科学调水引流，增强河湖水体流动性，提升流域、区域水资源水环境承载能力。在东部地区，加快骨干工程建设，维系河网水系畅通，率先构建现代化水网体系。在中部地区，积极实施清淤疏浚，新建必要的人工通道，增强河湖连通性，恢复河湖生态系统及其功能。在西部地区，科学论证、充分比选、合理兴建必要的水源工程和水系连通工程。在东北地区，开源节流并举，有条件的地方加快连通工程建设，恢复扩大湖泊湿地水源涵养空间。

二是科学调度水资源，保障河湖生态需水。加强江河湖库水量调度管理，分期分批核定重要江河湖泊生态流量和生态水位，完善水量调度方案，优化流域水量调度，保障重要河流生态基流、重要湖泊湿地及河口生态需水。开展长江三峡及上中游干支流控制性水库群、黄河干流水库、淮河闸坝群等大江大河闸坝水量联合调度试点，完善塔里木河、黑河、石羊河等水资源紧缺河流的水量调度管理。

三是严格河湖生态空间管控，开展水生态修复。切实加强河湖水域岸线保护，实行河湖分级管理，明确河湖生态空间管理和保护范围，划定河湖生态红线，严禁侵占或损害河湖生态空间，防止现有水域面积衰减，有序推动河湖休养生息。对河湖生态空间被侵占的，采取取缔清退、退渔退耕措施，限期予以恢复；对河湖生态空间受损的，采取堤岸生态化建设和改造、生物栖息地修复与重建等措施，恢复河湖湿地生态功能。

四是推进农村河塘综合整治，促进美丽乡村建设。针对农村河塘沟渠存在的主要问题，以"引排顺畅、水源互济、灌溉保障、水清岸绿"为目标，开展农村小河道、小河沟、小塘坝、小湖泊的清淤疏浚、岸坡整治、河渠连通等集中整治，建设生态河塘，完善农业灌溉排水体系，提高农村地区水源调配能力、防灾减灾能力、河湖保护能力，改善农村生活环境和河流生态。

五是以流域为单元，推进国土江河综合整治。统筹流域水资源开发利用与节约保护、防洪减灾、水污染防治和生态治理等要求，实施山水林田湖综合治理。开展东江、滦河等流域综合整治与保护试点，探索以水资源、水环境、水生态承载力和河湖空间管控为刚性约束的流域综合管理新制度，建立国土江河综合整治与保护新模式。

（五）开展地下水超采和污染综合治理，保护地下水资源

一是建立地下水开采总量控制制度，严格地下水管理。抓紧建立地下水开采总量控制指标体系，对开采总量已达到或超过总量控制指标的地区，暂停审批建设项目新增取水；对开采总量接近总量控制指标的地区，限制审批建设项目新增取水。严格控制开采深层承压地下水，深层承压地下水原则上只能作为应急和战略储备水源。提高地下水资源费征收标准，对超计划或者超定额取水实施累进收取水资源费。

二是加快地下水超采治理，逐步削减超采量。划定地下水超采区，核定并公布地下水禁采和限采范围，实行地下水开采总量和水位双控。通过提高城市与工业用水效率、加强灌区续建配套和高效节水改造、合理调整产业结构和农业种植结构、加强替代水源建设、压减灌溉面积等综合措施，削减地下水超采量，涵养地下水源。"十三五"期间重点实施华北地区地下水超采综合治理，结合种植结构调整等措施，加强地下水超采问题突出的井灌区高效节水改造。

三是加强地下水污染预防，严防地下水污染。开展地下水污染源调查，划定地下水污染防治重点区域，严格区域内废污水排放、垃圾填埋场、加油站、矿坑排水、农药和化肥使用等管理，严防地下水污染。"十三五"期间重点针对地下水饮用水水源实施安全防护、污染源清理、水质监测监控措施，保障地下水饮用水水源地供水安全。选择重点区域开展

地下水污染治理试点。

（六）完善水资源保护和水污染防治监控体系，推进水量水质水生态统一监管

一是加强能力建设，完善监测网络。优化水功能区监测站网布局，加强流域及省（自治区、直辖市）实验室建设和监测仪器设备配置，增强对水源地有毒有机物、抗生素、水生态指标以及突发性水污染事件的监控能力，完善流域和区域相结合、水量水质水生态要求相统筹的水资源保护监测网络和信息管理平台。

二是拓宽监测内容，提高监测水平。对重点水域和控制断面实施水质自动监控，定期组织开展重要饮用水水源地（包括有毒有机物）全指标监测。全面推进入河排污口监督性监测。逐步开展生态脆弱河流及重要敏感水域水量、水位及水生态的同步监测。尽快实现重要省界断面、全国重要水功能区、重要饮用水水源地名录内水源地监测的全覆盖。

三是强化水质水量水生态协同监管，推进信息共享。以流域为单元，推进建立部门间、流域与区域间监测资源的协调和监测信息的共享机制，完善水功能区风险防控体系。推进重点流域水质水量水生态的协同监管，建立流域与区域相结合的水质水量监测预警和应急调度体系。加强水质监测质量控制管理，严格落实执法、监测等人员持证上岗制度，定期开展专业技术培训，加强基层队伍力量。

四、"十三五"时期加强水污染防治的政策建议

水污染防治是一项长期的战略任务，要实现"十三五"期末水环境质量明显改善的目标，需要有力的政策支持和健全的体制机制。为此，提出以下几点建议：

（一）完善水污染防治相关法规标准

面对我国水资源约束趋紧、水环境污染严重、水生态系统退化的严峻形势和节约用水、水资源保护、地下水管理与保护等方面的法律法规薄弱的状况，必须大力加强水污染防治相关法制建设。建议加快水污染防治法等法律法规修订步伐，将水功能区分级分类监管作为重要内容，切实发挥其在涉水工作中的基础性和约束性作用，进一步加强水污染防治和水资源保护工作的衔接；研究制定水功能区监督管理、节约用水、地下水管理方面的法律法规；全面提高污水排放标准，从源头强化污染排放控制。

（二）建立以水功能区纳污能力倒逼陆域污染入河排放的机制和考核体系

按照习近平总书记关于保障水安全重要讲话中"坚持以水定城、以水定地、以水定人、以水定产，使水资源、水生态、水环境承载能力切实成为经济社会发展的刚性约束"的要求，亟须建立以水域纳污能力倒逼陆域污染减排的机制和相应的评估考核、责任追究制度。建议将水功能区水质目标及限制排污总量意见作为各级水污染防治规划中污染物陆域排放总量控制的硬约束，实现科学有序控源减排，优化入河排污布局；将水功能区水质达标、水源地安全达标等纳入地方经济社会发展评价体系和政府政绩考核体系，建立责任追究制度，促进经济社会发展与水资源水环境承载能力相适应。

（三）强化流域综合管理

水是以流域为单元的，流域机构在水资源开发利用保护等方面具有独特和不可替代的作用。我国《水法》《水污染防治法》均明确了流域机构的法律地位，七大流域机构在水资源保护监督管理方面积累了较强的工作经验和技术力量。但是流域机构执法权的缺失使得流域管理尚难对地方形成硬约束，流域管理体制优势未得到充分发挥。建议强化流域机构在水污染防治和水资源保护中的管理职能，提高流域机构监督执法地位；以流域机构为平台，建立流域内各省（自治区、直辖市）涉水部门多方参与、多种形式的协作机制和风险预警防控体系；以流域管理推动区域联动，逐步完善流域机构在水环境执法中沟通协商、议事决策和争端解决等方面的作用。

（四）强化政府和市场两手发力，建设一批水资源保护重大工程

水污染防治和水资源保护具有基础性、公益性强，资金需求规模大、投资回收期长的特点，应坚持政府财政性资金为主。建议在充分发挥政府主导作用基础上，健全市场化机制，加快污水处理、水价等税费改革，完善相关政策体系和财政制度安排，引导企业和社会广泛参与水资源保护和水污染防治。要加快实施一批水源地安全保障、入河排污口整治、水生态修复、地下水保护、水资源监测等水资源保护重大工程，尽快修复和保护好江河水系。

农业部

农业面源污染防治专题研究报告

　　随着我国农业集约化程度不断提高和养殖业的迅速发展，化肥、农药等农业投入品过量使用及畜禽粪便、农作物秸秆和农田残膜等农业废弃物不合理处置导致的农业面源污染问题日益突出，严重制约农业和农村经济可持续发展。但同时应看到，农业集约化、规模化生产使污染源相对集中，治理成本降低，且节水灌溉、测土配方、统防统治等实用技术的推广，也为农业面源污染防治创造了有利条件。本报告主要包括三个方面内容：**一是阐述我国农业面源污染的现状及其成因；二是剖析农业面源污染的影响，及当前面源污染防治工作存在的主要问题；三是提出我国面源污染防治的对策与建议。**由于农产品产地重金属污染具有农业面源污染的某些特征，在报告中也予以关注。

一、我国农业面源污染总体形势

（一）农业面源污染特征

　　目前，对农业面源污染的定义不尽相同。我们认为，农业面源污染总体上是由于化肥、农药、地膜、饲料、兽药等化学投入品使用不当，以及作物秸秆、畜禽废弃物、农村生活污水、生活垃圾等农业（或农村）废弃物处理不当或不及时，造成的对农业生态环境的污染。农业面源污染造成的危害主要有三个方面：**一是危害水体功能**，影响水资源的可持续利用，表现为地表水的富营养化和地下水的硝酸盐含量超标；**二是危害农田土壤环境**，影响土地生产能力和可持续利用能力，表现为土壤有害物质超标和土壤结构遭受破坏；**三是**

危害农村生态环境，影响农村居民的生活环境质量。

面源污染是和点源相对而言的，又叫非点源污染。农业面源与工业点源污染有四个本质区别：**一是排放形式具有分散性。**面源为分散排放，点源为集中排放，面源的污染"密度"远远低于点源。**二是污染物具有资源性。**农业排放的主要污染物是氮磷和有机物，利用好了是营养资源，而工业排放的污染物则五花八门，有些会对人体造成严重损害。**三是进入环境的过程具有间接性。**以进入水体为例，点源通过排污口直接进入水体，面源则先经过土壤的缓冲，再由地表径流或雨水淋溶进入水体。**四是排放动机具有非主观性。**工业排放是生产末端所产生的废物，处理起来需要增加费用，工业企业具有偷排、超排的动力；而农业排放则多为生产原料（如农药、化肥等），农业排放隐含着排放主体（农户）生产成本的增加。

（二）我国农业面源污染形势

第一次全国污染普查显示，2007 年全国农业源的 COD、总氮和总磷排放分别达到 1 320 万吨、270 万吨和 28 万吨，分别占全国排放总量的 43.7%、57.2% 和 67.4%。《2014 中国环境状况公报》披露，农业源化学需氧量和氨氮排放量分别为 1 102.4 万吨和 75.5 万吨，占全国排放总量的 48.0% 和 31.7%，农业源仍然是重要的贡献者之一。尽管如此，农业源污染物排放与其他污染源存在很大差别，主要表现在从农业行为、到农业排放、再到最终影响环境，并不是简单的直接因果关系。例如，判断农业面源污染对水体的影响，最关键的指标不是化学品投入量以及由此核算的排放量，而是污染物进入河流、湖泊的实物量。我国农田化肥的 35.2% 在当季被作物吸收，剩余部分被农田沟渠、缓冲带、湿地或下级农田所消纳利用，最终仅有很少一部分通过地表径流进入地表水体，或通过淋洗进入地下水体。因此，虽然我国农业源污染物排放总量较高，但真正进入水体的量非常有限。

现阶段农业面源污染形势总体严峻，但也存在一些特殊性，需要我们认真研判，精准施策。

1. 养殖业集约化程度越来越高，由于畜禽粪便等废弃物产生量大、利用率较低，污染物减排压力依然严峻

近几年我国畜禽养殖总量持续增加，2014 年全国生猪出栏 7.3 亿头、奶牛存栏 1 500 万头，分别比 2007 年增长 30% 和 22%。同时，畜禽规模化集约化快速发展，以猪为例，2014 年年出栏 500 头以上规模养殖比例达到 41.8%，比 2007 年提高 20 个百分点。与此同

时，规模化畜禽养殖场养殖废弃物处理设施建设却相对滞后，大量畜禽粪便难以消纳利用，使得畜禽养殖废弃物由传统农家肥变成了污染物。此外，我国的水产养殖规模也在迅速扩大，1978 年水产品总量为 465.4 万吨，其中人工养殖占 26.1％，2014 年水产品总量达到 6 450 万吨，人工养殖占到 73.8％，水产养殖中大量饵料、鱼药投放造成水环境污染。

2. 主要粮食作物化肥用量基本合理，蔬菜和瓜果等经济作物过量施用现象比较突出，总体上化肥消费增长率在下降，但化肥投入量仍然偏大

2007 年以来，我国化肥消费量年度增长率和 3 年增长率均呈下降趋势，其中年度增长率由 2007 年（与 2006 年相比）的 3.7％下降到 2013 年（与 2012 年相比）的 1.3％，3 年增长率由 2007 年（与 2004 年相比）的 10.2％下降到 2013 年（与 2010 年相比）的 6.3％。2014 年，我国化肥施用量为 5 996 万吨，占世界的 35％左右，按照 20.3 亿亩耕地计算，平均单位面积化肥施用量达 443 千克/公顷，还远高于世界平均水平。值得指出的是，目前我国主要粮食作物化肥平均使用量约为 212 千克/公顷，已经低于环境安全上限（发达国家为防止水体污染所设置的安全上限值为 225 千克/公顷），但果树 555 千克/公顷、蔬菜 365 千克/公顷的平均用量远高于环境安全要求，果园和设施蔬菜化肥过量施用现象还较为突出。

3. 单位面积农药使用量高于世界平均水平，但低于美国等发达国家，总体使用量趋于稳定，但利用率偏低

近年来，我国农药使用量稳定在 32 万吨（有效成分）左右，占世界农药总用量的 1/7，比例高于我国土地面积占世界耕地面积的比例，这与我国土地复种指数高有关系。总体来看，我国单位面积农药使用量高于世界平均水平，但低于美国、以色列、日本等发达国家。另外，我国农药利用率偏低，2015 年水稻、小麦、玉米等主要作物的农药利用率仅为 36.6％，残留农药经过降水、地表径流和土壤渗滤进入水体中。此外，每年数十亿个农药包装物被随意丢弃水体或田角，包装自身及其中携带的部分农药残留对农村环境和居民健康造成潜在威胁。

4. 地膜回收率较低，破旧农膜残留问题仍有待破解

我国地膜使用总量和作物覆盖面积均高居世界第一。2014 年我国农膜使用总量高达 260 多万吨，其中地膜用量为 142 万吨，由于超薄地膜的大量使用以及残膜回收再利用技

术、机制欠缺，"白色革命"逐步演变为"白色污染"，农田地膜残留污染问题日益突出。当前，全国当季农膜回收率不足 2/3。据调查，所有覆膜农区农田土壤均有不同程度的地膜残留污染。"白色污染"严重影响农机播种施肥作业和作物生长，破坏土壤结构，降低耕地质量，危害畜牧生产。随着地膜覆盖面积和用量的持续增加，地膜残留问题将长期持续存在。

5. 农作物秸秆利用水平不高，综合利用能力亟待提升

农作物秸秆是用途丰富的农业资源，用则为宝、弃则为害。伴随着我国粮食生产取得"十一连增"的巨大成就，农作物秸秆利用的压力也在逐年增大。据测算，2014 年全国秸秆可收集利用量达到 8 亿多吨，秸秆综合利用率为 78%，目前全国还有 20% 以上的秸秆没有得到有效利用，不少地区农民在作物收割后集中焚烧秸秆，不仅浪费了宝贵资源、破坏了土壤有机质，还加重了局部地区雾霾天气的形成。

6. 农村垃圾污水随意排放，环境状况堪忧

据测算，我国农村生活垃圾每年产生量大约 2.8 亿吨，生活污水产生量 90 多亿吨。在广大农村地区，生活垃圾一直处于无人管理的状态，不仅造成污水的渗漏和随河水漂流，导致地下水源及河道的严重污染。农村生活污水大部分没有经过任何处理，直接排放到河流等水体中，造成地表水和地下水污染。一些重点流域农村生活污水和垃圾处理率低，处理设施建设不能满足污染减排要求。

7. 耕地土壤重金属污染形势不容乐观，防治工作亟待加强

根据环境保护部和国土资源部 2005—2010 年调查结果，我国耕地污染点位超标率为 19.4%，主要污染物为镉、镍、铜、砷等，其中轻微污染 13.7%、轻度污染 2.8%、中度污染 1.8%，重度污染仅为 1.1%。由于我国耕地重金属污染主要为轻中度污染，采取以农艺措施为主（例如湖南省通过品种替代、灌溉水清洁化、土壤 pH 酸碱度调整等）的重金属污染治理措施治理后一般效果较明显。但总体来看，由于土壤重金属污染的复杂性以及现行评价指标体系的不完善，全国土壤重金属污染家底不清、污染过程及机理不明、防治技术缺乏等问题仍然突出，耕地重金属污染防治工作任重而道远。

（三）农业面源污染的成因

农业面源污染排放不能简单地从农户个体因素去解释，而要从农户所处的制度约束和激励中去寻找原因，从制度上可归结为耕种文化和传统、政策环境、农业经营方式、农业市场资源配置等四个方面。

1. 我国农业生产正处于转型中，还没有转向生态友好型农业

我国传统农耕文化十分注重平衡和协调，具体表现为两个方面：一是农业活动尊重自然规律，农民以四季、月令、节气作为安排农事活动的主要依据，讲究"顺天时，量地利"，遵照四时之律，以达到"五谷实、草木多、六畜旺、国富强"。二是讲究循环，既包括耕作方式上的循环，又包括物质的循环，例如我国很早就出现了"田莱制""易田制"为代表的轮作模式，并强调"人从土中生，食物取之于土，泻物还之于土"。然而，在传统农业向现代农业演进的数千年里，农业制度的变迁基本上沿着产出最大化路径，以满足不断增长的人口需求，很少考虑生产活动对环境可能带来的不利影响。特别是20世纪中期以来，伴随着人口的急剧增长，"化学农业""石油农业"给人类带来产量上的更大收获的同时，也给我国农耕传统带来了颠覆性的冲击，其带来的环境与生态问题则日益显现。

2. 农业经营方式演变对环境产生负面影响

一方面，尽管农业经营主体从单一走向多元，新型主体不断涌现，但是目前农户仍然是中国农业生产的基本经营单位，未来小规模家庭农场也将会在相当长时期延续下去，但小规模家庭经营往往需更高的成本来使用环境友好型技术，不利于农业面源污染的防治。

另一方面，大量研究表明，随着畜禽养殖业由散养向专业化养殖转变，种养结合下的循环农业往往难以实现，畜禽废弃物的利用率逐渐下降，畜禽粪便对环境的污染有日趋加重的趋势。畜禽养殖污染防治举步维艰的主要原因有三个：第一，目前的环境政策规制的对象仍然主要是工业污染源和城市生活源，针对农业特别是畜禽养殖污染的政策措施、排放标准、监管机构都存在一定的真空；第二，养殖专业化后，种养分离较为普遍，还田利用率降低；第三，市场波动、疫情频发等因素致使我国畜禽养殖企业本身的生存和发展能力有限，更无暇顾及污染防治。

3. 市场的逆向激励不利于环境友好型农业的发展

市场机制直接地影响农户的决策行为，不当的市场激励则会加剧农业面源污染的产生。近年来，随着我国城镇化的快速发展，大量农村劳动力获得非农就业的机会，农业已经俨然成为农民的"副业"。农民不愿意将劳力分配到繁重而收效较慢的劳作中（例如使用农家肥），他们更加愿意选择省事、见效快的化学肥料。在主要粮食作物的种植过程中，化学物资的大量使用造成了污染，还使得畜禽粪便没有合理的出路变"宝"为"废"。另外，由于市场不完善、信任缺失，导致环境友好型农产品存在"柠檬市场"，优质农产品难以获得应有的溢价。

4. 部分政策安排鼓励了化学品的过量使用

一方面，我国人多地少，土地的细碎化使得测土配方、合理轮作、统防统治等环境友好型技术措施实施的成本极大。同时，土地流转制度的不完善，土地租赁行为的短期性和非合约化，容易使农户对于承包的土地采取掠夺式生产。

另一方面，在农业发展政策方面，近年来我国为促进农业发展、农民增收出台了大量强农惠农政策，这些政策在带来增产增收效果的同时，也在一定程度上加重了农业面源污染。例如对化肥等农资在生产、运输和消费等环节实施的优惠和补贴政策，刺激了化肥的过量使用。由于长期过度的化学品投入，土地持续生产力下降，为保证产量，农业发展进入"化学陷阱"。

二、我国农业面源污染防治工作进展和存在的问题

（一）工作进展与成效

近年来，各级农业部门在保障农业发展的同时，大力开展农业面源污染综合防治工作，取得了积极成效。

1. 强化农业面源污染监测与综合防治能力建设

在全国初步建立了由 270 余个定位监测点组成的农业面源污染监测网络，在农用地膜

使用量较大的省份建立了由 210 个监测点组成的地膜污染监测网络，定期开展定位监测与典型调查，基本实现了农业面源污染监测的常态化和制度化。结合公益性行业（农业）科研专项等科技项目，在太湖、巢湖、洱海和三峡库区等重点流域，实施畜禽养殖废弃物及农业氮磷污染综合防治示范区建设，积极探索流域农业面源污染防控的有效机制。

2. 大面积推广普及节肥节药技术

2005 年国家启动实施测土配方施肥补贴项目，到 2015 年，中央财政累计投入 85 亿元，推广测土配方施肥技术 15 亿亩以上，1.9 亿户农民受益。通过测土配方施肥，2015 年我国水稻、玉米、小麦三大粮食作物化肥利用率为 35.2％，比 2005 年提高 7.2 个百分点。设立 106 个国家级绿色防控示范区，辐射带动绿色防控面积达 5 亿亩以上，实施区化学农药使用量普遍下降 30％以上；陆续淘汰了甲胺磷等 33 种农药，鼓励使用生物农药、高效低毒低残留农药，推行专业化统防统治，累计实施统防统治面积 12 亿多亩次，小麦、水稻重大病虫统防统治覆盖率达到 25％左右，项目区农药使用量降低了 15％～25％。

3. 积极推进畜禽、水产养殖污染防治

2012 年，农业部会同环境保护部印发了《全国畜禽养殖污染防治"十二五"规划》，规划了一批畜禽养殖污染治理重大工程；2014 年，《畜禽规模养殖污染防治条例》施行，依法推进畜禽养殖废弃物综合利用和无害化处理；2007—2013 年，中央投入 216 亿元对部分规模化生猪、奶牛养殖场（小区）进行了标准化改造，有效带动了养殖场粪污处理设施建设；2010 年，启动全国畜禽养殖标准化示范创建活动，创建了一批国家级标准化示范场，研究推广了一系列畜禽养殖粪污治理技术和模式；因地制宜发展农村沼气，全国沼气用户超过 4 300 万户，沼气工程 9.2 万处，年处理粪便污水能力达到 16 亿吨。在水产养殖污染防治方面，2009 年起开始实施水产养殖节能减排技术示范，形成了海水工厂化循环水养殖模式等多项技术模式，可减少养殖废水排放 90％；开展了循环水生态健康养殖技术示范，基本可做到污水零排放，节水 90％以上。

4. 开展农村清洁工程和农业清洁生产示范建设

全国建成农村清洁工程示范村 1 700 余个，生活垃圾、污水、农作物秸秆、人畜粪便处理利用率达到 90％以上，化肥、农药减施 20％以上，有效缓解了农业面源污染。2012—

2015年，国家发展改革委、财政部、农业部三部委连续四年实施农业清洁生产示范项目，支持以县市为单位开展地膜回收利用工程和能力建设，试点面积已覆盖新疆、甘肃、内蒙古、河北等11个省（自治区、兵团）的229个县市，累计投资9.01亿元，新增残膜加工能力18.63万吨，新增回收地膜面积6 309.9万亩，取得了良好的生态、经济和社会效益。

5. 大力推进秸秆综合利用

2008年国务院办公厅下发了《关于加快推进农作物秸秆综合利用的意见》后，农业部和国家发展改革委作为牵头部门，积极会同有关部门大力推进秸秆综合利用工作。2011年，国家发展改革委、农业部、财政部编制印发了《"十二五"农作物秸秆综合利用实施方案》，大力推进秸秆资源肥料化、饲料化、原料化、基料化、燃料化等多途径利用。目前我国主要农作物秸秆可收集量8亿多吨，已利用量6亿多吨，全国机械化秸秆还田面积约6.5亿亩，秸秆离田利用量约3亿吨，综合利用率达到78%。

6. 加强农业面源污染防治的科学研究

先后启动公益性行业（农业）科研专项"农业清洁生产与农业废弃物循环利用技术集成与示范""主要农区农业面源污染监测预警与氮磷投入阈值研究""典型流域主要农业源污染物入湖负荷及防控技术研究与示范"等项目，从农业面源污染的产生机制、排放特征、迁移转化规律、循环利用、农业清洁生产、防治技术及综合示范等方面进行了系统研究，初步形成了一批成果，为全国农业面源污染防治提供了技术支撑。

7. 推进产地土壤重金属污染综合防治

制定了《农产品产地环境安全管理办法》。2012年，农业部会同财政部启动了全国农产品产地土壤重金属污染综合防治工作，中央安排资金8亿元实施全国农产品产地土壤重金属污染普查，布设国控监测点，开展监测预警。2014年启动实施了湖南长株潭地区重金属污染修复及农作物种植结构调整试点工作。

（二）存在的主要问题

虽然我国面源污染防治力度不断加大，但由于我国工作起步较晚，基础较弱，仍存在诸多问题。

1. 施肥不均衡现象比较普遍

不同区域间施肥不均衡，施肥过量与施肥不足并存，以粮食作物为例，当前我国水稻氮肥用量平均每公顷 210 千克，但长江中下游地区每公顷达到 228 千克。施肥不合理造成的环境问题日益严重，如东部沿海区、大中城市郊区，面源污染继续加重，对地表水体造成严重威胁；土壤酸化问题加剧了病虫害的发生和土壤重金属污染；N_2O 等温室气体排放增加，NH_3 挥发加剧了大气灰霾发生。

2. 农药过度使用突出，防治基础设施落后

目前农民一家一户分散经营农田，由于文化程度和技术水平有限，加上治虫防病心切，不管达不达防治指标，往往盲目用药和擅自增加用药次数、用药量等。有的农民不适时用药，等到病虫猖獗为害时则不得不增加用药品种、加大药量和缩短间隔期用药，对人畜和环境造成严重污染和危害。另外，喷药使用的喷雾器多是 20 世纪七八十年代的老式器械，"跑、冒、滴、漏"现象严重，施药工艺落后，也加大了用药量，进而导致农药通过流失飘移造成环境污染问题。

3. 畜禽养殖污染物治理滞后，污染防治压力大

畜禽养殖业源污染物 COD 排放量已成为我国农业面源污染的主要来源，是造成水体富营养化和部分地区水环境质量下降的重要原因。随着人口增长、城镇化推进、居民生活水平改善，畜产品需求仍呈增长态势，这就意味着一定时期内我国畜禽养殖污染排放具有刚性，污染防治工作将面临刚性增长导致的增量控制和治理滞后导致的旧账偿还的双重压力。

4. 农田地膜残留回收手段落后，回收效率低，科技支撑不足，缺乏有力的税收优惠

根据 2011 年新疆、甘肃农业环保站监测调查的结果，常年覆膜区域平均每亩地膜残留量介于 5～20 千克，最高可达 39.8 千克。回收手段落后，主要靠人工捡拾，成本高，在西北地区每亩超薄残膜捡拾成本高达 50 元，并且回收率低；地膜回收机械技术不过关，机械

回收面积小，与根茬等混合回收，难利用。对地膜污染治理缺乏系统科学研究，缺乏有力的税收优惠、财政支持等政策措施，企业无利可图，难以建立以企业为主体的回收利用体系。重推广应用、轻污染治理，对地膜回收的监督管理和监测评估工作薄弱。

5. 秸秆离田还田成本高、扶持政策不完善，产业化利用步履维艰

据调查测算，秸秆还田成本为单季作物纯收入的 9%～15%，离田成本为 15%～30%，造成农民秸秆还田和离田利用意愿不强。目前出台的政策缺乏普惠性、针对性资金扶持，个别已出台补贴政策的省市补贴标准也明显偏低。在秸秆直接还田、肥料化和饲料化利用方面，存在关键技术和装备研发滞后，标准和规范不明确，配套设备普遍缺乏等问题。同时受收储成本高、启动资金缺乏、政府扶持力度不够等因素影响，目前可推广、可持续的秸秆利用商业模式较少，带动作用明显不足。

6. 农产品产地土壤污染总体分布和程度尚不清楚，缺乏适合大面推广的技术模式和修复措施，种植结构调整影响因素复杂，相关政策支持的长效机制仍未建立

农产品产地土壤重金属污染而言，总体底数仍然不清，相关的修复治理和种植结构调整工作仍缺少基础支撑。虽然建立了一些技术模式和修复措施，在局部开展了零星的试点示范，也取得了一些成效，但仍难以达到大面积推广应用的要求。改变农艺措施、调整种植结构、划定农产品禁止生产区等均存在增加农民生产成本或者降低收益的可能性，如何在保障农民利益的前提下确保农产品质量，还缺乏相关的农业生态补偿等长效机制。

三、我国农业面源污染防治的思路和重点任务

"十三五"期间农业面源污染防治的总体思路是：以科学发展观为指导，全面贯彻党的十八大和十八届三中、四中、五中全会精神，牢固树立生态文明理念，坚持节约资源和保护环境的基本国策，以保障国家粮食安全和促进农民增收为核心，以促进农业资源永续利用和生态环境不断改善为目标，以规范投入品使用、治理环境污染、修复农业生态为手段，坚持农业面源污染防治与农业生产相统筹，坚持内源污染治理与外源污染防控相协同，坚持政府引导与社会参与相结合，着力推进农业发展方式转变，协同做好农业发展和农业面源污染防控，实现生产发展、生活提高、生态良好的有机结合，不断提升农业生态文明程度。

工作重点是在摸清底数、试点示范的基础上，探索化肥、农药、畜禽粪便、秸秆、地膜、耕地重金属 6 类农业面源污染问题的治理模式和运行机制，突出重点，有计划、分步骤实施 6 大战略行动计划，全面推进"一控二减三基本"战略目标实施，加强农产品产地土壤重金属污染修复治理，有效保障粮食和主要农产品供给安全、农产品质量安全和农产品产地安全。

1. 实施化肥使用量零增长行动

转变发展方式，推进科学施肥，减少不合理化肥投入，力争到 2020 年，测土配方施肥技术推广覆盖率达到 90％以上，主要农作物化肥利用率达到 40％以上，化肥使用量控制在 6 000 万吨以内，农作物化肥使用总量实现零增长。按照"控、调、改、替"的路径，控制化肥投入数量，调整化肥使用结构，改进施肥方式，推进有机肥替代化肥，确保化肥减量目标的实现。重点是深入推进测土配方施肥，扩大测土配方施肥项目的实施范围和规模，继续抓好取土化验、田间试验等基础工作，支持专业化、社会化配方施肥服务组织发展，推进农企合作，提高配方肥到田率。推广新肥料新技术，加快高效缓释肥、水溶性肥料、生物肥料、土壤调理剂等新型肥料的应用，集成推广种肥同播、机械深施、水肥一体化等科学施肥技术。有效利用有机肥资源，推广秸秆还田，鼓励和引导农民积造施用农家肥，推广应用商品有机肥，提高有机肥资源利用水平。

2. 实施农药使用量零增长行动

依靠科技，创新思路，实施农药减量控施，推进病虫害专业化统防统治和绿色防控，推广高效低毒农药和高效植保机械，力争到 2020 年，主要农作物病虫害绿色防控覆盖率达到 30％，全面禁止高毒高风险农药使用，化学农药使用量控制在 30 万吨以内，农作物农药使用总量实现零增长。按照"控、替、精、统"的路径，有效控制农药使用量，推进高效低毒低残留农药替代高毒高残留农药和高效大中型药械替代低效小型药械，推行精准施药，实施病虫统防统治，提高防治效果，实现农药减量控害。继续开展高毒农药定点经营试点，建立高毒农药可追溯体系。扩大低毒生物农药示范补贴试点范围，发挥示范带动作用。加强农药使用安全风险监控和农药残留监控。推动农作物病虫害统防统治和绿色防控，积极引导优先采用生态控制、物理防治和生物防治措施；强化农药生产者责任，建立农药包装废弃物回收制度，实现无害化处理。

3. 实施秸秆基本资源化利用行动

按照政策支持、示范引导、农用为主、产业发展、疏堵结合、标本兼治的思路，因地制宜，分类指导，努力形成布局合理、多元利用的秸秆综合利用产业化利用格局，确保到2020年全国秸秆综合利用率达到85％以上。禁止秸秆露天焚烧，严格秸秆禁烧执法管理，加强督促检查，加大实时监测和现场执法力度，依法查处违规焚烧行为。以秸秆肥料化、饲料化、基料化利用为主，推进秸秆循环利用，积极发展秸秆新能源和原料工业。实施秸秆机械还田、青黄贮饲料、秸秆种植食用菌，建设秸秆气化集中供气、秸秆固化成型燃料供热、秸秆板材等工程。配置秸秆还田深翻、秸秆粉碎、捡拾、打包等机械，建立完善的秸秆收储运体系，加快秸秆综合利用的规模化、产业化发展。在京津冀及其他重点地区，按照"禁、用、产、全"的路径，启动秸秆全量化利用试点示范，探索可复制、可推广的全量化利用模式。加大政策创设力度，研究出台秸秆综合利用补贴制度，建立可持续运行的长效机制。

4. 实施地膜基本资源化利用行动

通过多措并举、多方发力，力争到2020年，当季农膜回收率达到80％以上。加快地膜标准修订，严禁生产和使用厚度不达标地膜，从源头保证农田残膜可回收。对加厚地膜使用、回收加工利用给予补贴，逐步健全废旧地膜回收加工网络，扶持建设一批废旧地膜回收加工网点，鼓励残膜加工企业回收废旧地膜，推广"旧膜换新膜"政策试点，鼓励农民和农机服务组织回收旧地膜。加快推进地膜残留捡拾和加工机械产学研一体化，统筹资金、技术和监管措施，强化地膜监管和责任考核。开展可降解地膜覆盖试点验证工作，加快可降解地膜研发和推广。

5. 实施畜禽粪污基本资源化利用行动

按照农牧结合、种养平衡的原则，科学规划布局畜禽养殖，到2020年，75％以上的规模化畜禽养殖场（小区）配套建设废弃物贮存处理利用设施，基本实现粪污资源化利用。按照"准、配、限、推"的路径，推行畜禽清洁养殖和废弃物资源化利用。支持规模化畜禽养殖场（小区）开展标准化改造和建设，提高畜禽粪污收集和处理机械化水平。强化规模化养殖场（小区）配套建设废弃物处理设施建设和监管，大力建设畜禽散养密集区粪污收集处理中心，提高养殖废弃物综合利用率。在饮用水水源保护区、风景名胜区等区域划定畜禽禁养区、限养区，全面完善污染治理设施建设。建设病死动物无害化处理设施，严格规范兽药、饲料添加剂生产和使用，健全兽药质量安全监管体系。在畜禽养殖优势省区，以县为单位建设一批规模化畜禽养殖场废弃物处理与资源化利用示范点、养殖密集区畜禽粪污处理和有机肥生产设施。因地制宜推广"三改两分再利用""沼气综合利用"等技术模式，规范和引导畜禽养殖场做好规模化畜禽养殖废弃物资源化利用。

6. 实施农产品产地土壤重金属修复治理行动

总结推广湖南农产品产地土壤重金属修复治理试点经验，加大修复治理范围和力度，到 2020 年，轻、中度污染治理区农产品产地基本实现农产品达标生产。按照"摸、修、试、补"的路径，加强农产品产地土壤重金属治理。在完成全国农产品产地土壤重金属污染普查的基础上，适时启动农产品产地重金属污染加密调查和土壤与农产品的协同调查，进一步摸清农产品产地重金属污染底数。在此基础上，因地制宜加大耕地重金属污染修复治理试点示范工作。在轻度污染区，通过灌溉水源净化、推广低镉积累品种、加强水肥管理、改变农艺措施等，实现水稻安全生产；在中重度污染区，开展农艺措施修复治理，同时通过品种替代、粮油作物调整和改种非食用经济作物等方式，因地制宜调整种植结构；在少数污染特别严重区域，划定为禁止种植食用农产品区。进一步探索建立农产品产地重金属污染修复治理的生态补偿机制，确保农民利益和农产品质量。

四、农业面源污染防治的对策与建议

农业面源污染防治是一场持久战、攻坚战，需要立足当前，着眼长远，规划落地，依法推动，加大投入，落实责任，协同推进农业面源污染防治。

1. 加强顶层设计，强化规划落实

在统筹现有规划的基础上，国家"十三五"规划中进一步明确农业面源污染防治的重点方向任务，强化有关部门职能，加大财政支持力度。做好与《农业突出环境问题治理总体规划（2014—2018）》和《全国农业可持续发展规划（2015—2030）》等规划的衔接，切实抓好规划落实，实施好重点流域农业面源污染治理、重点地区耕地重金属污染综合防治等试点示范工作。

2. 强化依法推动，加大监管执法

加强法治创新，逐步建立最严格的农业面源污染防治制度、农产品产地保护制度、农业环境保护治理与生态修复制度。推动《土壤污染防治法》《耕地质量保护条例》制定工作，启动《农产品产地环境安全管理办法》的修订和《农业投入品管理办法》的制定工作。完善农业环境调查与监测监察制度、环境安全监管制度、环境影响评价制度、水土污染整治与修复制度。研究制定农业投入品管理条例或管理办法的可行性，对化肥、农药、农用薄膜等农业投入品的生产、经营、使用做出明确规定。健全执法队伍，整合执法力量，加强跨行政区合作执法和部门联动执法。加大对破坏农业环境违法行为的处罚力度，健全重大环境事件和污染事故责任追究制度。

3. 强化财政保障，引导社会参与

探索建立重大生态环境补偿机制，建立完善农业生态补偿制度。从土地出让金收益中拿出一定比例，建立农业生态补偿基金。加大国家重大科研计划专项支持力度。建立有机肥和高效低毒农药使用、产地土壤重金属防治、地膜秸秆和农药包装物回收利用等方面补贴政策。制定财税、用电、用地、机械化等方面优惠政策，引导企业和社会资金投入农业面源污染治理工作。探索引入合同环境服务、碳减排和排污权交易等市场机制，推动农业源污染治理市场化和产业化。

4. 强化监测预警，加大科技支撑

建立完善农业面源污染监测网络，实现农业环境监测的常态化和制度化运行，构建长效的监测预警机制，及时掌握农业资源环境状况动态变化。加强农业资源环境监测机构建设，提升农业生态环境例行监测、监管执法、仲裁监测和应急处理能力。整合优势科技力量，重点加强农业资源动态监测、农业清洁生产、耕地重金属污染修复、农业面源污染防控、农业废弃物高效循环利用和生态友好型农业等关键技术和集成技术研发，尽快形成适合我国国情的高效实用技术和模式。加快科研成果转化，建设全国农业面源污染技术服务中心和成果转化交易平台，加强技术评估。

5. 强化政策创设，加强政绩考核

在组织落实上，明确部门分工，落实地方责任，推动建立"各负其责、整体推进"的农业面源污染工作协调机制。在管理创新上，在农业资源环境承载力研究的基础上，以农产品产地为重点，建立保护分级制度，设立"红、黄、绿三线控制区"，为区域农业生态环境保护和农业规划提供依据和思路。在监管考核上，建立健全农业面源污染保护责任制，加强问责监管，强化对农业面源污染防治的全过程监管，依法依规严肃查处各种破坏生态环境的行为，完善农业生态环境责任终身追究制。在经营制度上，按照农牧结合、种养平衡的要求，创新农业生产经营制度。加大农业面源污染防治示范区建设力度，探索流域农业面源污染防治的有效机制。

中国科学院

"十三五"时期加强污染防治的主要任务

我国改革开放以来的高速经济增长显著提高了人民的物质生活水平，但也产生了严峻的环境污染问题，一些地区的区域环境质量与生态健康水平正随着社会经济的快速发展而持续下降，民众对清洁环境的诉求日益强烈。刚性增长的污染物总量和巨大的污染存量使我国面临十分艰巨的污染防治任务。

我国经济增长的新常态为环境污染防治带来了新的机遇与挑战。经济和能源消费增速趋缓，区域与城镇结构的优化，绿色经济的快速发展，特别是创新驱动的科技战略，为污染防治提供了难得的契机。但是，污染防治也面临许多不利因素的挑战，如污染源的点状转移与面上扩张、环境基本公共产品供给不足、区域环境承载力已达到或接近上限、污染防治的科技支撑不足等。必须着力推进污染物减排，完善污染物减排目标体系和污染防治政策，布局实施一批环境污染防治科研项目和工程，以创新的污染防治技术和政策促进污染防治重点任务的完成，最终达成我国环境状况的根本改善，给人民群众以碧水蓝天和净土。

一、主要污染物排放现状与减排目标体系

我国工业化、城镇化的快速发展和消费结构升级导致了污染物排放量的上升，主要污染物减排压力不断加大。"十一五"时期，国家把主要污染物排放总量减少确定为国民经济和社会发展的约束性指标，基本扭转了主要污染物排放量上升的趋势，二氧化硫和化学需氧量排放总量分别由"十五"后三年上升 32.3％、3.5％转为下降 14.3％、12.4％。为进

一步实现主要污染物减排，国务院在 2012 年印发的《节能减排"十二五"规划》中明确要求：到 2015 年，全国化学需氧量和二氧化硫排放总量比 2010 年各减少 8％，氨氮和氮氧化物排放总量比 2010 年各减少 10％。"十二五"前三年的减排工作取得了显著成效，根据《2013 中国环境状况公报》公布的四项污染物排放量，2013 年全国化学需氧量、氨氮、二氧化硫、氮氧化物排放总量比 2010 年分别下降 7.8％、7.1％、9.9％和 2.0％。环保部数据显示，2014 年这四项污染物排放总量同比分别下降 2.5％、2.5％、2％、6％以上。2015 年这四项污染物的减排指标预期同比分别下降 2％、2％、3％和 5％，四项污染物排放量均可达到或超额完成"十二五"减排目标。随着总量减排策略的进一步推进，越来越多的环境限制性指标会在未来得到实施，环境质量将持续向好的方向转化。

尽管我国在主要污染物减排取方面取得了显著成绩，但是环境污染形势依然十分严峻。污染减排依然是改善环境质量的最重要途径，必须坚定不移地强力推进。随着我国经济发展步入新常态，经济增长的"中高速"发展、"结构调整优化"和"创新驱动"等特点将带来污染物排放特征的变化，必须因势利导，完善污染物减排目标体系，增加和细化减排指标，针对不同行业、地区的特点制定不同的污染物减排目标体系，实现从"总量减排"的粗放控制向以环境质量改善为导向的"精细化"控制的转变。例如，对大气污染物的减排，除现有的氮氧化物和二氧化硫，还应增加挥发性有机物、氨和颗粒物等约束性指标。同是颗粒物的排放标准，对粗颗粒高于细颗粒浓度的西部地区应着重控制颗粒物的一次排放，而细颗粒物高于粗颗粒的东部地区则应着重控制颗粒物的前体物。

二、污染防治重点任务

（一）从根本上遏制重雾霾频发的趋势

近年来，由于煤炭、石油等能源消耗量的持续快速攀升与机动车拥有量的迅猛增长，我国大气呈现出传统的煤烟型污染与光化学污染相叠加的复合污染，出现了覆盖范围广、持续时间长、污染强度高的重雾霾天气。2013 年 1 月席卷我国中东部地区的罕见强霾污染，涉及 10 个省（自治区、直辖市），覆盖国土面积超过 130 万平方千米，影响人口高达 8 亿以上。2014 年 2 月和 10 月全国各发生了一次持续时间长、污染程度重的大范围重污染天气过程，重霾污染频发的势头没有根本改善。

重霾污染治理的关键在于协同减排，重点在于源头控制重要燃煤源如钢铁、有色冶金、水泥、玻璃陶瓷、石化等行业及城市机动车尾气排放，同时管控大城市餐饮、农区秸秆焚烧和原煤散烧，以大气环境治理改善的需求倒逼产业升级和能源革命，推动产品、工艺过程的绿色化和清洁化，着力推进大气污染控制技术从以末端治理为主向全过程控制的转变，促进污染防治管理从单一城市向区域一体化的转变。在科技支撑层面，应重点研究大气重污染形成与控制策略，回答人民群众最关心的雾霾对健康的影响等问题，研发重点污染源深度治理成套技术，形成重霾的精准预报预警和防控技术及管理体系。

（二）重点行业水污染防治技术

化工、印染、制药、焦化、造纸等行业是支撑我国国民经济持续高速发展的基础行业，但是其废水排放量大，毒害污染物浓度高，是水污染治理的重点。由于现有的污水治理模式难以适应我国日趋严格的环境保护要求，行业污染治理方面还未形成科学合理的管理和技术体系，废水全面达标排放面临较大挑战。例如，2012 年国家颁布了新《炼焦化学工业污染物排放标准》（GB 16171—2012），对焦化废水提出了更严的污染物排放指标，全国每年产生近 2 亿吨焦化废水的达标排放却缺乏有效的技术支撑。"十一五"水专项实施以来，我国加大了对水污染控制技术的研发力度，也解决了一批水污染治理的技术难题。但水专项侧重于重点流域水污染问题的解决，对重点行业水污染治理的技术支撑力度仍然不足。

解决我国重点行业水污染问题的根本出路在于将末端治理和源头减排并举，重点发展基于清洁生产的水污染负荷削减技术，突破行业废水有毒有害物质控制的技术瓶颈，构建重点行业水污染全过程控制技术体系，形成基于风险控制的排放标准和管理措施，基本解决我国化工、印染、制药、焦化、造纸等行业水污染治理难题。

（三）场地污染修复

随着我国城镇化高速发展以及城市经济结构和产业布局的调整，原先位于城镇周边的工业企业和垃圾填埋场需要搬迁，由此产生了大量的污染场地，部分污染场地已经成为危害严重的地下水污染源。据不完全统计，2006—2012 年间，我国共有近 50 万个工业搬迁场地，一些污染较重的老工业企业场地亟待修复利用；600 多座大中城市中，有 2/3 陷入垃圾包围之中，不少垃圾场将随着城镇化的推进而置身于城镇中，成为需要修复的污染场地。

我国场地污染修复缺乏完备的技术体系和管理制度，主要表现为风险评估体系不完善、场地调查技术落后、修复技术集成度低、修复后评估系统缺乏以及场地流转备案制度缺失。为促进我国土壤和场地污染修复产业的健康发展，必须完善土壤环境保护司法体系，构建污染土壤和场地再利用风险评估体系、修复后评估系统与场地流转备案系统，集成和推广一批先进修复技术，降低修复成本，避免二次污染。

（四）农业面源污染防治

过去 30 年，我国用占世界 9％耕地成功解决了占世界 20％人口的吃饭问题，但也付出了高昂的环境污染代价：化肥、农药用量递升，牲畜粪便、秸秆等废弃物剧增，农村和农田的广泛面源污染及土壤肥力下降。我国矿山开采、农药和化肥的过量使用造成了大量的农田污染，污染农田面积已超过 3 230 万公顷，占全国耕地面积的 26.5％。根据 2010 年第一次全国污染源普查结果，农业污染源排放的化学需氧量（1 324 万吨）占全国排放总量的 43.7％，农田排放的氮（270 万吨）、磷（28 万吨）分别占总量的 57.2％和 67.4％。《2013 中国环境状况公报》显示，我国废水中农业源排放的化学需氧量和氨氮分别占总排放量的 47.8％和 31.7％，农业面源污染已成为我国水源污染的主要原因之一。

农业面源污染的主要来源为化肥和农药的大量使用以及畜禽养殖产生的大量粪便。我国每年施用化肥 5 900 万吨以上，是单位面积使用化肥最多的国家。化肥的不合理施用与过量施用已导致严重的面源污染，引起土壤生态环境的严重恶化、地表水富营养化和地下水污染，同时加剧雾霾的形成。农业面源污染物可在水稻、蔬菜和块根类作物中传递，给我国食品安全和人群健康带来一定风险。

农业面源污染的治理，应以削减化学需氧量、氮、磷的排放通量为主线，重点开展种植业、畜禽养殖业与农产品加工业三大主要排放源的污染防控工作。在国家政策支持下，研究发展秸秆高效堆肥、生物质板材等环境友好资源化技术，并辅助开展重污染退化农业用地的生态修复技术。实现源头消减与生态修复相结合的农业面源污染综合减排体系。

（五）固体废弃物的控制与循环利用

我国固体废弃物产生量多年来一直居高不下。"十二五"期间，生活垃圾与污泥、废旧金属与电子电器、工业固废、建筑垃圾、农林剩余物等年产生量超过 40 亿吨，综合利用率平均不到 40％。2013 年，我国工业固废产生量高达 32.8 亿吨，近 10 亿吨堆存处置，累计堆存量已超过 200 亿吨，成为新的环境污染源和严重的环境公害。

固废中所含的重金属、有机污染物等有毒有害物质已造成严重的环境污染和生态危害。固废污染防治的关键在于无害化与循环利用。目前，我国废弃资源循环利用水平低，科技支撑严重不足。由于固废循环利用过程中污染物的迁移转化和危害机制不清，且缺乏创新性的无害化和资源化核心技术，废弃物控制与循环利用存在资源转化率不高、利用方式单一、资源化产品低端、二次污染严重等问题。未来需优先发展针对影响面广、危害大和资源化利用潜力大的固废控制与循环利用关键技术与装备，重点推进生活垃圾安全焚烧，落实铬渣等工业固废的安全处理处置。

（六）环境污染造成的健康问题

世界银行和世界卫生组织（WHO）的统计数据表明，世界上70％的疾病和40％的死亡人数与环境因素有关。我国与环境污染密切相关的疾病正显著上升，多地出现的癌症高发均与污染密切相关。根据中国肿瘤登记中心最新发布的《2013年中国肿瘤登记年报》，2010年新发肿瘤病例数约为309万例。我国未来的癌症发病率与死亡率仍将继续攀升，预计到2020年的癌症患病总数和死亡总数将分别达到660万人和300万人左右。北京市肿瘤防治研究办公室的监测数据显示，从2001到2010年，北京市肺癌发病率增长了56％。环保部数据显示2010年50.3万城市人口早逝与空气污染有关，WHO指出我国居民疾病的医疗负担中21％来自环境污染因素。

环境污染引发的健康问题具有滞后性，要高度关注我国环境污染造成的疾病。通过人为源和自然源所引起的各种污染所导致的健康危害将是长期困扰我国的重大科学问题和民生问题。由于经济的快速发展，发达国家百年间经历的不同污染阶段的健康问题在我国短期集中显现，这种独有的环境污染特征决定了我国健康问题的特殊性，国外研究模式与成果无法解析我国的污染与相关疾病的因果关系。但我国相关基础研究还很薄弱，科技支撑严重不足。应该高度重视环境污染引发的人体健康危害，大力支持环境、化学、生物、流行病学、医学等相关学科和管理部门开展协作研究，从厘清环境污染要素到人群暴露风险的基础层面入手，系统开展区域污染所致健康危害的暴露与评价方法学研究，支撑相关防治政策法规的制定和健康保障措施的实施。

（七）产业转移引起的环境污染问题

经济增长的新常态将促使高能耗高污染的产业从东部向中西部区域梯度转移，带来资源消耗与环境污染空间格局的变化，出现布局性污染的点状转移和面上扩张。虽然东部沿海产业升级将显著减轻当地的污染排放，但承接产业转移的中西部地区的环境污染压力会随之增大。鉴于中西部地区大多生态系统脆弱、环境容量有限，盲目地接纳高污染企业可能导致生态退化叠加环境污染的不利局面。有监测数据显示，珠三角高污染企业向广东省西部的迁移，已导致经济相对落后的广东西部地区的 PM2.5 急剧攀升。近年出现的高污染、高风险化工企业向流域中上游集中迁移的趋势，对沿岸地区饮用水安全形成了严重的威胁。另外，东部沿海地区一些高污染企业的迁出也给当地留下大量工业污染场地。因此，必须提高产业布局的科学性，严格环评制度，防止中西部地区无序接纳超出当地环境容量的污染企业，严格限制在长江、黄河、珠江等我国主要饮用水源地上游引进高污染、高风险产业。对已有产业要加强监管并采取切实有效措施防止有害污染物因事故或偷排进入环境，确保中西部生态环境安全。对东部因产业转移遗留的污染场地，需进行风险评估和必要修复后方可开发利用。

（八）新农村建设、城镇化和区域一体化的环境污染防治

我国城镇化在改革开放的三十多年中得到了快速发展，取得了举世瞩目的成就。据统计，2013 年我国城镇化率已达 53.7%，但低于发达国家 77.7% 的城镇化水平，在未来较长的时期内城镇化还将以较快的速度发展。快速推进的新农村建设与城镇化改变了居民的生活方式，也使人口、生产、消费和环境污染高度集中，这种大幅上升的区域污染负荷超过了污染治理基础设施和能力非常薄弱的农村的承载力，村镇居民的生活环境和区域环境质量日趋恶化。

目前，在承载我国一半人口的农村和小城镇，除了一些经济发达地区已经开始进行生活污水治理的探索外，大多数地区生活污水基本上都是直接排放到环境中；大量生活垃圾随处弃置、堆放，未进行规范的无害化的处置，严重污染了地表水和地下水。一些高污染工业也出现在环境监管力度非常薄弱的农村和小城镇，对环境和生态安全构成严重威胁。2014 年 3 月印发的《国家新型城镇化规划（2014—2020 年）》制定了污水处理率目标（县城 85% 左右、重点镇 70% 左右）和垃圾处置目标（县城具备垃圾无害化处理能力，重点镇垃圾收集、转运全覆盖）。但目前尚缺乏有效的污染防治科技支撑，需要针对村镇经济基础薄弱和污染排放点分散的特点，尽快建立一套有别于城市的污染治理技术体系以及工程建设与运行模式，并增强污染监测能力建设，加大对农村和小城镇环境治理和监管的力度。

京津冀、长三角、珠三角三大城市群的区域一体化进程中，区域内不同行政区划之间存在准入标准、环保执法力度、污染治理水平的差异，削弱了环境污染治理的效能。城市之间应加强环境管理协调，进行区域整体产业布局和产业结构调整，充实和完善联动联防机制，有效解决制约经济一体化发展的污染问题。

（九）国际环境履约

我国政府先后签署加入了一系列环境污染防治的国际公约，如应对气候变化温室气体的《京都议定书》、削减和淘汰持久性有机污染物（POPs）的《斯德哥尔摩公约》、控制和减少汞排放的国际公约《水俣公约》等。持久性有机污染物和汞及其化合物是一类毒性很高的持久性污染物，能够在环境中长期存在，还可随大气环流在区域和全球范围内长距离传输，导致远离污染源的地区也会受到其污染威胁，对生态环境和人群健康产生严重危害。我国持久性有机污染物和汞排放量巨大，现有数据表明我国每年人为活动向大气排放的汞量为500～800吨，占全球人为排放量的30％左右。《斯德哥尔摩公约》限制的持久性有机污染物清单是开放的，会有越来越多的污染物被列入限制清单，成为新增持久性有机污染物。

签署和履行这些环境公约，充分体现了我国政府对全球环境保护和人民群众健康的重视。积极开展国际履约活动，将有助于提高我国环境监测技术和监测管理水平，促进相关产业和技术优化升级，减少持久性有机污染物和汞的排放，改善我国的环境质量，保证国家环境安全，打破国际贸易壁垒，为全球环境质量的改善做出积极的贡献。但是，我国是化工大国，履约引发的产业结构调整和产品替代需求直接影响我国经济的发展。为应对履约的要求，亟须开展相关研究，摸清我国新增持久性有机污染物和汞的生产、使用和排放等方面的"家底"，全面评估履约活动对我国相关行业经济效益的影响，深入研究我国新增持久性有机污染物、汞及新型污染物的排放特征、环境行为和效应，科学评估其环境和健康效应，提高我国应对国际环境公约的主动性，强化我国在公约谈判中的话语权，维护国家权益。

三、污染防治政策建议

污染防治政策是环境保护的核心，发达国家在不同的发展阶段针对不同的环境污染问题制定了大量污染防治政策。美国洛杉矶光化学烟雾和英国伦敦烟雾的治理措施强调源头控制，美国针对污染场地管理与修复设立的"超级基金"计划、欧盟关于流域水污染一体化管理的水框架计划和关于危险化学品管理的REACH[1]计划则充分体现了经济杠杆的作用以及可持续发展和风险管理的理念。借鉴发达国家成功的污染防治经验，制

---

[1] REACH 是欧盟法规《化学品的注册、评估、授权和限制》（REGULATION concerning the registration, evaluation, authorization and restriction of chemicals）的简称，是欧盟建立的，并于 2007 年 6 月 1 日起实施的化学品监管体系。

定实施适合我国经济社会发展新常态的污染防治政策，可为我国的环境保护带来事半功倍的功效。

（一）遵循污染防治客观规律，杜绝运动式的污染防治

历史经验证明，运动式的污染防治模式大多治标不治本，往往是投入了大量的经费，却收效甚微。环境污染的形成是污染排放长期累积的结果，污染的治理更需要科学规划、分步实施、有序推进。因此，应该对过去的环境污染治理的经验教训进行认真总结，逐步建立科学合理的污染治理策略措施。

（二）推动第三方环境监测，确保数据公开透明和真实可靠

我国现有的环境监测机构从属于各级政府，难以保证其监测数据独立和公正性，数据可信度差。有些地方为满足地方政府的需求，随意改动监测数据。建议参考国外的成功经验，强化第三方监测机构在环境保护中的作用，提高环境状况数据的透明度，保障公民的知情权，接受公众监督。

（三）完善国家环境管理体系，建立区域协同环境管理机制

对大气污染防治而言，需要在京津冀、长三角和珠三角等重点控制区域建立健全区域联防联控协作机制。面对水污染防治，则应以流域为控制单元，探索建立流域环境一体化管理模式，促进流域、沿海陆域和海洋生态环境保护良性互动，注重污染防治与生态保护的协同效应。

（四）发展替代技术，鼓励清洁生产

在经济转型和产业结构调整的基础上，国家在政策、资金等方面优先支持源头替代技术的研发，逐步淘汰有毒有害化学品的生产；提出鼓励发展和使用清洁生产新工艺、新技术的机制和政策，加强源头污染控制的管理措施。

（五）推进市场激励和补偿机制，提高污染治理效率

强化环境污染第三方治理，建立市场调价机制，推进环保设施建设运营及资源回收的

专业化和产业化。将水污染领域成功的生态补偿机制推广至大气污染防治。鼓励探索新的污染防治政策和措施。

（六）完善环保法规和标准，加大执行力度

加强环境污染防治的法规和标准的建设，针对我国当前污染防治法规、标准中的薄弱环节加以补充和完善，提高国家各级公务员的业务能力，并加大执法力度，真正做到有法必依、执法必严。

（七）加强污染治理成绩宣传，正面引导环保舆论

推行环保部门定期新闻发布会，充分利用网络等各种传播手段实事求是地宣传我国在环境污染治理方面取得的成绩、存在的问题以及解决问题的措施；提高公众的科学素养，避免公众被一些不负责任、不严谨或有失偏颇的言论和报道所误导。

（八）积极推进生态文明建设，倡导文明环保的生活方式

将生态文明和环保教育纳入义务教育体系，提高全民族的生态文明素养，完善顶层设计，提出具体实施方案，构建人、自然、环境、经济、社会和谐共生的关系，通过政策导向鼓励公众选择文明环保的生活方式。

四、重大项目布局

围绕制约我国经济社会发展和人民群众关切的重大环境污染问题，面向国家环境保护的需要和保障人群健康的紧迫需求，布局若干重大研究项目，阐明重大环境问题的成因和防治原理，发展环境污染防治技术，为我国环境污染防治提供科技支撑。

（一）大气污染防治

主要研究大气雾霾的形成机制与大气污染控制技术。尽快部署大气环境模拟舱等二次细颗粒生成和光化学烟雾模拟研究大科学装置，开发大气氧化性、挥发性有机物、氨等的监测技术和设备；重点研究二次细粒子形成及成霾机制，大气颗粒物及其前体物源排放特征与定量源解析技术；研发细颗粒物、二氧化硫、氮氧化物、氨、汞等重点污染源的综合

治理和协同控制技术，汽车尾气和工业挥发性有机物等典型致霾前体物削减技术。严格室内空气质量标准，大力发展室内空气污染净化技术。

（二）水污染防治

重点布局解决水污染全局性和共性问题的项目。建立重点行业特征污染物识别方法及基于风险评价的排放标准体系，发展针对生物难降解污染物的高效氧化、还原技术，推动高效水处理装备的研发与产业化，通过工程应用示范构建重点行业水污染全过程控制技术体系。研发与村镇污水排放点分散特点相适应的污水治理技术、装备，研究相应的设施运行管理机制和模式，建立村镇污水排放标准及工程技术标准，通过工程应用示范构建村镇污水治理技术与管理支撑体系。

（三）土壤污染防治

针对我国重点行业场地土壤及其地下水的重大污染问题，研发物理、化学、微生物、植物以及联合修复与评估的关键共性技术与设备，建立典型地区工业污染场地土壤与地下水污染状况信息数据库，发展典型重金属、有机物污染场地修复技术并进行示范，发展耕地土壤重金属污染修复与风险管控技术。充分发挥生态修复技术在区域性土壤污染防治中的重要作用。

（四）农业面源污染控制

发展农业面源污染物监测技术，研究农业污染物来源与迁移转化规律，构建农业污染管控体系。重点发展面源污染物迁移和扩散阻断技术、农作物秸秆高效堆肥和综合利用等资源化消纳处理关键技术、畜禽废水生物塘氮磷消减技术、畜禽废水和废弃物资源化技术，构建种植—养殖—加工一体的协调互补的农业体系。

（五）固体废物污染防治

优先发展含有重金属和持久性有机污染物等危险固体废弃物的源头减量和无害化综合利用技术，重点研究垃圾焚烧技术中的科技保障问题，研发废弃生物质清洁高效的资源化利用技术，建立固体废弃物处理与循环利用技术标准、管理和政策体系。

（六）环境与健康

重点建立区域环境与人群高毒超痕量污染物解析和污染溯源方法，研究区域高发疾病相关的污染暴露组学特征，集中研发环境污染暴露评价和风险源识别技术。研究重金属、有毒有机物、大气细颗粒、室内空气污染物等典型污染对人体的健康危害机制，发展环境污染健康危害早期评价技术，构建环境与健康综合监测与预警技术体系。开展基于环境流行病学调查的区域疾病污染归因研究，定量评估环境污染的人群健康风险，建立健全环境与健康法律法规标准体系，并开展环境污染对健康影响的预防和控制措施研究。

中国工程院

"十三五"时期加强污染防治的主要任务
研究报告

进入 21 世纪以来，党中央、国务院高度重视环境保护。出台新的《环境保护法》，发布和正在制定《大气污染防治行动计划》《水污染防治行动计划》《土壤污染防治行动计划》，生态文明建设进程加快，环境污染防治进入了新时期。当前我国环境污染形势严峻，已经成为影响经济社会可持续发展和全面建成小康社会的重要瓶颈。随着我国经济进入新常态，"十三五"环境保护将进入攻坚期，同时也是机遇期。如果保持现有的治污力度，全面实施气、水、土三大行动计划，那么主要污染物排放以及大气、地表水环境质量总体上可以出现好转"拐点"。

一、"十三五"时期环境形势基本判断

（一）问题与挑战

1. 环境质量改善进程缓慢

随着节能减排的持续推进，环境质量正在得到逐步改善。但是，离公众环境要求和环境质量标准依然存在很大差距，特别是区域性灰霾污染和流域水污染还呈常态化，大气、水和土壤环境质量短期内难以得到根本改善。

2. 环境承载力严重超限

尽管污染物排放量有所下降，但总量仍处于高位运行，全国主要污染物排放总量远远高于环境容量，大部分地区环境承载能力已经达到或超过上限，导致重点区域、流域和城市环境污染形势异常严峻。

3. 生态环境问题呈多型叠加

污染场地和土壤污染凸显，化学品环境风险、全球汞排放控制、国外资源"绿色"获取等新环境问题不断出现，使得生态环境问题总体呈现出农村与城市环境问题叠加、陆域与海洋环境问题叠加、生态退化与环境污染问题叠加、国际与国内环境问题叠加的特征。

4. 污染态势与现行防治能力间存在显著差距

现行的污染防治能力较为薄弱，导致对面源污染的治理、对点源污染的执法监督等严重滞后于污染态势的加剧，"十三五"随着宏观经济进入新常态，环保资金投入和增长的可持续性存在变数，会加剧这一差距。解决这一差距问题是"十三五"时期污染防治的重点。

（二）机遇与责任

1. 未来我国污染防治面临良好的发展机遇

首先，生态文明建设理念不断增强，生态文明建设战略任务和"美丽中国"目标，客观上要求必须进一步强化环保工作的战略地位。其次，经济增速换挡，创新驱动增强，生态金融渐趋活跃，有利于形成资源节约和环境友好的生产结构和消费方式。同时，全面深化改革将为环境保护释放更多"红利"，全国上下有望统一思想，使我国早日迈入绿色发展期。

2. 我国污染防治工作担负着重要责任

新《环境保护法》明确要求了企业对所造成的环境损害依法承担责任，各级政府对本区域内环境质量负责，增加了政府、企业各方面的责任和处罚力度。同时，未来 5～10 年我国将加速融入全球化，国际上对我国环境履约将持续施压，需要积极应对国际"绿色壁垒"。

因此，"十三五"期间，亟须创新污染防治思路，在继续做好污染减排基础上，**更加注重质量改善、风险防控和人民健康要求，更加注重信息公开和公众参与，更加注重改革环境管理体制提高管理效率，更加注重科技创新驱动节能减排，更加注重综合运用法律和市场经济手段**，从更高的层面体现环境污染防治目标与经济发展目标、社会发展目标协调统一，体现与全面建成小康社会目标相结合。

二、"十三五"时期污染防治的思路与目标

(一)基本思路

坚持以生态文明建设为指导，树立"保护优先、质量改善、系统控制、协同治理、风险防范、协调发展"的战略思想，摒弃"污染—治理—再污染—再治理"的惯性做法，构建"保护—修复—再保护—再提升"的新模式，改革建立国家生态环境治理体系，全面落实八大重点任务、八大科技项目和八大政策措施，提供与全面建成小康社会相适应的生态环境质量水平。

1. 保护优先，质量改善

坚持保护优先，以生态环境承载力为基础，转变发展方式；坚持环境质量改善的主线，以环境质量"不降级、反退化"为基本要求，努力实现全面改善。

2. 系统控制，协同治理

以大气、水体、土壤污染防治攻坚战为突破口，创新污染防治多领域协同、水气土多要素协同、多污染物协同治理以及体制机制创新协同战略，促进环境质量改善。

3. 风险防范，协调发展

强化环境风险监管，切实解决关系人民群众健康的突出环境问题。以环境保护优化经

济发展，严守资源环境红线，尽可能把良好的生态系统保护起来，努力提高国家的可持续发展能力。

（二）"十三五" 污染防治目标体系

1. 总体目标确定

以《环境保护法》实施为契机，根据生态系统服务功能和人体健康要求，科学确定水、大气和土壤环境基准和标准；根据经济社会发展需求，确定区域流域的环境质量目标体系；基于环境容量和生态环境承载能力，确定总量控制目标与排放许可体系；建立完善环境监测、统计和考核体系。明确中央政府全面统筹设计目标和考核监督职责、地方政府组织实施和企业守法的责任，科学组织实施各项环境综合整治。

到 2020 年，实现环境质量得到有效改善，环境安全得到有效保障。环境质量良好地区，优化经济发展，保证环境质量不产生退化；重污染区域加快污染治理，基本满足经济社会发展和生态保护的基本需求。实施基于环境容量的排污许可制度，落实区域流域分区、分类污染物总量控制目标；建立集保护、治理及风险控制于一体的监测、监控和考核体系，确保全面建设小康社会环境保护目标的实现。

2. 主要指标

水环境：重污染水体得到基本控制，环境质量良好水体得到保护，形成基于环境容量的流域水环境管理体系。七大流域干流及主要支流优于Ⅲ类的断面比例达到 75％以上，并消除劣Ⅴ类；集中式饮用水水源水质达标率达到 97％左右；近岸海域一、二类海水比例达到 70％左右；地下水污染趋势得到控制。

大气环境：全国地级及以上城市 PM10 浓度比 2015 年下降 15％以上，京津冀、长三角 PM2.5 浓度分别下降 25％、20％左右，重污染天数下降 50％。全国 35％以上地级城市的环境空气质量达到二级以上。

土壤环境：完成覆盖全国的农用地土壤的环境质量详查和 80％以上污染场地的排查。总体上遏制农用地土壤环境质量恶化的趋势，实现城市污染场地安全再利用。

农业面源：全面落实 "一控二减三基本" 的面源污染防治目标，实现农业化肥和农药总量的零增长，化肥和秸秆综合利用率分别达到 65％和 85％以上，畜禽粪便基本得到循环利用。

三、"十三五"时期污染防治的主要任务

重点抓好水、大气、土壤污染防治，加强农业面源和危险废物污染防治，强化环境监测监控，大力发展环保产业，积极推进"三大区域"环境保护。

（一）加强水污染综合治理，明显改善水环境和水质

1. 优先保护优良水体

以我国重要饮用水源和具有重要生态功能的水体为重点，坚持保护优先的原则，调整流域和区域经济与社会发展模式，加大偿还环境保护历史欠账力度，降低发展过程中的环境压力；划定生态红线和维持生态流量，维护和恢复水生态系统健康；全面构建流域水环境安全的生态空间格局，实现流域区域环境与经济可持续发展。

2. 狠抓重污染水体的治理

结合国家主体功能区划、环境综合功能区以及水生态功能的要求，完成我国重点流域水生态功能区划，提出重点保护水体和受损水体负面清单。继续开展以削减化学需氧量、氨氮为重点的有机污染型城市景观水体治理，开展以除磷脱氮为重点的湖泊、水库、海湾富营养化水体治理。强化污染源头过程控制，消除水体重金属、有毒有机物污染。

3. 开展地下水污染防治工程

全面查清全国地下水污染状况，构建地下水污染防控体系。以地下水污染源消除和地下饮用水源保护为重点，实施地下水污染防治工程。选择不同类型地下水源地，建设地下水污染修复示范工程。

4. 实施分类、分区的水污染物容量总量控制制度

科学确定流域及区域水环境质量目标，以水环境质量为约束，确定水污染物总量减排指标和排污许可证制度。实施化工、造纸、医药等重污染行业主要污染物总量控制，促进

主要污染行业技术水平提高。形成以水环境质量倒逼水污染物总量减排、以水污染物总量控制倒逼经济转型的联合驱动机制，实现水污染物总量控制与水质改善相衔接。

（二）深化大气污染综合防治，加速实现空气质量达标

1. 制定与实施城市环境空气质量达标时间表

未达标地区城市人民政府制定空气质量达标期限和分阶段实施方案，已达标地区制定并实施空气质量持续改善措施。建立完善的重污染预警预报和应急应对机制，降低重污染发生的频率、强度和持续时间。将大气环境容量作为区域社会经济发展的约束条件，建立环境空气质量目标责任制及评价考核与责任追究制度。

2. 加强产业结构调整和工业污染防治

进一步调整产业结构，淘汰落后产能，压缩过剩产能，优化产业布局，位于城市建成区、对城市环境质量影响大的生产企业或设施进行环保搬迁。提高产业清洁生产和污染治理水平，以电力行业为突破口，在钢铁、水泥、平板玻璃、石油化工、化工等行业燃煤锅炉领域研发并推行超低排放技术。除陆上丝绸之路沿线严控之外，其他地方不再新增"两高"行业的产能。

3. 加强煤烟型污染控制和煤炭总量控制

进一步调整能源结构，加大清洁能源供给，优化煤炭使用方式，提高清洁煤技术和燃煤污染防治水平。2020 年，煤炭消费总量在国家能源消费总量所占比重降至 60％以下。京津冀、长三角、珠三角等重点区域通过逐步提高接受外输电比例、增加天然气供应、加大非化石能源利用强度等措施替代燃煤，实现煤炭消费总量负增长。煤炭禁燃区范围逐步由城市建成区向近郊和农村扩展。

4. 强化移动源污染防治

实行移动源"分区、分类、分段"控制策略。强化机动车、工程机械等移动源的环保达标监管；加强在用机动车年度检验，全面实施机动车环保合格标志制度，全面完成黄

标车淘汰。加快机动车排放监管体系、柴油车车用尿素供应体系建设。提升车用油品品质，严格控制汽车和加油站的挥发性有机物（VOCs）无组织排放；2020 年前全国重点区域实施国六汽车排放标准和相应的油品标准，工程机械等非道路移动源实施第四阶段排放标准。

5. 综合整治城市扬尘

加强施工扬尘监管，推进绿色施工。渣土运输车辆应采取密闭措施，并逐步安装卫星定位系统。推行道路机械化清扫等低尘作业方式。大型煤堆、料堆要实现封闭储存或建设防风抑尘设施。推进城市及周边绿化和防风防沙林建设，扩大城市建成区绿地规模。

（三）强化土壤保护与污染治理，保障食品和人居环境安全

1. 开展全国土壤污染加密调查

加强土壤环境质量监测能力建设，研究提出全国性土壤环境监测网络建设总体设计方案。在第一次土壤污染状况调查基础上，开展农用地和城市土地土壤污染状况详查，建立农用地土壤环境质量档案和污染场地国家清单。

2. 严格控制土壤污染来源

加强矿山和石油开采的"三废"排放及冶金企业大气沉降污染土壤的识别与控制。严控农业生产过程环境污染，尤其是农药、化肥和地膜等农用化学品施用导致的土壤污染。加强集中式治污设施周边土壤环境监管，规范废物集中处理处置活动。

3. 开展土壤环境精细化监管

修订土壤环境质量标准。实施农用地土壤环境分级管理，针对不同农用地土壤等级，分别采取保护、控制、禁止性措施，保障农产品产地环境安全。实施建设用地分类管理，建立建设用地土壤环境强制调查评估制度。根据场地污染状况、土地规划用途等，通过强化风险评估，保障建设用地的人居环境安全。

4. 开展土壤污染修复工程示范

以受污染农用地和工矿业污染土地为重点，开展土壤污染整治工程示范。建立污染土壤修复技术认证制度和修复技术的有效性和经济性评估制度。

（四）有效控制农业面源，全面建设美丽乡村

1. 推进种养结合型生态循环农业建设

基于种养殖业的环境承载力，创新适度规模种养循环模式，实现养殖业废弃物的安全处理与循环利用，有效控制养殖污染总量和排放负荷。

2. 创新农业废弃物综合利用和治理模式

强化重点区域的作物秸秆饲料、能源、肥料化综合利用，有效减少秸秆焚烧的污染风险。以丝绸之路为重点区域，加强地膜回收、地膜残留去除和可降解地膜应用等，有效治理残膜污染。

3. 强化园地生产化肥农药减量和污染控制

查明重点区域园地（果园、菜园）的水体与大气污染源强度，建立园地生产的环境控制基准，强化化肥与农药清洁投入、减量增效、科学替代与水肥药一体化控制，有效控制园地氮磷和氨挥发等的排放负荷。

4. 推动面源污染防治与清洁生产模式创新

构建完善农业面源污染国控监测网络平台，建立农业主产区环境控制基准，形成重点区域及流域农业源污染物排放负荷监测和评价能力。建立面源污染防治整体国家方案和清洁生产技术清单，并在典型区域及流域开展规模化示范创建。

（五）加强危废污染防治，有效降低环境风险

1. 开展全国危险废物普查

针对危险废物污染防治底数不清的问题，调查危险废物的产生、转移、贮存、利用和处置情况；建立危险废物重点单位清单并动态更新；开展历史遗留危险废物的调查和环境风险评估。

2. 开展突出危废环境专项整治

以危害性大、严重威胁人民身体健康的含铬、含铅、含汞等重金属废物，以及生活垃圾焚烧飞灰、抗生素菌渣、高毒持久性废物为重点，开展综合整治工作，有效降低环境风险。

3. 推进高效利用处置设施和危废监管平台建设

针对我国危险废物的资源属性特点，在重点区域建设危险废物循环型高效利用处置基础设施，建设 1~2 家危险废物鉴别中心，建设全国危险废物网络监控平台，杜绝危险废物非法倾倒、转移、处置。

（六）强化环境监测监控，提升严防严控支撑能力

1. 建立完善水、气、土环境监测监控体系

以重点流域为单元，构建市—省—国家三级流域水环境监控预警体系；开展地下水污染状况调查，构建国家地下水环境监测预警体系。以城市为单元，构建城市空气环境质量监测预警预报体系。构建国家土壤环境质量例行监测网络，监控不同利用类型的土壤环境质量状况。

2. 建立环境卫星的天地一体化监测体系

充分利用环境卫星资源构建水、气、土遥感监测平台，与地面常规监测结果相结合，形成天地一体化环境监测体系。

3. 建立完善环境统计、考核体系

完善环境统计指标体系，建立科学的污染源监测、调查和统计方法；启动新一轮全国污染源普查工作。完善同时涵盖污染减排、质量达标和生态环境资产保护的考核指标，严格问责制度。

（七）大力发展环保产业，提高污染防治保障能力

1. 加快环保技术装备及产品升级

加快研发和应用环保装备的关键部件和核心技术，开发和推广环境连续在线监测系统、生活垃圾智能分选等技术和装备。构建技术转化平台和装备制造产业基地。环保装备制造业年均增速持续保持在 20％以上。

2. 优化资源循环利用产业

以"城市矿产"开发利用、城镇生活垃圾资源化等为重点，推动资源循环利用技术及装备整体升级。以废手机、电脑、打印机、复印机等为重点，开展破碎、分选、资源化等关键环节共性技术和装备研发及成果应用转化。资源循环利用产值年均增长保持在 15％以上。

3. 推进环境服务业发展

环境服务产值年均增长达到 20％～30％。开展环境污染第三方治理，推进环境设施和环境监测专业化、市场化、社会化。加快发展环境金融和环境贸易服务，培育全产业链的大型专业环保公司和典型领域的"专精特新"中小型服务企业。

（八）优先推进"三大区域"环境保护，确保区域可持续发展

1. 实施"三大区域"生态环境红线保障

划定"一带一路"、京津冀和长江经济带三大区域的生态、环境和资源红线，制定并实施基于生态环境功能分区控制体系，以资源环境承载力调控区域的发展布局和规模。建设"三大区域"生态廊道，推进相关区域和国家的生态环境合作。

2. 推进"三大区域"绿色低碳发展战略

推进"三大区域"新型工业化和城镇化进程，强化对多元国际贸易情况下带来的污染治理，实施绿色低碳重点工程，防范环境风险，提升"三大区域"环境质量，促进产业健康发展和人口宜居集聚。

3. 建立"三大区域"监测预警平台和协同保护机制

实施"三大区域"环境监测预警体系建设、周边国家跨界河流水质监测预警体系建设、西南和西北跨国界河流环境治理、区域环境风险防控能力建设。建设"三大区域"环境信息共享平台，探索"三大区域"生态环境协同保护与治理的新体制、新机制、新政策、新模式，提高区域间、国家间的环境协同和综合应对能力，共同应对区域环境污染问题。

四、支撑"十三五"污染防治的重大科技项目

分别就水、大气、土壤、农业面源污染防治，以及与此相关的环境基准与健康、污染防治监管决策平台、环保产业发展等重大保障，设立国家重大科技项目。

（一）水污染防治重大科技项目

1. 继续实施《水体污染控制与治理》科技重大专项

强化专项成果的推广应用；以太湖、海河、京津冀区域为重点，开展流域水污染综合

调控技术研究；全面构建流域水环境管理技术体系和水污染治理技术体系。

2. 实施地下水污染防治科技重大专项

研发地下水污染调查与风险评估技术、地下水污染防控技术，以及地下水资源-水环境质量统筹管理技术。形成适合中国国情的地下水污染防治技术体系，全面支撑国家地下水污染防治工作，遏制地下水环境退化趋势。

3. 实施近岸海域生态保护科技重点专项

深入揭示陆海相互作用的过程和机理，构建海岸带污染防治和生态修复技术体系，研发海陆统筹环境管理技术与体制，保障近岸海域生态环境安全，支撑沿海地区经济社会发展。

（二）大气污染防治重大科技项目

1. 实施国家自然科学基金联合重大研究计划

针对 PM2.5 和臭氧污染防治，开展中国大气灰霾的形成机理、危害与控制和治理对策研究，突破我国区域灰霾的独特形成机制，大幅提升对我国大气复合污染演化规律的科学认知能力。

2. 实施国家大气污染防治科技重大专项

建立高精度立体化多尺度大气污染监测预警技术体系和大型大气光化学模拟仓，开展精细识别污染来源、高效减排污染存量和严格监管措施成效的一体化科技攻关，构建"基础研究—综合防治—集成示范"的科学研究创新链和"关键技术—系统工艺—产品装备"的技术研发创新链，建成大气污染物与温室气体协同减排技术体系，大幅提升我国大气污染物全过程减排能力。

（三）土壤污染和危险废物防治重大科技项目

1. 实施土壤污染防治科技重点专项

针对我国土壤环境问题量大面广、复杂多样的特点，开展土壤环境管理的顶层设计和路线图研究。遵照"识源控污、风险预警、除污修复、改善质量"的原则，从政策制度、监测网络、评估模式、修复技术、治理示范和推广应用等多方面研究构建我国土壤污染防治的管理和技术体系。开展高风险场地污染防治关键技术的工程示范。

2. 实施危险废物防治科技重点专项

研究提出重点区域危险废物污染综合治理技术方案。建立危险废物普查与鉴别关键技术体系，完善危险废物鉴别重要标准。研发危险废物高效利用处置技术，研发持久性有毒危险废物无害化处置、有价金属分离与高效提取、伴生稀贵金属选择性提取、环境功能材料制备、生物质危险废物能源化利用等高效利用处置技术。

（四）农业面源防治重大科技项目

1. 实施适度规模种养结合的养殖污染防治科技重点专项

构建与京津冀及周边地区、长江流域、东北黑土区等环境承载力相匹配的种养殖业优化布局，创新适度规模种养结合的生态养殖模式、清洁养殖技术和废弃物安全循环利用技术，有效削减养殖业污染排放。

2. 实施园地清洁生产科技重点专项

选择重点地区，研发园地绿色投入品、化肥农药合理减量、水肥药一体化等核心技术，开展园地清洁生产和生态农园技术集成与示范，有效降低园地氮磷流失和氨挥发对水体和大气的污染风险。

3. 实施农业面源防治与清洁流域重大科技工程

选择重点区域，研究建立主要农业污染物控制和流域农业清洁生产技术清单，开展流域农业结构优化、循环农业建设和污染防治整装成套技术集成和引领示范，形成农业清洁流域建设模式和技术体系。

（五）环境基准与健康重大科技项目

1. 实施环境基准重点科技专项

开展流域及区域生态系统中环境污染物累积性暴露的生态风险评估研究。针对重金属、持久性有机物（POPs）、环境内分泌干扰素等环境污染物，建立我国环境基准数据库平台。

2. 实施环境健康重点科技专项

在京津冀、长三角等人口密集地区筛选 100～200 种影响人体健康的优先控制污染物，建立环境介质中污染物的人群总暴露水平分布图。开展队列研究，建立环境污染对长期明显影响的暴露—反应关系，为环境健康风险评价和预警提供技术支撑。

（六）污染防治监管决策重大科技项目

1. 实施国家环境监测监控重大科技项目

针对国家环境执法重大技术需求，建立环境监测与质量控制关键技术体系。研究排放量核查、在线监控、地面和卫星遥感等方面的监管技术体系，突破用于各类污染源现场执法检查和排放监管的快速检测方法和技术规范，支撑环保监管执法能力。

2. 实施国家环境污染防治大数据工程

充分依托现有各类环境数据源，全面整合宏观经济、能源、交通、国土、气象和水文等综合数据源，充分依托物联网、全球眼、大数据等技术发展，全面建设国家环境污染防治大数据工程，持续推进我国污染防治工作的科学化和精准化。

（七）环保产业发展重大科技项目

1．实施"城市矿产"高值化利用重大科技工程

以第一批废旧家电处理补贴目录包含的"四机一脑"以及废手机、小家电等为重点，在拆解、分类基础上，集成优化稀贵金属再生、有色金属再生、废塑料高值化利用等关键技术与设备，形成系列装备和成套技术。

2．实施污染防治先进技术成果转化与产业化工程

基于现有研究成果，建立细颗粒物防治、柴油车尾气净化、高浓度难降解工业废水处理等技术成果转化试点示范工程，提高环保技术装备及产品的国产化水平，同时扶持一批专业的环保企业。

（八）"三大区域"的环境保护科技重大项目

1．实施"一带一路"战略区环境保护重大科技工程

突破"一带一路"战略区煤炭、煤化工、石油化工等污染物深度治理及清洁生产技术瓶颈，破解西北内陆及重要江河中上游区资源能源产业发展的环境约束；开发海岸带综合整治与海洋生境修复关键技术，突破临海产业污染治理及海水淡化技术的技术瓶颈。

2．实施京津冀地区环境保护重大科技工程

探索京津冀一体化过程中区域环境质量改善和风险控制的机制，研究用环境约束倒逼区域产业结构和能源结构的政策。突破区域环境综合治理的技术制约，研发区域环境综合治理以及清洁生产、循环利用关键技术与设备。研究构建区域环境质量监控预警系统。

3. 实施长江经济带环境保护重大科技工程

开展长江经济带资源环境承载力研究，建立基于生态保护红线的沿江城镇建设和产业布局的空间优化技术体系。建立一体化、协同的长江经济带流域水环境和水生态调控技术体系，构建以重要环境功能区和重大建设工程为核心的环境监测、评估和预警技术体系。

五、支撑"十三五"污染防治的若干重要政策措施

（一）改革环境保护管理体制，提高政府环保行政效能

1. 建立国家生态文明建设协调机制

建立国务院生态环境保护或可持续发展高层议事协调机构，加强各部门间政策的统筹协调。在国务院设立"生态文明建设委员会"实体机构，办公室设在环境保护部。

2. 加快改革生态环境保护管理体制

根据党的十八届三中全会通过的《中共中央关于全面深化改革若干重大问题的决定》，遵循"污染防治与生态保护统筹、国内环境与全球环境保护统筹"原则，整合现行生态环境保护政府部门，设立大部制下的环境部或者生态与环境部。

（二）划定生态环境红线，实施环境空间治理

1. 建立生态环境功能区划、城市环境总体规划制度

根据生态环境承载力，明确国土空间的生态环境功能，推动国民经济发展、土地利用、城乡总体、环境保护等规划融合。

2. 落实生态、环境和资源三大红线

加快推动构建生态功能保障基线、环境质量安全底线和自然资源利用上线三大红线体

系。实施"反降级"的刚性约束，把划定生态环境红线列入地方政府五年发展规划的约束性指标。

（三）建立监测—统计—考核体系，全面落实环保目标责任

1. 开展生态环境承载力预测预警评估

在重点区域建立资源环境承载能力立体监测监控系统。建立完善环境质量的监测、评价、考核、预警一体化机制，定期发布国家环境基准报告和环境暴露参数报告。

2. 建立政府环境保护目标责任制

建立政府环境质量责任制和对地方政府的督政机制，实施主要领导干部任中、离任环境审计与责任追究制度。建立生态环境资产核算技术体系，并以县级行政区为基本单位开展核查核算。推行官员绿色政绩考核制度。

3. 全面实施综合排污许可证制度

核定主要水和大气污染物环境容量，实行企事业单位污染物排放总量控制制度，并以环境承载力为基础全面推行污染物排放许可证制度。明确企事业单位对治污减排的主体责任，建立环境损害赔偿和责任追究制度。

（四）建立区域流域生态补偿机制，促进区域流域协调发展

1. 全面构建生态补偿长效机制

选择重要江河源头区或国家重点生态功能区等典型区域及流域开展生态补偿试点，设立由受补偿地区自主支配的专项资金。以生态资产价值为依据提高生态补偿标准，针对不同群体制定不同的补贴标准。

2. 建立生态补偿绩效考核机制

对于生态保护较好的区域或群体，加大奖励补助，否则予以惩罚。由政府购买生态效益，在受补偿地区提供生态保护岗位，监督落实生态补偿措施。

（五）建立环境法治体系，实施独立环境监察执法

1. 全面推进生态环境保护立法，确保新《环境保护法》得到有力实施

加快推进大气、水、土壤、核与辐射安全等专项法律法规的编制修订，形成有力保护生态环境的法律法规体系。严格实施按日计罚、查封扣押等新措施的执法规范，探索建立环境行政执法与刑事司法有效衔接模式。

2. 健全国家环境监管和督察体制

健全"统一监管、分工负责"和"国家监察、地方监管、单位负责"的监管体系，对污染物、污染源和污染介质实施统一监管。将环境执法监督人员纳入公务员序列，探索建立环保警察队伍。

3. 建立健全环境联合执法机制

建立跨区域、跨流域以及跨部门的环境联合执法工作制度，统筹陆海环境执法，从源头解决海洋环境污染、海洋生态破坏等问题。

（六）改革完善投融资体制，提高环保投入规模与绩效

1. 改革完善环保财政投资体制

深化"以奖促防""以奖促治""以奖代补"等政策。加大对生态良好地区的保护投入以及环保成效显著区域的支付力度，加大国家创新基金、国家新兴产业创业投资引导基金等对节能环保产业支持力度。通过价格、税收、补贴等引导社会投资加大对节能环境产业

领域的投入。

2. 提升环保投入规模与绩效

着力环境财政支出方式改革，做实"环境保护"预算科目经费，提高新增财力政府预算中环保投入比重。优化环保的支出结构，提高资金使用效率。

（七）建立环境资产管理体系，发挥市场激励作用

1. 建立环境资产管理体系

建立环境资产管理专业机构，制定与经济发展相应的环境资产定价体系；以环境资产价值为基础，充分发挥市场的经济杠杆作用，形成涵盖环境资产交易、使用补偿与破坏赔偿的市场调节机制。

2. 完善环境税收政策

以生态资产保护与占用情况为依据，制定行业税费标准，加大对自然资源消耗型企业的税收额度，减免环境保护行业税收额度，将严重污染环境、大量消耗资源的商品纳入消费税征收范围。2016 年开征环境税。

3. 深化环境金融服务

制定绿色信贷行业指南，建立绿色信贷政策效果评估制度；鼓励民间资本和社会资金投入生态环境保护。全面推进环境污染责任保险制度建设。

（八）全面推行环境信息公开制度，保障公众参与环境保护

1. 全面推行环境信息公开制度

设立环境保护信息公开负面清单制度。实施政策法规、项目审批、案件处理、环境质量监测、污染源监测信息公布制度。推动企业污染物排放和环境治理等信息的公开，建立

企业环境信用评价体系及环境责任终身制度。

2. 全面推进环境保护公众参与制度

建立公众参与监督新媒体平台和举报奖励制度。完善环境公益诉讼制度，通过法律拓展公众参与环保渠道，保障公众环境参与权。建立政府、企业、公众定期沟通、平等对话、协商解决的机制和平台。健全环境立法、规划、重大政策和项目等听证制度，构建全民行动格局。

ZHONGYANG
"SHISANWU"
GUIHUA 《JIANYI》 ZHONGDA
ZHUANTI YANJIU

专题十八　加强生态保护和修复

国家发展和改革委员会

"十三五"时期加强生态保护和修复的主要任务研究报告

　　我国疆域辽阔、海陆兼备，地貌类型和海域特征多样，形成了复杂的自然生态系统，孕育了丰富的生物多样性。由于我国人口众多，人均占有资源量不足，长期以来为了解决温饱问题，消耗了大量的生态资源。进入 21 世纪，我国进入了工业化、城镇化加速发展时期，由于传统、粗放的发展方式尚未得到转变，加剧了对生态资源的掠夺式开发，自然生态系统承载能力下降，已成为我国经济社会发展的瓶颈。党中央、国务院对此高度重视，党的十八大、十八届三中全会对生态文明建设、加强生态保护和修复做出了重要部署，习近平总书记提出"要正确处理好经济发展同生态环境保护的关系，牢固树立保护生态环境就是保护生产力、改善生态环境就是发展生产力的理念"的总体要求，并多次强调"绿水青山就是金山银山"的发展理念，为下一步生态保护和修复工作指明了方向。按照习近平总书记的指示精神和生态文明建设的要求，"十三五"时期经济社会发展要坚持走可持续发展的道路，坚持建设资源节约型和环境友好型社会，加大生态环境保护力度，提高生态承载力，建设美丽中国，促进全面建设小康社会的实现。

一、生态保护和修复进展及"十二五"成效

　　1998 年我国长江流域发生特大洪涝灾害后，生态保护和修复被提上了重要议事日程。为恢复重建我国的生态屏障，国家相继启动了天然林资源保护、退耕还林、退牧还草、京津风沙源治理等一系列重大工程，全面停止了长江上游天然林的商品性采伐，逐步对 25 度以上陡坡耕地和严重沙化耕地实行退耕，拉开了生态保护和修复工作的序幕。随着近年我

国综合国力的增强，全社会生态保护意识的提高，"十二五"期间我国生态保护和修复的步伐明显加快。中央政府加大了资金投入力度，5年累计投入5 300多亿元，约为"十一五"期间的两倍。同时，完善生态保护和修复的政策体系，推进集体林权制度改革，进一步强化森林生态效益补偿、草原生态保护补助奖励机制，落实草原承包经营制度，全国生态保护和修复进入了新的发展阶段。

（一）林草植被保护和建设的步伐明显加快

"十二五"期间，全国累计造林2 372万公顷，累计治理"三化"草原4 720.5万公顷，1.08亿公顷的天然林得到有效管护，1.24亿公顷的国家级公益林被纳入了中央财政森林生态效益补偿范围，2.55亿公顷的草原纳入了草原生态保护补助奖励机制范围。集体林权制度改革全面推进，1.76亿公顷集体林确权到户，确权比例达97.63%，为强化森林保护提供了制度保障。基本草原划定试点工作稳步推进，目前已划定基本草原9.3亿亩。与"十一五"相比，"十二五"期间森林覆盖率由20.36%提高到了21.63%，森林蓄积由137亿立方米增加到了151亿立方米；全国天然草原鲜草产量由9.74亿吨增加到10.2亿吨，草原平均植被盖度由51.6%增加到53.6%。

（二）土地沙化、石漠化、水土流失三大生态问题得到有效遏制

五年期间，全国沙化土地面积年均减少1 717平方千米，荒漠化土地面积年均减少2 491平方千米，重点治理的科尔沁沙地、毛乌素沙地、浑善达克沙地、呼伦贝尔沙地等区域生态明显好转。石漠化面积年均减少16万公顷，岩溶地区土地石漠化程度有所降低，中重度石漠化土地面积所占比重由2006年的73%降低为2011年的64%。全国累计完成水土流失综合治理面积60万平方千米，累计治理小流域4万多条，覆盖600多个水土流失严重县，年土壤侵蚀总量减少了8亿吨。

（三）河湖、湿地和海洋生态系统保护和修复积极推进

重要江河湖泊的生态治理工作积极推进，太湖、滇池、辽河等重点河湖水环境综合治理取得初步成效。实行了最严格水资源管理制度，加强入河污染物总量控制，划定用水总量、用水效率和水功能区限制纳污等"三条红线"。2013年年底，全国Ⅰ～Ⅲ类水河长比例为68.6%，比2010年提高了7.2个百分点。全国8亿亩湿地43%得到保护，比"十一五"

期间提高了 13 个百分点，新建湿地自然保护区、湿地公园约 740 处，初步形成了较为完善的湿地保护体系。开展了海洋伏季休渔、海洋牧场建设和增殖放流等工作，加强了中南西沙群岛渔业资源的保护，珍稀濒危海洋生物、珍贵经济鱼类等重要海洋生物资源枯竭的状况有所好转。

（四）生物多样性保护日益加强，人工生态系统保护和改良稳步推进

自然生态系统和珍稀动植物资源保护得到加强，各类保护区面积已达到国土面积的 17％。居民生活条件有所改善，城市建成区绿化覆盖率达到 38.6％，人均公园绿地面积达到 11.18 平方米。加快了野生动植物迁地保护和种质资源异地保存，加强了重大工程对生物多样性影响的评估，生物多样性保护进程明显加快。建立了旱作农业示范区，实施保护性耕作，有效提高了项目区耕地蓄水抗旱和生产能力，项目区农田有机质含量得到提升。

生态保护和修复工程不仅改善了生态环境，而且成为当地老百姓脱贫致富、拓展就业增收门路的重要途径。很多地方通过发展生态旅游、林下经济等生态产业，优化和调整了产业结构，促进了地方经济发展，加快了农村劳动力转移，减轻了对土地资源的压力。部分区域从资源掠夺式开发转变为保护与开发并重，率先实现了生态效益改善、地方经济发展、农民增收致富的统一。

二、"十三五"期间生态保护和修复面临的挑战

我国生态保护和修复虽然取得了明显成效，但我们也要清醒地看到生态保护和修复是一项长期、复杂的系统工程。今后，生态保护和修复依然面临着严峻的考验和挑战。

（一）生态保护和修复的任务仍然十分繁重

我国生态环境承载能力不强，人均占有生态产品量低。森林生态系统总体质量不高，结构简单化、局部破碎化、人工化明显。我国人均森林面积只有世界平均水平的 23％，乔木林每公顷蓄积量只有世界平均水平的 78％。可利用天然草原 90％存在不同程度退化，中度以上明显退化的接近 50％。农田、海洋生态系统质量下降明显，土壤酸化、次生盐渍化加重，红树林和珊瑚礁面积较 20 世纪 50 年代减少 70％以上。同时，随着生态保护和修复工程逐渐向纵深推进，工程区自然条件越来越差，工程建设难度越来越大。近年来物资成本、人工成本的攀升，使得工程建设投入不足、投资标准低的问题越来越突出。工程后续

管护不到位、科技支撑薄弱影响了工程治理效果。

（二）过度消耗生态资源的状况仍未得到缓解

我国水土资源短缺，人均耕地面积和人均水资源占有量分别仅为世界平均水平的50％和28％。一些地方、一些领域还在以无节制消耗资源、破坏环境为代价换取经济发展。海河、黄河、辽河流域水资源开发利用率分别高达106％、82％和76％，全国69.8％的湖泊、41.9％的水库处于富营养状态，"有河皆干、有水皆污"的现象越来越普遍。全国年均超采地下水215亿立方米，部分省区地表水开发利用程度超过60％。华北平原地区长期超采地下水，造成地面沉降、海水入侵。农业生产方式粗放，依靠大量化肥农药来提高单产，我国每公顷化肥施用量480多千克，是世界平均水平的4倍多；农药施用利用率仅为35％，较发达国家低20～30个百分点，农业面源污染问题日益突出。牧区牲畜超载率近50％，加剧了草原退化；海洋捕捞能力超过资源可承受能力30％以上，近海渔业资源几近枯竭。

（三）开发无序挤压生态空间的现象仍然存在

目前，部分地区填河、填湖、开山、开矿等高强度开发建设仍在加速推进，形成了对生态空间的严重挤压。大量良田被用于工厂或居住区的建设，"好地盖房、坏地种粮"的现象在全国各地普遍存在。新疆、内蒙古等地开垦草原面积超过千万亩。沿海大量自然岸线和滩涂水域被占用，自然岸线保有率已不足40％，沿岸海水入侵和土壤盐渍化危害严重。湿地面积减少，自然调节能力下降。拦河筑坝、交通航运等工程建设不断增多，严重破坏了各类水生生物的栖息地及其生境。国家级自然保护区核心区中，有80％存在人类活动干扰，并有扩大趋势，生物多样性保护形势严峻。

总体上看，我国生态保护和修复仍处于起步阶段，工程治理区呈现改善的势头，恶化态势趋缓但尚未得到根本遏制，工程治理区仍存在逆转的威胁，经济社会发展带来的生态保护压力依然较大。

三、"十三五"时期加强生态保护和修复的总体思路和目标

（一）总体思路

"十三五"和今后一段时期，我国推进生态保护和修复的总体思路为：**牢固树立生态文**

明理念，统筹兼顾生态、生产和生活三者关系，着力发挥生态系统自我修复能力，促进生态系统良性循环；着力加强重点区域综合治理，努力构建生态安全屏障；着力推进先进适用科技成果转化，强化科技支撑；着力建立和完善生态补偿机制，巩固和发展生态成果；努力从源头上扭转生态环境恶化趋势，防范生态风险，增强生态承载力，提高生态服务价值，为实现经济社会全面协调可持续发展提供生态保障。

在推进生态保护和修复的进程中，要注意把握以下几点：

——要坚持转变方式，强调和谐发展。加强生态保护和修复的根本在于转变粗放的经济发展方式，正确处理好保护与利用的关系，减少经济社会活动对自然生态系统的扰动和破坏，努力形成同传统经济增长的大量生产、大量消费、大量废弃、大量占用自然空间不同的经济结构、社会结构和发展方式。

——要坚持尊重自然，强调保护优先。加强生态保护和修复，必须坚持尊重自然规律，充分发挥大自然的自我修复能力；要根据不同区域的自然生态条件，科学选择保护和修复方式，防止过度采用人工措施。

——要坚持统筹治理，强调综合施策。要深刻认识山水林田湖综合治理的重要性，摈弃过去片面强调造林、种草等单一措施推进生态建设的方式，改革要素式、部门分割式管理模式，将自然措施与人工措施相结合、生物措施与工程措施相结合，整体上加强以国家重点生态功能区为重点的综合治理，提升区域的生态承载能力。

——要坚持深化改革，强调完善机制。在加强生态保护和修复的同时，必须尽快完善体制机制，建立健全资源有偿使用和生态补偿制度，改变生态资源无价、使用无度的观念；建立健全法律法规体系，填补法律空白，加大处罚力度，改变"违法成本低、守法成本高"的现象；完善领导干部考核评价体系，改变不顾及资源环境状况的盲目开发，最终实现用制度保护生态环境。

（二）目标

1. 总体目标

到 2020 年，全国生态环境得到进一步改善，生态承载力增强。国家重点生态功能区生态服务功能增强，重点治理地区生态实现良性循环，生态系统的稳定性明显加强，生物多样性下降趋势得到遏制，生态保护与建设和区域经济发展协调推进，努力建成生态环境良好国家。

2. 具体目标

到 2020 年，森林覆盖率、蓄积量继续实现双增长，森林生态功能显著提高；基本实现草畜平衡，草原生态步入良性循环；初步遏制自然湿地萎缩和河湖生态功能下降趋势，主要河湖生态水量得到基本保证；重点治理区域水土流失和土地沙化、石漠化得到有效防控；稳定城市建成区绿化覆盖率并力争有所提升，大气粉尘吸附和阻隔能力增强；大幅提升近岸受损海域修复率，有效保护重要海洋景观，局部海域生态恶化趋势得到遏制；生物多样性中物种消失的速度得到基本控制；生态脆弱区贫困人口生产生活水平明显提高。全国生态保护与建设的主要指标见表1。

表 1

全国生态保护与建设的主要指标

主要指标	2015 年	2020 年
森林生态系统		
森林覆盖率（%）	21.66	23.04
森林蓄积量（亿立方米）	143	165
林地保有量（万公顷）	30 900	31 230
荒漠生态系统		
可治理沙化土地治理率（%）	45	50 以上
湿地与河湖生态系统		
自然湿地保护率（%）	55	60
重要河湖水功能区达标率（%）	60	80
城市生态系统		
城市建成区绿化覆盖率（%）	41.12	44.59
海洋生态系统		
海洋重要渔业水域保护率（%）	40	50
全国自然岸线保有率（%）	36	35
近岸受损海域修复率（%）	5	10
防治水土流失		
水土流失治理率（%）	8.5	16.9
年土壤流失量（亿吨）	40.5	37
保护生物多样性		
陆域自然保护区占陆域面积比率（%）	15	15.2
海洋保护区占管辖海域面积比率（%）	3	5
国家重点保护物种和典型生态系统类型保护率（%）	90	95

四、"十三五"时期加强生态保护和修复的主要任务及重大工程

根据全国生态保护和修复面临的形势，按照生态保护和修复的总体思路和目标，结合国务院批复的《全国生态保护与建设规划（2013—2020 年）》和《农业环境突出问题治理总体规划（2014—2018 年）》，研究提出"十三五"时期和今后一段时间生态保护和修复领域的主要任务及重大工程（见表 2 至表 8）。

（一）保护和培育森林生态系统

加强森林保护，研究扩大天然林保护面积，稳步推进黑龙江国有林区停止天然林商业性采伐试点，逐步停止内蒙古、吉林重点国有林区和国有林场等国有天然林商业性采伐，研究推动集体天然商品林协议停伐。开展大规模国土绿化行动，加快推进"三北"等防护林体系建设，研究启动重大营造林工程建设，推动退化防护林修复。加快 25 度以上陡坡耕地和重要水源区新一轮退耕还林还草工程实施力度。加强森林防火和林业有害生物防治体系建设。强化森林经营，加强新造林地管理和中幼龄林抚育，加快林木良种化进程，提高良种使用率和基地供种率。2016—2020 年，完成新造林 2 700 万公顷，森林抚育经营 4 000 万公顷。

表 2

森林生态系统保护和培育重点工程

重点工程	主要内容
天然林资源保护	对天然林资源保护工程区内 1.07 亿公顷森林进行全面有效管护，加强公益林建设和后备森林资源培育。
退耕还林	到 2020 年，将全国具备条件的坡耕地和严重沙化耕地约 4 240 万亩退耕还林还草。其中包括：25 度以上坡耕地 2 173 万亩，严重沙化耕地 1 700 万亩，丹江口库区和三峡库区 15～25 度坡耕地 370 万亩。
防护林体系建设	研究推动 18 个重点建设区 32 个重点基地的重大营造林工程。在系统总结张家口坝上地区退化林分改造经验基础上，启动退化防护林修复工程。

（二）保护和治理草原生态系统

加强草原保护和合理利用，推进草原禁牧休牧轮牧，实现草畜平衡，促进草原休养生

息。加快草原治理，加大天然草原退牧还草力度，继续加强"三化"草原治理，推进南方及重点地区草原保护建设，加强草原围栏和棚圈建设。2016—2020年，治理"三化"草原面积3 000万公顷，建设人工草地面积400万公顷，已垦草原退耕1 750万亩。

表3

草原生态系统保护和治理重点工程

重点工程	主要内容
退牧还草	通过合理布局草原围栏和退化草原补播改良，配套实施人工饲草地和牲畜棚圈建设，加快推进禁牧、休牧、划区轮牧，恢复天然草原生态和生物多样性。
农牧交错带已垦草原治理	大力推广多年生优良牧草品种及其旱作技术，在农牧交错带已垦撂荒草原区建设多年生旱作人工牧草地1 750万亩，项目区植被覆盖率达到90％以上。

（三）保护和修复荒漠生态系统

加快风沙源区治理步伐，通过造林种草，增加林草植被；通过设置沙障、砾石压沙等措施固定流动和半流动沙丘；通过禁止滥樵、滥采、滥牧，促进荒漠植被自然修复，遏制沙化扩展。2016—2020年，治理沙化土地1 650万公顷以上。

表4

荒漠生态系统保护和修复重点工程

重点工程	主要内容
京津风沙源治理	巩固工程建设成果，加强京津风沙源区营造林、草地治理、小流域综合治理，开展工程治沙，适度发展畜牧业，促进草畜平衡。
石羊河流域防沙治沙及生态恢复	通过节水节灌和合理调配水资源，采取封山（沙）育林草、人工造林、工程治沙等措施，遏制土地沙化，促进石羊河流域生态恢复。

（四）保护和恢复湿地与河湖生态系统

采取水量调度、生态补水、河湖水系连通等措施，确保重要湿地和河湖生态用水；通过加强围垦湿地退还、河岸带水生态保护与修复、湿地植被恢复、有害生物防控、人工湿地减污等措施，开展湿地综合治理。2016—2020年，新增自然湿地保护面积180万公顷以上，恢复湿地面积约 20 万公顷，建设湿地公园 600 处。

表 5

湿地与河湖生态系统保护和恢复重点工程

重点工程	主要内容
湿地保护与恢复	加强自然湿地保护；对过度利用、遭受破坏或其他原因导致功能降低、生物多样性减少的湿地，进行综合治理；适度开展湿地可持续利用示范。
重要河湖水生态保护与修复	加强重要生态保护区、水源涵养区、江河源头区的保护，开展内源污染整治，推进生态脆弱河流和地区水生态修复。进一步扩大水生态保护和修复试点城市范围。对大江大河中下游区域和重要江河湖库水域，构建河湖水系连通网络体系。

（五）保护和整治海洋生态系统

加强渤海、黄海北部、长江口、福建沿海、珠江口海域的海洋生态灾害防范和应急管理；加强渤海辽东湾、黄河口近海海域、长江口—杭州湾、珠江口及毗邻海域、北部湾、环海南岛以及西沙、南沙等生态区滨海湿地、红树林、珊瑚礁、海草床、河口、海湾等典型受损海洋生态系统修复，在莱州湾、渤海湾、苏北沿海、广东沿海、西沙、南沙等地建设一批海洋自然保护区和海洋特别保护区，实施岸线整治与生态景观恢复；开展重要品种增殖放流，建立海洋牧场示范区，养护海洋生物资源。2016—2020 年，修复受损海域 40 万公顷，整治和修复海岸线 1 000 千米，新增保护海洋重要渔业水域 100 万公顷。

表 6

海洋生态系统保护和整治重点工程

重点工程	主要内容
海洋生态系统修复	开展滨海湿地、红树林、珊瑚礁、海草床、河口、海湾、海岛等海洋生态系统修复，开展岸线整治与生态景观恢复、近岸海域污染治理与修复。建设滨海湿地固碳示范区和海洋生态文明示范区。
海洋生物资源养护	开展重点海域珍稀海洋物种保护，建设水产种质资源保护区，开展增殖放流，恢复海洋生物资源。建设海洋牧场示范区。

（六）建设和改善城市生态系统

加强城市人居生态环境保护建设，拓展构建多功能兼顾的复合城市绿色空间，增强环境自净能力，有效发挥林草植被净化空气的作用，提升人居环境质量。科学规划、合理布局和建设城市绿地系统，积极推行立体绿化，提升城市绿地品质；加强城市扩展区原生生态系统保护，建设城郊生态防护绿地、环城林和郊野公园，缓解城市热岛效应；提升完善绿地功能，推行绿道网络建设；积极保护和治理城市河湖水生态，加强河湖水体沿岸绿化建设，恢复水陆交界处的生物多样性，建设城市生态廊道，推广下凹式绿地建设，通过绿地与景观设计，保持合理的雨水渗漏功能，提高城市的雨洪蓄滞能力。在城市生态系统建设中，要坚持以乡土树种为主，克服大树进城、片面追求一次成林、一夜成景、不尊重自然规律的现象。到 2020 年，全国城市建成区人均公园绿地面积达到 14.57 平方米。

（七）重点地区综合治理

因地制宜、多措并举，在重点地区实施综合治理。将工程措施、生物措施、农艺措施协调推进，提高治理成效。通过封山育林、人工造林、草地治理等，保护与恢复林草植被；通过强化节水、水资源合理配置、河道整治、淤地坝建设等，减少水土流失；通过草食畜牧业和后续产业发展、易地扶贫搬迁、农村能源建设等，改善农民生产生活条件，增加农民收入。

表 7

重点地区综合治理重点工程

重点工程	主要内容
岩溶地区石漠化综合治理	通过加强林草植被保护与建设，合理开发利用林草资源，加强坡改梯、坡面水系和雨水集蓄利用工程建设等，全面开展石漠化综合治理。
黄土高原地区综合治理	通过林草植被保护和建设、退耕还林、水土保持、雨水集蓄利用、淤地坝建设及土地整治、草食畜牧业发展等措施，加大水土流失以及荒漠化严重地区综合治理力度。
青藏高原生态安全屏障建设工程	加强湿地、森林、草原等生态系统的保护和建设，综合配置营造林、退化草地治理、湿地修复、森林草原病鼠虫害治理等措施。加快推进西藏生态安全屏障、青海三江源、祁连山区、川西藏区、青海湖流域等重大工程建设。

（八）保护生物多样性

加大典型生态系统、物种、基因和景观多样性保护力度，完善保护网络体系。针对自然本底较好、生物多样性丰富区域，开展保护示范。在生物多样性重要、敏感并已受到不同程度破坏的区域，开展恢复示范。对保护空缺的典型自然生态系统和物种加快划建保护区域，对受损的典型生态系统和物种加以恢复。保护和恢复极小种群、重要野生动植物及栖息地；做好森林公园、风景名胜区等典型自然景观和古树名木保护工作；采取有效措施恢复江湖鱼类生态系统完整性，规范珍稀濒危野生生物资源保护和进出口管理。建立生物遗传资源获取与惠益分享机制，完善外来物种监测预警及风险管理机制，开展外来入侵物种综合防控；加强野生动物疫源疫病防控。到 2020 年，陆域自然保护区面积达到 146 万平方千米，海洋保护区面积达到 15 万平方千米，新增水生生物关键栖息地保护面积 170 万公顷。

表 8

生物多样性保护重点工程

重点工程	主要内容
野生动植物保护及自然保护区建设	保护和改善珍稀濒危野生动植物栖息地，建立健全救护、驯养繁殖、基因保护体系；加强自然保护区、风景名胜区基础设施建设，完善自然保护区、风景名胜区网络体系。新建森林公园、风景名胜区、海洋公园和海洋特别保护区。强化生物多样性保护优先区建设。
极小种群和极度濒危物种拯救	加强野外生存繁衍困难的极小种群野生动植物及其栖息地保护，完善资源监测和编目，以就地保护为主，提高保护管理能力，采取必要的生境恢复和人工拯救措施，建设人工种群保育基地，推进野生动物放归自然。加快林木种质资源保存，建设种质资源基因库。

此外，要强化生态建设与修复的气象保障，构建生态气象业务服务平台，加强防灾减灾能力建设，以及生态服务型人工影响天气能力建设。

五、"十三五"时期加强生态保护和修复的制度建设

在落实生态保护和修复的主要任务，加强生态保护和修复重大工程建设的同时，要着重建立健全生态保护和修复的制度体系。

（一）全面建立生态环境保护问责制度

要将生态环境保护问责纳入领导干部政绩考核体系。对已经建立生态环境保护问责制度的地方，要探索编制自然资产负债表，对一个地区的水资源、环境状况、林地、草地、开发强度等进行综合评价，并在当地干部任职、离任时进行评价，对不顾生态环境盲目决策、造成严重后果的领导干部，要终身追究责任。对未建立生态环境保护问责制度的地方，要尽快建立。

（二）加快建立稳定的生态保护修复投入增长机制

要尽快建立生态保护和修复投入的稳定增长机制。继续加大对生态保护和修复的投入力度，确保生态保护和修复投入与经常性财政收入同比增长。结合实施全国主体功能区规划，逐步建立激励生态保护和修复的财政转移支付制度。要加大对重点生态功能区的均衡性转移支付力度，严格限制资金使用方向。要抓紧研究提高生态保护和修复重大工程的中央补助标准，发挥政府投资四两拨千斤的作用，吸引社会资金参与生态建设。按照谁投资、谁受益的原则，积极探索市场化的生态投融资模式，开发适合生态保护和修复特点的金融产品，逐步建立多元化投入机制。

（三）健全资源环境有偿使用和生态补偿机制

建立全面反映市场供求、资源稀缺程度、体现生态价值和代际补偿的资源有偿使用制度。逐步将资源税扩展到占用各种自然生态资源。加快制定并出台健全生态保护补偿机制的意见和生态补偿条例。研究建立森林、草原等生态补偿标准的动态调整机制，建立健全地区间横向生态补偿制度，着力解决生态保护地区人民的生计问题，实现生态保护地区与受益地区的协调发展。

（四）强化生态红线管理，加强生态空间用途管制

全面落实主体功能区制度，强化国土空间合理开发与保护。在各类主体功能区中，明确提出遵循用途管制进行开发的要求，不得任意改变土地用途。比照严格的耕地用途管制，建立森林、草原、湿地总量管理制度，严格控制转为建设用地。完善《土地利用规划分类体系》标准，增加"生态用地"类型，并要求各级政府将生态用地落实到具体的土地上，严格生态用地的用途管制，确保全国生态空间面积不减少。

（五）加强科技支撑，提高治理成效

要加强生态保护和修复的基础技术研究。加强种质资源保存，加快林木良种选育与推广，推进林木良种化进程，提高林木种苗质量。要加强林业有害生物防治、草原鼠虫害治理的基础技术研究，突出强调生物防治的重要性，加强天敌繁育场建设。加强入海、入江、

入湖的"三废"技术处理研究，以及生态保护和恢复技术的适用性研究。

（六）健全法制体系，完善监督管理

加快完善我国《森林法》等现有法律法规，尽快出台《湿地保护条例》，健全海洋生态损害赔偿的评估和测算标准、办法等。加大对破坏湿地、海洋、森林等生态系统行为的处罚力度，对违背空间规划、违反污染物排放许可和总量控制的行为要严惩重罚，加大违法违规成本。针对企业和个人违反法律法规、造成生态环境严重破坏的情况，研究建立健全损害赔偿制度。加大林业、国土、水资源、海洋管理等方面的执法监督力度，加强部门联动配合，加大对生态违法案件的查处力度，严厉打击破坏生态的违法行为。

国家林业局

"十三五"时期加强生态保护和修复的主要任务研究报告

　　当前，我国生态系统严重退化，生态状况十分脆弱，自然生态系统已经超载，环境承载力已经达到或接近上限。生态环境良好，满足广大人民群众对天蓝、地绿、水清的期待，成为全面建成小康社会的重任。"十三五"时期，加强生态保护与修复，是提高自然生态系统免疫力和生态服务功能的首要途径，是加快生态文明和美丽中国建设、实现中华民族永续发展的必然选择。

一、我国自然生态系统面临的突出问题

　　我国自然生态系统主要由森林、草原、荒漠、湿地和海洋组成。工业化、城镇化、农业化快速发展，对自然生态系统形成了巨大压力，影响广度、深度远胜以往。解决资源约束趋紧和环境污染严重问题可能需要十几年、几十年的时间，而治理和恢复生态系统则需要上百年甚至更长。失去生态安全保障的盲目发展，最可怕的后果不是资源枯竭，而是人类基本生存条件和经济社会发展基础的丧失。

（一）我国是森林生态系统最脆弱的国家之一，难以保障国家生态安全

　　森林被喻为"地球之肺"，是陆地生态系统主体，是国土生态安全屏障的主要组成部分。总体上看，我国仍然是一个缺林少绿的国家，主要表现为总量不足、质量不高、结构不合理、功能不健全、系统不健康。据第八次全国森林资源清查（2009—2013年），我国森

林面积 2.08 亿公顷，森林覆盖率 21.63%，不到历史最高时期的 1/3，远低于全球 31% 的平均水平，人均森林面积仅为世界人均水平的 1/4，人均森林蓄积只有世界人均水平的 1/7。我国森林平均每公顷蓄积量只有 89.79 立方米，不到德国的 1/3，仅相当于世界平均水平的 69%；人工林每公顷蓄积只有 35.99 立方米，不到德国的 1/6。龄组结构不合理，中幼龄林面积比例高达 65%。林分过疏、过密的面积占乔木林的 36%。2009—2013 年间，林地转为非林地面积高达 2 500 万亩/年；遭受森林火灾、病虫害、极端天气等危害的森林面积达 4.3 亿亩/年。

（二）我国是土地沙漠化石漠化最严重的国家之一，生存空间受到严重威胁

土地沙漠化被喻为"地球的癌症"。我国沙漠化和石漠化主要表现为总量大、分布广、危害深、治理难。据第五次全国荒漠化和沙化监测成果（2015 年），我国沙化土地面积 172.13 万平方千米，占国土面积的 17.93%，分布在除上海、台湾地区及香港和澳门特别行政区外的 30 个省（自治区、直辖市）的 920 个县（旗、区）。西北地区共有八大沙漠、四大沙地，南方沿江、沿河、沿海也有零星沙地分布。全国有 2 亿亩农田和 15 亿亩草场受到风沙危害，造成草地和耕地退化，严重影响畜牧业和农作物的高产、稳产；42% 的沙区铁路受到风沙威胁，60% 以上的贫困县集中在风沙地区，受沙化影响的人口达 4 亿多。在我国西北地区，由于风沙的步步紧逼，成千上万的牧民被迫迁徙。同时，我国还有盐渍化土地 17.19 万平方千米，石漠化土地 12 万平方千米。石漠化地区主要分布在珠江源头、长江水源重要补给区、南水北调水源区和三峡库区，严重影响着珠江、长江的安澜。土地沙漠化石漠化直接威胁生存空间，是我国最严重的生态问题之一，已成为中华民族的心腹大患。

（三）我国是水土流失最严重的国家之一，导致土地严重退化、河流湖库严重淤积

水土流失为喻为"地球的血管出血"，导致土层变薄、石漠化加剧、养分流失、土地破碎化，加剧土层剥蚀和侵蚀沟发育。我国水土流失主要表现为分布广、损失大、危害重、治理难。据全国第一次水利普查，2011 年我国水土流失总面积达 294.91 万平方千米，占国土总面积的 30.72%。据有关研究，我国每年流失的土壤总量达 50 亿吨，流失土壤养分相当于 4 000 万吨标准化肥；因水土流失导致土地生产力下降的耕地超过 3 亿亩，每年损失耕地约 100 万亩，每年减少粮食产量约 6 亿斤。同时，水土流失造成江河、湖库淤积。如三门峡水库，设计库容 647 亿立方米，由于淤积，目前仅保持有效库容 60 亿立方米。水土流失还会加剧山区、丘陵区山洪泥石流灾害的发生。2010 年 8 月，甘肃舟曲县发生特大泥石

流灾害，固然与受汶川地震影响山体松动、暴雨强度大等因素有直接关系，也与周边山地森林植被大面积毁坏造成水土流失加剧密切相关。此外，水土流失在向江河湖库输送大量泥沙的同时，也输送了大量施用后的化肥、农药和生活垃圾，严重影响水源地供水安全。

（四）我国是湿地破坏最严重的国家之一，成为水资源危机的重要根源

湿地被喻为"地球之肾"，具有涵养水源、调节径流、蓄洪防旱等功能，对缓解我国水资源危机发挥着极其关键性作用，是维护淡水安全的主体。据估算，每公顷沼泽湿地可蓄水 8 100 立方米，我国湿地维持着约 2.7 万亿吨淡水，占全国可利用淡水资源总量的 96％以上。长江、黄河和澜沧江之所以会长流不断，就是上游有面积巨大的青海三江源湿地。我国湿地破坏严重，主要表现为大量消失、功能退化、修复困难、影响深远。随着经济社会发展和人口激增，我国湿地受到了前所未有的威胁，部分湿地由于农业开发、城镇化发展等占用已经消失。据统计，近 50 年来我国湿地面积的消失率约为 21.6％，而一些重要区域的湿地损失更加严重。红军长征时艰难跋涉、沼泽密布的若尔盖湿地，因人为开发，已出现沙化现象。黑龙江三江平原 82％的天然沼泽湿地已经丧失。到 20 世纪末，因围垦而消失的天然湖泊近 1 000 个，围垦的湖泊面积高达 1 950 万亩以上，损失调蓄容积 350 亿立方米，相当于我国五大淡水湖面积之和。长江三角洲、珠江三角洲以及江淮平原、成都平原，大量湿地变成了城市、工业园区。自然湿地一旦破坏，其蓄水净水功能随之丧失，严重威胁我国淡水安全。据全国第二次湿地调查，我国单块面积大于 8 公顷的湿地总面积为 8.04 亿亩，保护湿地迫在眉睫。

（五）我国是野生动植物濒危物种最多的国家之一，严重危及可持续发展的物质基础

一个物种可以左右一个国家的经济命脉，一个基因可以影响一个民族的兴衰。生物多样性是许多药物和食物的来源，是人类未来财富和可持续发展的重要标志，其价值难以估量。相关研究表明，全球 40％以上的经济和 80％以上的贫困人口的生活需要来源于生物多样性。据统计，我国有脊椎动物 6 266 种，约占世界脊椎动物种类的 10％；有高等植物 3 万多种，居世界前三位。但由于森林资源减少和野生动植物栖息地遭到严重破坏，我国野生动植物种群数量下降趋势加剧。在《濒危野生动植物种国际贸易公约》列出的 640 个世界濒危物种中，我国占 156 种，约占其总数的 1/4。我国高等野生植物物种中有 4 000 多种正受到威胁，1 000 多种处于濒危状态，44％的野生动物种群数量也呈下降趋势。野生动植物资源是经济社会发展的重要基础资源，野生动植物丰富的遗传多样性，为今后人类的生存

与发展提供了广阔的空间，现代医药业、生物产业、化工业等都离不开野生动植物及其产品。保护野生动植物已成为国际社会特别关注的焦点。

（六）我国是生态保护与修复任务最艰巨的国家之一，实现中华民族永续发展责任重大

自然生态系统是一个复杂的有机体。一方面，生态系统退化会导致生存条件的根本改变，使人无法生存；另一方面，生态系统是有生命的，如果能做到科学地保护、经营、管理和培育，可以生产更多的生态产品、创造生态福祉，而且不会造成产能过剩。随着改革开放以来林业重大生态工程的实施，扭转了千百年来森林资源持续减少的趋势，逆转了土地沙漠化长期加剧扩展的态势。但是，由于以资源消耗为支撑的不合理经济增长方式，以及城乡人口不合理布局，我国生态环境恶化的总体趋势没有得到根本遏制。长江上游水土流失面积占流域面积的40%，黄土高原水土流失面积占黄土高原的70%，全国还有明显沙化趋势的土地30万平方千米、坡耕地24万平方千米和44.2万条侵蚀沟需要治理。特别是，以森林为主体的人均公共绿地面积成为北上广等特大城市与国际大都市的最大差距。北京人均公共绿地面积为15平方米，华盛顿为40平方米，柏林为50平方米，堪培拉为70平方米。面对生态安全的突出问题，在推进中华民族伟大复兴和永续发展中，必须承担起生态保护与修复的艰巨任务和重大责任。否则，中华文明的大厦将失去根基。

二、"十三五"时期加强生态保护和修复的主要思路

（一）指导思想

高举中国特色社会主义伟大旗帜，以邓小平理论、"三个代表"重要思想、科学发展观为指导，深入贯彻党的十八大、十八届三中、四中全会精神和习近平总书记系列重要讲话，以建设生态文明为总目标，以满足全面小康和人们不断增长的生态产品需求为宗旨，以改善生态改善民生为总任务，以全面深化生态文明体制改革为总动力，深入实施生态兴国战略，推动实施生态保护与修复重大项目、重大工程和重大政策，加快依法治理进程，推进生态文明治理体系和治理能力现代化，为建设生态文明和美丽中国、实现中华民族伟大复兴的中国梦创造更好的生态条件、提供最公平的公共产品和最普惠的民生福祉。

（二）基本原则

一是尊重自然规律，优化空间布局。充分考虑自然条件和生态系统承载能力，严格控制人为因素对自然生态和自然遗产原真性、完整性的干扰。调整空间结构，实现人口资源环境相均衡，生产空间、生活空间、生态空间科学布局，经济效益、社会效益、生态效益有机统一。

二是坚持生态优先，突出生态保护。把生态保护放在生态文明建设的首要地位，融入经济建设、政治建设、文化建设、社会建设各方面和全过程。划定生态保护红线，把生态保护和修复成效作为考核各级政府推进生态文明建设的重要指标，确保如期实现生态文明建设目标。

三是坚持生态修复，提升生态功能。实施生态修复重大项目和工程，加强重点生态功能区保护和管理，全面提升森林、湿地、荒漠、草原、海洋等自然生态系统稳定性和生态服务功能。

四是坚持深化改革，实施创新战略。改革生态建设体制机制，激发生态建设活力。提高科技创新能力，加强科技成果转化应用，强化信息技术等高新技术普及，充分发挥先进科技在促进生态保护与修复中的引领、带动和示范作用。

（三）主要目标指标

"十三五"时期，林业将以确保实现两个一百年奋斗目标和实现中华民族伟大复兴中国梦为基础，努力保护和扩大生态空间，增强绿色发展能力，改善和增强民生福祉。建议将森林增长、湿地保护、沙地治理、保护地面积、物种保护等关系中华民族生存基础的指标纳入国家"十三五"规划中。

到2020年，确保全国林地面积不低于31 230万公顷，湿地面积不低于5 342万公顷，林业自然保护地面积不低于国土面积的17%，新增沙化土地治理面积不少于1 000万公顷。力争完成营造林3 333万公顷、森林抚育4 000万公顷，森林覆盖率达到23.04%，森林蓄积量达到165亿立方米，森林植被总碳储量达到95亿吨，各级各类自然保护区严禁开发，现有濒危野生动植物得到全面保护。确保城市人均公园绿地面积达到15平方米，村屯建成区绿化覆盖率达到30%，空气负氧离子含量达标率达到60%。大幅提高绿色富民产业和新兴产业在林业产业中的比重，确保林业产业总产值达到9万亿元，森林和湿地生态服务功能年价值量分别达到15万亿元和12万亿元，增强林业碳汇功能和生态产品供给能力。

三、生态保护与修复重大工程

生态保护与修复重大工程是弥补生态文明建设"短板"的重要抓手，是实现"四化同步"、科学发展的战略途径，是确保完成全面建成小康社会的重要着力点。为维护国家生态安全、实现"两个百年"目标创造良好的生态条件，有必要谋划和实施一批具有战略性、全局性的重大生态工程，有效解决长期困扰和阻碍我国经济社会发展的生态问题。建议实施 17 项生态保护与修复重大工程，总投资约 1.8 万亿元。

（一）天然林资源保护工程

依据习近平总书记关于全面保护天然林的指示精神，在现有天然林资源保护工程的基础上，扩大范围，把全国天然林全部保护起来。工程将对全国 12 966.7 万公顷天然林和 6 813.3 万公顷可以培育成为天然林的未成林封育地、疏林地、灌木林地等全部划入天然林保护范围，全面停止天然林商业性采伐，完善天然林管护和森林生态效益补偿政策，开展人工促进天然更新，通过补植补造、封育、未成林抚育等措施促进疏林地、灌木林地、未成林地成林；对利用自然力难以实现更新的林地，采用人工造林措施，恢复森林植被。建议对新增加进入天保工程的 14 个省份国有林场（伐木场等）职工的"五险"、债权债务等，统一按照现有天保工程政策处理。到 2020 年，天然林保护能力全面提高，天然林面积和蓄积量双增长，生态系统整体功能趋于稳定。工程总投资 5 000 亿元。

（二）新一轮退耕还林工程

依据国务院批准的《新一轮退耕还林还草总体方案（2014—2020 年）》，实施新一轮退耕还林工程。在农民自愿的基础上，将全国具备条件的 25 度以上坡耕地、严重沙化耕地和重要水源地 15～25 度坡耕地实施退耕还林。在西北风沙区按照"以水定林"原则，实行乔灌草结合的造林种草，其他地区则实行以乔木林、灌木经济林为主的造林。"十三五"期间，退耕还林 533 万公顷，其中包括 25 度以上的坡耕地 350 万公顷，严重沙化耕地 100 万公顷，丹江口库区和三峡库区等重要水源地 15～25 度坡耕地 84 万公顷。到 2020 年，重点区域生态功能基本恢复，区域水土流失和风沙危害得到有效治理，江河源头、湖库周围等重要水源地涵养水源能力显著提高，区域山洪和地质灾害发生频率显著降低。工程总投资为 1 200 亿元。

（三）防护林体系建设工程

依据国家发展改革委批准的《三北防护林体系建设五期工程规划（2011—2020 年）》，国家林业局印发的长江、珠江流域防护林体系和太行山绿化三期工程规划（2011—2020 年），以及国务院批准的《沿海防护林体系建设规划（2016—2025 年）》和国家发展改革委批准的《全国林业血防工程规划（2016—2025 年）》，在巩固前期防护林工程建设成果的基础上，统筹规划、突出重点、分区施策，结合全国主体功能区规划，增加森林面积，提高森林质量，增强生态功能，充分发挥森林涵养水源、保持水土、防风御沙、防灾减灾、防护农田、抑螺防病等多种功能，加快构筑结构稳定、布局合理、功能完备的国家生态安全屏障。"十三五"期间，营造林 2 108 万公顷。工程总投资 1 960 亿元。

（四）湿地保护与恢复工程

依据国务院批准的《全国湿地保护工程规划（2002—2030 年）》以及 2015 年中央 1 号文件关于"扩大退耕还湿试点范围"的精神，严守 8 亿亩湿地保护红线，开展退耕还湿、排水退化湿地恢复和盐碱化土地复湿等湿地恢复工程，开展河湖水系连通、生态补水湿地恢复、迁徙鸟类栖息地恢复、泥炭沼泽湿地恢复、退养还滩、外来入侵物种防治和红树林恢复等湿地生态修复工程。扩大湿地面积、增强湿地生态功能、维护生物多样性，积极推进湿地可持续利用。到 2020 年，修复退化湿地 30 万公顷，扩大湿地面积 10 万公顷。总投资 100 亿元。

（五）野生动植物及自然保护区建设工程

强化野生动植物栖息地和候鸟迁飞路线保护，拯救大熊猫、朱鹮、虎、兰科植物、苏铁植物等极度濒危野生动物和极小种群野生植物物种，扩展拯救繁育和野化放归，加强陆生野生动物疫源疫病监测体系、野生动植物调查监测体系和保护管理体系建设。加强自然保护区、自然保护小区和保护点建设，着力构建就地保护和迁地保护的科学体系。到 2020 年，林业系统建设各级各类自然保护区 2 240 处，面积 1.25 亿公顷，占国土面积 13%。总投资 150 亿元。

（六）京津风沙源治理工程

对位于京津风沙源区的北京、天津、河北、山西、内蒙古、陕西等6个省（自治区、直辖市）的无林地、宜林地、疏林地，以及退化沙化草原，加强林草植被保护，提高现有植被质量，管护公益林730万公顷、禁牧2017万公顷、围栏封育356万公顷；加强林草植被建设，人工造林145万公顷、飞播造林34万公顷、飞播牧草40万公顷、封山育林育草115万公顷。到2020年，工程区内可治理的沙化土地得到基本治理，京津地区沙尘天气明显减少，基本建成京津及华北北部地区绿色生态屏障，工程区农牧民生产生活条件得到全面改善。工程总投资352亿元。

（七）岩溶地区石漠化综合治理工程

对石漠化分布的湖北、湖南、广东、广西、重庆、四川、贵州和云南8个省（自治区、直辖市）455个县，以保护、发展森林资源，恢复和扩大植被覆盖、减少水土流失、增加土地生态承载力为主要手段，重点加大对大江大河上游或源头、生态区位特殊地区石漠化治理力度。"十三五"期间，完成石漠化治理面积约5万平方千米。新增林草植被面积约640万公顷。工程总投资393亿元。

（八）退化防护林改造工程

依据2013年国务院第33次常务会议明确要求统筹推进防护林更新改造的要求，以河北张家口坝上地区试点为基础，针对防护林出现大面积退化问题，通过更替改造、择伐补造、抚育改造、渐进改造等技术措施，开展退化防护林改造。"十三五"期间修复退化防护林553万公顷。到2020年，退化防护林改造率达到40%。工程总投资663亿元。

（九）干旱半干旱地区节水造林工程

依据中央财经领导小组第5次会议关于水安全战略的要求，对分布在干旱半干旱地区、干燥度指数在1.50以上700余县市的4亿亩宜林地，大力推广径流集雨、整地深挖深栽、保水覆盖、滴灌等抗旱节水措施，高效、合理利用水资源，进行节水造林。"十三五"期间，完成节水造林80万公顷。工程总投资138亿元。

（十）损毁山体生态修复工程

我国目前每年因地震、采石、修路等破坏植被严重，很多山体严重破损，成为我国生态系统损毁最严重的区域，与美丽中国极不协调。据调查，我国已破坏的山体达 2 亿多亩，不仅生态遭到破坏，还导致泥石流、滑坡等地质灾害频发。工程建设内容以森林为主体，乔灌草结合，加快修复已破坏山体森林生态系统，保土护坡固山，真正体现习近平总书记"山水林田湖"统筹治理的科学思想。"十三五"期间，固坡复土 70 万公顷，通过人工造林恢复损毁山体林草植被面积 133.3 万公顷。到 2020 年，损毁山体生态修复率达到 10%。工程总投资 1 500 亿元。

（十一）古树名木抢救保护工程

依据我国《森林法》和《城市绿化条例》，全面开展古树名木资源普查、鉴定、登记编号、建档、产权登记和分级挂牌，抢救和复壮濒危、长势衰弱、受威胁的古树名木，建立标志与保护设施，加强古树名木周边生态建设和环境治理。"十三五"期间，实施抢救古树名木 60 万株、复壮 300 万株。建立健全古树名木保护制度和古树名木信息管理平台，实现对古树名木常态化监管。工程总投资 32 亿元。

（十二）森林防火工程

依据国务院批准的《全国森林防火中长期发展规划》，重点加强森林防火专业队伍装备、基础设施、大型装备、以水灭火装备、林区防火应急道路等建设，装备 235 支机械化专业森林消防队伍，配备森林防火大型装备 1 467 辆（套），建设国家物资储备库 2 个，配备以水灭火专业车辆 705 辆，加快发展森林航空消防发展，新建林火阻隔系统 31 万千米，建成森林防火重点区域数字通信网络和指挥调度平台，进一步完善森林火灾预防、扑救、保障三大体系，使森林火灾受害率稳定控制在 1‰以内。工程总投资 378 亿元。

（十三）生态基础设施建设工程

依据国务院批准的《全国林地保护利用规划纲要（2010—2020 年）》，国务院发布的《关于进一步加强林业有害生物防治工作的意见》，国务院办公厅印发的《关于加强林木种苗工作的意见》，国家林业局、国家发展改革委、财政部印发的《全国林木种苗发展规划（2011—2020 年）》，国家林业局、国家发展改革委印发的《全国林业有害生物防治建设规划（2011—2020 年）》，"十三五"期间，进一步完善资源林政管理系统、林地管理和林木采伐运输、资源调查和林政执法体系建设；完成国家级林木种质保存库和林木采种基地建设；建设林业有害生物监测、检测、检疫、除治等设施设备。工程总投资 890 亿元。

（十四）国有林区道路建设工程

我国国有林区道路属于"专用道路"，没有纳入国家交通规划，处于道路建设的"真空"状态。目前，国有林区平均路网密度仅为每公顷 1.8 米，与林业发达国家每公顷 15～25 米的标准相距甚远，而且道路等级很低，已成为我国生产生活条件最落后的区域，严重制约了居民出行和森林防火。依据国家林业局编制的《国有林区防火应急道路建设工程规划（2013—2020 年）》，对全国 136 个重点国有森工企业（林业局）、38 个重点营林局（场）、4 507 个国有林场以及江西、福建、贵州、云南、四川等省的采育场，新建"断头路"连接道路和桥涵，升级改现有路况较差道路，提高道路通行能力和通行安全性。"十三五"期间，防火应急道路建设规模为 24.7 万千米，其中新建 11.5 万千米，升级改造 13.2 万千米。到 2020 年，国有林区路网密度达到 3.1 米/公顷。工程总投资 966 亿元。

（十五）国家储备林基地建设工程

国家储备林是国家战略资源，基地建设是缓解木材供需矛盾、维护木材安全的根本措施。依据国家林业局印发的《全国木材战略储备生产基地建设规划（2013—2020 年）》，对自然条件优越、资源增长潜力大、良种壮苗充足、地方特色鲜明、支撑能力强的 25 个省区，建设一批国家木材战略储备生产基地。"十三五"期间，建设规模为 1 449 万公顷，其中建设木材战略储备基地 1 106 万公顷，建设速生丰产用材林基地 333 万公顷，开展珍贵树种培育 10 万公顷。到 2020 年，森林平均蓄积年净增量达到 1.42 亿立方米。工程总投资 1 515 亿元。

（十六）森林城市建设工程

依据中共中央、国务院印发的《国家新型城镇化规划（2014—2020 年）》，国家林业局编制的《全国森林等自然资源旅游发展规划纲要（2013—2020 年）》和《全国城郊森林公园发展规划（2015—2025年）》，"十三五"期间，加强现有城镇绿道及森林公园天然林、原生性森林资源、自然和文化景观的保护，加强对受损森林生态系统的修复，培育改造森林景观，恢复森林生态系统功能。加强森林公园内休闲设施、游客安全设施建设，加强公园与区域绿道的对接与体系化，加强园内健身道（游步道、骑行道等）系统、森林健身设施。到2020年，建成一批国家森林城市群、森林城市和森林村庄。总投资500亿元。

（十七）特色生态产业建设工程

依据国务院正在制定的《加快木本油料发展的意见》和批准的《全国油茶产业发展规划（2009—2020年）》，国务院办公厅印发的《关于加快林下经济发展的意见》，国家林业局、国家发展改革委、财政部印发的《全国优势特色经济林发展布局规划（2013—2020年）》和国家林业局印发的《全国花卉产业发展规划（2011—2020年）》、《全国竹产业发展规划（2013—2020年）》，按照自然立地条件、资源分布状况和社会发展水平，在全国五大优势特色经济林区发展油茶、核桃、油用牡丹、长柄扁桃、油橄榄等木本油料林和特色经济林；在全国集体林地发展林下种植、林下养殖、相关非木质林产品采集加工和森林景观利用等林下经济；在华北、东北、华东、华南、西南、西北和青藏高原7个花卉产业发展区构建花卉品种创新体系；在竹子主要分布的16个省区发展优质、高产、高效竹产业；在全国发展以森林公园、湿地公园、沙漠公园、自然保护区、植物园等为主的生态旅游产业。"十三五"期间，造林310万公顷，改造180万公顷，建设21个重点花卉市场、200个竹产业重点基地县、1000处自然旅游景区。工程总投资2610亿元。

四、生态保护与修复重大政策建议

（一）建立健全能够有效解决"生态系统退化"问题的体制机制

生态系统退化是建设生态文明的重点和难点，治理和恢复生态系统需要上百年甚至更长的时间，治理难度大、任务艰巨。有效解决"生态系统退化"问题，要有强有力的行政管理体制机制做保障。建议以国家林业局为基础，整合分散在有关部门的生态保护相关职能，设立森林与生态保护部。按照一件事由一个部门负责的原则，将草原生态治理（草原防火）、水土保持、生物多样性保护、城市绿化等划归森林与生态保护部，从而形成对所有自然生态系统保护与修复的综合行政管理体制。

（二）建立健全生态保护与修复的财政投入制度

完善的财政投入制度是生态保护与修复的基本保障。一是要建立重大生态修复工程公共财政支持政策体系，对天然林保护、退耕还林、三北防护林、京津风沙源治理、野生动植物保护及自然保护区建设、湿地保护与恢复、平原绿化、长江防护林、沿海防护林等重大生态修复工程实行全额预算、工程投入、项目管理。二是要完善森林生态系统保护与修复财政补助制度。健全包括公益林、商品林在内的森林生态效益补偿制度，完善林木良种、造林、森林抚育、林机具和林业科技推广补贴政策，完善森林防火、林业有害生物防治及林业救灾政策，真正形成建设和保护森林生态系统的良性运转机制。三是要完善湿地保护政策，建立健全湿地生态效益补偿、退耕还湿、湿地保护奖励补助制度，有效促进湿地生态系统的保护和恢复。四是要完善荒漠化防治政策，加大对沙化土地封禁保护的扶持力度，为改善我国生态最脆弱区域的生态状况提供有力保障。五是要完善物种保护政策，增加自然保护区投入，探索研究集体和个人所有的公益林政府租赁、置换、赎买政策，强化对极小种群野生动植物的保护，切实保护好最珍贵的自然遗产。六是完善生态文化扶持政策，大力发展森林文化、花文化、竹文化和生态文明教育基地。

（三）建立健全国家储备林和林业产业发展的金融支持制度

坚持政府主导，积极引导社会各方参与，探索多渠道多形式的资金筹集方式，建立健全生态保护和修复的投融资体制，促进金融支持国家储备林和林业产业发展。一是建立金融扶持林业产业发展机制。协调中央财政和大型金融机构加大对林业产业的贴息贷款投入力度。对金融机构扩大林业产业类项目的信贷资金需求，按规定条件和程序，合理安排再贷款、再贴现。利用积极稳健的宏观经济政策，营造有利于金融支持发展的政策环境，引导银行信贷、股票债券融资、外国政府和国际组织贷款和捐赠等多元化资金支持林业产业发展。加强与商业银行合作，健全金融支持林业产业的政策导向机制，完善林权抵押贷款管理办法，完善面向林业中小企业和林农的小额贷款扶持机制。积极培育有条件的林业企业上市融资，拓宽直接融资渠道。二是建立和完善国家储备林碳汇融资机制。借鉴发达国家的发展经验，通过发展绿色碳基金等非市场机制，建立和完善国家储备林碳汇融资机制，鼓励党政机关、大型能耗企业和广大市民购买森林碳汇，开辟网络和公共场所购买渠道，壮大充实绿色碳基金专项。加强国家储备林碳汇交易技术支撑和政策保障，健全碳汇计量监测、审定核查、交易管理体系，积极拓展市场机制，依托中国林权交易所、各地区环境交易所等机构，探索开展碳交易、碳信用等多方面新型碳汇融资方式。三是建立生态彩票融资新机制。按照国务院颁布的《彩票管理条例》（国务院令第 554 号），参照体育彩票和福利彩票的运行管理机制，探索发行国家储备林和林业产业等生态彩票，利用彩票发行的合法收益，创新国家储备林和林业产业融资机制。四是建立多元化的社会投入机制。设立绿色投资发展银行，在全国各地区设立分行，降低民间资本参与生态建设的门槛，吸引民营企业、社会团体和个人投资国家储备林和林业产业，鼓励社会各界以股份制、股份合作制、个体承包等灵活多样的形式参与国家储备林和林业产业建设，促进生态保护与修复。

（四）在土地分类中将湿地明确为独立地类，实行用途管制

科学严谨的土地利用现状分类关系到土地利用类型结构的优化，以及土地资源的社会经济生态效益综合发挥。我国现行的土地一级分类包括耕地、园地、林地、草地和其他土地等 12 类，基本上是按照土地用途、经营特点、利用方式等为主要指标进行划分的，其最大的缺陷是忽视了土地利用现状，导致对土地分类的争论较多。其中较为一致的观点是将湿地等生态用地作为独立的土地类型。中国 1992 年加入《湿地公约》，而且目前是 16 个常务理事国之一。国家层面成立了履约委员会和专门的湿地保护和履约机构，全国陆续已有 18 个省份建立了湿地保护专门机构，20 个省份出台了地方湿地保护条例或管理办法。党的十八大明确提出扩大森林、湖泊、湿地面积以来，湿地生态保护已成为我国生态建设的重要领域之一，成为生态惠民的重大举措。建议按照《全国土地利用总体规划纲要（2006—2020 年）》所秉承的"生态用地与生活、生产用地并行""保护基础性生态用地；严格控制对天然林、天然草场和湿地等基础性生态用地的开发利用""严禁改变生态用地用途"等理念，将土地中以发挥生态功能为主的湿地，明确划分为独立的土地类型，实行用途管制。

（五）建立健全生态保护与修复的法律制度

在依法治国的总框架下创新法治体系，将现有法律中涉及生态保护与修复方面的条款集中起来，加强生态保护与修复综合立法，使生态保护与修复规范化、法制化和制度化，统领生态保护与修复的各方面和全过程。一是制定出台一部由全国人民代表大会常务委员会通过的《国家生态安全促进法》。由国务院颁布一项国家生态安全管理条例或者国家生态安全促进法的实施细则，对生态安全管理做出较为全面、具体的规定。二是健全生态保护与修复的法律法规体系。在《国家生态安全促进法》总体框架下，加强相关领域法律法规

的废改立工作，重点修订《森林法》《野生动物保护法》《种子法》《草原法》《防沙治沙法》《植物检疫条例》《森林病虫害防治条例》《农业转基因生物安全管理条例》等生态建设法律法规。三是加强重点领域立法。建立健全自然资源产权法律制度，完善国土空间开发保护方面的法律制度，建立和完善检察机关提起生态环境保护和资源保护等公益诉讼制度。四是积极开展地方法规的制修订，做好地方立法工作，最终形成以国家法规为主体，地方法规和行业规章为补充的生态保护与修复法规体系。五是加强国家生态安全行政执法与普法。严格执行生态安全法律法规，强化生态安全普法宣教机制，依法治理生态保护与修复。

中国科学院

"十三五"时期加强生态保护和修复的主要任务

一、生态保护和修复的现状与成效

我国是世界上生态脆弱区域最广、类型最多、表现最明显的国家之一。生态脆弱区占国土面积的60％以上，涉及21个省、自治区、直辖市。长期高强度的人为干扰以及缺乏有效的保护机制，进一步加剧了脆弱区生态问题，造成水土流失、草地退化以及土地荒漠化、石漠化、生物多样性丧失等一系列问题，加剧了洪涝、干旱、风暴潮、沙尘暴、泥石流和滑坡等多种自然灾害。同时，全国绝对贫困人口中95％以上生活在生态极度脆弱的老少边穷地区，生态退化—贫困化长期处于恶性循环中。自然生态系统脆弱，人为干扰严重，脆弱区人口贫困，是我国生态保护和修复工作要长期面对的核心问题。

党中央、国务院一直高度重视生态保护和生态修复工作。自20世纪80年代起，通过颁布专门法律、出台政策文件、批复全国规划、启动重点工程等，确定了重点生态功能区和国家生态安全屏障区、划定自然保护区、开展目标考核等一系列政策措施，使我国生态保护和修复工作逐步走上法制化、科学化、规范化轨道。生态保护措施的落实和工程的推进，与脆弱区农村劳动力转移产生的弃耕效应相叠加，有效地遏制了我国生态系统的整体退化趋势。

（一）生态系统及其变化情况

根据环保部、中国科学院2014年完成的《全国生态环境十年变化调查与评估》报告，十年间全国生态系统质量有所提高，局部区域生态环境明显改善，生态系统退化趋势初步得到遏制。

1. 生态系统类型及变化趋势

目前全国 8 类生态系统中，草地、森林、荒漠、湿地分别占 30.0%、20.2%、13.6% 和 3.5%，农田（含耕地、园地和其他农业用地）占 19.1%，城镇占 2.1%。十年间生态系统的主要变化是农田转换为城镇、人工森林和草地。此外，水利设施建设导致水库等人工湿地面积显著增长。但自然森林、草地、沼泽湿地面积持续减少，生态系统人工化趋势进一步增强。

2. 生态系统质量和服务功能有所提高

对森林、灌丛、草地三类生态系统的评估表明，过去十年森林和草地生态系统质量有不同程度提高，生态系统的土壤保持、水文调节、洪水调蓄和防风固沙等功能有所提高。

（二）区域性典型生态环境问题及其变化趋势

十年间，水土流失、草地沙化、石漠化面积有所减少，但总量仍然很大。城镇化、工业发展和资源开发对生态系统的影响不断增大。

1. 水土流失面积大，以轻度侵蚀为主

目前水土流失（水蚀）总面积 225.2 万平方千米，占国土面积的 23.5%，集中分布在黄土高原与西南地区。十年间，全国水土流失面积减少了 5.07%。

2. 沙化土地面积大，以重度及以上等级为主

沙化总面积为 182.35 万平方千米，占全国国土总面积的 18.9%，集中分布于西北地区。十年间沙化面积减少了 6.0%，但局部有恶化趋势。

3. 石漠化面积较大，以轻度与中度为主

贵州等8省区石漠化土地面积为7.5万平方千米，占8省区总面积的14.01%。十年间石漠化面积减少了25%，但局部区域有恶化趋势。

4. 海岸线开发强度大，滨海滩涂湿地生态系统损害严重

十年来，由于工业开发、城市建设、养殖等导致自然岸线和自然滩涂湿地面积减少，滨海滩涂生态系统功能退化，野生动植物栖息地丧失，近海污染净化能力与防灾能力下降。

5. 流域生态恶化

受水资源、水电资源开发和水污染等影响，全国断流河流、断流河道长度和断流时间不断增加。十年间，黄河27条主要支流中，11条常年干涸；海河流域50%以上河流断流天数显著增加，流域生态系统基本崩溃。辽河、淮河流域和长江上游支流河道断流也很普遍。长江流域沼泽湿地面积和湖泊面积丧失，造成流域野生动植物栖息地丧失与退化，生物多样性减少。白鳍豚已功能性灭绝，江豚、中华鲟等珍稀濒危物种濒临灭绝。

6. 城市化对区域生态环境影响强烈

超大城市和城市群扩张对耕地和自然生态系统面积的大量挤占、长期过度开采地下水以及日益严重的城市环境污染等问题，不仅导致地下水位下降、引发城市内涝，而且对区域农业和自然生态系统影响明显。

7. 经济开发区的生态环境影响明显

对黄河中上游能源化工区、环渤海、北部湾、成渝和海峡西岸等5个典型开发区生态系统的评估发现，十年来，经济开发区内生态系统构成变化总体表现为森林、湿地、城镇面积有所增加，但灌丛、草地和农田面积有所降低。

8. 矿产资源开发点数量多、分布广、生态风险大

监测发现，目前全国有矿产开发点超过五万个。矿产资源开发直接破坏森林、草地和湿地等生态系统，加剧了水土流失、环境污染和地质灾害风险。

9. 野生动植物栖息地减少，生物多样性保护面临新的压力

十年来，6 类动植物主要自然生境中，只有森林和湖泊水体面积增加。而灌丛、草甸、草原和沼泽面积均有所下降。森林面积增加类型主要是人工林，自然林在减少；而湖泊增加面积分布在西部高寒地区，东部湖泊面积在减少。野生动植物栖息地面积仍在不断丧失和减少。

（三）生态保护和修复措施及成效

1. 生态保护和修复的法律制度不断完善

20 世纪 80 年代开始，我国相继制定和修订了《森林法》《草原法》《环境保护法》，从不同角度对生态保护做出规定；《野生动物保护法》《防沙治沙法》《水土保持法》《野生植物保护条例》《自然保护区条例》等进一步明确了生态保护的法律地位。国务院发布的《全国生态保护与建设规划》《全国主体功能区规划》等系列规划和区划，对生态保护和修复具有重要的指导作用（见表1）。

表1

国务院有关部门批准实施的跨"十三五"的生态保护规划

规划名称	规划期限
全国生态环境建设规划	1998—2050 年
全国生态环境保护纲要	2000—2050 年
全国生态保护与建设规划	2013—2020 年
中国生物多样性保护战略与行动计划	2011—2030 年
全国生态脆弱区保护规划纲要	2009—2020 年
全国生物物种资源保护与利用规划纲要	2006—2020 年

续表

规划名称	规划期限
推进生态文明建设规划纲要	2013—2020 年
全国防沙治沙规划	2011—2020 年
全国造林绿化规划纲要	2011—2020 年
全国草原保护建设利用总体规划	2007—2020 年
西部地区重点生态区综合治理规划纲要	2012—2020 年

2. 批准和实施一系列国家生态保护与修复工程

国务院批复的《西藏生态安全屏障保护与建设规划（2008—2030 年)》《黄土高原地区综合治理规划大纲（2010—2030 年)》以及重点流域和渤海环境保护规划中，都明确了生态保护和修复的具体任务。"十二五"以来，国务院批复了《天然林资源保护工程二期方案（2010—2020 年)》等重大生态修复工程（见表 2)，为"十三五"乃至今后十年生态保护和修复指明了方向。

表 2

国务院和有关省份、部委批准实施的跨"十三五"的生态保护重点工程和生态功能区综合治理规划

工程名称	实施期限
天然林资源保护工程二期方案	2010—2020 年
新一轮退耕还林还草总体方案	2014—2020 年
三北防护林体系建设五期工程	2011—2020 年
全国平原绿化三期工程	2011—2020 年
长江流域防护林体系建设三期工程	2011—2020 年
珠江流域防护林体系建设三期工程	2011—2020 年
太行山绿化建设三期工程	2011—2020 年
国家水土保持重点建设工程	2013—2017 年
京津风沙源治理二期工程	2013—2022 年
全国湿地保护工程	2002—2030 年
全国野生动植物保护及自然保护区建设工程中期	2011—2030 年
西藏生态安全屏障保护与建设	2008—2030 年
黄土高原地区综合治理规划大纲	2010—2030 年

续表

工程名称	实施期限
青海三江源生态保护和建设二期工程	2013—2020 年
祁连山生态保护与建设综合治理规划	2012—2020 年
甘肃加快转型发展建设国家生态安全屏障综合试验区总体方案	2010—2020 年
川西藏区生态保护与建设工程	2013—2020 年

3. 结合生态保护和修复工程实施，开展多途径生态效益补偿的探索

2003 年起，国家通过设立矿山地质环境专项资金、提取矿山环境治理和生态恢复保证金等，探索矿山环境治理和生态恢复补偿制度；2004 年开始，中央政府在全国范围内开始实施中央森林生态效益补偿基金制度；2011 年起，财政部会同农业部出台草原生态保护奖励补助政策；2008 年起，中央财政设立国家重点生态功能区转移支付，并不断提高转移支付补助系数，加大对国家重点生态功能区和禁止开发区域的一般性转移支付力度；2013 年，国务院批复了丹江口库区及上游地区对口协作工作方案，探索建立区域间水资源和水土保持生态补偿机制。同时，中央财政还对国家级保护区等禁止开发区给予补助。"十二五"以来，中央财政安排的生态补偿资金总额不断增加，各地也积极开展多种途径生态补偿的试点工作。

4. 建立自然保护区体系

截至 2012 年年底，全国共建立自然保护区 2 669 个（不含港澳台地区），占国土面积的 14.9％。40％的天然湿地、85％的野生动物种群、65％的野生植物群落，以及绝大多数国家重点保护珍稀濒危野生动植物和自然遗迹都在自然保护区内得到了保护。

5. 生态保护和修复整体上取得明显成效

根据环保部、中国科学院《全国生态环境十年变化调查与评估》对全国 25 个重点生态功能区、5 个生态安全屏障区、多个国家自然保护区和 6 个国家重大生态建设工程实施区的评估，十年间区域生态质量整体趋向转好，植被覆盖度整体增加，土壤保持、水源涵养、防风固沙和生物多样性保护等生态服务功能得到提升（见表 3 至表 5）。

表 3

主要生态工程实施区森林灌丛生态系统质量变化   单位：平方千米

生态工程区	劣		差		中		良		优	
	变化面积	变化比例(%)	变化面积	变化比例(%)	变化面积	变化比例(%)	变化面积	变化比例(%)	变化面积	变化比例(%)
三北防护林区	−17 185.81	−2.43	−22 339.88	−3.16	−3 355.88	−0.48	30 197.19	4.28	12 684.38	1.80
三江源区	285.63	3.24	−270.81	−3.07	−34.75	−0.39	−27.38	−0.31	47.31	0.54
京津风沙源	−5 418.63	−7.08	193.81	0.25	2 902.06	3.79	1 393.81	1.82	928.94	1.21
天保工程区	−27 383.19	−2.29	−84 417.06	−7.05	22 114.25	1.85	56 302.44	4.70	33 383.56	2.79
退耕还林区	−55 737.88	−2.54	−143 849.31	−6.56	47 376.00	2.16	89 228.75	4.07	62 982.44	2.87
喀斯特治理区	−7 049.31	−2.50	−27 953.63	−9.90	8 562.63	3.03	12 461.25	4.41	13 979.06	4.95

表 4

主要生态工程实施区草地生态系统质量变化   单位：平方千米

生态工程区	劣		差		中		良		优	
	变化面积	变化比例(%)	变化面积	变化比例(%)	变化面积	变化比例(%)	变化面积	变化比例(%)	变化面积	变化比例(%)
三北防护林区	−90 879.19	−6.12	24 778.44	1.67	43 172.88	2.91	19 800.31	1.33	3 127.56	0.21
三江源区	−14 755.31	−10.77	4 944.31	3.61	3 662.75	2.67	3 195.94	2.33	2 952.31	2.15
京津风沙源	8 057.25	2.75	−16 524.44	−5.64	5 626.69	1.92	1 458.88	0.50	1 381.63	0.47
天保工程区	−66 617.63	−6.21	13 177.50	1.23	19 103.06	1.78	3 674.81	0.34	30 662.25	2.86
退耕还林区	−79 444.06	−4.14	8 390.56	0.44	26 170.19	1.36	9 109.56	0.48	35 773.75	1.87
喀斯特治理区	−23.19	−0.05	−31.00	−0.06	−1 566.19	−3.28	−7 250.25	−15.18	8 870.63	18.57

表 5

主要生态工程实施区生态系统服务功能现状及变化

生态工程区	土壤保持		水源涵养		防风固沙		生物多样性保护	
	保持量(亿吨)	变化(%)	保持量($10^{10}m^3$)	变化(%)	保持量(亿吨)	变化%	保持量($10^4 km^2$)	变化(%)
三江源区	4.04	0.48	268.66	0.63	1.603	2.064	16.75	0.31
天保工程区	935.20	1.08	132.98	1.06	70.022	10.190	423.87	−0.11

续表

生态工程区	土壤保持		水源涵养		防风固沙		生物多样性保护	
	保持量（亿吨）	变化（%）	保持量（10^{10} m³）	变化（%）	保持量（亿吨）	变化 %	保持量（10^4 km²）	变化（%）
三北防护林区	237.78	3.27	62.30	0.63	154.501	7.745	226.34	−0.49
京津风沙源区	22.75	0.82	10.55	1.44	34.134	−0.073	37.36	−0.02
退耕还林区	1 974.44	0.65	5.06	0.00	156.895	7.398	423.87	−0.11
喀斯特治理区	430.32	0.59	40.82	1.69	—	—	33.31	1.81

二、生态保护和修复存在的问题和面临形势

生态安全面临的形势依然严峻，主要表现在：

（一）生态系统脆弱性依然严重

从监测结果看，我国森林、灌丛、草地的质量仍普遍偏低，生态稳定性和生态修复的长期效果还有待验证；一些重要的生态功能区和保护区内仍存在草地退化、湿地消失、生物多样性丧失等生态恶化问题。目前，全国近三分之一的国土面积仍受到土壤侵蚀的威胁，24万平方千米坡耕地和44万条侵蚀沟亟待治理；作为世界上荒漠化、沙化面积最大的国家，荒漠化发生率居于高位；喀斯特地区石漠化后的生态环境更加严酷，森林恢复更加困难；人均森林面积只有世界平均水平的23%，且林分结构不合理，典型生态系统和关键物种栖息地尚未得到全面保护；濒危物种的恢复进展缓慢，部分物种减少的势头尚未得到有效遏制。

（二）人口、经济发展的压力与生态承载能力之间的矛盾仍然突出

由于生态脆弱区和重要生态功能区人口增长快，城镇化进程快，耕地少，经济发展需求高，导致生态压力增加。尽管国家采取了系列措施支持这些区域的产业发展和民生改善，但整体上替代产业尚未形成规模；脆弱区和重要生态功能区内矿产资源丰富，矿业资源长期开发利用对当地的环境污染和生态破坏一直缺乏有效治理，未来随着东部产业转移，生态破坏和环境污染都可能溯源；同时，随着这些地区基础设施建设的加快，对生态系统的干扰也会进一步加剧。

从全国范围看，生态环境承载能力十分有限。长期以来，由于粗放式的经济增长、不合理的资源开发利用和环境污染等，已经并可能继续引起区域、流域和近海的规模化生态退化。

（三）生态保护体制和管理机制亟须完善

我国当前生态保护体制是按照传统的分生态要素管理的思路建立的，条块分割、交叉重复现象严重，且自然资源开发、保护与监管职能不分；生态保护成效的考核只注重森林覆盖率指标，缺乏从增强生态系统服务功能、保障生态安全的角度来设计，没有将环境污染、资源损耗、生态效益纳入领导绩效考核的机制。

（四）生态补偿整体上仍缺乏系统制度设计

目前的补偿制度多以工程项目投入为主，名目多、管理部门多，造成补偿资金分散、补偿项目重复；同时，国家补偿标准偏低、范围窄、资金渠道单一，全国采用一个标准，没有考虑生态资源等级差异；大多数生态补偿项目为"输血式"补偿，过于注重经济支付，缺乏对受偿者行为有重要影响的社会经济因素的考虑；在各级行政横向对口补偿实践中，也存在受益方补偿意识不强、不积极现象。

（五）重大生态保护和修复工程产出效应尚有较大提升空间

监测结果表明，天然林资源保护等6大工程区内普遍存在监测到的造林面积低于林业统计的造林面积的情况，说明生态工程在执行和产出效益上都存在较大误差。分析主要原因：一是目前生态工程主要分布在严重生态退化区域，对优良森林、草地和湿地生态系统的保护重视程度不够；二是生态工程由国家有关部门分头主导，工程配套政策不足，缺乏综合性和协调性；三是国家投入工程建设经费不足、到位滞后，投资额度存在一刀切现象，地方配套难以落实；四是生态建设的后期管护时间长、见效慢、资金缺乏，地方政府普遍存在重建疏管的倾向；五是过分强调人工造林种草，轻视自然恢复，导致生态保护成本高、生态系统人工化加剧；六是在工程实施过程中，农牧户对确定退耕地块、面积、种植的植被类型等缺乏自主权，参与积极性不高；七是生态保护与修复工程缺乏长效监管机制，影响了工程有效性和可持续性。

生态保护和生态工程建设的核心是要空间落地，但现行土地利用分类体系里没有"生态用地"类型，导致目前实施的主体功能区规划和生态功能区划等很难提供生态系统服务功能的土地保障。目前普遍缺乏以综合性生态环境建设为目标的长期规划，缺少与经济社会发展规划、土地利用规划、城乡发展规划的协调与统筹。同时，以行政区为核心的生态工程缺乏精准的空间规划，实施时往往发生空间移位，例如经常发生在良好的草甸或草原上开挖种树现象。

（六）生态保护和生态工程建设亟须科技有力支撑

生态建设普遍缺乏充分的前期科学论证。工程建设和实施过程缺乏足够的专业技术指导，导致退耕的土地和造林的植被等方面违背自然规律的情况频繁发生。目前，生态工程各项监测数据通常由地方部门自行统计上报，缺乏科学性。随着生态保护和修复工程建设的推进以及综合性生态效益需求越来越高，对科技支撑的需求也越来越迫切。

（七）生态保护和修复工作面临的机遇

我国在生态保护和修复领域取得的成绩和经验，为今后生态保护和修复工作奠定了基础。"十三五"乃至今后十年是我国生态保护和修复工作最佳机遇期。党的十八大要求把生态文明建设放在突出地位，将其融入经济建设、政治建设、文化建设、社会建设各方面。《中共中央关于全面深化改革若干重大问题的决定》提出了"紧紧围绕建设美丽中国深化生态文明体制改革，加快建立生态文明制度"的指导思想，为我国生态保护提供了重大历史机遇。全球绿色发展的兴起以及我国经济结构的战略性调整与发展方式的转变，也为生态保护和修复提供了战略机遇。

三、"十三五"及今后十年生态保护和修复的任务和工程

（一）指导思想和发展目标

1. 指导思想

以党的十八大提出的"五位一体"总体布局和《中共中央关于全面深化改革若干重大

问题的决定》为指导，以实施主体功能区战略为抓手，健全与生态文明制度体系相适应的生态保护制度，稳定和扩大实施生态保护和修复工程，推进荒漠化、石漠化、水土流失综合治理，保护生物多样性，合理开发海洋资源。

2. 发展目标

到 2020 年，建立体现生态文明要求的生态保护监管体系、考核办法、奖惩机制；建成覆盖全国的生态保护工程体系，实现生态退化趋势的稳定逆转。到 2030 年，形成生态保护红线不突破、耕地红线和粮食安全有保障、重点生态保护区域内居民生活水平不低于全国平均水平、人与自然和谐发展的生态安全格局。

（二）生态保护和修复的原则

一是坚持继承与创新相结合，多目标综合保护。既要考虑已批准实施的生态保护和修复规划和工程，又要以区域性生态综合保护、综合治理为目标，完善西部区域重大生态建设保护和修复工程。根据生态国情变化，推动中东部地区生态建设。

二是坚持尊重自然、顺应自然、保护自然和自然恢复。以自然修复为主，尽量维护和恢复地表原始植被。对人工造林种草进行充分科学论证，扭转生态系统人工化趋势。

三是坚持因地制宜。分区论证，明确区域配置，宜林则林、宜草则草、宜荒则荒。避免盲目引种、照抄照搬外地经验和全国一刀切。

四是坚持经济、生态效益兼顾，民生优先。充分考虑保护和修复工程区居民生活和发展的诉求，利用不同地区资源，大力支持新能源、生态旅游，促进生态建设与新兴产业协调发展，实现生态效益、经济效益和社会效益有机统一。

五是充分考虑不同地区、不同生态系统间的生态联系，坚持区域（流域）统筹、水（海）陆统筹、城乡统筹、修复和保护统筹、污染防治和生态保护统筹，实现生态系统保护和修复区域联动和全国一盘棋。

六是坚持政府主导与社会参与相结合。强化中央政府的引导与服务，调动地方政府和保护区农牧民的积极性，引导全社会共同参与。

七是坚持科技全方位支撑。把生态建设作为科技发展的重点，大幅提升基础研究与技术创新能力，加强生态保护制度建设的科学性，制定生态保护和修复工程精准规划，开展技术研发和推广、实施效果评估等。

（三）"十三五"乃至今后十年生态保护制度建设的任务

1. 划定生态保护红线

（1）确定生态红线划分的依据和方法。结合主体功能区规划和区域发展需求，根据林草湿荒等自然生态系统的连片性、生态服务功能、区域生态退化程度、集中治理成效等，按照优质生态资源保护优先和生态建设成效巩固优先的"双优先"原则，划分生态红线。

（2）明确生态红线的范围。优先考虑各类自然保护区，集中式饮用水水源保护区及备用水源地，洪水调蓄区、具有洪水调蓄功能的流域性河道以及区域性骨干河道，具有重要水源涵养功能的山体，冰川、沼泽、湖泊、水库、河流等重要湿地，向水源地供水的骨干河道和渠道，生态公益林，生物多样性和种质资源保护区，优良天然草地等。

（3）制定生态红线区经营策略和监管制度。在保护优先以及保证生态系统不转类、不用于建设性开发用途的前提下，规划林草湿荒和河湖等的生产经营策略，大力发展生态林牧渔业、生态旅游和太阳能等，突出特色经济。进行红线监管，考核生态红线分类面积指标的完成率和保有率、生态红线边界、红线内部生态系统的扰动及健康状况和核心生态服务功能变化等。

2. 健全生态补偿制度

（1）尽快制定《生态补偿条例》，修订完善相关法律法规，明晰生态补偿的基本原则，补偿的领域、范围、对象，资金来源、相关利益方的权利义务以及考核评估、责任追究办法等。

（2）科学制定生态补偿和赔偿标准。在综合考虑生态保护成本、发展机会成本和生态服务价值的基础上，确定补偿标准。

（3）建立和完善多元化的生态补偿机制和筹资途径。中央政府引导和协调，建立以省际横向补偿或赔偿为主的跨省、区、流域水资源生态补偿和赔偿；完善现有森林生态服务收费制度，参照国际林业碳汇交易等方式，拓展森林生态服务补偿渠道和资金来源；采取征用、使用草原付费为特征的利用性补偿和以超载减畜补贴为主要内容的草原生态鼓励性补偿；对于国家生态安全有重大战略意义、生态极度脆弱、生物多样性丰富的地区和自然保护区，政府逐步买断土地使用权或承包经营权。

（4）进一步明确受益者和保护者的权责。中央政府主要负责国家重点生态功能区、重要生态区域、大型废旧矿区和跨省流域的生态补偿；地方各级政府主要负责本辖区内重点生态功能区、重要生态区域、废旧矿区、集中饮用水水源地及流域海域的生态补偿。引导企业、社会团体、非政府组织等各类受益主体履行生态补偿义务，督促生态损害者切实履行治理修复责任，受偿者切实履行生态保护建设责任。

（5）扩大生态补偿示范，建立多途径生态补偿示范区。在不同的生态功能区，开展森林、草原、湿地、流域和水资源、矿产资源等多种生态要素的单要素或多要素综合生态补偿试点。

3. 改革生态保护管理体制，建立生态保护责任追究制度

（1）改革与完善生态保护监管体制。改变目前林、草、水等各部门各自管理的格局，建立统一的生态保护管理部门，强化其生态监管职能，将资源开发和监管职能分开。

（2）创新政绩考核制度。发展一套综合考虑国民生产总值、生态系统生产总值、自然资源消耗价值、环境损害价值的经济社会绿色发展评价体系。

（3）建立生态系统建设成效考核机制。取消对限制开发区域和生态脆弱区的生产总值考核。通过监测、评估和核算国家及各级行政区域内生态资产和生态系统提供的生态产品与服务总功能和总价值，建立国家生态系统建设成效考核机制。

（4）编制自然资源资产负债表，对领导干部实行自然资源资产离任审计。对一届政府任期内发展经济所耗用自然资源资产、环境破坏程度、生态效益状况进行量化核定，将资源的消耗量作为政府官员绩效考核重要指标。

（5）建立生态保护责任终身追究制。明确党政领导在生态保护工作中肩负的职责，对因盲目决策造成生态环境严重损害的政府主要负责人，不论相关责任人是否在职，均追究其相应责任。

（四）"十三五"和今后十年生态保护和修复工程

1. 加强荒漠化、石漠化、水土流失区域综合防治，推进国家生态安全屏障和生态试验区建设

在国家重要生态功能区内，整合生态保护和修复工程，对取得明显成效的生态工程区，强化原有措施和技术，巩固生态建设成果。对效果不佳的区域，综合考虑生态区内各项保

护、治理、恢复、管理、利用和发展，逐渐将单一的种草、种树、退耕、禁牧、禁采等转变为有效保护和科学合理利用；加强对未退化或轻度退化优良生态系统集中区的保护。通过实施生态补偿、推进游牧民定居、加强基础设施建设、转变农牧业发展方式、发展生态型非农产业等政策，推进区域生态的综合保护，推进国家生态安全屏障和生态试验区建设。除表 2 所列治理规划外，同时建议：

（1）启动新疆塔里木盆地和准噶尔盆地周边、甘肃石羊河流域、甘南黄河重要水源地的防沙治沙计划；

（2）扩大坡耕地水土流失综合治理工程试点，并开展重点地区侵蚀沟治理工程；

（3）启动武陵山区、乌蒙山区、滇西边境等生态功能区生态保护和建设。

2. 加强重点流域和河湖湿地生态监测和生态保护综合治理

构建以大江大河等重要水系为骨架的流域综合生态保护体系。在全国重要河湖生态健康评估基础上，通过退耕还湖（河）、退耕还湿以及调水、生态补水、人工湿地建设、水土流失治理和生态补偿等措施，增加河岸带的生态缓冲空间，保护与修复滨岸湿地植被，减少河湖污染，保护河湖系统的生物多样性。主要工程建议是：

（1）青藏高原高寒湿地和湖泊的综合保护；

（2）东北森林带及松花江流域湿地恢复和生态综合治理；

（3）南方丘陵山地带湿地河湖恢复；

（4）塔里木河、黑河、石羊河流域的综合治理；

（5）洞庭湖和鄱阳湖等重点湖泊退耕还湖和综合治理；

（6）三峡、丹江口等库区生态综合保护；

（7）淮河流域水污染生态防治和滨岸生态缓冲廊道建设；

（8）长江中游和湘江流域、赣江流域水污染生态防治和滨岸生态缓冲带建设；

（9）海河流域生态综合治理；

（10）图们江、湄公河和伊犁河谷等跨境河流的生态保护和治理。

3. 加强海洋和河口生态保护和修复

加强海洋生态灾害防范和应急管理，加强滨海湿地、红树林等典型受损海洋生态系统修复，建立湿地保护区和海洋自然保护区，整治与恢复岸线和海岛生态景观，开展河流入海口近海污染物生态综合防治，推进海洋和河口生态保护。主要工程建议是：

（1）海洋生态监测和灾害防治与应急管理系统建设工程；

（2）海洋生态系统修复（滨海湿地、红树林、珊瑚礁、海草床、河口、海湾、海岛等）工程；

（3）岸线整治与生态景观恢复工程；

（4）海洋生物资源养护工程；

（5）离岸海岛生态保护和生态利用工程；

（6）西沙和南沙等边远海岛的生态保护工程；

（7）黄河三角洲、辽河三角洲、福建九龙江、广东大亚湾等重点河口海湾的生态综合整治工程。

4. 加强国家重点开发区、经济带和城市群的生态保护

调整产业结构，发展循环经济，开展生态示范和加强城市及开发区生态建设等，强化生态支撑，促进生态和经济的协调发展。主要工程建议是：

（1）"一带一路"关键区和重要节点的生态建设工程。在关中-天水、天山北坡、河湟谷地和河西走廊等地区，开展游牧民定居、重点地区草地保护建设、基础设施重点工程的生态防护、农田生态保护和城镇生态防护等，海上丝绸之路节点港口、城市的生态保护和生态建设工程。

（2）长三角、珠三角和京津冀都市圈生态建设工程。开展城乡饮用水水源地保护和河道综合整治、城市绿地和生态廊道建设、城市和工矿业污染场地的生态治理、城市周边生态支撑和生态防护、农业退化土地的生态休耕措施等。

（3）长江经济带生态建设工程。编制长江经济带生态建设规划，协调长江沿线天然林保护、退耕还林（草）、退耕还湖（河、湿地）、水土流失综合治理和城乡生态环境综合整治等生态工程建设，建立跨省、区生态补偿和生态管理制度。

5. 加强国家重要战略资源开发区的生态保护和生态修复

以保护植被、防止水土流失和生态环境综合治理为目标，加强煤炭、石油、天然气、水电开发和有色金属开采冶炼区的生态保护和修复。主要工程建议是：

（1）新疆和陕甘宁石油资源区脆弱生态的保护和修复工程；

（2）东北和环渤海石油资源区湿地保护和生态修复工程；

（3）晋陕蒙煤炭开发区生态保护和修复工程；

（4）冀鲁豫皖煤炭基地坍陷区生态治理和生态修复工程；

（5）滇桂有色金属开采区生态保护和生态环境综合治理工程；

（6）湘赣有色金属开采冶炼区退化生态系统的综合治理和污染农田生态修复和生态休耕；

（7）黄河上游和西南三江上游区域水电资源开发区的生态保护和生态修复。

6．加强国家重大基础设施工程建设的生态保护

以区域生态保护和基础设施工程的生态防护为目标，加强基础设施建设过程中的生态保护和运行过程中的生态防护。主要工程建议是：

（1）青藏、川藏等国家干线铁路、公路的生态廊道建设工程；

（2）南水北调中、东线等调水工程的生态廊道建设工程。

7．加强保护区建设和生物多样性保护

以生物多样性保护为核心目标，优化保护区空间结构，改革管理体系。主要工程包括：

（1）生物多样性保护和恢复示范；

（2）重点野生动植物栖息地保护工程；

（3）濒危动植物拯救和保护基地建设；

（4）珍贵物种遗传资源的保护和培育。

四、政策和保障措施建议

（一）统筹规划，整合和提升生态工程

制定国家重大生态工程精准空间规划，加强空间管理，确保生态工程资金能合理分配并精准投放、相关工程措施能够落实到位。理清、整合同一区域内因条块分割而分散部署的各类生态工程和建设规划，更有效地发挥工程成效。按照资源环境承载能力，合理引导

人口、产业、城镇、公共服务、基础设施、生态环境协调发展，统筹县域生态建设和环保规划与扶贫、水利、交通、旅游、城乡建设、土地利用等多个规划，实现"多规合一"。鼓励生态环境建设项目与其他项目协同实施，促进生态和经济社会各方面协调发展。

（二）推动生态保护制度改革，建立长效巩固机制

建立与环境保护制度、自然资源资产产权制度和用途管制制度、林业经营管理制度和农村土地承包流转制度等相协调的生态保护制度，完善相关法律，加快落实配套政策。对取得明显成效的工程项目和工程区域，制定长期生态保护和建设规划，有针对性地建立生态工程成果巩固的长效机制。

（三）实行第三方监测评估

建立第三方权威机构监测与评估机制，依托国家重点科研院所、高等院校，利用先进的科学技术、仪器设备、人才资源，开展国家生态工程成效的监测与评估，确保监测与评估结果的科学性、权威性。

（四）加强科技投入

建立生态系统监测、评价和管理研究体系，加大对各类生态系统以及生物多样性、土地沙化和水土流失的监测，建立信息共享和预警系统；加快科技攻关，攻克生态保护和修复的重大关键技术；建立科技示范推广体系，提升科技成果推广和普及水平。

（五）鼓励和引导社会参与

加强宣传教育，以自然保护区、森林公园、湿地公园等作为普及生态知识重要阵地，增强全民生态保护意识；完善生态保护的公共参与制度和政策，调动广大人民群众和各种社会组织积极参与生态保护和建设工程的积极性。

国家海洋局

加强海洋生态环境保护和修复

海洋生态文明是我国生态文明建设的重要组成部分，是新时期建设海洋强国的重要内容。海洋资源管理与生态环境保护事关国家生态安全，事关经济社会发展全局，"十三五"时期，做好海洋生态环境保护与修复工作，对于保障国民经济的可持续发展、全面建成小康社会、实现中华民族伟大复兴的中国梦具有重大意义。

一、形势分析

从国际看，海洋作为未来全球资源利用的战略重点得到普遍重视，主要海洋国家大力推进以生态系统为基础的海洋综合管理，实施以环境保护为目标的海洋空间规划，保护海洋生态环境、促进海洋经济可持续发展成为国际海洋发展的主流。同时，环境保护的国际规则制定已成为大国博弈和拓展利益的重要领域。随着我国经济总量增长和国际地位提升，国际社会要求我国承担更多环境责任的呼声日益增加。全球气候变化加大了我国保护海洋生态环境压力。发达国家通过绿色通关、市场准入等途径设置针对我国出口商品的环境壁垒。这些对我国海洋生态环境保护提出了更高要求。

从国内看，我国经济发展进入新常态，增速向中高速换挡，转型升级、提质增效进程加快，为海洋资源环境保护提供了难得的机遇。但我国工业还处于粗放型发展阶段，产业结构呈现明显的高消耗、高排放特征，海洋资源利用规模和污染物排海总量仍将维持在高位。同时，随着全民海洋意识和环境意识的提升，社会公众对"碧海蓝天、洁净沙滩"的环境需求和对"绿色、安全、放心"的海产品的需求日益明显，海洋资源环境问题日益成为影响社会稳定和政府公信力的重要因素，处理不当，将会形成严重的社会、政治恶果。

二、现状与问题

我国海洋资源环境现状不容乐观，承载力已经逼近"天花板"。大陆自然岸线保有率下降到 37.6%，近海优质渔业资源量比 20 世纪 60 年代减少近一半；资源利用效率依然较低，部分地区围填海土地闲置问题仍较为突出，高密度低产值的用海活动占用了大量的海域空间和岸线资源；污染物排海总量持续增加，2014 年陆源入海排污口监测达标率仅为 52%，"十二五"以来劣四类水质海域面积年均达 5.3 万平方千米，占我国近岸海域面积的 13.9%，比"十五"期间增长 84%；海洋生态退化破坏严重，"十二五"以来约 80%的典型海洋生态系统处于亚健康和不健康状态。

总体判断，"十三五"时期我国既处于发展转型的攻坚期，又处于资源保护、污染防治和生态修复的还账期。海洋资源环境保护既有可持续发展支持力度加大、经济发展动力机制转换等有利条件，也有沿海工业化持续发展、遗留环境问题亟待解决、国内外舆论压力增大等不利因素。海洋资源环境管理肩负着保障增量、消化存量、严控减量的三重任务，即满足经济发展新常态所需的资源环境要求，消化前期粗放式发展造成的资源环境遗留问题，严控经济发展中的资源浪费和环境污染。加快构建适应经济社会发展新态势和生态文明建设新要求的海洋资源环境管理体系，加强海洋生态环境保护和修复的任务十分紧迫艰巨。

三、指导思想与目标

（一）指导思想

贯彻落实党的十八大以及十八届三中、四中全会和习近平总书记关于生态文明建设的系列重要讲话精神，按照"五位一体"总体布局、"四个全面"战略布局，以建设海洋强国为目标，全面深化体制改革，坚持陆海统筹、生态管海，推进以生态系统为基础的海洋综合管理，建立健全海洋督察制度，加快海洋资源供给利用转型，促进海洋资源环境管理与经济社会发展的深度融合，着力提升海洋环境质量和生态服务能力，促进海洋经济可持续发展。

（二）主要目标

初步建成符合生态文明要求的海洋资源环境保护管理体系。沿海地区生产、生活、生态空间布局更加合理。海洋资源集约节约程度进一步提升，大陆自然岸线保有率不低于35％；主要入海污染物总量得到有效控制，近岸海域水质优良（一、二类）比例达到70％左右，海洋保护区占管辖海域面积比重增加到5％；海洋生态系统健康状况明显改善，整治和修复海岸线1 000千米，90％以上海岛得到保护，海洋生态服务功能显著提高，海洋主体功能区布局和生态安全屏障基本形成。

四、主要任务

（一）适应新常态，加快海洋资源供给利用转型

调整海洋资源供给方向和结构，加大公共设施建设力度，提高生活岸线比重，满足社会公众亲海需求，带动滨海旅游等消费性产业发展，促进近海资源开发由生产要素向消费要素转变。修订《海域使用管理法》，健全海域空间规划和用途管制制度、海域资源产权登记和有偿使用制度。建立海域、无居民海岛使用金征收标准调整机制，建立健全海域、无居民海岛使用权招拍挂出让制度。深化基于生态系统的海洋功能区划制度，实行围填海总量控制制度，对围填海面积实行约束性指标管理，明确禁止实施围填海和限制实施围填海的海域类型。编制海岸带保护与利用规划，建立自然岸线保有率总量控制制度，严格控制海岸线开发强度。强化海洋渔业资源总量、渔船数量和总功率的调控管理，取消和调整渔业补贴制度。探索编制自然资源资产负债表。

（二）推进制度建设，强化海洋环境保护

完善海洋环境保护制度体系，统筹海洋环境保护和陆源污染防治，从源头上扭转海洋环境质量恶化的趋势。将总氮、总磷等关键指标纳入国家减排指标体系，建立陆海统筹的污染防治机制和重点海域污染物排海总量控制制度。研究建立海上污染排放许可证制度，全面清理非法或设置不合理的入海排污口。积极治理船舶污染，分类分级修订船舶及其设施、设备的相关环保标准，编制实施全国港口、码头、装卸站污染防治方案。建立海洋资源环境承载能力监测预警和管控机制，对海洋资源环境超载区域实行区域限批等限制性措

施。强化公众参与和社会监督，建立健全举报制度，充分发挥新闻媒体、公益组织、公众的监督作用。落实海洋环境责任追究制度，构建体现生态文明要求的海洋环境管理政绩考核体系，建立实施海洋环境行政主管部门、评估单位和评审专家终身责任制。推动《海洋环境保护法》修订和渤海保护等区域立法，落实行政执法责任制。

（三）实施重大工程，促进海洋生态修复

全面实施海洋生态红线制度，将重要、敏感、脆弱海洋生态系统纳入海洋生态红线区管控范围并实施强制保护和严格管控。建立实施海岛保护名录制度，划定有居民海岛的生态红线区范围。加大海域使用金返还支持海洋环境保护和生态修复力度。建立海洋生态补偿相关标准，明确补偿范围，加大对保护区、红线区等重点生态功能区的转移支付力度。探索"流域—河口—海湾"等综合修复新模式，鼓励社会资本参与海洋生态保护修复，推行第三方治理。深化海洋保护区网络体系建设与规范化管理，建立重要海洋生物种群保育和救护基地，保护珍稀濒危动物的生态廊道。开展海洋外来入侵物种综合防控，开展海岛物种登记，发布海洋物种入侵名录。提高公众海洋保护意识和绿色消费理念，在全社会营造可持续开发利用海洋的生态文明新概念。实施"蓝色海湾"整治工程、"南红北柳"生态工程和"生态岛礁"修复工程，有效恢复海域海岛海岸带生态功能。

（四）转变发展方式，促进海洋产业绿色发展

加强对海洋经济发展的指导、调节与服务，编制国家海洋经济可持续发展规划。加快实施海洋主体功能区规划，发挥主体功能区作为海洋空间开发保护基础制度的作用，完善政策，推动各地区依据主体功能定位发展，以主体功能区规划为基础统筹各类空间性规划，推进"多规合一"。制定促进海洋经济发展的政策文件。加强对海洋经济运行的监测与评估，推广海洋经济试点经验。调整海洋产业结构，积极发展循环经济，加快传统产业改造升级，提高产品技术含量和附加值，科学发展海洋渔业，实施"蓝色粮仓"计划。培育壮大海洋战略性新兴产业，扶持海洋装备、海洋生物和海水淡化等技术产业化，深入推进海洋经济创新发展区域示范。大力发展现代海洋服务业。

（五）加强统筹协调，推进海洋综合管理

建立健全高层海洋综合管理协调机制，加快国家海洋委员会的建设和运行。完善海洋

法律法规体系，制定实施《海洋基本法》，深入推进依法治海，加强海洋督察。理顺和界定中央与地方之间海洋资源管理和生态环境保护的权责关系。以生态优先为理念，建立健全海洋生态保护与经济社会发展协同的政策体系。推进跨部门、跨行政区的陆海统筹和协调合作，统筹海洋环境保护和陆源污染防治，建立陆海联动的海洋污染防控新机制。

五、对策建议

（一）实施"蓝色海湾"整治工程

针对港湾面积减小、环境污染加重、景观受损的突出问题，为营造良好的生存环境和消费环境，"十三五"期间把改善生态环境和满足民生需求作为基本要求，实施"蓝色海湾"行动计划。推动16个污染严重的重点海湾综合治理，完成50个沿海城市毗邻重点小海湾的整治修复，结合陆源污染治理，实施环境综合整治、退堤还海、清淤疏浚等措施，恢复和增加海湾纳潮量，因地制宜建设海岸公园、人造沙质岸线等海岸景观。在辽东湾、渤海湾、莱州湾、杭州湾等开展受损海湾的水质污染治理和环境综合整治。在莱州湾、海州湾、杭州湾附近的舟山渔场、三沙湾、福宁湾、钦州三娘湾等区域开展生物资源增殖放流与人工鱼礁建设工程，推广生态养殖和碳汇渔业。在渤海湾、江苏沿海、珠江三角洲、北部湾等围填海集中区域，实施海岸和海洋工程区域限批，试点开展大型工程项目的生态补偿性环境整治修复和人工湿地建设等。

（二）实施"南红北柳"生态工程

针对海岸生态功能严重退化，"十三五"期间把生态修复和海岸防护作为主要任务，把人工治理和自然修复作为主要手段，通过湿地植被的栽培和移种，筑牢海岸带绿色生态屏障，恢复滨海湿地污染物消减、生物多样性维护、生态产品提供等重要生态功能，全面推广滩涂、滨海湿地、河口区生态恢复与景观重建，形成绿色海岸和红滩芦花景观。在南方选择海南东寨港、广西珍珠港、钦州湾、廉州湾和铁山港、广东湛江港等重要红树林海湾，广西北仑河口、广东珠江口、福建漳江口、九龙江口等红树林适宜生长区域进行红树林保护与修复，划定以红树林为标志的"封育-补育"区域，简称为"南红"生态带。在北方选择辽宁、河北、天津、山东黄河三角洲地区种植柽柳林，在辽河口、江苏盐城湿地、长江三角洲等芦苇分布地种植芦苇，在盘锦、兴城、锦州等地种植碱蓬，划定以柽柳林为标志的"补育-种植"区域，简称为"北柳"生态带，在过渡区域辅以滩涂碱蓬和湿地芦苇，建设我国滨海地区生物多样性的海洋生态带，发挥类似"三北防护林"屏障作用。到 2020 年，新增红树林、芦苇、碱蓬湿地、柽柳林面积分别为 2 500 公顷、4 000 公顷、1 500 公顷、500 公顷。

（三）实施"生态岛礁"修复工程

对特殊用途海岛、无居民海岛和有居民海岛分类明确整治导向，因地制宜、"一岛一案"制定修复措施。开展受损岛体、植被、岸线、沙滩及周边海域等修复，开展海岛珍稀濒危动植物栖息地生境调查和保育、修复，恢复海岛及周边海域生态系统服务功能。实施领海基点海岛保护工程，开展南沙岛礁生态保护区建设。完成 2～3 个公益用岛示范专项。

（四）实行严格管理围填海的政策

坚持节约集约用海理念，立足不同区域资源环境承载能力，科学制定围填海管理政策，规范围填海活动，盘活围填海存量。一是科学编制围填海计划，完善围填海计划台账管理制度，加强计划执行情况的监测、评估和考核，对地方围填海实际面积超过当年计划指标的，暂停下达该省（自治区、直辖市）下一年度围填海计划指标。二是完善围填海项目施工过程的动态监视监测，严格执行围填海项目竣工验收制度，强化海域使用事中事后监管。三是对存在未批先填、围而不填、填而不建等问题突出的地区，暂缓受理新的围填海用海申请和环境影响评价文件，各地区对相关用海项目不得办理有关审批手续。四是根据海域等别、用海类型、填海方式、供求关系等因素，建立海域使用金征收标准的动态调整机制，适当提高围填海海域使用金征收标准。五是坚持分类指导，因地施策，优先考虑自然淤涨型滩涂利用，选择适宜地区开展沿海滩涂综合开发利用与保护试验。限制顺岸平推式围填海，严格控制占用自然岸线，避免采取截弯取直等严重破坏自然岸线的围填海方式。六是鼓励沿海地方政府探索建立海域收储制度，对无正当理由长期闲置的已批准围填海项目，收回海域使用权，注销海域使用权证书。

（五）制定实施海水淡化规模化应用的政策

破解沿海地区淡水资源长期短缺局面，开辟新的淡水资源供给渠道，保障沿海地区可持续发展，培育国家新的产业增长点，缓解我国淡水资源总体紧张的压力。出台支持海水淡化产业化政策，积极转变观念，充分利用国际国内成熟的海水淡化技术，将海水淡化作为国家"南水北调"解决北方水资源短缺，尤其是居民用水紧张的必要补充，"以点带面"选择有条件的沿海地区或区域，推动海水淡化规模化应用，实施"蓝水饮用工程"。一是加强统筹协调，确立海水淡化作为滨海地区和腹地重要新增水源的战略地位，将淡化海水纳入城市供水管网。二是确定沿海地区海水淡化在新增用水中的比例，作为指令性计划严加督察。三是建立有利于海水淡化和综合利用的政府补贴机制，协调与相关产业发展。四是提升自主创新能力，设立海水淡化自主创新引导资金。

ZHONGYANG
"SHISANWU"
GUIHUA 《JIANYI》 ZHONGDA
ZHUANTI YANJIU

专题十九　应对全球气候变化、发展低碳经济

国家发展和改革委员会

"十三五"时期应对全球气候变化、发展低碳经济的主要任务

一、面临形势

（一）"十二五"工作进展

党中央、国务院高度重视应对气候变化工作。党的十八大报告要求牢固树立生态文明理念，着力推进绿色发展、循环发展、低碳发展，坚持共同但有区别的责任原则、公平原则、各自能力原则，同国际社会一道积极应对全球气候变化。习近平总书记明确指出，应对气候变化是中国可持续发展的内在要求，也是负责任大国应尽的国际义务，这不是别人要我们做，而是我们自己要做。"十二五"以来，我们将积极应对气候变化和发展低碳经济作为经济社会发展的重大战略，作为加快转变经济发展方式、调整经济结构和推进新的产业革命的重大机遇，作为加快推进我国生态文明建设的重大举措，采取了一系列政策与行动，取得了重大进展；积极建设性参与气候变化国际谈判和合作，推动建立公平合理的应对气候变化国际制度，有效维护了我国发展权益和核心利益。

1. 顶层设计和制度建设逐步加强

制定并实施了《"十二五"控制温室气体排放工作方案》，发布了《国家应对气候变化规划（2014—2020 年）》《碳排放权交易管理暂行办法》《单位国内生产总值二氧化碳排放

降低目标责任考核评估办法》以及全国碳排放总量控制和分解落实机制等重要规划和政策性文件。研究提出了我国 2020 年后控制温室气体排放行动目标，明确 2030 年左右二氧化碳排放达到峰值和非化石能源比重达到 20％左右的目标任务。开展了应对气候变化法的前期研究及法律起草工作。国家、地方、企业三级温室气体排放统计核算体系初步建立，低碳产品认证制度启动实施，省级人民政府碳排放强度目标责任评价考核工作正式开展。初步形成国家应对气候变化领导小组统一领导、发展改革委归口管理、有关部门和地方分工负责、全社会广泛参与的应对气候变化管理体制和工作机制。

2. 控制温室气体排放取得明显成效

据初步核算，与 2010 年相比，2014 年我国单位国内生产总值二氧化碳排放下降了 16.2％，预计"十二五"碳强度下降 17％的目标可以超额完成。能源结构进一步优化，2014 年非化石能源占一次能源消费比重达到 11.2％，预计可超额完成"十二五"11.4％的目标。森林碳汇显著增加，2013 年森林蓄积量达到 151 亿立方米，已超额完成"十二五"143 亿立方米的目标。"十二五"期间我国能源消费二氧化碳排放快速增长的势头初步得到遏制。

3. 适应气候变化能力得到提升

制定并实施了国家适应气候变化战略。在生产力布局、基础设施、重大项目规划设计和建设中考虑气候变化因素，适应气候变化特别是应对极端气候事件能力逐步加强。在农业、林业、水资源、气象、卫生健康等重点领域和生态脆弱地区、海岸带等重点地区实施了一批适应气候变化重点项目，研发推广了一批适应气候变化技术，减轻了气候变化对经济社会发展和生产生活的不利影响。

4. 试点示范扎实推进

在广东等 42 个省市开展了国家低碳省区和低碳城市试点，探索各具特色的低碳发展模式，其中镇江、深圳、宁波等试点城市围绕实现碳排放峰值目标创新体制和制度。在北京等 7 个省市开展国家碳排放权交易试点，目前已全部实现上线交易，探索利用市场化手段节能降碳的新途径。启动国家低碳城（镇）试点，在 51 家国家级产业园区开展国家低碳工业园区试点，组织开展低碳社区试点，实施碳捕集利用和封存试验示范项目。

5. 国际谈判与合作成绩显著

积极参与和引导全球气候治理进程，较好地完成了历次联合国气候变化国际谈判会议和 2014 年联合国气候峰会等重大任务。广泛开展气候变化国际交流对话与务实合作，发表中美气候变化联合声明，与主要国家和国际组织签署多项合作协议，支持发展中国家提高应对气候变化能力，"南南合作"取得积极进展。

同时，也要看到，我国应对气候变化工作中还存在一些亟待解决的问题。一是认识不到位。对气候变化问题的战略性和紧迫性认识不足，尚未形成有效的责任传导机制，认为低碳发展阻碍经济增长的传统思维和误区仍然存在，全社会低碳发展意识不强。二是法制不健全。国家尚未对应对气候变化和低碳发展专门立法，一些重要制度安排和政策体系仍未通过法律形式予以确认，相应的体制机制和配套政策也不完善。三是资金投入不足。国家公共财政尚未设立应对气候变化专门资金，缺乏合理、平衡的财权和事权分配机制，缺少吸引社会资本投入的有效激励政策。四是低碳发展产业技术支撑不够。低碳技术自主创新能力不强，低碳产业商业模式创新不够，支持低碳技术和产业发展的体制机制有待完善，尚未形成完整的低碳技术研发、推广、应用体系，低碳产业对经济转型的支撑不够。

（二）"十三五"面临的新形势

"十三五"是我国全面建成小康社会的攻坚期，是实现 2020 年控制温室气体排放行动目标的关键期，也是大力推进生态文明建设和促进绿色低碳发展的重要战略机遇期，我国应对全球气候变化和发展低碳经济面临新的机遇和挑战。

1. 国际形势

一是气候变化在全球治理中的重要性突显，气候外交成为我国推动构建新型国际关系的重要领域。当今世界，国际社会互联互动已变得空前紧密，全球命运共同体的特征不断加强，国际秩序进入深度调整。全球气候变化事关人类未来和各国发展，已成为全球治理的标志性议题和多边、双边外交关系中的重大问题。当前，构建 2020 年后国际气候制度的谈判进入关键阶段，事关我国核心利益和长期发展外部环境。积极参与全球气候治理，不仅是营造我国发展良好外部环境、维护和延长重要战略机遇期的重大举措，也是推行和平发展外交战略、构建合作共赢新型国际关系的重要舞台。

二是国际减排压力进一步聚焦主要排放大国，推动和引导气候变化国际合作成为我国体现大国责任的重要领域。国际社会已就实现2℃温控目标达成政治共识，全球排放空间日益趋紧，各方对排放大国的减排预期大幅提高，气候变化国际谈判格局从发达国家和发展中国家之间的"南北之争"，向排放大国与其他国家的"大小之分"演化。美、欧、中等排放大国之间的博弈成为影响谈判进程的关键因素。新形势下，主动承担与我国发展阶段、责任和能力相符的国际义务，推动和引导气候变化国际合作从"争空间"向"谋合作"转变，是化解压力、争取主动的必然选择，也是我们发挥负责任大国积极建设性作用的必然要求。

三是绿色低碳发展已成为全球大势所趋，发展低碳经济成为我国提升国际竞争力的重大举措。在应对气候变化的大背景下，建设低碳社会、实现绿色低碳发展已成为全球共识，低碳技术和产业已成为国家竞争力的重要内涵。我国正处于经济转型的关键时期，低碳发展国际潮流对我国经济社会发展带来机遇和挑战。加快发展低碳经济，培育新的经济增长点，抢占未来技术、产业发展的制高点，是我国提升国际竞争力的必然选择，也是"十三五"经济社会发展的一项重大任务。

2. 国内形势

一是积极应对气候变化和低碳发展已成为我国可持续发展的内在要求。改革开放以来，我国经济快速发展，已形成具备一定竞争力的工业基础和优势产业，但粗放、高碳的发展方式没有发生根本改变，资源环境代价过大，经济发展与资源环境矛盾日趋尖锐，发展中不平衡、不协调、不可持续的问题凸显，环境污染问题日益突出，特别是雾霾已成为人民的"心肺之患"，生态承载力已达到或接近上限。气候变化与上述经济、能源和环境等发展问题同根同源，积极应对气候变化、加快低碳发展已成为我国实现经济转型和可持续发展的内在要求。

二是生态文明建设和经济发展新常态对应对气候变化和低碳发展提出了新要求。党的十八大和十八届三中、四中全会提出大力推进生态文明建设，建立系统完整的生态文明制度体系。我国经济发展进入新常态，发展方式将发生深刻调整。同时，随着生活水平的提高，人民群众对良好生态环境和美丽家园的期待在不断上升，低碳发展面临新的机遇和挑战。新形势下，应对气候变化和低碳发展要积极适应国际发展潮流和我国经济社会发展新常态，按照生态文明理念的要求，进一步明确目标任务和路线图，完善制度和政策体系，为建设"美丽中国"、全面建成小康社会发挥创新引领作用。

三是应对气候变化和低碳发展为我国经济转型升级提供了重要抓手。我国正处于新型工业化和新型城镇化的重要阶段，转变经济发展方式任务艰巨。党中央、国务院已对我国2030年低碳发展行动目标做出了决策部署，并要求形成分解落实时间表和路线图。这将对我国转方式、调结构形成倒逼机制，成为经济转型升级的重要抓手。通过分解落实低碳发展目标任务，有助于加快传统工业改造升级，促进战略性新兴产业发展，推动能源生产和消费革命，发挥与环境治理的协调效应，同时对优化我国经济空间布局，加快新型城镇化建设，促进京津冀协同发展等区域发展战略实施也将发挥积极作用。

二、总体要求

（一）指导思想

以邓小平理论、"三个代表"重要思想、科学发展观为指导，深入贯彻党的十八大和十八届三中、四中全会精神，认真落实党中央、国务院的各项决策部署，坚持统筹国内国际两个大局，顺应国际绿色低碳发展潮流，适应国内经济发展的新常态，把应对气候变化、发展低碳经济作为我国经济社会发展的重大战略和生态文明建设的重大举措，坚持科技创新、管理创新和体制机制创新，健全法规政策体系，加快构建低碳发展新模式，努力提升适应气候变化能力。坚持共同但有区别的责任原则、公平原则、各自能力原则，坚持和平发展、合作共赢，积极参与气候变化全球治理，同国际社会一道应对全球气候变化。

（二）基本原则

1. 坚持国内低碳发展与参与全球治理相结合

坚持以我为主，确定我国应对气候变化和低碳发展目标，实施发展低碳经济总体战略，加快经济发展转型，也为应对全球气候变化做出积极贡献。同时，积极参与全球气候治理，广泛开展应对气候变化国际合作，树立负责任国际形象，构建有利于我国和平发展的外部环境。

2. 坚持近期工作安排与长远发展目标相结合

"十三五"时期应对气候变化工作任务的确定，既要为应对气候变化和低碳发展的各项工作做出明确的部署，确保全面完成 2020 年应对气候变化行动目标，又要提前做好制度设计和战略部署，建立长效机制，为应对气候变化和发展低碳经济的长期目标打下基础，确保 2030 年左右实现碳排放峰值。

3. 坚持全面统筹推进与分类指导实施相结合

应对气候变化涉及经济社会发展的方方面面，需要全面推进，综合采取调整产业结构和能源结构、节能和提高能效、增加碳汇等多种减缓措施，在农业、林业、水资源、卫生健康等领域采取适应气候变化行动。同时，应充分考虑区域和行业之间的差异，根据不同区域、不同行业特点分类指导，分阶段实施。

4. 坚持政府政策引导与市场机制作用相结合

发挥政府在应对气候变化工作中的政策引导作用，切实落实各项政策和制度建设，形成低碳发展的有效激励机制和良好的市场环境。同时，发挥市场机制在资源配置中的决定性作用，鼓励企业、社会组织和公众群体等各方面积极参与，形成全社会积极应对气候变化、推动低碳发展的合力。

（三）总体思路

"十三五"期间，要适应我国经济社会发展新阶段、新常态要求和国际发展潮流，将积极应对全球气候变化上升为国家重大战略。按照把气候变化国际谈判打造成我国参与全球治理重要平台的要求，发挥我国在全球气候治理中的引导力，推动建立公平有效、合作共赢的应对气候变化国际制度。以低碳转型为核心，以实现 2030 年目标为契机引领经济发展新常态，倒逼发展方式转变。加强应对气候变化和低碳发展法规制度建设，加快推动工业、建筑、交通、能源等领域低碳发展，努力增加森林碳汇，强化低碳发展试点示范，逐步建立全国碳市场。根据适应气候变化的需要，提高城乡建设、农、林、水资源等重点领域和脆弱地区适应气候变化能力，切实提高防灾减灾水平。加强统计核算、技术研发、公众参与等基础能力建设。

（四）发展目标

1. 碳排放强度控制目标

继续实行碳排放强度目标管理制度，设立强有力的碳排放强度下降目标，继续将单位国内生产总值二氧化碳排放降低作为"十三五"约束性目标，2020 年碳强度比 2015 年下降 18％，确保完成 2020 年温室气体排放控制行动目标。2030 年单位 GDP 二氧化碳排放强度比 2005 年下降 60％～65％。

2. 碳排放总量控制目标

结合控制能源消费总量，研究建立碳排放总量控制制度，"十三五"期间对化石能源消费二氧化碳排放实行增量管理。

3. 非化石能源发展目标

到 2020 年，非化石能源占一次能源消费比重提高至 15％左右；到 2030 年，非化石能源占一次能源消费比重提高至 20％左右。

4. 森林蓄积量目标

到 2020 年，全国森林覆盖率达到 23％左右，森林蓄积量比 2015 年增加 11 亿立方米。到 2030 年，全国森林覆盖率达到 24％左右，森林蓄积量比 2005 年增加 53 亿立方米。

同时，低碳发展试点示范取得明显进展，适应气候变化能力大幅提升，应对气候变化法律法规体系基本形成，管理体制和工作机制基本完善，温室气体统计、核算、考核体系全面建立，全社会应对气候变化和低碳发展意识明显提高。气候变化国际交流、对话和务实合作不断加强，"南南合作"进一步深化，我国在国际谈判中的核心关切得到切实维护，积极建设性作用得到有效发挥。

三、重点任务

为了全面实现"十三五"应对全球气候变化和发展低碳经济的目标，应重点做好以下几项工作。

（一）明确实现峰值目标路线图，加快低碳发展转型

1. 推动东部沿海地区和中西部部分发达城市 2020 年前率先达到峰值

京津冀、长三角、珠三角三大区域经济圈以及部分低碳试点省市要加快产业转型和升级换代，扩大天然气、风电、太阳能和核电等低碳能源比例，大幅降低煤炭消费，力争2020 年前达峰。中西部省市要积极利用后发优势，做优增量、调整存量，加快非化石能源、天然气利用和基础设施布局，控制和优化煤炭消费，降低碳排放总量增速。

2. 推动重点工业行业碳排放 2020 年左右达到峰值

加强工业领域碳排放总量控制。东部沿海地区工业领域碳排放在"十三五"期间总体上实现零增长。钢铁、水泥、平板玻璃、电解铝等高碳产品产量在"十三五"期间趋于稳定或下降。到 2020 年主要高耗能行业单位产品碳排放达到国际先进水平。从 2020 年到2030 年，工业信息化、智能化、电气化取得明显进展，工业碳排放量持续下降。

3. 努力推动煤炭和石油消费尽快达到峰值

"十三五"期间，通过创新能源体制机制、提高能源使用效率、推动传统能源清洁化和低碳化利用、促进低碳能源产业化等措施，重点推动煤炭消费总量达峰，控制石油消费增速，大力发展天然气和非化石能源。

（二）控制建筑和交通领域排放，推动城镇化低碳发展

1. 打造城镇化低碳发展模式

一是优化城镇空间布局。按照城乡统筹和新型城镇化的总体要求，科学编制城镇规划，

优化城镇空间布局，重点发展中小城市和小城镇，合理控制大城市发展规模。二是转变城乡建设模式。推动低碳化与城镇化的深度融合，加快完善城市化地区、农产品主产区、重点生态功能区低碳发展的差别化管控。三是转变城乡用能方式。坚持集中与分散供能相结合，优化城镇用能结构，以经济发达地区和大中城市为重点有序推进城镇去煤化，大力发展风能、太阳能、生物质能、地热能和天然气分布式能源。

2. 推动建筑领域低碳发展

一是控制建筑规模总量。严格控制不必要的大拆大建，推进紧凑型的建筑建设模式，从源头上降低建筑的总体能耗和碳排放总量。二是加快既有建筑和新建建筑节能改造。采暖地区全面实施既有建筑节能改造，全面推进新建建筑和既有建筑实行供热计量收费。有效控制大型公共建筑运行能耗。三是大力发展绿色低碳建筑。积极推广绿色建材，规模化推进绿色生态城区建设和可再生能源建筑应用，开展零能耗建筑试点示范。

3. 推动交通领域低碳发展

一是构建智能低碳的综合交通运输模式。加强综合交通运输枢纽建设，大力发展轨道交通和水运等运输方式和现代物流，推动区域、城乡交通一体化。二是发展城市低碳交通。坚持公共交通和慢行系统的规划优先、用地优先、资金优先和路权优先，加快轨道交通、快速公交和自行车道、行人道等慢行系统的建设，有效控制私人机动车的过快增长。三是推动交通用能的清洁低碳转型。深入开展铁路电气化改造，推动电动汽车等新能源车辆和其他替代能源车辆的研发、示范及应用。

（三）适应气候变化影响，提高重点领域防灾减灾能力

1. 重点提高生态脆弱地区适应能力

一是推进农牧交错带与高寒草地生态屏障建设和综合治理，加强重点地区草地退化防治和高寒湿地保护与修复。二是加强黄土高原、西北荒漠区和东北黑土地综合治理，加强黄土高原水土流失治理，加强西北内陆河水资源合理利用，开展沙荒地和盐碱地综合治理，推广生物治理措施，探索盐碱地的资源化开发与利用。三是开展石漠化地区综合治理，以林草植被恢复重建为核心，转变农业经济发展模式，发展特色立体农业，减轻山地灾害和

水土流失。

2. 加强基础设施适应能力建设

一是在城乡建设规划中充分考虑气候变化影响，修订和完善城市防洪治涝标准，加强供电、供热、供水、排水、燃气、通信等城市生命线系统建设，提高在极端天气气候条件下平稳安全运行的保障能力。二是优化调整大型水利设施运行方案，研究改进水利设施防洪设计建设标准。提高水利设施适应气候变化的能力，保障设施安全运营。三是改进交通设施设计建设标准，加强对高寒地区铁路和公路路基状况的监测，提升能源设施抗风、抗压、抗冰冻标准。

3. 提升农业和水资源等重点领域适应能力

一是继续开展农田水利基本建设、土壤培肥改良、病虫害防治等工作，大力推广节水灌溉、旱作农业、农作物结构调整等适应技术。二是加强水功能区管理和水源地保护，合理确定主要江河、湖泊生态用水标准，构建科学完善的水土流失综合防治体系。三是完善水资源配置格局，严格规划管理、水资源论证和取水许可制度，强化用水总量控制和定额管理。

（四）强化试点示范，探索低碳发展新模式

1. 深化低碳省区和低碳城市试点

一是加强对试点经验的总结和推广。组织试点地区进一步完善低碳发展规划，落实试点实施方案中的关键目标和重点任务，总结低碳发展经验。二是强化峰值目标管控。组织落实试点地区的碳排放峰值目标及实现方案，进一步明确试点地区碳排放达峰的路线图和时间表。三是加强对试点工作的宏观指导和政策支持，研究制定关于深化低碳试点的指导意见，进一步加强基础能力建设。

2. 加强低碳城（镇）、产业园区、社区等低碳试点示范

一是开展低碳城（镇）试点，从规划、建设、运营、管理全过程探索产业低碳发展与

城镇低碳建设相融合的新模式。二是在国家低碳工业园区试点基础上，选择一批工作基础较好的园区，开展低碳产业示范园区建设，强化国家指导及跟踪评价。三是结合新型城镇化建设和社会主义新农村建设，探索低碳社区可复制的典型低碳发展模式。四是选择具有代表性的商业机构组织开展低碳商业试点，减少商业机构碳排放。五是深入推进碳捕集利用和封存试验示范。

（五）加强碳交易市场建设，探索市场化减碳新机制

1. 继续推进碳排放权交易试点

继续做好北京、上海、天津、重庆、广东、湖北、深圳等 7 个地方碳排放权交易试点工作，进一步加强对试点省市的支持和指导，研究制定相关配套政策，完善交易制度体系，为全国碳市场建设发挥积极作用。

2. 尽快建立全国碳排放权交易市场

尽快出台国家碳排放权交易管理条例，制定碳排放权交易总量设定和配额分配方案，制定主要行业企业温室气体排放核算、报告与核查体系，完善碳交易注册登记系统，"十三五"建成覆盖全国、规制统一的碳排放权交易市场。

（六）积极参与全球气候治理，推动国际务实合作

1. 积极参与和引导气候变化国际制度构建

坚持《联合国气候变化框架公约》的主渠道地位，坚持"共同但有区别的责任"原则、公平原则和各自能力原则，积极参与气候变化新协议及后续制度安排的国际谈判，做出建设性贡献，发挥引导作用，推动建立公平有效、合作共赢的国际气候制度，维护我国和广大发展中国家的利益。

2. 全面深入推进气候外交

将气候变化国际合作与新时期我国外交战略有机结合，加强与其他发展中国家和发达

国家在气候变化领域的交流与合作，鼓励并推动地方、企业、智库等广泛参与，把气候外交打造成新形势下我国对外工作的新亮点，为大国外交、周边外交、团结发展中国家做出新贡献。

3. 加强应对气候变化"南南合作"

尽快启动应对气候变化"南南合作"基金运营，加大财政投入力度，逐步扩大资金规模，提升资金使用效率，推动我国低碳企业和产品"走出去"。积极参与绿色气候基金的制度、规则和管理方式的设计及完善，探索利用多边机制拓展应对气候变化"南南合作"的渠道和方式。

四、政策建议

（一）完善法规制度体系

1. 建立碳强度和碳总量双控制度

根据实现碳排放峰值目标的总体要求，建立碳排放强度和总量双控制度，逐步完成从碳排放强度控制向碳排放总量控制过渡。出台相应的目标管理和考核办法。

2. 加快应对气候变化立法

出台应对气候变化法，将应对全球气候变化和发展低碳经济的重点制度安排，以专门法律形式予以确认。按照低碳发展的要求，对我国现有环境保护、资源能源、城市规划、循环经济等法律法规进行修订。

3. 建立碳排放定额标准

在电力、钢铁、水泥、化工、交通等领域出台行业和产品碳排放定额标准，建立碳排放定额标准监督核查制度。

（二）健全经济政策

1. 加大低碳发展资金支持力度

尽快在各级政府财政预算中安排专门资金，支持应对气候变化试点示范、技术研发和推广应用、能力建设和宣传教育。设立低碳发展专项基金，吸引社会各界资金特别是创业投资基金进入低碳技术的研发推广、低碳发展重大项目建设领域。

2. 推动实施碳税制度

发挥税收对应对气候变化和低碳发展的激励和约束作用，按照有利于发展低碳经济、优化能源结构、促进碳减排的原则，制定符合国情的碳税制度。

3. 创新低碳融资机制

鼓励金融机构积极参与，推动商业银行、政策性银行、区域开发银行、多边和双边基金建立应对气候变化专项，通过创新融资机制引导和鼓励社会资本支持我国低碳发展。

4. 完善低碳消费政策

建立低碳消费引导机制，创新低碳消费宣传方式方法，建立高碳消费约束机制，鼓励使用低碳产品，加强低碳消费宣传教育，推动在全社会形成低碳消费观念。

（三）加强基础能力建设

1. 强化科技支撑

制定应对全球气候变化科技创新的长远发展规划，建立应对气候变化科技专项，组织开展应对全球气候变化关键创新技术研究和科技攻关，推动创新引领。加强成熟先进低碳技术的产业化应用，推广一批减排潜力大、应用面广、经济效益突出的低碳技术。

2. 完善统计核算体系

完善应对气候变化统计指标体系，建立健全应对气候变化部门统计报表制度，推动建立重点企（事）业单位温室气体排放报告制度。完善温室气体清单编制指南，制定重点行业和重点企业温室气体排放核算指南。研究制定不同产品碳足迹核算方法，建立碳信息披露机制，尽快推行针对重点行业和领域碳标识制度。

3. 加强专业智库建设

培育气候变化领域具备国际影响力的专业智库，推动智库参与应对气候变化重大国家战略的研究和制定，鼓励智库积极开展对外交流与国际合作。不断完善气候变化高层次人才的引进与培养机制，努力打造一支创新能力强的低碳科技队伍。

4. 引导公众积极参与

进一步做好全国低碳日宣传教育和引导活动，创新宣传方式，提高宣传行动效果，推动形成长效的全民参与行动机制，切实提高公众低碳意识。

国家林业局

"十三五"时期应对全球气候变化、发展低碳经济的主要任务研究

应对气候变化是发展权之争,也是全球治理主导权之争。我国温室气体排放总量已上升至全球第一位,减排压力巨大,发展空间遭受空前"挤压"。积极稳妥地应对气候变化事关全面建成小康社会,是经济社会可持续发展的内在要求。当前,通过林业措施应对气候变化已成为国际共识和战略选择。"十三五"期间要进一步加强林业建设,大幅提高林业碳汇能力,为应对气候变化、拓展发展空间、建设生态文明做出新的更大贡献。

一、发展林业成为全球应对气候变化重要途径

以变暖为主要特征的全球气候变化严重威胁着自然生态系统和人类可持续发展。人类活动大量排放二氧化碳等温室气体是导致气候变化的重要原因。减少温室气体排放、增加温室气体吸收、提高自然生态系统和人类社会适应能力是应对气候变化的必然选择。作为陆地生态系统主体,森林通过光合作用大量吸收固定大气中二氧化碳,成为温室气体吸收汇;森林遭受破坏会导致森林储存的碳重新释放到大气中,成为温室气体排放源。目前,全球森林储存了 8 910 亿吨碳,其中:约 44% 的碳储存在 1 米深的森林土壤中,约 42% 的碳储存在森林地上和地下生物量中,约 13% 的碳储存在枯死木和枯落物中。1990—2007 年间,全球现有林和新造林累积吸收了 430 亿~730 亿吨碳,约占同期化石能源累积排放量的 60%。因此,造林、森林经营、减少毁林、控制林火和病虫害、利用林业生物质能替代化石能源等已成为减缓气候变化的重要技术措施。有效实施这些措施还能促进保护生物多样性、保持水土、净化水质、改善大气、防风固沙、促进社区发展,以及增强农业、海岸带

适应气候变化能力。2006 年英国政府发布的斯特恩气候变化经济学报告指出：减少毁林是最经济有效的减排方式。政府间气候变化专门委员会（以下简称 IPCC）2007 年发布的第四次评估报告指出：在成本不超过 100 美元/吨情况下，2030 年前全球林业部门每年约有 138 亿吨二氧化碳当量的较大减缓潜力，但目前这一潜力尚未得到充分发挥。

1990 年以来，在《联合国气候变化框架公约》《京都议定书》《巴厘路线图》《巴黎协定》谈判及最终成果中，林业作为应对气候变化重要途径已是普遍共识。日本、澳大利亚、新西兰、美国、加拿大、欧盟等发达国家和地区，以及包括我国在内的许多发展中国家，在实施 2020 年前应对气候变化行动中充分关注了林业。

二、发展林业成为我国应对气候变化战略支撑

2007 年，我国温室气体排放总量居全球第一。据初步估算，2010 年我国温室气体排放达到了 98 亿吨二氧化碳当量，相当于美国和欧盟排放总量的 85％。随着我国工业化和城镇化不断发展，未来 15 年仍是重要发展战略机遇期，经济社会仍将保持中高速增长。但我国能源结构以煤为主的局面短期内难以根本改变。2013 年全年能源消费总量 37.5 亿吨标准煤，较 2010—2012 年的消费量呈现持续增长之势。在现有资源禀赋条件、工业技术体系、传统能源消费模式下，我国来自于工业能源等领域排放的二氧化碳仍将继续增长，减排压力与日俱增。到 2030 年左右实现二氧化碳排放达到峰值必须采取一系列减排措施，但直接减排对经济发展的负面影响不可小视。研究表明：将煤的使用比重降低 1 个百分点，二氧化碳排放量可减少 0.74％，但 GDP 会下降 0.64％，居民福利降低 0.60％，就业岗位减少 470 万个。因此，统筹好节能减排和全面建成小康社会的目标是摆在我们面前的难题。

我国森林资源不断增加，且大多数森林处在中幼龄阶段，是世界上森林碳汇潜力最大的国家之一。要改变资源约束趋紧的被动局面，积极应对气候变化，构建"资源节约型、环境友好型"社会，走出一条绿色低碳发展的生态文明之路，必须工业能源节能减排和林业增汇抵排并举、治霾清污和生态建设协同推进。实践证明：发展林业不仅可以增汇抵排、应对气候变化，而且能够协同发挥多重生态功能，维护生态安全和气候安全，是生态文明建设的重要内容，惠及当代，荫及子孙，有百利而无一害。

党中央、国务院高度重视林业应对气候变化工作，将其放在国家应对气候变化内政外交大局中统筹谋划，做出了一系列重大决策部署：明确在应对气候变化中林业具有特殊地位，应对气候变化必须把发展林业作为战略选择；提出要努力增加森林碳汇，在 2005 年基础上，到 2020 年增加森林面积 4 000 万公顷和森林蓄积量 13 亿立方米，到 2030 年森林蓄

积量增加 45 亿立方米左右，林业目标成为我国控制温室气体排放的主要目标之一；《国家应对气候变化规划》和《国家适应气候变化战略》都将林业列为减缓和适应气候变化的重点领域；森林增长指标作为约束性指标纳入了国家"十二五"规划纲要，增加森林碳汇任务完成情况纳入了单位 GDP 二氧化碳排放降低目标责任考核评估；强调林业是气候变化国际谈判的重要议题之一。进一步发挥林业减缓和适应气候变化的功能作用，既是参与全球治理、争夺国际话语权和道义制高点的重要抓手，也是拓展国内发展空间、促进低碳发展的潜力所在，在应对气候变化国家战略中发挥着重大作用。

三、我国森林资源持续快速增长为应对全球气候变化做出重要贡献

在党中央、国务院正确领导下，我国林业建设取得了举世瞩目的伟大成就，森林面积和蓄积量连续 20 多年持续双增长。第八次全国森林资源清查（2009—2013 年）显示，全国森林面积 2.08 亿公顷，位居全球第 5 位；森林覆盖率达到 21.63%，森林蓄积量 151.37 亿立方米；人工林面积 6 933 万公顷，继续保持世界首位。与第七次全国森林资源清查结果相比，森林面积净增 1 223 万公顷，森林覆盖率上升了 1.27 个百分点，森林蓄积量净增 14.16 亿立方米，人工林面积增加 764 万公顷。中国森林资源快速增长，受到了国际社会充分肯定和高度评价。联合国粮农组织（FAO）发布的全球森林评估报告指出，在全球森林资源不断减少的情况下，亚太地区森林面积出现了净增长，其中中国森林面积增长很大程度上抵消了其他地区的森林减少。

作为陆地生态系统中最大的碳库，森林被公认为最有效的生物固碳方式。中国森林资源的快速增长，吸收固定了大量二氧化碳。据北京大学方精云院士研究，1981—2000 年这 20 年间，以森林为主体的我国陆地植被碳汇大约抵消了我国同期温室气体排放总量的 14.6%～16.1%，其中森林植被净吸收了约 58 亿吨二氧化碳当量，相当于同期我国温室气体排放总量 11.9%。据第八次全国森林资源清查结果，全国森林植被总碳储量达到 84.27 亿吨，相比第七次全国森林资源清查，5 年时间净吸收约 22.6 亿吨二氧化碳当量。我国森林资源持续增长、森林碳汇稳步增加，为应对全球气候变化做出了不可替代的历史性贡献，为经济社会可持续发展创造了难以估量的生态价值。

四、我国林业应对气候变化潜力巨大

从森林资源看，目前我国森林覆盖率 21.66%，远低于全球 31% 的平均水平。全国乔木林每公顷蓄积量 89.79 立方米，只有世界平均水平的 69%。人均森林蓄积量 10.98 立方

米，仅为世界人均水平的 1/7。我国森林资源总量不足、质量不高、分布不均的状况仍未得到根本改变。增加森林面积，加强森林经营，提高森林质量效益，已成为林业建设的核心任务和主攻方向。中央财政森林抚育补贴投入持续增加，近年来每年完成森林抚育 1 亿亩以上，完全可以实现 2030 年森林蓄积量增加的目标，森林碳汇能力将显著增强。此外，在扩大天然林保护范围、停止天然林商业性采伐、持续强化森林资源保护管理的大背景下，因森林损毁导致的碳排放将进一步减少。未来森林碳汇能力总体将呈现持续上升趋势。

从木材利用看，我国大量加工利用的木制品正在形成一个持续增加的巨大储碳库，碳储量呈现逐年增加趋势。据研究，2000—2009 年我国新生产的木制品在 2009 年净碳储量为 3.06 亿吨碳，非纸类的木制品和竹材制品碳储量分别为 1.15 亿吨碳和 1.99 亿吨碳。对木制品储碳进行科学管理，对应对气候变化和缓解我国减排压力具有重要作用。

从湿地资源看，全国湿地率仅 5.58％，比较而言，我国湿地率偏低。监测表明，近年来每年恢复湿地约 30 万亩。加大湿地保护和恢复力度，湿地面积及其固碳增汇能力还将进一步增加。《推进生态文明建设规划纲要（2013—2020 年）》要求努力扩大湿地面积，加强湿地保护和监管，严守"湿地红线"，到 2020 年，我国自然湿地保护率达到 60％。《全国湿地保护工程规划（2004—2030 年）》提出，到 2030 年，使全国湿地保护区达到 713 个，国际重要湿地达到 80 个，使 90％以上自然湿地得到有效保护。实现规划确定的目标任务，我国湿地固碳能力将有很大提升。

五、我国林业应对气候变化的指导思想、原则与目标

（一）指导思想

以党的十八大以及十八届三中、四中全会和习近平总书记系列重要讲话精神为指导，以建设生态文明和美丽中国为总任务，以落实国家应对气候变化总体战略部署和实现林业"双增"为总要求，以增加林业碳汇为总目标，以政策制度创新为抓手，以碳汇交易为动力，扎实推进造林绿化，着力加强森林经营，强化森林和湿地保护，扩面积，增蓄积，提质量，多固碳，不断增强林业减缓和适应气候变化能力，为维护生态安全、拓展发展空间、促进经济社会可持续发展做出新贡献。

（二）基本原则

坚持林业行动目标与国家应对气候变化战略规划有机结合。坚持减缓与适应协同推进。

坚持增加林业碳吸收与减少林业碳排放统筹兼顾。坚持扩大森林面积和提高森林质量同步加强。坚持国内工作与气候谈判互为促进。坚持政府主导和社会参与共同推进。

（三）主要目标

到 2020 年，全国林地保有量增加到 3.123 亿公顷，森林覆盖率达到 23％以上，森林蓄积量达到 165 亿立方米以上，森林植被碳储量达到 95 亿吨左右，湿地保有量不低于 8 亿亩。

六、"十三五"我国林业应对气候变化的主要任务

（一）加强造林绿化和森林经营，增加森林碳汇

开展大规模国土绿化行动，继续实施重大林业生态工程，扎实推进宜林荒山荒地造林，突出加快旱区造林绿化进程，大力开展全民义务植树，统筹推进城乡绿化和部门绿化。提高造林补贴标准，调动社会力量参与造林绿化的积极性，充分挖掘森林资源增长潜力，扩大森林面积，增加森林碳汇。全面加强森林经营，提高森林质量，改变森林结构不合理、生态功能低下、林地生产力不高的状况，提高单位面积蓄积量。完善森林抚育补贴政策，提高补贴标准，扩大补贴范围，增加补贴规模，加快抚育进程，减少历史欠账。编制实施《全国森林经营规划（2016—2050 年）》，出台《关于进一步加强森林提质增效工作的意见》，全面推动我国森林提质增效。重点推进全国森林经营样板基地等各类森林经营示范单位建设，探索建立符合中国国情林情的森林经营理念、技术、管理和政策体系，带动全国森林经营科学有序开展，不断提高森林质量，增强生态功能，进一步增加森林碳汇。

（二）强化森林灾害防控，减少森林碳排放

落实《国务院办公厅关于进一步加强林业有害生物防治工作的意见》，全面实施《全国林业有害生物防治建设规划（2011—2020 年）》，强化有害生物监测预警、检疫御灾和防灾减灾体系建设，林业有害生物成灾率控制在 4‰以下，努力减少有害生物灾害导致的森林碳排放。深入实施《森林防火条例》，加强森林防火道路和设施及专业队伍建设，进一步完善森林火灾预警与响应机制，提升森林火灾监测、火源管理和应急处置能力，森林火灾受害率控制在 1‰以下，努力减少火灾导致的森林碳排放。

（三）加大湿地保护与恢复，增加湿地固碳能力

完善《全国湿地保护工程规划》，编制实施全国湿地"十三五"规划，合理布局湿地生态空间格局。全面加强对重要湿地、自然保护区、湿地公园和脆弱湿地的保护，把湿地生态红线落实到"山头地块"，采取有效措施确保湿地不再遭到破坏流失。开展退化湿地生态评估，遏制湿地生态功能退化，逐步恢复湿地生态功能和自然状态。健全湿地保护法规制度，争取出台国家湿地保护条例，指导地方继续加强湿地立法和执法工作，推进建立湿地生态效益补偿制度和湿地保护考核奖惩制度，把湿地保护纳入地方政府政绩考核指标。通过加强湿地保护恢复，扩大湿地面积，增强湿地功能，全面提升湿地保护管理和合理利用水平，提高湿地固碳能力。

（四）启动开展 REDD[1] + 试点

2013 年年底，波兰华沙气候大会通过的"华沙 REDD＋行动框架"明确了激励发展中国家实施减少毁林排放、减少森林退化排放及森林保护、森林可持续经营增加碳储量行动（以下简称 REDD＋）的资金支持机制和技术指南。巴西、印度尼西亚、印度等发展中大国已加入实施 REDD＋行动的国际进程，我国也应积极加入，以进一步推进国内相关工作，扩大我国林业国际影响力。为此，要组织制定 REDD＋行动国家战略或计划，明确我国 REDD＋行动路径和政策措施。积极探索将 REDD＋行动和国内碳交易及林业相关工作结合的方式和途径。

（五）启动实施林业适应气候变化试点

启动实施林业适应气候变化试点是《国家适应气候变化战略》提出的明确要求，是全面提升我国适应气候变化能力的迫切需要。在我国重要生态区域和重点林区，选择若干典型，建设国家林业适应气候变化综合试点实验区，开展林业适应气候变化综合试点示范。通过综合试点，科学回答气候变化对林业的影响，系统提出林业适应气候变化的技术措施，有效提升气候变化背景下森林、湿地、荒漠生态系统的抗逆性和稳定性，进而探索以适应气候变化为导向的林业制度设计、政策激励机制，形成科学指导林业适应气候变化工作的技术制度和政策制度，促进林业适应气候变化工作健康有序发展。

---

[1] REDD（reducing emissions from deforestation and degradation）即减少砍伐森林和森林退化导致的温室气体排放。

（六）建立健全全国林业碳汇计量监测体系

针对气候变化涉林谈判进展，深入研究 IPCC[1]关于土地利用、土地利用变化与林业（以下简称 LULUCF）良好做法指南和 IPCC 有关国家温室气体清单指南，结合我国林业资源调查监测，进一步深入推进体系建设，不断完善全国林业碳汇计量监测体系，逐步由森林扩展到湿地和木质林产品。通过持续努力，建成既符合国际规则又适合我国国情林情的林业碳汇计量监测国家体系，更好地支撑国家应对气候变化科学决策、国际谈判及国家温室气体排放清单编制工作。

（七）积极探索推进林业碳汇交易

贯彻落实党的十八届三中全会关于加快生态文明制度建设、推行碳排放权交易制度的战略决策，按照国家统一部署和《国家林业局关于推进林业碳汇交易工作的指导意见》，研究推进林业碳汇交易，抓好项目交易试点，深入调查研究，总结推广试点经验。开展林业参与国家配额分配的可行性研究，探索通过配额管理，协调推进林业融入国家碳排放权交易体系。通过碳汇交易，完善森林和湿地生态价值补偿机制，拓展生态建设融资渠道，利用市场机制促进国家增汇减排目标实现。

七、政策建议

（一）实施森林增汇提升工程

森林既是温室气体吸收汇，又是排放源。强化森林资源培育管理，实施森林增汇提升工程，可为应对全球气候变化做出更大的"中国贡献"。一要持续大力开展造林绿化，扎实推进造林绿化规划纲要实施，重点抓好旱区造林、京津冀一体化造林、一带一路整体防护林建设，广泛动员社会力量参与义务植树，坚定不移扩大森林面积，拓展造林增汇空间。二要科学开展森林抚育经营，编制实施森林经营规划，落实森林经营方案主体责任，强化造林后的管护力度，确保成活成林，着力推进退化防护林改造，全面提升森林的整体质量

---

[1]　IPCC（intergovernmental panel on climate change）是由 WMO（世界气象组织）和 UNEP（联合国环境规划署）于 1988 年建立的政府间气候变化专门委员会，又译为政府间气候变化专业委员会、跨政府气候变化委员会等。

和生产力，大幅提升森林碳汇能力。三要加大森林保护力度，加强林业有害生物防控和林火防火工作，强化林地管理，减少林地非法征占用，切实巩固森林资源培育成果，努力减少森林资源毁损及其引致的碳排放，间接提升森林生态系统碳汇能力。

（二）实施湿地固碳减排工程

湿地既可能成为碳汇，又可能成为碳源。加强湿地保护，实施湿地固碳工程已成为我国应对气候变化的重要选择。一要摸清我国泥炭沼泽湿地和红树林湿地本底，建立全国泥炭沼泽湿地碳库信息系统，开展红树林专项调查和监测，完善全国湿地资源调查监测体系。二要推进泥炭沼泽湿地恢复。泥炭沼泽湿地是全球单位面积碳储量最高的生态系统，破坏容易恢复难。要编制全国泥炭沼泽湿地保护和恢复"十三五"规划，实施泥炭沼泽湿地恢复工程，恢复泥炭沼泽湿地 24 万公顷。三要实施红树林恢复工程。红树林是地球上生产力最高的生态系统之一，具有强大的固碳能力。通过编制红树林恢复"十三五"规划，重点解决保存率低和次生化现象严重问题，保护和恢复好现有红树林湿地的生态功能。

（三）实施林业适应气候变化工程

实施国家林业适应气候变化工程是推动中国自然生态系统适应气候变化的重大行动。要结合国家林业可持续发展和生态建设的总体目标和任务规划，结合全国主体功能区划分，完善林业发展区划，在主要林区、重要湿地、典型荒漠化地区等，开展"适应"工程建设，分区实施林业适应气候变化政策。要优先建设国家林业适应气候变化综合实验区，开展林业适应气候变化工程建设、技术措施、政策制度的综合试验示范，创新工程财政金融相关政策。要建立林业适应气候变化先导性科学工程，开展先导性科学研究、技术研发推广应用，促进中国适应气候变化能力整体提升。

（四）启动林业碳监测工程

硬件方面主要包括林业碳汇外业调查测定的基础设施，内业测定分析仪器与设备，数据获取存储分析仪器和软件，以及计算平台、成果分析报告、网络传输等。软件方面主要包括编制技术规范，建设林业碳汇测算模型参数，建立林业碳汇计量监测基础数据库，推进遥感数据模型建设等。

（五）施行林业碳排放配额管理政策

当前国家正在推进建立全国碳排放交易体系，针对重点行业温室气体排放建立总量控制制度、设计配额管理制度、推行碳排放权交易。通过配额和项目两种方式，将林业纳入碳排放权交易体系，明确林业配额数量或比例，以及工业能源企业可用林业碳汇抵消的相关政策，使一部分通过技术改造升级减排有困难的企业利用增加林业碳汇抵消减排任务，建立缓冲期。同时，形成增强林业经营者责任、激励经营主体保护森林、大力造林和科学经营森林的政策机制。

中国科学院

"十三五"时期应对气候变化、发展低碳经济的主要任务

　　"十三五"不仅是我国全面建成小康社会的决定期、经济转型升级的过渡期，同时也是生态文明建设的关键期，以及实现 2030 年碳排放峰值的起步期。深刻认识应对气候变化与经济社会发展的相互关系，准确研判应对气候变化和发展低碳经济的新阶段新趋势新特点，明确"十三五"应对气候变化和发展低碳经济的目标与思路，对推动我国发展方式转型，实现资源可持续利用、生态环境改善与经济社会可持续发展，具有重大意义和作用。

一、"十三五"期间及至 2030 年应对气候变化的形势判断

（一）全球形势及对我国的影响

　　全球变暖及其带来的气候安全问题已成为威胁人类生存发展与国家安全的重大挑战。政府间气候变化专门委员会（IPCC）第五次评估报告指出，气候变暖趋势及其显著影响进一步成为国际社会的普遍共识，并凸显了应对气候变化的紧迫性。1880—2012 年全球平均气温上升了约 0.85℃；1901—2010 年全球平均海平面上升了 0.19 米，并且这种升温趋势将长期持续下去。我国 1909—2010 年近百年间气温上升 1.2℃～1.5℃，温升幅度超过全球平均水平，反映我国是受全球变暖影响较大的地区。同时，气候变化导致极端天气气候事件加剧，给我国的粮食供应、水资源安全、生态系统服务、能源利用带来了诸多不确定性，甚至对国家安全提出严峻挑战。为了应对这种形势，世界各国都在谋划发展方式转变和利用技术创新的机遇，抢占未来国际竞争的政治经济制高点。欧盟率先制定了至 2050 年的竞

争性低碳经济路线图，美国也提出了长期碳减排目标并有半数以上的州制定了低碳发展规划，包括中国在内的新兴经济体也纷纷确定自己的减排目标。经济和能源发展的清洁化和低碳化是未来可持续发展的必经之路。

根据 2015 年签署的《巴黎协定》，世界各国将加强对气候变化威胁的全球应对，把全球平均气温较工业化前水平升高幅度控制在 2 摄氏度内，并为把升温控制在 1.5 摄氏度之内而努力。全球将尽快实现温室气体排放达峰，21 世纪下半叶实现温室气体净零排放。

总体看，在多极化背景下，应对气候变化成为重要的博弈焦点和一国对外整体战略的重要手段，也是催生新一轮以智能、绿色为特征的科技革命的重要因素。因此，应对气候变化与发展低碳经济对我国既有挑战又有机遇。

作为最大的新兴经济体和最大的碳排放国，我国有条件展现自己的国际领导力，不仅践行碳减排和尽早达峰的承诺，而且有望走出一条符合国情的低碳转型发展道路。一方面，应该坚持共同但有区别、各自能力和公平原则，从更广阔的视野去理解应对气候变化和发展低碳经济的利弊得失，更积极地参与制定新的国际制度、构建新型国际关系和争取更大的发展空间，不断提升我国的国际地位、形象和影响力；另一方面，也要利用碳减排承诺来推进国内经济转型，引领经济新常态步入良性循环的轨道，进而促进创新发展方式的形成与推广。

（二）面临的国内形势

我国积极探索建立应对气候变化的体制机制和政策体系。"十二五"期间，国家出台一系列文件，如《国家适应气候变化战略》《国家应对气候变化规划（2014—2020 年）》《能源发展战略行动计划（2014—2020 年）》等，基本形成了应对气候变化的顶层设计。但是，我国应对气候变化工作还存在不少问题。如应对气候变化缺少上位法支撑，法律法规比较薄弱，标准规范还不健全；能源和碳价格形成机制不完善；碳计量方法及核查体系有待加强；适应气候变化的能力总体不足等。

在经济向新常态转型和未来碳排放峰值约束的影响下，"十三五"期间将是我国应对气候变化和发展低碳经济的一个新阶段。我们应该在总结过去两个五年规划经验的基础上，为争取 2030 年碳排放达峰以及低碳转型奠定坚实的制度、政策基础，并给出清晰的发展路线图，通过改革和创新，构建完善的管理体制和治理体系，充分发挥市场手段和行政手段的双重效力，促进全社会的共同参与。

（三）基本结论

1. 以碳排放总量 2030 年达峰为导向，"十三五"低碳发展应制定更为积极的目标和长期路线图

"十三五"是我国实现 2020 年碳强度比 2005 年下降 40％～45％目标的最后一个五年规划。从进度看，2013 年碳强度已经比 2005 年下降 28.5％，相当于已经实现至 2020 年下降目标的 63％。预期随着经济增速进入新常态和经济结构转型，以及相关节能措施的出台，"十二五"碳强度下降目标可望超过原定的 17％。综合各方面研究，到 2020 年我国碳强度目标有望实现降低 45％的高限甚至更多，完成我国在哥本哈根联合国气候大会上的承诺。

根据发展水平以及产业转型的趋势，可以预期我国的生产性能源消费将在 2020—2030 年之间进入微增长阶段或达到峰值。在给定能源结构下，我国 2030 年碳排放达到峰值的难点是生活水平提高以及服务业规模扩大带来的能源消费持续增长，主要包括交通（汽车）能耗、建筑能耗（取暖和制冷）、电器能耗等。因此，我国必须进一步重视交通、建筑、电器节能技术的研发与推广，并在不影响生活水平提高的情况下大力提倡低能耗型消费体系建设。这些工作必须在"十三五"就纳入国家规划并逐步推广，才能对 2030 年实现峰值起到实质作用。

2. 为实现 2030 年碳排放峰值，我国应当从"十三五"开始实施 CO_2 排放总量控制和试点工作

我国在《中美应对气候变化联合公报》中提出 2030 年左右 CO_2 排放达到峰值且将努力早日实现，对未来峰值管理提出了要求。"十三五"是我国在达峰目标下的第一个五年规划，因此应当在充分总结过去在实施碳强度和能源消费增量控制经验的基础上，实施 CO_2 排放总量分布控制，建立一整套制度体系，并在发达地区和重点行业开展试点，为最终实现中长期低碳发展目标奠定良好基础。

2020 年我国能源消费碳排放总量取决于"十三五"期间的经济增速和碳排放强度下降情况。表 1 给出了"十三五"GDP 增速分别为 6.5％、7％、7.5％以及碳强度相比 2005 年分别下降 40％、45％和 50％情况下的碳排放量。结果表明，2020 年，我国能源消费碳排放量在 90 亿～115 亿吨之间，存在一定的不确定性。

表 1

不同情景下我国 2020 年碳排放量（亿吨 CO_2）

"十三五" GDP 年均增速	碳强度比 2005 年下降 40%	碳强度比 2005 年下降 45%	碳强度比 2005 年下降 50%
6.5%	109.7	100.5	91.4
7.0%	112.2	102.9	93.5
7.5%	114.9	105.3	95.8

3．应当结合全面深化改革和依法治国的战略部署，为应对气候变化和发展低碳经济提供更好的制度保障，并强化科技支撑

应当像"用制度保护生态环境"一样，用"制度应对气候变化和发展低碳经济"。"十三五"期间是我国推进全面深化改革和依法治国的决定期。由于应对气候变化和发展低碳经济涉及社会经济的各个领域，所以应当结合全面深化改革和依法治国的进程，建立健全应对气候变化的法律体系、管理体制和具体制度与政策，特别是完善碳市场的相关制度安排，提高决策能力，合理处理中央和地方关系，从而为应对气候变化和发展低碳经济提供更好制度保障。

应对气候变化既是经济和政治问题，更是科学问题。要赢得经济制高点和政治主导权，就需先争夺科学话语权。特别是要深刻理解气候变化的科学规律，科学认知气候变化对我国自然灾害、生态系统和水资源的影响，科学预测我国未来气候变化趋势；要开发关键低碳技术，发展低碳经济，提升自主创新能力，提升科技促进经济和社会发展的能力。这是我国打赢应对气候变化和发展低碳经济这场战争的关键所在。因此更需在"十三五"期间加强科学研究，加大研发投入。

二、指导思想和目标体系

（一）指导思想

以 2030 年左右实现碳排放峰值为导向，以重点领域节能和低碳技术创新为着力点，推进绿色循环低碳转型发展；以四维约束性指标（碳总量、碳强度、非化石能源消费占比、碳汇）为核心，引领产业结构、能源结构调整，推进低碳工业化和低碳城镇化建设，努力提高碳生产率，使发展低碳经济成为新的增长点；推动目标体系、体制机制、管理模式、

政策措施和试点示范的全面转型，制定和完善围绕碳排放总量控制的制度和政策体系；以气候变化研究水平的提升和科学技术的进步支撑国家应对气候变化、减轻自然灾害和建设低碳经济，努力走一条符合中国基本国情的经济发展与应对气候变化双赢的强国复兴之路。

（二）主要目标

1. 减缓气候变化方面目标

在减缓气候变化方面，努力构建以总量、强度、结构、碳汇为核心的四维目标指标体系。

总量。2020 年 CO_2 排放总量控制在 100 亿吨以内，一次能源消费总量控制在 48 亿吨标准煤左右，煤炭消费总量控制在 42 亿吨左右。

强度。"十三五"单位国内生产总值 CO_2 排放降低 19％～20％，力争 2020 年单位国内生产总值 CO_2 排放比 2005 年下降 48％～50％；能源强度下降 15％。

结构。2020 年，非化石能源占一次能源消费的比重达到 15％，天然气比重达到 10％以上，煤炭消费比重控制在 62％以内。

碳汇。2020 年，森林面积和蓄积量分别比 2005 年增加 4 000 万公顷和 25 亿立方米以上，"十三五"期间森林蓄积量增加 6 亿～8 亿立方米。

2. 适应气候变化方面目标

在适应气候变化方面，适应能力显著增强，适应气候变化的区域格局基本形成。

适应能力显著增强。主要气候敏感脆弱领域、区域和人群的脆弱性明显降低；社会公众适应气候变化的意识明显提高；预测预警和防灾减灾体系逐步完善，极端天气气候事件的监测预警能力和防灾减灾能力得到加强。适应行动的资金得到有效保障，适应技术体系和技术标准初步建立并得到示范和推广。

适应气候变化的区域格局基本形成。在不同地区构建科学合理的城市化格局、农业发展格局和生态安全格局，使人民生产生活安全、农产品供给安全和生态安全得到切实保障。

3. 应对气候变化的科技发展方面目标

在应对气候变化的科技发展方面，发展低碳与 CO_2 利用技术、核算与绿色低碳技术和产业，建立相应的温室气体和污染物减排法律法规体系；发展以地球系统模式和环境污染模式为核心的我国国家生存环境模拟系统；科学预测预估未来 10～30 年全球及中国区域气候变化的趋势，并依此评估气候变化对生态系统、水资源、极端天气气候等方面的可能影响。以气候变化研究水平的提升和科学技术的进步支撑国家应对气候变化与低碳经济建设。

三、主要任务

（一）加强基础研究，科学预测我国未来 10～30 年气候变化趋势

构建基于多圈层耦合的地球系统模式的气候变化研究系统，科学预测未来 10～30 年全球和中国气候变化趋势。发展观测数据同化技术，突破海洋和陆面初始化技术；重点解决海洋次表层观测数据包括青藏高原在内的陆面观测数据的缺失问题，增加年代际气候预测的信号源；开展 1950—2015 年年代际气候变化的后报试验，检验并改进模式系统的预报能力；发展年代际气候预测的统计模型，与气候模式预测结果进行比较；利用年代际气候预测模式系统，准确预测未来 10～30 年全球和我国气候走向，包括大气、海洋、水资源、积雪和海冰、海平面上升，以及极端气候事件等的变化，及其对生态环境的影响，为国家战略决策提供气候环境支撑。

研究不同时间尺度气候变化及其相互关系；开展影响全球和东亚气候的一些重要年代际气候变率现象的可预测性研究，理解关键的海洋-大气相互作用过程、陆面-大气相互作用过程的机理；研究上述年代际变率模态对全球增暖的响应及其反馈作用。

构建未来 10～30 年全球和我国温室气体、气溶胶前体物及气溶胶排放清单，揭示中国区域气溶胶－辐射－云－降雨相互作用的过程机制。开展人类活动（如温室气体和气溶胶排放、土地利用）和自然因素（如太阳活动和火山活动）影响气候变化的归因和检测研究。

（二）研制建立我国国家生存环境模拟系统

研究建立具国际先进水平的全球地球系统模式及与之嵌套的我国区域环境系统模式，并与观测和数据分析密切结合，构建成可以对全球特别是我国生存环境（气候、生态、水文、自然灾害等）进行科学模拟和预测的强大工具，形成对经济和社会发展进行科学有效支撑的能力并用于解决国家重大需求，如我国区域干旱、暴雨洪水的模拟和预测，长江、黄河、澜沧江"三江源"区域水循环的模拟，区域气候和大气污染研究，风电场风电量预报，流域水环境研究等。

研制我国区域气候和大气污染相互作用的模拟和预报系统。建立基于全球模式和区域气候模式相嵌套的，考虑完整大气化学过程及其和气候变化、污染过程相互作用的，可以对我国不同空间尺度大气污染进行模拟和预报的数值模拟系统。利用立体观测网温室气体、污染物和气象观测数据及仿真烟雾箱和人体健康数据进行验证，在东部区域开展示范研究；预估未来调控政策对区域气候变化、污染物浓度水平、二者相互作用及其对人体健康的潜在影响，同时为国家空气质量标准修订、升级和国家环境外交提供科学依据，并开展预测试验示范。

（三）科学评估气候变化影响、风险，研究有序适应气候变化的策略和技术

1. 发展重点领域、行业与区域的气候变化影响识别与评估技术

构建重点领域、行业、区域的国家气候变化影响评估标准与可操作性评估技术体系；开发全球变化经济综合评估模型，评估减缓与适应气候变化的碳代价；研究气候灾害脆弱性时空分布特征、变化规律和不同时间尺度气候灾害的可能影响。

2. 提高区域气候变化风险预估与气候变化灾害风险管理能力

研发精细化区域气候环境模式与气候变化风险预估系统，提高未来 10～30 年中国重大气象-水文等极端事件演变的预估能力及早期预警信号辨识水平；识别历史及未来重大气候变化影响的高风险区；预估未来粮食、水、生态和城市的气候变化风险以及不同发展情景下区域人类活动加剧有关风险的可能性；评估经济一体化区域极端事件与风险，开展针对重点区域的示范研究；研发大气条件对环境污染的影响与综合应对技术，研究极端事件对污染物的聚集与扩散效应；开展典型试验区极端事件和环境污染的监测、预测和预警示范。

3. 发展重点行业与区域综合适应综合关键技术

集成适应气候变化的实用技术、研发决策支持系统；突破一批适应气候变化的资源优化配置与综合减灾关键技术，重大工程建设与安全运行风险评估技术，重点行业风险规避与防御技术；开展减缓与适应协同关键技术集成示范；开展低碳能源安全战略布局与保障工程研究；在人体健康领域重点发展虫媒和水媒疾病控制技术；在重点区域发展基础设施

服务适应技术。

4. 开展跨行业和区域协同的有序适应气候变化的策略研究，推进有序适应气候变化的国家战略与重点能力建设

确立国家应对气候变化中长期（10～20 年）战略；建立有序适应的国家适应气候变化策略。

（四）大力发展低碳清洁能源，优化能源结构

坚持发展清洁低碳能源作为调整能源结构的主要措施；坚持发展洁净化石能源和化石能源高效清洁利用与非化石能源并举，逐步降低煤炭消费比重，积极提高天然气特别是非常规天然气消费比重，大幅增加地热能、太阳能、风电等可再生能源和核电消费比重，形成与我国国情相适应、科学合理的能源消费结构。努力降低煤炭消费比重。加大高耗能产业落后产能的淘汰力度，控制重点用煤领域煤炭消费，扩大外来电、天然气特别是非常规天然气及非化石能源供应规模，耗煤项目实现煤炭减量替代。到 2020 年京津冀鲁四省市煤炭消费比 2012 年净削减 1 亿吨，长三角和珠三角地区煤炭消费总量负增长。

积极提高天然气消费比重。坚持增加供应与提高能效并举的方针，在扩大天然气进口的同时，着重加强我国天然气特别是非常规天然气如煤层气、页岩气、致密砂岩气以及天然气水合物的研究与开发力度，有序拓展天然气城镇燃气应用、实施气化城市民生工程、适度发展天然气发电以及加快天然气管网和储气设施建设等。到 2020 年，努力使天然气在一次能源消费中的比重提高到 10％以上。

安全发展核电。在确保安全的前提下，适时在东部沿海地区启动新的核电项目建设，研究论证内陆核电建设。大力发展可再生能源。在保护生态基础上有序积极开发水电，加快发展太阳能发电和风力发电，积极发展地热能、生物质能和海洋能等。

（五）全面促进产业升级转型，支撑经济新常态

1. 继续大力推进产业升级转型

积极发展服务业第三产业，同时通过碳税、减排指标等手段有效控制冶金、化工、建材等高耗能产业的发展规模，确保高耗能产业比重呈现明显下降趋势。"十三五"期间，力

争第三产业比重每年提高 0.8 个百分点、高耗能产业（包括电力、冶金、化工、建材）比重每年下降 0.4 个百分点，即 2020 年分别达到 50％和 23％。

2. 大力发展节能低碳替代产品

实施低碳创新发展工程，大幅提升汽车、电器、建筑等终端产品的节能水平，确保我国居民人均生活碳排放达到同等收入国家的先进水平。力争到 2020 年，涌现出一批核心节能、减碳关键技术，传统终端产品的节能替代率大幅度提升，通过市场化手段和公共政策的紧密结合使低碳终端产品的替代性消费成为新的经济增长点。

3. 适度进口高耗能原材料产品

由于产业链长、对上游配套产业依赖度高等原因，通用设备、交通设备、电子信息、电气设备等现代制造业实际上是全产业链的碳排放量非常高的行业。解决出路是扩大高耗能原材料产品的进口。因此，"十三五"期间，若需要有效降低国内碳排放，国家应采取各种措施支持进口高耗能原材料产品。

（六）发展和推广能效先进技术，全面提高能源利用效率

针对能源绿色、低碳、智能发展的战略方向，实施一批国家重大能源科技创新专项，和重大工程，加快推进低碳技术产业化、低碳产业规模化发展，并健全相关支撑机制，形成低碳技术遴选、示范和推广的动态管理机制，打造能源科技创新升级版。

实施煤炭清洁高效开发利用重大工程、大型油气田及煤层气和页岩气开发国家科技重大专项、大型先进压水堆及高温气冷堆核电站国家科技重大专项，以及碳捕集、利用和封存示范重大工程。

确立非常规油气及深海油气勘探开发、煤炭清洁高效利用、分布式能源、智能电网、新一代核电、先进可再生能源、节能节水、储能、基础材料等 9 个重点创新领域，相应开展页岩气、煤层气、深水油气开发等重大示范工程。

依托海洋油气和非常规油气勘探开发、煤炭高效清洁利用、先进核电、可再生能源开发、智能电网、碳捕集、利用和封存等重大能源工程，加快科技成果转化，加快能源装备制造创新平台建设，支持先进能源技术装备"走出去"，形成有国际竞争力的能源装备工业体系。

（七）建立低碳评价、碳交易及相关制度体系

健全温室气体统计核算体系，将温室气体排放基础统计指标纳入政府统计指标体系，建立健全涵盖能源活动、工业生产过程、农业、土地利用变化，与林业、废弃物处理等领域、适应温室气体排放核算要求的基础统计体系。根据温室气体排放统计需要，扩大能源统计调查范围，细化能源统计品种和指标分类，形成适合我国国情的完整温室气体排放基础数据库，确保数据真实准确。建立健全温室气体排放数据信息管理系统，定期编制国家和省级温室气体清单。构建国家、地方、企业三级温室气体排放基础统计和核算工作体系。制定电力、钢铁、有色、建材、石化、化工、交通、建筑等重点行业温室气体排放核算标准，并形成不同行业减排项目的减排量核证方法学。研究制定低碳产品评价标准及低碳技术、温室气体管理等相关标准，鼓励地方、行业开展相关标准化探索。

建立碳交易制度包括：实施《温室气体自愿减排交易管理办法》，建立自愿减排交易登记注册系统和信息发布制度，推动开展自愿减排交易活动。深入开展碳排放权交易试点，研究制订碳排放交易总体方案，明确全国碳排放交易市场建设的战略目标、实施步骤和配套措施，加快建立全国碳排放交易市场。做好碳排放权分配、核算核证、交易规则、奖惩机制、监管体系等方面的制度设计，制定全国碳排放交易管理办法。积极参与全球性和行业性多边碳排放交易规则和制度的制定，探索我国与其他国家（地区）开展双边和多边碳排放交易活动相关合作机制。

建立碳排放认证制度包括：建立低碳产品认证制度，制定相应技术规范、评价标准、认证模式、认证程序和认证监管方式。选择碳排放量大、应用范围广的汽车、电器等用能产品，日用消费品及重要原材料行业典型产品，率先开展低碳产品认证。选择部分地区开展低碳产品推广试点。加强认证机构能力建设和资质管理，规范第三方认证机构服务市场。在产品、服务、组织、项目、活动等层面建立低碳荣誉制度。支持出口企业建立产品碳排放评价数据库，提高企业应对新型贸易壁垒的能力。

（八）加强生态系统管理，提高海陆碳汇能力

1. 严格保护现有森林，发挥生态系统增汇潜力

在现有森林面积不变的情景下，我国森林植被和土壤总碳贮量的自然增长潜力约为 580 亿吨 CO_2，假设在未来的 50～60 年内实现该潜力值，其平均固碳速率为 9.7 亿～11.6 亿吨

CO_2/年。因此，必须重视现有植被及其生物多样性的严格保护，严禁乱砍滥伐或非法征占林地行为、预防森林火灾和病虫害等导致的碳泄露。并加强现有森林的抚育管理，通过适度间伐、择伐、合理施肥、套植等集约化营林措施提高森林质量及增加碳汇功能。

2. 优化生态建设空间布局、提升重大生态工程碳汇效应

我国实施的六大生态工程已经发挥了巨大的增汇效应，并在未来很长时间内将持续发挥碳汇功能，需要加强对现有生态工程区的人工林抚育管理，提升其固碳增汇效应。面向我国到 2020 年新增森林蓄积量 140 亿立方米、2030 年森林覆盖率增至 24.2% 的规划的目标，以及我国的生活、生产和生态"三生用地"日益突出的矛盾，应进一步重视重大生态工程建设方案的科学论证，优化生态建设工程的空间布局，取得有效的生态恢复和增汇效果。未来应重点开展东北山区、华北山地区、亚热带丘陵区以及黄土高原沟壑区等生态工程布局。

3. 研发陆地增汇技术，集成生态恢复和增汇双赢模式

通过对典型区域生态系统固碳增汇技术体系研究及示范，因地制宜地研发和集成增汇技术和模式，构建不同区域脆弱生态系统的适应性管理技术体系。重点加强黄河上中游地区、长江上中游地区、南方红壤丘陵区、青藏高原冻融区、三江源头区以及内蒙古和青藏高原温带草原区的生态恢复技术创新和模式集成，通过生态恢复促进碳汇功能提升。

4. 创新低碳生产技术，促进农牧业的增汇效应

过去 30 年我国农田土壤碳密度平均增长了 3.7 吨碳/公顷，退牧还草工程区内的草地碳密度 13 年间平均增加了 0.97 吨碳/公顷，说明创新农牧业低碳生产技术是增加陆地碳汇的重要方面。需要代理推广科学施肥、秸秆还田、免耕、品种改良和农田水分管理等低碳农业生产技术，持续推动退牧还草、退田还湖、退田还泽、保护和恢复退化湿地等重要措施的实施，促进农牧业的增汇效应。

5. 创新海洋增汇技术，增强海洋蓝色碳汇功能

海洋生态系统具有巨大的碳汇能力，是世界上最大的碳库。从应对全球变化层面，不

仅应加强近海的红树林、珊瑚礁和盐沼地蓝色碳汇区的生态系统保护和恢复建设，还应高度重视微型生物碳泵等增汇技术的研发和实验示范，增强陆海统筹的碳汇管理，发展蓝色碳汇渔业和养殖业，提高蓝色碳汇功能强度，挖掘海洋在缓解气候变化中的特殊作用。

（九）建立温室气体和大气污染物的协同观测体系

构建多颗卫星遥感和地面台站监测的协同观测体系，针对中国高 CO_2、高污染物的排放状况，发展天地一体化高效率的数据处理技术与方法，形成大气碳浓度和碳源汇的全球监测体系，实现全球和重点区域碳排放定量监测能力；开展全国和重点地区的碳排放监测，为科学评估减排效果提供基础。

加强对大气污染物的协同控制。首先要加强黑炭颗粒物的减排，强化 N_2O 与 NO_x 的协同控制，重视 CO_2、SO_2、NO_x 和 VOCs 的协同减排，促进源头减排工作。

四、政策保障

（一）积极推进应对气候变化立法进程，构建应对气候变化法律基础

建立应对气候变化的制度框架和政策体系，进一步修改完善节能、可再生能源发展和大气污染控制等相关领域法律法规，保持各领域政策与行动的一致性，形成协同效应。近期，应在《大气污染防治法》《环境保护税法》等法律的制定修改过程中反映应对气候变化和低碳发展的相关内容。

建立绿色低碳标准体系。优先研究制定电力、钢铁、水泥等重点行业的温室气体排放标准和标杆。研究制定低碳产品评价标准，建立低碳产品标识和认证制度。

（二）适时推进行政管理体制改革，强化政府对应对气候变化、能源管理和低碳发展的统筹协调和财政支持力度

构建统一协调的低碳发展管理体制框架，明确和发挥国家气候变化领导小组的统筹协调职能，形成由国家发展改革委归口管理、其他部委协助配合的部门组织架构，注重解决各部门权力交叉重叠、职责缺位的问题。建立健全适应工作组织的部门责任、工作程序和协调机制。探讨评估建立"能源与应对气候变化部"的可行性。

划分应对气候变化的中央地方事权范围，建立健全中央政府部门之间、中央政府与地方政府之间、地方政府之间、政府与非政府组织之间的沟通协调机制。进一步加大财政部门对应对气候变化工作的支持力度，确定中央与地方的财政支出责任。

（三）建立总量分解落实机制，健全考核评价制度

建立碳排放总量和化石能源消费总量控制、分解落实和考核制度，使得碳排放总量控制成为引导结构转型升级、促进新能源发展和经济发展方式转型的抓手和硬约束。

目标的分解落实要体现时空差异，加强碳排放总量和能源消费总量控制两项工作的协调衔接，在区域和行业层面合理分配总量指标。东部经济发达的优先开发地区碳排放总量力争 2020 年左右达到峰值，对全国低碳转型发展起到示范和带动作用；推动工业部门碳排放总量 2025 年前达到峰值，促进部分产能过剩和能源密集型行业碳排放总量 2020 年达到峰值。

（四）深入开展多层次的低碳试点，探索因地制宜的低碳发展模式

落实试点省区低碳发展规划和实施方案。提高省市、城镇层面试点的遴选标准，重点开展三类试点示范工作，促进不同试点地区的差别化发展。一是在"十三五"期间实施新增碳排放总量控制试点，即新增试点必须实现 2020 年左右达到碳排放峰值；二是在中部地区开展低碳转型试点示范，通过建立相应资金机制和清洁发展机制，鼓励试点地区低碳转型和清洁发展；三是针对中西部落后地区，开展基于碳收支的生态补偿试点建设，鼓励试点地区保护生态系统和增加碳汇。

（五）创新发展低碳经济的长效机制，引导企业和社会公众行为

推动多层次的碳交易市场建设。根据《温室气体自愿减排交易管理办法》，建立自愿交易登记注册系统和信息发布制度，开展自愿减排交易活动。继续深入开展碳排放权交易试点工作，总结评估试点工作经验，完善试点实施方案。加快基础能力建设，研究制定相应法规和管理办法，在碳排放及碳资产的统计、分配、核算核证、定价、交易、入账、纳税、监管等方面做好制度设计，为稳步推进全国统一碳市场建设奠定良好的制度基础。

加快推进能源管理体制和价格改革，建立和完善反映资源稀缺程度、市场供求关系和

生态环境损害的价格形成机制；在考虑整体税收体制改革的框架下，加快资源税、环境税、碳税改革和落实，并积极考虑应对气候变化的需要。

建立多元化的投融资机制。政府应进一步加大财政支持应对气候变化工作的力度，并创新投融资方式，支持低碳试点示范、低碳技术以及产品的研发与推广应用，逐步完善强制性绿色低碳产品的政府采购制度。

（六）加强能力建设，支撑应对气候变化管理工作

进一步完善温室气体排放统计、核算、评估、监管体制机制，提高碳排放核算核查的管理能力。加强基础科学研究，提高科技支撑应对气候变化的能力。开展教育培训、低碳信息公开和舆论宣传工作。开展重点领域气候变化风险分析，建设多灾种综合监测、预报、预警工程；建立极端天气气候事件预警体系，实现各类预警信息的共享。加强灾害应急处置能力建设。建立健全管理信息系统建设，推进跨部门适应信息共享和业务协同。

（七）建立和完善国家气候变化研究体系，深化多层次国际合作

研究建立科研机构、研究型大学和政府有关部门和社会机构联动的完善的国家气候变化研究体系；明确国家各有关部门对气候变化研究和技术研发的分工、各科技计划的战略定位和科研经费稳定支持机制。

推动建立公平合理的国际气候制度。坚持共同但有区别的责任原则、公平原则、各自能力原则，积极建设性参与全球 2020 年后应对气候变化强化行动目标的谈判，争取发展中经济体的增长空间，积极倡导各国采取可比较的方式，完成各自减排目标的制定并采取行动，通过国际社会的共同努力，建立公平合理的全球应对气候变化制度。

加强与国际组织和发达国家合作。深化与联合国相关机构、政府间组织、国际行业组织等多边机构的合作，建立长期性、机制性的气候变化合作关系。积极借鉴和引进发达国家成功经验，加强重点领域和行业对外合作。与主要发达国家建立双边合作机制，加强气候变化战略政策对话和交流。强化国际合作平台建设，促进国内的经济结构转型和低碳化的产业转移。

大力开展南南合作。创新南南合作多边合作模式，以我为主，与有关国际机构探讨建立和推广"南南合作基金"，扩大应对气候变化南南合作资金规模。鼓励地方政府、国内企业等利用自身技术和资金优势参与气候变化南南合作，积极推动我国低碳技术、适应技术

及产品"走出去"。

推进"一带一路"应对气候变化合作。加强亚洲各国在应对气候变化工作上的互联互通，有效利用"丝路基金"，加强亚洲各国各地区在清洁能源发展和应对气候变化资金、技术、标准、科学研究等方面的对话和交流，带动亚洲地区共同应对气候变化，建立长期稳定的区域合作机制。

中国国际经济交流中心

"十三五"时期应对全球气候变化、发展低碳经济的主要任务

一、全球气候变化及其应对形势

(一) 不可逆转的气候变化成为全球共同面临的最为严峻挑战

科学家和政策制定者普遍认同，全球气温上升应以高出前工业时代气温 2 摄氏度为限。按照现在的碳排放速度，预计再经过 30 年时间就可能突破这一上限，而且气候变化可能是不可逆转的。全球变暖问题将会比其他任何问题都更紧迫，因为突破 2 摄氏度的升温将会给局部地区带来灾难，对食物生产和人类健康构成威胁，深深影响全球经济的可持续增长。为应对这一挑战，世界必须共同做出改变，把温室气体减排作为经济发展的硬约束。在这种情形下，世界各国各自面临的挑战是：做到在不严重影响经济增长的前提下避免气候变化失控风险。据政府间气候变化专业委员会 (IPCC) 表示，要把升温幅度限制在 2 摄氏度以内，将会导致全球年均消费增长率减少 0.06 个百分点。

(二) 应对气候变化需要全球范围内实施减排配额约束机制

全球范围内实施温室气体减排配额已经提上多边国际大会议事日程。降低温室气体排放需要世界共同努力。出于历史因素考虑，坚持"共同但有区别的责任"是体现公平的必要。发达经济体通过几个世纪的化石燃料使用实现了繁荣，理应承担更多的减排配额和适

应气候变化所需资金。而发展中国家尚处于发展之中，理应承担相对少的减排任务。1997年达成的《京都议定书》是全世界唯一具有法律约束的减排条约，而新一轮气候谈判需要在事实上取代这一条约，并对 2020 年后的减排目标达成共识。

美国作为世界上最大的发达国家，中国作为世界上最大的发展中国家，两国当前排放总量几乎相当于世界其余国家的总和。2014 年 11 月和 2015 年 9 月，中美两国分别发布了《中美气候变化联合声明》和《中美元首气候变化联合声明》，在声明中，美国首次提出到 2025 年温室气体排放较 2005 年整体下降 26％～28％；而中国首次提出 2030 年单位国内生产总值二氧化碳排放将比 2005 年下降 60％～65％，森林蓄积量比 2005 年增加 45 亿立方米左右。中国将推动绿色电力调度，优先调用可再生能源发电和高能效、低排放的化石能源发电资源，还计划于 2017 年启动全国碳排放交易体系。各国都在积极提出自己的应对气候变化政策并做出减排承诺。比如，澳大利亚在 2008 年制定的目标是，至 2020 年其温室气体排放量至少要比 2000 年减少 5％。再比如，2014 年 10 月，欧盟通过 2030 年气候和能源的一揽子框架协议，提出到 2030 年在欧盟范围内使温室气体排放比 1990 年至少减排 40％。

围绕气候变化谈判的国际组织和沟通机制不断涌现。比如，在利马气候大会期间，由挪威政府发起成立了"十亿吨联盟"的国际组织，该组织将通过测量和报告温室气体减排，致力于实现每年节约数十亿美元的资金和减少数十亿吨的二氧化碳排放的目标。2015 年 1 月，中韩两国签署《中韩气候变化合作协定》，明确以信息与技术交流、政策对话、联合研究、合作项目等多种方式，开展减缓、适应、市场机制、能力建设等领域的合作活动。2015 年 11 月，巴黎气候大会期间，由发达国家和部分发展中国家建立了一个所谓的"雄心壮志联盟"，成员包括 100 多个国家，旨在达成一项"雄心勃勃"的气候协议。

（三）全球气候变化谈判尚存在诸多明显分歧和不确定性

目前来看，国际气候变化框架谈判进程尚面临着诸多不确定性，在气候变化上世界各国还很难按既定计划达成具有约束力的协议。一是关于"共同但有区别的责任"和"各自能力"原则尚存在较大不确定性，尤其是发达国家和发展中国家之间尚存在较大分歧。二是尽管 2015 年的《巴黎协议》上各国提交了"国家自主贡献"文件，但这些目标大多针对 2020—2030 年期间，并且不同国家基准点、指标都不同，资金需求也有很大差别，如何将其纳入巴黎协议，是亟待解决的焦点问题。三是 2009 年哥本哈根气候大会上，发达国家同意向发展中国家提供 300 亿美元的"快速启动"援助，并且决定在 2020 年之前，每年提供至少 1 000 亿美元的资金，但实际执行情况不容乐观。经济合作与发展组织 2015 年 10 月发布的报告显示，2013 年和 2014 年，发达国家向发展中国家提供的援助资金分别仅有 520 亿美元和 620 亿美元，距离承诺的目标仍有较大差距。四是发达国家落实《京都议定书》第二承诺期减排指标的进展仍然有限，这使得能否落实 2020 年前巴厘路线图成果存在较大不确定性。

（四）推动全球向低碳转变正成为适应气候变化的重要举措

实现全球减排目标，世界各国需要加快向低碳经济转型发展，主要通过改善能源利用系统，减少对化石能源的依赖，而提高能源效率和发展可再生能源。据联合国环境规划署表示，1990—2020 年，能源效率的提高可为全球累积减少 25％的能源需求；单就提高全球家用电器和设备的能源效率来说，每年就会节省超过 10％的电力消耗，节约 3 500 亿美元的电费，并减少 12.5 亿吨的二氧化碳排放。改造能源系统，在保证经济稳健发展的同时，需要大规模基础设施建设投资，重塑城市发展、土地使用和消费方式，最终使全球经济逐步低碳化，达到终极脱碳目标。

（五）中国积极成为国际气候框架的重要参与者和实践者

近些年来，中国积极参与践行做出的国际减排承诺。作为一个发展中国家，中国积极应对气候变化是对全世界的责任担当。在 2009 年的 20 国集团（G20）匹兹堡峰会上，中国与其他国家共同做出了"逐步取消无效的化石燃料补贴"的承诺。为推动《京都议定书》第二承诺期生效做出贡献，2014 年中国政府批准了《京都议定书》多哈修正案，同时开展气候变化的"南南合作"，建立应对气候变化南南合作基金，并向联合国提供 600 万美元资金供其开展"南南合作"相关活动，同时向小岛屿发展中国家提供技术和资金支持，帮助、支持其开展应对气候变化的相关活动。2015 年 6 月 30 日，中国政府向《联合国气候变化框架公约》秘书处提交了应对气候变化国家自主贡献，明确了二氧化碳排放 2030 年左右达到峰值并努力尽早达峰、单位国内生产总值二氧化碳排放比 2005 年下降 60％～65％、非化石能源占一次能源消费比重达到 20％左右、森林蓄积量比 2005 年增加 45 亿立方米左右的行动目标。2015 年 11 月 30 日，习近平主席代表中国政府宣布设立 200 亿元人民币的中国气候变化南南合作基金、将于 2016 年启动在发展中国家建设 10 个低碳示范区、开展 100 个减缓和适应气候变化项目、提供 1 000 个应对气候变化培训名额的合作项目，并继续推进清洁能源、防灾减灾、生态保护、气候适应型农业、低碳智慧型城市建设等领域的国际合作，帮助发展中国家提高融资能力。

（六）中国达成适应气候变化做出的减排承诺将面临相当严峻的挑战

中国经济发展进入新常态，同时中国的环境治理和气候治理面对严峻形势。一是对煤炭的依赖使环境污染压力较大。几十年来，中国能源消费以煤炭为主，而且对煤炭的依赖还远未结束，其中化石燃料（主要是煤炭）仍占中国发电能力的近 70%。而燃煤发电是造成空气污染的重要原因之一。据《金融时报》引述的全球"碳排放预算"报告估算，2010年，中国燃煤排放了 300 万吨粉尘和 2 000 万吨二氧化硫。国际医学期刊《柳叶刀》（*The Lancet*）称，中国每年有逾 100 万人因严重的空气污染死亡，特别是儿童和老年人受到的健康损害风险最大。二是对煤炭的依赖使中国成为全球最大的温室气体排放国家。《自然-地球科学》发表的《持续增长的二氧化碳排放总量对达成气候造成影响》显示指出，2013年中国向大气中排放了 100 亿吨二氧化碳，占全球总排放量的近三分之一，人均碳排放量首次超过欧盟达到 7.2 吨，大致是世界平均水平的 1.45 倍。三是既定承诺下刚性减排压力较大。为践行对国际社会做出的减排承诺，中国坚决把绿色发展、循环发展、低碳发展作为基本途径，并将经济、社会、环境相协调的可持续发展目标纳入规划。中国政府提出了单位国内生产总值二氧化碳排放比 2005 年下降 60%～65%、非化石能源占一次能源消费比重达到 20% 左右的目标。中国要实现这些艰巨的减排目标，并不是一件容易的事情，这意味着要消减一半以上的煤炭消费，突破既定利益集团的阻挠。

（七）中国经济实现向可持续转型发展已具备现实的可行条件

尽管达成既定目标任务艰巨，但中国已初步具备实现的可行性。

一是中国有应对气候变化的内在动机。中国高度重视气候变化问题，大范围的持续雾霾促使中国做出更重大的决定，加速转变发展和生活模式，调整产业和能源结构，并把建设美丽中国和实现可持续发展作为经济发展的内在要求。为此，2007 年，中国政府制定并实施了应对气候变化国家方案；2009 年确定了到 2020 年单位国内生产总值温室气体排放比 2005 年下降 40%～45% 的行动目标；2011 年制定了应对气候变化行动纲领、目标和计划；2013 年国务院公布了十余项措施来解决空气污染；2014 年又出台的《国家应对气候变化规划（2014—2020 年）》，更是以法律约束力的形式确保实现到 2020 年单位国内生产总值二氧化碳排放比 2005 年下降 40%～45%、非化石能源占一次能源消费的比重达到 15% 左右、森林面积和蓄积量分别比 2005 年增加 4 000 万公顷和 13 亿立方米的目标；2015 年 6 月 30 日向《联合国气候变化框架公约》秘书处提交了应对气候变化国家自主贡献，明确了二氧化碳排放 2030 年左右达到峰值并努力尽早达峰、单位国内生产总值二氧化碳排放比 2005 年下降 60%～65%、非化石能源占一次能源消费比重达到 20% 左右、森林蓄积量比 2005 年增加 45 亿立方米左右的行动目标。在这些既定目标导向下中国应对气候变化的内在动力强劲，各级政府一致行动，把建设美丽中国和生态文明放在突出位置。

二是中国多年来的节能减排取得了重大成效。通过积极推进节能减排、低碳发展和生态文明建设，相比 2010 年，2015 年单位国内生产总值能耗下降 18.2%，主要污染物排放量减少 12% 以上。出于日益严峻的现实压力，中国执行环境法规的力度逐渐加大，不仅修订了环保法，而且提高环境修复赔偿额度，使污染企业付出更大的代价成为常态。中国在提高能源使用效率方面取得的进步。在发展可再生能源和运用新技术方面，中国在可再生能源领域的投资领先全球。据彭博新能源财经统计数据显示：2015 年中国再次成为全球清洁能源产业的最大投资国，投资总额达到 1 105 亿美元，同比增长 17%，占全球清洁能源投资额的 33.6%。2015 年，在光伏发电和风力发电领域，中国也成为全球最大的投资者。早在 2011 年，中国可再生能源装机容量就已是美国的两倍。

三是中国应对气候变化制度日臻完善。中国气候变化立法工作也已进入法律条文的起草阶段，有望在未来一两年之内取得比较大的进展。中国已经开始排放交易系统的试点，计划到 2017 年建立全国性的碳市场。2011 年，中国已在国内 7 个省市设立碳排放权交易试点，且已完成机制、法制建设和规则、平台建立，并开始上线交易。

四是中国应对气候变化有厚实的人才储备。中国人善于学习，很多地方已经着手向欧洲国家学习降低空气污染和能源节约的技术和措施。

五是中国政府有较强的执行力。与世界上其他国家相比，中国政府有更多的资源和更强的行政能力，能够较快地、大范围引导能源转型和推进环境改善。

总之，中国已经做出的承诺必须是应能达到的，而中国应对气候变化实践意味着是可能达到的。在现有的基础条件之上，中国只要下定决心，努力解决当前面临的能源与环境问题，中国是有可能实现自定的减排目标和对国际做出的承诺的。

二、"十三五"期间及今后十年应对气候变化和发展低碳经济的主要目标

到 2020 年前后，我国应进一步实行化石能源特别是煤炭消费和二氧化碳排放绝对量的控制目标，实施强度目标和总量目标的"双控"机制，加大节能和减排二氧化碳力度，并把 2030 年前二氧化碳排放达到峰值列入国家相应战略规划，付诸实施。因此，我国应对气候变化和发展低碳经济的总体目标是：到 2020 年减缓气候变化行动目标全面完成，适应气候变化能力显著提升，应对气候变化和发展低碳经济的体制机制比较完善、国际合作全面

拓展、能力建设成果显著、全社会的参与意识进一步增强。为实现这一总体目标，"十三五"期间及今后十年将努力实现以下具体目标和要求：

（一）减缓气候变化行动目标全面完成

到 2020 年，我国单位国内生产总值二氧化碳排放比 2005 年下降 40％～45％，非化石能源占一次能源消费的比重达到 15％左右，森林面积比 2005 年增加 4 000 万公顷，森林蓄积量比 2005 年增加 13 亿立方米。产业结构和能源结构进一步优化，工业、建筑、交通、公共机构等重点领域节能减碳取得明显成效，工业生产过程等非能源活动温室气体排放得到有效控制，温室气体排放增速继续减缓。支持低碳发展试验试点的低碳城市和低碳城镇，建成一批具有典型示范意义的低碳城区、低碳园区和低碳社区，推广一批具有良好减排效果的低碳技术和产品，实施一批碳捕集、利用和封存示范项目。

（二）适应气候变化能力显著提升

气候变化对农业、林业、水资源和海岸带及生态脆弱地区等综合影响评估和适应能力有较大提升，在经济建设和城乡建设中高度重视气候评价和灾害风险评估，进一步完善灾害应急与风险管理机制，提高对气象灾害的综合监测和预报预警能力，陆地大范围灾害性天气气候检测率和突发性极端天气检测率显著提升。初步建立农业适应技术标准体系，农田灌溉水有效利用系数提高到 0.55 以上；沙化土地治理面积占可治理沙化土地治理面积的 50％以上，森林生态系统稳定性增强，林业有害生物成灾率控制在 3‰以下；城乡供水保证率显著提高；沿海脆弱地区和低洼地带适应能力明显改善，重点城市城区及其他重点地区防洪除涝抗旱能力显著增强，人群健康领域适应能力明显提高。

（三）应对气候变化和发展低碳经济的体制机制比较完善

应对气候变化的法规体系全面形成，气候变化相关统计、核算和考核体系基本健全，形成适应应对气候变化工作要求的财政、税收、价格、金融等方面配套政策和措施，进一步完善多灾种的监测预警应急机制、多部门参与的决策协调机制、全社会广泛参与应对气候变化的行动机制。建立碳交易制度、碳排放认证制度，全国碳排放交易市场逐步形成。

（四）应对气候变化和发展低碳经济的国际合作全面拓展

推动建立公平合理的国际气候制度，全面有效参与各种多边、双边气候变化合作与交流活动，气候变化国际交流、对话和务实合作不断加强，"南南合作"进一步深化，为发展中国家提供力所能及的帮助。积极参与各种国际规则制订并发挥建设性作用，我国在国际谈判中的核心关切和正当权益得到切实维护，积极建设性作用得到有效发挥，利用国际社会的支持提高我国应对气候变化能力。

（五）应对气候变化和发展低碳经济的能力建设成果显著

应对气候变化领域的科研和技术创新投入明显增长。气候变化基础科学研究技术研发和示范推广取得明显进展，取得一批重要的减缓和适应气候变化领域重大科技成果，区域气候变化科学研究、观测和影响评估水平显著提高。加强队伍建设，人才队伍不断壮大。科技支持应对气候变化决策能力进一步提高。建立健全应对气候变化管理体系，增强依法行政能力；发挥政府引导和市场调节的作用，增强投入能力。

（六）应对气候变化和发展低碳经济的全社会参与意识不断增强

深入持久地开展应对气候变化知识的宣传普及，加强教育培训和舆论引导，全社会应对气候变化意识进一步增强。鼓励低碳消费，抑制不合理消费，限制商品过度包装，减少一次性用品使用。设立低碳产品销售专区和低碳产品超市，建立节能、低碳产品信息发布和查询平台。开展低碳生活专项行动，提倡公众在日常生活中养成节水、节电、节气、垃圾分类等低碳生活方式。倡导公众参与造林增汇活动。倡导低碳出行，鼓励公众采用公共交通出行方式，支持购买小排量汽车、节能汽车和新能源车辆。向公众提供专业信息服务，倡导低碳旅游。

三、"十三五"期间应对气候变化和发展低碳经济的主要任务

减缓温室气体排放，降低温室气体排放强度，全面提高适应气候变化能力，加大应对气候变化力度，以发展低碳经济为核心，促进经济发展方式的转变，是"十三五"时期和未来十年加快推进生态文明建设的主要任务。

（一）控制温室气体排放

温室气体的排放主要来自工业化、城镇化、农业、商业和废弃物处理领域，工业部门排放在当前排放总量中约占 70％，城镇化过程将是中国未来排放的主要增长来源，城镇化主要反映在交通和建筑等部门，约占排放总量的近 30％，控制温室气体排放主要从工业化、城镇化、农业、商业和废弃物处理领域着手，力争 2030 年左右二氧化碳排放达到峰值。

1. 控制工业领域温室气体排放

实施工业应对气候变化行动计划，加快建立工业领域温室气体排放标准，控制二氧化碳排放水平，力争 2020 年钢铁、建材、化学、有色、轻纺工业二氧化碳排放总量基本稳定在"十二五"末的水平，单位工业增加值二氧化碳排放比 2005 年下降 50％左右。完善风能、太阳能、生物质能等发展扶持政策，提高清洁能源比重，力争 2020 年我国非化石能源占一次能源消费的比重达到 20％左右。

2. 控制城乡建设领域排放

一是优化城市功能布局。加强城市低碳发展规划和城市新区建设规划，优化城市组团和功能布局，降低城市远距离交通出行需求，探索碳排放评估。二是强化城市低碳化建设和管理。建设以节能低碳为特征的城市基础设施，统筹城市低碳发展和绿色转型。三是发展绿色建筑。积极推广绿色建材，大力发展钢结构和装配式建筑，提高建筑工程标准和质量。大力推动太阳能、地热能、浅层地温能等可再生能源建筑一体化应用，力争到 2020 年城镇绿色建筑占新建建筑比重达到 50％。打造智慧城市，改善人居环境，使人民群众生活得更安心、更省心、更舒心。

3. 控制交通领域排放

一是控制城市交通排放。全面推广车用燃油国五标准，淘汰黄标车和老旧车 380 万辆。由环保部门参与油品标准的制定，提高油品的环保标准，积极发展城市公共交通，推广纯电动汽车、天然气动力汽车等新能源汽车。力争到 2020 年，大中城市公交出行分担比率达到 30％。二是控制公路运输排放。对高速公路进行节能低碳改造，重点推进公路高效运输组织方式。力争到 2020 年，单位客运周转量二氧化碳排放比 2010 年降低 5％，单位货运周转量二氧化碳排放比 2010 年降低 13％。三是控制铁路运输排放。加强机车、车站等设施低碳化改造和运营管理。力争到 2020 年，铁路单位运输工作量二氧化碳排放比 2010 年降低 15％。四是控制水路运输排放。加强船舶、港口、码头低碳化改造和运营管理。力争到 2020 年，单位客货运周转量二氧化碳排放比 2010 年降低 13％。五是控制航空运输排放。加快应用节油技术和措施，力争到 2020 年，民用航空单位客货运周转量的二氧化碳排放比 2010 年降低 11％左右。六是在交通领域制定和推动"互联网＋"计划。用互联网思维连接人与交通服务，有效实现用户和交通工具的信息对接。通过互联网大数据技术的挖掘、定位、匹配和优化，打造智能交通系统，有效利用现有交通设施减少交通负荷和环境污染，降低交通的二氧化碳排放，提高运输效率。

4．控制农业、商业和废弃物处理领域排放

一是控制农业生产活动排放。控制甲烷排放增长速度，控制稻田甲烷和氧化亚氮排放。大力支持农村推广"猪—沼—果"等低碳循环生产方式，归口、统一解决立项、环评等审批手续，促进项目的清洁发展机制（CDM）开发。开展低碳农业发展试点。二是控制商业和公共机构排放。开展低碳机关、低碳校园、低碳医院、低碳场馆、低碳军营等建设。三是控制废弃物处理领域排放，加大生活垃圾无害化处理设施建设力度。

（二）提高适应气候变化能力

大力提高我国适应气候变化的能力，在国民经济和社会生活的各个领域，积极采取适应气候变化的有效措施，加强适应气候变化与应对极端天气、气候事件的能力建设，变挑战为机遇，最大限度地减轻气候变化对国民经济和社会发展的负面影响。

1．提高城乡建设中开展气候变化引发的灾害风险评估和适应能力

加强区域气候变化综合影响评估，在经济建设和城乡建设中高度重视气候评价和灾害风险评估，加强城乡建设、水利设施、交通设施、能源设施等基础设施和重大工程的科学规划和设计，提升建造、运行和维护技术标准，评估气候变化对能源设施影响，夯实应对气候变化及其风险的工程基础，保障设施在极端天气气候条件下平稳安全运行。

2. 提高农林牧业适应能力

在做好不同地区气候变化对农林牧业影响评估的基础上，推进适应性农林牧业结构和种植制度调整，使受气候变化不利影响的地区减轻灾害风险，受气候变化有利影响的地区加快农林牧业生产。要有计划地培育和选用优良动植物新品种及抗逆品种。提高森林植被在气候适应和迁移过程中的竞争和适应能力。进一步加强农田基本建设和草原保护，继续推进生态保护重点工程建设，建立重要生态功能区，提高农林牧业生产抗风险能力。

3. 提高水资源开发管理和设施建设能力

加强水资源管理，加快转变水资源开发利用方式，强化水安全保障，加快完善水利基础设施网络，推进水资源科学开发、合理调配、节约使用、高效利用，全面提升水安全保障能力。优化水资源配置格局，完善综合防洪减灾体系。大力发展节水农业，提高农田抗旱标准和水资源利用效率。加强水资源利用基础设施的规划和建设，继续开展工程性缺水地区重点水源建设，加快建设水资源控制工程区域性调水和蓄水工程以及大江大河防洪工程等。加大综合节水和海水利用技术的研发与推广力度。

4. 提高海洋和海岸带保护能力

加强海洋灾害防护能力、海洋和海岸生态系统监测能力、海洋灾害应急能力建设。加强海洋生态系统监测和修复，加强海洋生态系统的保护和恢复技术研发，自然保有率不低于 35%，以降低海岸带生态系统的脆弱性。加强海岸带综合管理，加强沿海防护林体系和海堤工程建设，提高沿海地区抵御海洋灾害能力。保障海岛与海礁安全。

5. 提高防御极端气象灾害的能力

完善应对极端气象灾害的应急预案、启动机制以及多灾种早期预警机制，完善部门联合、上下联动、区域联防的防灾机制，提高应对极端气象灾害的综合监测预警能力、抵御能力和减灾能力。

6．提高生态脆弱地区适应能力

推进农牧交错带与高寒草地生态建设和综合治理。加强重点地区草地退化防治、防火、病虫鼠害防治和高寒湿地保护与修复，加强防护林体系建设，推广生态畜牧业。加强黄土高原和西北荒漠区综合治理。加强黄土高原水土流失治理，开展沙荒地和盐碱地综合治理。开展石漠化地区综合治理。以林草植被恢复重建为核心，转变农业经济发展模式，减轻山地灾害和水土流失。

7．提高人群健康领域适应能力

加强气候变化对人群健康影响评估。完善气候变化脆弱地区公共医疗卫生设施；建立健全气候变化相关疾病，特别是相关传染性和突发性疾病流行特点及适应策略、技术研究体系，探索建立对气候变化敏感的疾病监测预警、应急处置和公众信息发布机制；建立极端天气气候灾难后心理干预机制。定期开展风险评估，确定季节性、区域性防治重点。加强与气候变化相关卫生资源投入与健康教育，增强公众自我保护意识，改善人居环境，提高人群适应气候变化能力。

（三）实现低碳发展

未来中国要在不影响经济社会发展目标的前提下，逐步形成与经济社会发展相适应的温室气体排放空间和环境，其唯一可行途径是实行低碳发展。

1．调整能源结构

从保证能源安全和保护环境的角度看，发展低碳和无碳能源，促进能源供应的多样化，是减少煤炭消费、降低对进口石油依赖程度的必然选择。要建设现代能源体系，深入推进能源革命，着力推动能源生产利用方式变革，优化能源供给结构，维护国家能源安全。推动能源结构优化升级，构建现代能源储运网络，积极构建智慧能源系统。能源结构调整和优化的方向是：调整化石能源结构，加速发展清洁能源，充分利用国际国外两种资源两个市场满足国内对石油、天然气的基本需求，逐步降低煤炭在一次能源消费中的比重，到2020年煤炭消费比重力争控制在60％左右，天然气消费量在一次能源消费中的比重达到

10%以上，利用量达到 3 600 亿立方米。有序发展水电，2020 年常规水电装机容量力争达到 3.5 亿千瓦，年发电量 1.2 万亿千瓦时。安全高效发展核电，2020 年总装机容量达到 5 800 万千瓦。大力开发风电，2020 年并网风电装机容量达到 2 亿千瓦。推进太阳能多元化利用，2020 年太阳能发电装机容量达到 1 亿千瓦，太阳能热利用安装面积达到 8 亿平方米。发展生物质能，推动其他可再生能源利用。在未来 20 年里，初步形成多元结构格局，提高优质能源比重。2020 年，一次能源消费总量控制在 48 亿吨标准煤左右；非化石能源占一次能源消费比重由 2014 年末的 11.1% 提升到 15%，6 年时间内提升 3.9 个百分点，平均每年提升 0.65 个百分点；天然气比重由 2014 年末的 6.3% 提升到 10% 以上，平均每年提高 0.62 个百分点；煤炭消费比重由 2014 年末的 63.9% 降低到 62% 以内，平均每年降低超过 0.32 个百分点。力争到 2030 年，非化石能源占一次能源消费比重由 2015 年末的 15% 提升到 20%，平均每年提升 0.5 个百分点。

2. 提高能源效率

我国能源强度下降的主要动力来自各产业能源利用效率的提高，其中工业能源强度下降是总体能源强度下降的主要原因。相对于发达国家来看，我国能源强度的下降仍有很大空间。我国正处在加快工业化和城市化进程中，大规模基础设施建设的投入决定着未来低碳发展的前途。今后必须坚持节能优先的战略，提高能源利用效率，建设清洁低碳、安全高效的现代能源体系。为了避免技术的锁定效应，现在就应采用能源效率水平高的技术。

3. 调整产业结构

发展低碳经济，首先要调整结构，抵制高碳行业增长，加快传统产业升级，大力发展低能耗的第三产业和高技术产业。坚持控制高耗能、高排放行业产能扩张，提高新建项目准入门槛，制定重点行业单位产品温室气体排放标准，鼓励高碳行业通过区域有序转移、集群发展、改造升级降低碳排放。运用高新技术和先进适用技术改造提升传统制造业，打造绿色低碳品牌，加快淘汰落后产能。实施产业创新发展工程，2020 年战略性新兴产业增加值占国内生产总值比重达到 15% 左右。提高服务业增加值占国内生产总值的比重，2020 年达到 52% 以上。大力发展节能环保产业。扩大绿色环保标准覆盖面。支持推广节能环保先进技术装备，广泛开展合同能源管理和环境污染第三方治理。加大建筑节能改造力度，加快传统制造业绿色改造。开展全民节能、节水行动，推进垃圾分类处理，健全再生资源回收利用网络，把节能环保产业培育成我国发展的一大支柱产业。

4. 改变消费模式

我国能源资源总量较为匮乏，结构不合理，基本需求尚未得到有效满足，更需要科学的消费模式。因此，从满足所有人的基本生活需要出发，必须鼓励低碳消费，抑制不合理消费和奢侈消费。倡导勤俭节约和低碳消费理念，鼓励使用节能低碳产品，加快建设高效快捷的低碳产品物流体系，拓宽低碳产品销售渠道。到 2020 年，低碳消费理念成为社会共识，长效机制基本建立，奢侈浪费行为得到有效遏制，低碳产品市场占有率大幅提高，勤俭节约、绿色低碳、文明健康的生活方式和消费模式基本形成。

5. 增加生态碳汇

通过土地利用调整和林业措施将大气温室气体贮存于生物碳库，增加森林、农田、草原和湿地碳汇是一种积极有效的减缓气候变化途径。中国森林为改善生态环境做出了巨大的贡献，强化现有森林资源保护，切实加强森林抚育经营和低效林改造，减少毁林排放。中国陆地生态系统的碳库贮存潜力很大，加强农田保育和草原保护建设，提升土壤有机碳储量，增加农业土壤碳汇。加强湿地保护，增强湿地储碳能力。

四、政策措施

气候变化会影响到人们的生产和生活，寻求应对气候变化的解决方案，需要地球上的每个企业和每个人都行动起来。

（一）转变思想观念

1. 政府应转变政策引导观念

长期以来，我国的经济发展方式粗放，片面追求经济发展速度，与政府的低碳发展意识不强、"速度型政策"引导不无关系。调节人类经济活动，合理开发和利用自然资源，使社会经济活动建立在资源环境的承载力之上，全面权衡经济发展和环境保护之间的关系，既考虑近期的直接经济效果，又考虑长期社会效益和环境效果，是应对气候变化、摆脱资源环境约束的最根本、最有效的途径。

低碳发展以资源、环境、经济、社会的协调发展为目标，是兼顾经济效益、生态效益和社会效益的发展模式，本质上是发展方式的转变，需要适度的政策调节。因此，必须树立全新的政策观念，由速度型政策观念向效益型政策观念转变，在引导经济发展的同时实现生态环境良好，资源能源节约高效利用，低碳技术创新活跃、产业化顺畅，培育低碳产业为新的经济增长点，形成既要发展又要低碳发展的经济运行模式。政策的着眼点应从微观经济主体"经济人"的"趋利性"本质出发，对符合低碳发展的行为进行正向激励，减少其成本性开支，对破坏环境、浪费资源的行为进行反向激励，增加其成本性开支，促使微观主体的经济行为向着有利于减缓气候变化的方向转变。应对气候变化是个长期性和紧迫性的问题，政策的设计既要注重现实性、针对性，同时又要兼顾前瞻性、战略性。

2. 市场主体应将低碳意识贯穿经营全过程

在当今世界，气候变化成为企业的重大议题，任何企业，无论是在本地经营还是跨国经营，无论是从事制造业还是服务业，如果漠视环境问题，都将无法承受其后果。研究表明，那些用低碳发展视角看问题的企业往往比竞争对手更具创新性和进取性，更擅长发现新机遇。

企业应充分认识到低碳发展是企业创新及创造持久价值并建立竞争优势的新途径，应重新思考企业的战略需求，将应对气候问题视为日常工作，致力于从低碳战略中挖掘财富，创造效益。这些效益既有有形的，包括更高的收入、更低的成本，更低的贷款利率，更低的税率和更多的优惠；也有无形的，包括更富创新性的企业文化、企业诚信度和品牌信任度的提高等。广大企业应抓住低碳发展契机，重新改造产品和服务，促进收入增长，提高客户的忠诚度。

（二）大力推进煤炭清洁高效利用

化石能源的过度使用加速了气候变化和地球表面人为升温的过程，煤炭的清洁高效利用对我国来说尤其重要。2014年6月，习近平总书记在中央财经领导小组第六次会议上就推动能源生产和消费革命提出了五点要求，其中第二点要求是"推动能源供给革命，建立多元供应体系，立足国内多元供应保安全，大力推进煤炭清洁高效利用，着力发展非煤能源，形成煤、油、气、核、新能源和可再生能源多轮驱动的能源供应体系"。李克强总理在新一届国家能源委员会首次会议上要求，促进煤炭集中高效利用代替粗放利用，保护大气环境。

1. 继续实行支持和发展煤炭清洁高效综合利用的产业政策

减少散煤使用，推进以电代煤、以气代煤。全面实施燃煤电厂超低排放和节能改造。加快淘汰不符合强制性标准的燃煤锅炉。2011 年 7 月，科技部正式发布《国家"十二五"科学和技术发展规划》，规划指出"大力发展高效节能、先进环保和循环应用等关键技术、装备及系统。实施煤炭清洁高效利用等科技产业化工程"；2012 年 10 月，国务院讨论通过了《能源发展"十二五"规划》，规划指出"加快推进燃煤发电技术进步和产业升级，探索煤炭分质转化、梯级利用的有效途径，提高能源加工转化效率和清洁化利用水平"；2013 年 3 月，国家发展改革委发布《战略性新兴产业重点产品和服务指导目录》，包含"褐煤等低阶煤的清洁高效利用技术与装备"；2014 年 5 月国务院办公厅印发《2014—2015 年节能减排低碳发展行动方案》，方案指出"调整优化能源消费结构，加快推进煤炭清洁高效利用"。当前，采取有力措施大力支持煤清洁技术创新及应用至关重要。

2. 升级现有煤炭深加工示范项目

现有的煤炭直接液化、间接液化和气化等示范项目存在能源转换效率低、耗水量大、投资强度高等问题。建议把具有能源转换效率高、耗水少、成本低和设备工艺技术稳定等特点的新技术项目升级为国家煤炭分级分质利用示范项目。

3. 调整西部大开发产业目录

对于西部 25 个成长型煤炭资源型城市而言，煤炭资源深加工产业的一个重要部分是现代煤化工产业。但是国家政策把现代煤化工产业的重点放在了煤炭直接液化、间接液化和气化行业，没有重视先进的煤炭分质利用技术产业。国家发展改革委在 2013 年发布的《产业结构调整指导目录（2011 年本）》（修正版）中，煤炭清洁高效转化产业并未列入国家的鼓励产业。在 2014 年颁布的《西部地区鼓励类产业目录》中，涉及煤炭清洁高效转化的产业仅有宁夏和陕西两个省份。先进的低阶煤低温热解分级分质利用技术能突破内蒙古、陕北、宁夏和新疆等地水资源对煤制油气的限制，能以成熟技术低碳地、经济地对煤炭进行分质利用，比目前的现代煤化工示范项目有竞争优势，能更好地延伸西部地区煤炭产业链，更好地推动这些地区的经济可持续发展。建议把低阶煤低温热解分质利用技术类产业，列入《西部地区鼓励类产业目录》，成为国家西部地区的鼓励项目，享受西部地区鼓励项目中的企业所得税减按 15％的税率。

（三）完善资源税费制度，鼓励低碳发展创新

应对气候变化，发展低碳经济，需要财税、金融等政策引导社会各界保护和补偿生态环境，实现资源节约和高效利用，鼓励低碳技术创新和产业化等，促进经济发展方式的低碳转型。

调整资源税等相关税收。在资源开采阶段，对开采者征收开采税、资源税或矿区使用费等，对于提高资源的开采成本，减缓资源开采的速度，维护其可持续性起到一定的积极作用，其涉及面应包括不可再生资源和可再生但破坏严重的资源，如森林、水、土地、海洋、矿产资源等，建议我国资源税将土地资源、动物资源、植物资源、海洋资源等其他资源纳入征税范围，减少浪费和破坏。在近期可调整资源税的计税依据和标准，发挥其调整矿产级差收益的功能。在条件具备时，取消对矿产资源征收资源税，取而代之的是对矿产资源开采企业的超额利润征税。征收超额利润税是配合矿产资源权利金的重要政策工具，使得国家调控更有力度和针对性。完善消费税，打造低碳产品。将目前尚未纳入消费税征收范围不符合低碳技术标准的高能耗产品、资源消耗品纳入消费税征税范围。

加大低碳技术的研究和开发（R&D）投入。通过低碳技术科研专项的形式进行研究，增加国家财政对这些低碳技术研究的支出。对于一些跨期长、耗费资金多的低碳技术研究，也可以采取发行专项国债的方式进行。建立低碳研发投资银行或开发基金，对低碳技术创新项目进行重点扶持。对于非政策性银行和金融机构，为鼓励其对低碳技术创新项目给予贷款支持，对其低息贷款给予财政贴息，对提供贷款的金融机构的资金收入免征或减征营业税和所得税。为减少企业研究开发投资风险，设立提取低碳技术准备金，可以借鉴韩国做法，企业可按收入总额的 3％～5％提留技术开发准备金，在投资发生前作为损耗计算，在提留之日起 3～5 年内使用。完善低碳采购政策，优先采购具有低碳标识的、通过一系列质量体系认证的、非一次性的、包装简化的、用标准化配件生产的产品。

风险投资是促进技术成果产业化的有效机制，应对风险投资机构实行税收优惠。包括对风险投资企业从业人员给予个人所得税优惠。比如，除现行个人所得税规定的费用扣除标准之外，可以允许风险企业内的就职者适用一个附加费用减除标准。允许把风险投资的损失直接用于抵减投资的资本利得。延长风险投资企业对亏损的弥补年限。

（四）协调相关各方，营造低碳发展社会氛围

企业不仅要系统化地管理环境问题，还要探查并消除产品在整个生命周期中任何易受责难之处。企业应与监管者建立良好的合作关系，并预先考虑他们的需求以及公众的期许，与政府官员合作制定鼓励措施，并创建成功的低碳发展方案。随着互联网的崛起，企业要从发展低碳经济中获得收益，必须更加慎重管理与媒体的关系，应制订紧急事件媒体响应计划，当环境问题浮现或者发生意外时，高管层不能仅仅临时应付公众和媒体，关键是以实际行动去减轻环境伤害。

在知识经济时代，与知识生产业者密切联系事关重大。在重视创新和新思维的市场上，与知识中心的联系为企业建立低碳发展优势提供了源泉，除了能得到源源不断的创意之外，企业还会与未来人才建立起联系机制。中介组织是一股必须重视的力量，企业若不恰当地处理与非政府组织的关系，其计划或战略遇到麻烦的风险会越来越大。企业应与低碳发展非政府组织建立全面的互动合作伙伴关系，并肩协作，探求应对气候变化的全球行动。智库是重要理念的生发者，能够提供很多创意，构架公共政策议程，为低碳发展战略设定主导理念。企业需要跟踪这些重要理念的生发者，通过与智库建立战略合作关系，跟踪来自这些团体以及其他主流研究中心的政策建议。从政策到科学层面的各种新理念，也来自高等教育机构。与大学建立联系，能帮助企业始终处于不断演变的议题前沿。

行业协会为企业提供集体行动的舒服感与安全感，避免了一家企业独自冒险的情况。由于汇集了每家企业的资源来寻找集体问题的解决方案，在这种合力之下可能会产生更前沿的科学技术、政策和分析结果。最后，集体成员之间也可以交流其最佳做法，提升每家企业的水平。

（五）深化国际经济技术交流合作

解决气候变化问题的实质是实现可持续发展，其关键是实现技术创新、转让、推广，开展灵活务实的国际合作。在《联合国气候变化框架公约》之外的很多双边或多边协议都以技术作为合作基石，因此未来的国际气候制度必须寻求通过制度化的手段，解决好知识产权保护和技术转让的关系问题。应积极利用自身作为温室气体排放大国的地位，促进发达国家向中国的技术转让。

把能源外交摆在更加重要的位置。清醒认识国际能源形势，关注国际能源地缘政治变化，坚持互利合作、多元发展、协同保障的新能源安全观。积极开展双边、多边或是与国

际组织的合作，与世界主要油气资源国和欧佩克等能源机构建立起更加密切的战略合作关系。更加重视与能源消费大国开展互利合作，共同抵御能源供应风险，维护国际能源市场稳定。本着互利共赢的原则，建立一个包括能源供应国、消费国、中转国在内的全球能源市场治理机制。从单纯重视能源供给安全转变为保障能源供给与稳定国际能源价格并重上来。统筹推进能源外交和环境外交，积极参与全球"碳政治"，坚持共同但有区别的温室气体减排责任。积极支持能源企业"走出去"，开展各种形式的公共外交，努力消除"中国能源威胁论"和"中国气候威胁论"等论调，为我国经济社会发展争取尽可能宽松有利的国际环境。

ZHONGYANG
"SHISANWU"
GUIHUA 《JIANYI》 ZHONGDA
ZHUANTI YANJIU

专题二十　扩大对外开放

国家发展和改革委员会

"十三五"时期扩大对外开放的思路研究

　　"十二五"期间，我国继续坚持互利共赢的开放战略，统筹利用国际国内两个市场两种资源，充分发挥自身优势，主动参与国际合作和竞争，形成了全方位、多层次、宽领域的对外开放格局和具有中国特色的开放型经济体系。随着我国经济发展进入新常态，以习近平同志为总书记的党中央立足治国理政全局，抓住改革发展稳定关键，提出了"四个全面"的战略布局，成为未来统领中国发展总纲，确立了新形势下党和国家各项工作的战略方向、重点领域、主攻目标。"十三五"期间将是全面贯彻落实党的十八大和十八届三中、四中全会部署，全面深化改革的五年，是全面推进依法治国的五年，也是我国实现全面建成小康社会和全面深化改革开放的关键时期。本文着眼于时代特征和改革发展的任务要求，全面认识发展的新形势、新要求，客观分析了我国对外开放面临的机遇和挑战。

一、对外开放在"十三五"规划战略全局中的位置

　　当前，我国改革开放正站在新的起点上，经济总量领先下的人均落后，先富起来之后的共富挑战，资源环境约束下的转变压力，创新能力与发展需求脱节，国内外安全风险叠加交织，治理现代化目标任重道远，这些构成了我国谋划"十三五"发展战略的基本背景。经济发展进入新常态后，经济增速正从高速增长转向中高速增长，发展模式正从规模速度型的粗放增长转向质量效益型的集约增长，经济结构正从增量扩能为主转向调整存量、做

优增量并存的深度调整转变，发展动力正从传统增长点转向新的增长点。"十二五"以来的五年，世界多极化、经济全球化进一步发展，国际政治经济环境深刻变化，创新引领发展的趋势更加明显，旧的格局正在打破，新的格局尚未形成。"十三五"我国要如期实现现代化建设的第一个百年目标，即到 2020 年全面建成小康社会，这个阶段将是我国现代化建设历程中一个关键时期。

内因是事物发展的根本原因，外因是事物发展的必要条件。开放带来进步，封闭导致落后，业已为世界历史和我国的实践充分证明。对外开放是我国的基本国策，党的十八届三中全会通过的《中共中央关于全面深化改革若干重大问题的决定》，对全面深化改革做出了战略部署，关于对外开放也明确提出，要构建开放型经济新体制。面对新形势、新挑战、新任务，对外开放工作要深刻认识新常态、主动适应新常态、努力引领新常态，统筹开放型经济顶层设计，加快构建开放型经济新体制，进一步破除体制机制障碍，使对内对外开放相互促进，"引进来"与"走出去"更好结合，以对外开放的主动，赢得经济发展和国际竞争的主动，以开放促改革促发展促创新，建设开放型经济强国，为实现中华民族伟大复兴的中国梦打下坚实基础（见表 1）。"十三五"期间，对外开放的各项工作要按照"四个全面"的战略部署，是为了全面建成小康社会这一战略目标，从属于全面深化改革、全面依法治国和全面从严治党三大战略举措。我们要通过扩大对外开放推动更高水平的开放，以更大魄力建设开放型经济强国，从多年来的政策性开放进一步转为体制性开放，立足全球资源服务我国发展，为全面建成小康社会提供强大动力，拓展更大的发展空间。

二、"十二五"期间我国开放型经济取得重大进展

"十二五"期间，我国开放型经济水平取得了重大提高，我国在经济规模上已经成为世界主要经济体之一，经济总量居世界第二位，是全球最大的货物贸易国、最大的外汇储备国、第二大吸收外资国和第三大对外投资国，并且在宏观经济稳定性、基础设施建设等领域领先于中等收入国家平均水平，为向更高水平发展奠定了坚实基础（见表 1）。我国从既有国际经济体系的接受者，成长为在体量和方向上能够对国际经济格局施加重大影响的主要参与者之一，在国际经济中的地位更加重要。但我国仍然在人均资源、教育、医疗、环境保护等人均指标上与发达国家还存在较大差距，推动经济和社会发展、不断改善人民生活水平仍是我国主要的政策目标之一。这种双重角色决定了我国在国际经济合作中的双重性，即既要发挥自身优势积极参与国际经济秩序的重塑，又要充分参与各类多双边机制，实现各项

民生和发展目标。

表 1

"十二五"期间的主要对外经济指标

指标	2010 年	2011 年	2012 年	2013 年	2014 年	年均增速
国内生产总值（亿元）	408 903	484 123	534 123	588 018	636 463	12%
实际利用外资额（亿美元）	1 088	1 176	1 132	1 187	1 196	2%
对外投资额（亿美元）	688	746	878	1 078	1 160	14%
外贸进出口总额（亿美元）	29 739	36 418	38 671	41 589	43 199	10%
对外承包工程完成营业额（亿美元）	921	1 034	1 165	1 371	1 424	12%
年末外汇储备（亿美元）	28 473	31 811	33 116	38 213	38 430	8%

（一）对外贸易水平和结构持续优化

从 2013 年开始，我国成为世界第一大货物贸易国，贸易进出口规模进一步扩大，外贸发展方式加快转变，以技术、品牌、质量、服务为核心竞争力的新优势初步形成，服务贸易占对外贸易的比重提高，进口对经济社会发展的促进作用进一步增强，对外贸易更趋协调、平衡。

（二）利用外资水平明显提升

利用外资结构不断优化、方式更加丰富、效应持续增强，对推动我国发展方式转变、产业结构升级、区域均衡发展、体制创新和科技创新等发挥更加积极的作用。以上海自贸区为试点，开始探索构建符合我国开放水平的负面清单准入模式。外商投资软环境进一步改善。

（三）实施"走出去"战略取得重大进展

"十二五"期间，我国对外投资保持了高速增长的态势，对外投资、对外承包工程规模稳步扩大、方式不断创新，重点领域投资成效明显，全球配置资源的能力进一步增强，发展形成了一批具有国际竞争力的跨国企业和著名品牌。

（四）科技与产业的国际合作和竞争能力显著提高

开放型创新体系建设取得较大突破，科技与产业的相互融合更加紧密，抢占战略制高点的实力明显增强，国际产业分工地位得到较快提升。

（五）金融对外开放与合作全方位加强

人民币跨境使用在规模和范围上不断扩大，汇率形成机制进一步完善，金融企业"走出去"步伐加快，金融市场开放度进一步提高，防范系统性金融风险能力稳步增强。

（六）"引进来"与"走出去"协调发展的良性互动格局逐步形成

"引进来"与"走出去"相互配合的保障机制不断健全、利益诉求趋于平衡、综合效益明显提高，对外开放广度和深度不断拓展，参与全球经济治理和区域合作更加积极主动。

三、当前我国对外开放存在的主要问题

"十二五"以来，我国开放型经济体制得到进一步完善，为推动改革发展各项事业发挥了巨大促进作用，但总体上仍然存在不平衡、不协调、不可持续的问题，有些问题还比较突出，需要客观认识，并在"十三五"期间着力解决。

（一）外资管理体制改革有待进一步深化

长期以来，我国外资准入管理采取了较为审慎的全口径方式，即对所有的外商投资项目和外商投资企业设立都进行核准，这种管理方式曾经发挥了重要作用，但越发不适应市场经济环境下涉外投资合作快速发展的形势以及转变政府职能的要求。2014年，外商投资项目已改为普遍备案加有限核准相结合的管理方式，与内资项目管理方式逐步接轨，在准入环节探索实行准入前国民待遇，确立企业的投资主体地位。下一步需要研究取消外商投资企业设立和合同章程审批，在企业设立环节实现内外资统一，继续缩小项目核准范围。与管理体制改革相配套，需要全面修改外商投资相关法律、法规和部门规章，重新构建政策法规体系，在扩大开放的同时做好风险防范。

（二）对外贸易结构和质量有待进一步优化

我国外贸出口竞争优势仍然存在，但已日益受到严峻挑战，传统竞争优势明显削弱，新的竞争优势尚未形成。企业创新能力亟待增强，自主品牌产品占比偏低，同质化竞争较为普遍。贸易结构有待优化，加工贸易比重仍然较高，一般贸易和服务贸易比重偏低的状态尚未明显改观。我国参与国际贸易规则制定的能力有待提升，外贸管理体制和营商环境需进一步改进。

（三）东中西部区域开放程度不平衡

目前，我国对外贸易和外商投资主要集中在东部沿海地区，中西部地区占比仍然过低，这既加剧了各地经济发展的不平衡，也缺少战略纵深，不利于国家经济安全和防范外敌的战略谋划。随着东部地区参与国际竞争的成本优势逐步削弱，培育竞争新优势同样任务紧迫。同时，也客观面临劳动密集型产业转移的经济规律，但中西部地区承接产业转移的基础条件有待完善。近些年已有一些劳动密集型企业转向成本低的其他发展中国家。

（四）"走出去"水平有待进一步提高

世纪之交，党中央、国务院决定实施"走出去"战略，这是关系我国经济社会发展全局和长远发展的重大战略决策。通过境外投资、对外工程承包、劳务合作等多种方式，"走出去"战略取得了巨大成就，尤其是近年来，境外投资取得了迅速增长。横向比较来看，与其他对外投资先行国家相比，中国的对外直接投资起步比较晚，总体上还在起步阶段，投资存量比起美国、欧盟、日本等国，我们在规模和方式上都存在较大差距，是国际投资领域的后来者，后发劣势明显，在引导和推动中国企业更好地开展对外投资合作方面还有很多工作要做。与此同时，管理体制不完善，支持服务力度不足的问题仍然存在，企业在境外风险承受力弱、各种社会问题、环境问题以及恶性竞争等时有发生。

（五）参与国际经济治理水平与经济实力不匹配

经过多年发展，我国与世界经济联系日益紧密，地位更加重要，已成为引领世界经济发展的主要动力之一，能够对全球经济供需双方面施加重要影响，我国在国际贸易、投资、金融领域的影响力也日益增强。但我国在国际经济治理和规则制定方面的话语权和影响力与我国经济实力还有较大差距，在议题、标准、规则、组织等方面的参与度还远远不够。

以上这些问题都从不同程度上制约了开放型经济的进一步发展。"十三五"期间和今后一个时期，我们亟须改革各种不适应开放和发展的体制机制弊端，更好地练好内功，统筹考虑，全局着手，努力解决各种制约高水平对外开放的制度性弊端。

四、"十三五"期间国内外经济中长期发展趋势

20世纪90年代末以来的全球大分工体系中，一直存在着以欧美日等发达经济体为代表的科技和资本富集国，以中国和东盟为代表的制造国，以中东产油国、俄罗斯、澳大利亚、巴西等为代表的资源供给国之间的分工协作体系，与之相伴的是资本、原材料、货物和服务在国际的三角环流：以中国为中心的亚洲地区作为制造业基地向世界提供产品供给；发达经济体作为世界消费市场的主体，消化新增的生产能力，并提供科技和资本输出；资源供给国提供原材料和初级产品。同时在虚拟经济中则出现另外一个环流，即亚洲制造国和资源供给国形成的外汇大量流回欧美资本市场，形成新的资金池。苏联解体以来长达20余年的时间内，在没有地缘政治巨大变动的条件下，两个环流的相互作用使经济全球化的趋势不断增强，形成紧密的全球价值链。在这个版图中，中国既是世界规模最大的制造业基地，同时又是世界最大的市场之一。

同时要看到，以下趋势将可能深刻影响世界经济走向：美国通过巨量货币宽松和能源独立在相当程度上转嫁和摆脱危机，欧美主要经济体更加重视实体经济，通过再工业化吸引资本和产业回流，可能打破20多年来的全球分工体系。中国和其他新兴市场的兴起已经深刻改变了国际经济治理的格局，但与原有的国际政治经济安排存在合作和竞争的双重关系，在相当长的时间内将会持续博弈。美国面对中国崛起的战略压制倾向和要求中国配合其解决全球问题的现实主义需求并存，使其对中国的态度摇摆不定，两大经济体之间的互动走向值得关注。地缘政治层面，乌克兰、中东问题主要牵涉欧、俄、美；东海、南海争端主要牵涉中、美、日，地缘政治矛盾会否转向冲突将在很大意义上塑造世界的面貌。"十三五"期间，变革、调整、转型将成为世界性的潮流，预计世界政治经济格局将在"十二五"深度调整的基础上进一步分化，政治格局的深刻调整对经济的影响将更加明显，总体上看，接下来五到十年将是国际政治经济大分化、大调整的阶段。我们应认真分析把握新时期战略机遇期内涵和条件的变化。具体看有以下几方面：

（一）世界经济分化复苏的态势日趋明显

随着美日欧等发达经济体先后实施不同程度的货币宽松政策，全球流动性已较国际金融危机期间有了明显改善，企业投资实力逐步恢复，国际贸易和跨国投资在"十三五"时期有望逐渐回升。全球经济增长仍然存在不确定因素，全球经济发展不平衡的问题日益明显。发达经济体方面，美国表现出了较为明显的复苏态势，货币政策趋于正常化，美元汇率走强的趋势确立，能源独立和制造业回流有利于经济进一步复苏。欧洲经济整体上低速增长，一些国家存在动荡和波折因素仍未消除，经济增长乏力预计仍将持续相当一段时间。日本方面，安倍经济学的刺激政策带来的反效果逐步显现，通货紧缩和经济疲软的问题并未解决，政策效力已大大退化。新兴市场方面，俄罗斯因欧美制裁和油价暴跌经济受损，地缘政治成为影响经济的重大因素。巴西等国受大宗商品价格波动及经济结构调整进展缓慢的影响，经济面临减速。这种情况下，国际宏观经济政策协调的难度将进一步加大，全球贸易保护主义不断升级，影响跨国资本流动和国际贸易的因素更加复杂。

（二）战略竞争加剧，国际环境劣于"十二五"期间是大概率事件

冷战结束后，随着经济全球化和政治国际化的深入发展，美西方表现出越来越强的战略焦虑，其决策层在相当程度上将中国等国家定位为战略竞争对手，并采取多种手段进行平衡。这一方面是西方近代以来均势外交原则的延伸，另一方面又带有鲜明的意识形态和利益竞争色彩。近期，美国总统奥巴马通过国情咨文再次明确了坚持维护美国在国际体系和经贸活动中主导者的目标，并毫不讳言将中国视为战略竞争者。挑动欧俄撕裂，通过乌克兰危机对俄罗斯进行战略性削弱和制裁、对我国实施再平衡战略等，都是鲜明的例证。与之相反，中国提出"亲、诚、惠、容"的周边外交理念，提出并实施"一带一路"建设，正在为世界经济注入新的活力，并为区域发展勾画了崭新蓝图，成为国际地缘政治领域的新焦点。我们在积极推进有关战略目标的同时，也不能忽视这对国际经济政治体系带来的冲击，与域外政治经济因素的相互作用可能为我落实有关战略带来不确定因素。

（三）"十三五"期间科技进步和新生产方式正在发生重大变革

在长期经济发展理论中，科技和生产方式的进步是决定一国收入增长的决定性因素，

已经成为学界和各国政府的共识。"十二五"中后期以来，世界范围内现代信息技术的深度应用，以数字制造技术、互联网技术与新能源技术、新材料技术等的重大创新与融合应用为代表，将推动一批新兴产业发展以替代已有产业，并将带动整个产业形态、制造模式、运营组织方式等的深刻变革，形成世界经济新一轮长周期的动力支撑。全球产业结构和业态呈现"创造性"破坏的态势，新技术、新产业、新模式、新业态加快涌现，发达国家通过经济危机的教训更加重视实体经济，推动经济去杠杆化，实施"再工业化"和"制造业回归"，推动高端制造业回流和以"工业4.0"等为代表的新型制造业发展，希望通过制造业的升级复兴找到经济新的增长点，并与以中国为代表的新兴市场国家进行差异化竞争。在这一思路的指引下，一些发达国家的企业相继将海外生产线迁回本国，或在本国投资兴建新厂。这种"逆向"产业转移目前来看规模还比较小，未来是否会有主导整个产业转移的趋势还难以判断。但是这种进程如能实现，将进一步巩固发达国家在全球产业格局中的技术领先优势。

（四）国际经济治理体系面临深度调整

现行世界经济体系是第二次世界大战后美国主导下建立的以美西方为核心的一整套产业分工、贸易、金融制度安排。改革开放以来，我国通过发挥自身比较优势，利用经济全球化红利和既有国际经济制度，实现了经济社会的跨越式发展，成长为主要经济体之一。新兴经济体，特别是金砖国家等随着近年来经济的快速成长，也希望在全球经济治理上有更大的发言权。美国通过推动跨太平洋伙伴关系协议（TPP）、跨大西洋贸易与投资伙伴关系协定（TTIP）等构建两洋战略，抢占新的制高点，通过推行市场高度开放、高技术标准和市场竞争条件，削弱新兴经济体的比较优势，创造有利于发达国家资本回流、产业回归和新兴产业发展的制度环境，继续占据国际经济发展和竞争的制高点，获取制度红利。"十三五"期间，全球多边贸易体制受挫和区域经济安排兴起同时并存，影响深远。全球经济治理结构的调整既是中国的战略挑战，又是中国的战略资源。我们应调整战略和策略，抓住参与全球治理的战略机遇，主动作为，实现与西方大国的"战略再平衡"。

五、"十三五"开放型经济工作的主要原则

对外开放是我国的基本国策，对于全局工作至关重要，应当继续牢牢坚持。在制定和实施"十三五"规划的工作中，应当正确认识和处理好以下几方面关系：

（一）要处理好引进来和走出去的关系

近年来，我国对外投资和吸引外资增速"一快一慢"的现象引起广泛关注，量上也逐渐接近。如2014年，我国对外直接投资（FDI）流入量1 195.6亿美元，非金融类境外投资1 028.9亿美元，按现在的趋势看境外投资即将超过外商投资，我国即将迎来"国际投资平衡点"。如考虑到返程投资，实际上已经成为资本净输出国。这是一国外向型经济发展阶段的重大变化，也是"十三五"我国跨境投资的新起点。要正确认识引进来和走出去的关系，要坚持引进来和走出去并重，加快实施走出去战略，从吸收外资大国向资本输出大国转变，不断提高利用外资质量和水平，促进进出口贸易平衡。要加强引进来和走出去在规划、政策、管理、服务等方面的协调配合。要更好地发挥地方和企业的积极性和创造性，建立东中西部区域协同发展和联动开发的新机制，全面提升产业和企业的国际竞争力。

（二）处理好体制改革和法制保障的关系

根据党的十八大四中全会《中共中央关于全面推进依法治国若干重大问题的决定》，开放型经济是法制经济，重大改革举措要于法有据。我们说的构建开放型经济新体制要以法制化为原则，以法治思维和法治方式管理经济，促进各类市场主体自觉遵法守法用法，营造法制化、国际化的营商环境。要突出问题导向，加强法律制度建设，通过制度供给、制度导向、制度创新，着力破解制约开放型经济发展的体制性障碍，通过完善市场准入和监管、知识产权保护、社会信用体系等方面的法律制度，真正把开放型经济发展纳入法制化轨道。

（三）处理好市场和政府的关系

党的十八届三中全会《中共中央关于全面深化改革若干重大问题的决定》提出，使市场在资源配置中起决定性作用和更好发挥市场作用。我们在对外经济工作中也要坚持市场决定、政府支持，关键在于使企业真正成为对外开放合作的主体。通过大规模简政放权，大幅度减少对企业跨境投资的行政干预，重新厘定政府和市场的作用边界，营造统一、公开、透明的市场环境。政府在经济活动中要更好地发挥对企业境内境外投资活动的引导和服务作用，从重事前审批转为注重引导和事中事后监管，形成市场作用和政府作用有机统一、相互补充、相互协调、相互促进的开放型经济新秩序。

（四）处理好与世界接轨和保持中国特色的关系

提高开放型经济发展水平，离不开善于学习借鉴国外的现代市场经济制度和规则。我国对外经济总量指标已居世界前列，但是质量和参与国际经济合作和竞争的水平还有很大的提升空间。要以更加开放、务实的态度，积极参与高标准的国际经贸规则制定，对与我国改革开放方向总体一致的，主动学习借鉴，适时复制推广。要坚定理论自信、道路自信和制度自信，发挥我国的制度优势和比较优势，探索有中国特色的吸引外资和境外投资新模式、新路径，把握好节奏和次序。

（五）处理好国内发展和参与全球治理的关系

党和国家领导人在多个场合都要求，要更加积极地参与经济全球化和全球经济治理，推动建立公正合理的国际经济新秩序。我国参与协调处理国际经济事务，必须有国内制度体系做支撑。这就要求我们抓紧完善相应的开放顶层设计、战略谋划、重大投资和经贸问题应对机制，促进国内改革与发展，形成中国声音、中国立场、中国方案，赢得国际经贸竞争合作的主动，提高参与国际经济治理的水平。我国倡议成立的亚投行、上合组织开发银行、丝路基金等，在贯彻我国对外经济合作战略的同时积极开展多边经济合作。要积极参与和引领国际经贸规则的制定和重塑，推进中美投资协定、中欧投资协定以及中国东盟投资协定等谈判进程。

（六）处理好提高开放水平和维护国家安全的关系

进一步提升对外开放水平，要始终坚持以我为主，牢牢掌握对外开放的主动权。开放涉及范围广，影响面大，很多问题不单是经济问题，也涉及政治和国家安全的问题。国际政治格局、意识形态、利益关系都会深刻地影响到经济活动，对这一点应当辩证地认识。既不能因噎废食，害怕开放和包容；也不能一放了之，对可能出现的危害和复杂局面缺乏认识，疏于防范。当前国际产业布局调整、资本跨境流动都很频繁，复杂程度前所未有，随着进一步扩大开放，局面会更复杂。在进一步扩大开放的过程中要同步完善审查程序，增强对局面的控制能力，我国关键核心的利益必须坚持，国家安全要守住，着眼于练好内功，通过健全风险预警、外资安全审查、境外权益保障等机制，维护好国家经济安全，增强抵御外部冲击和风险的能力。

六、"十三五"对外开放的主要政策目标

（一）指导思想

要全面贯彻落实党的十八大和十八届二中、三中、四中全会精神，坚持使市场在资源配置中起决定性作用和更好发挥政府作用，坚持改革开放和法治保障并重，坚持"引进来"和"走出去"相结合，坚持与世界融合和保持中国特色相统一，坚持统筹国内发展和参与全球治理相互促进，坚持把握开放主动权和维护国家安全。要积极构建开放型经济新体制，把体制建设与实施"一带一路"建设和国家外交战略紧密衔接，科学布局，选准突破口和切入点，发挥社会主义制度优势，积极探索对外经济合作新模式、新路径、新体制，把握好开放节奏和秩序，扬长避短、因势利导、有所作为、防范风险、维护安全。

（二）总体目标

加快培育国际合作和竞争新优势，更加积极地促进内需和外需平衡、进口和出口平衡、引进外资和对外投资平衡，逐步实现国际收支基本平衡，形成全方位开放新格局，实现开放型经济治理体系和治理能力的现代化，在扩大开放中树立正确义利观，切实维护国家利益，保障国家安全，推动我国与世界各国共同发展，构建互利共赢、多元平衡、安全高效的开放型经济新体制。

1. 构建市场配置资源新机制

促进国际国内要素有序自由流动、资源全球高效配置、国际国内市场深度融合，支持一个开放的全球经贸合作体系，加快推进与开放型经济相关的体制机制改革，建立开放公平、竞争有序的现代市场体系。

2. 构建经济运行管理新模式

按照国际化、法治化的要求，营造良好法治环境，依法管理开放，建立与国际高标准投资和贸易规则相适应的管理方式，形成参与国际宏观经济政策协调的机制，推动国际经

济治理结构不断完善。推进政府行为法治化、经济行为市场化，建立健全企业主体责任、政府依法监管和社会广泛参与的管理机制，在对外开放中健全有效维护国家安全的体制机制。

3. 打造全方位开放新格局

坚持自主开放与对等开放，加强"走出去"战略谋划，实施更加主动的自由贸易区战略，拓展开放型经济发展新空间。继续实施西部开发、东北振兴、中部崛起、东部率先的区域发展总体战略，重点实施"一带一路"建设、京津冀协同发展战略和长江经济带战略，推动东西双向开放，促进基础设施互联互通，扩大沿边开发开放，形成全方位开放新格局。

4. 培育国际合作竞争新优势

巩固和拓展传统优势、加快培育竞争新优势。以创新驱动为导向，以质量效益为核心，大力营造竞争有序的市场环境、透明高效的政务环境、公平正义的法制环境和合作共赢的人文环境，加速培育产业、区位、营商环境和规则标准等综合竞争优势，不断增强创新能力，全面提升在全球价值链中的地位，促进产业转型升级。

七、"十三五"期间对外开放的政策思路

（一）创新外商投资管理体制，培育吸引外资新优势

进一步完善面向国际的市场竞争环境，更好地发挥外资对我国技术、产业、经济、社会的正向溢出效应。通过吸收国际投资中搭载的技术创新能力和先进管理经验，进一步提升我国产业水平。统一内外资法律法规，保持外资政策稳定、透明、可预期，营造规范的制度环境和稳定的市场环境。在认真分析和科学评估的基础上，对各产业的开放统筹研究，有序扩大服务业市场准入，进一步开放制造业，稳定外商投资规模和速度，提高引进外资质量。进一步改革外商投资管理方式，实施准入前国民待遇加负面清单的管理模式，将有关的制度、机制建设落到实处，完善外商投资监管体系。促进开发区体制机制创新和转型升级发展。

（二）以"一带一路"建设为引领，全面提升"走出去"战略实施水平

丝绸之路经济带和 21 世纪海上丝绸之路战略，是我国在接下来一个相当长时期内对外开放和经济合作的抓总战略，实施"走出去"战略要以"一带一路"建设为引领，加强统筹谋划和指导。要以政策沟通、设施联通、贸易畅通、资金融通、民心相通为主要内容，全方位推进与沿线国家合作，构建利益共同体、命运共同体和责任共同体，综合考虑安全、政治、经济、金融等因素，深化与沿线国家多层次经贸合作，带动我沿边、内陆地区发展。确立企业和个人对外投资主体地位，努力提高对外投资效率和质量，推进境外投资便利化，健全"走出去"服务保障体系，落实基础设施互联互通战略部署，推动一批重大项目实施。积极推动装备和优势富余产能走出去。积极开展国际先进技术合作。高度重视"一带一路"建设实施中的各项安全和风险因素，提前制定应对预案。避免我国企业国际化经营过程中的恶性竞争和突发事件，鼓励境外中资企业商会协会发挥作用，形成合力，共同维护我国境外投资权益。

（三）全面提升对外贸易质量，加快培育外贸竞争新优势

要保持外贸传统优势，加快培育外贸竞争新优势，着力破解制约外贸持续发展和转型升级的突出问题。全面提升外贸竞争力，加快提升贸易便利化自由化水平，完善进出口促进体系，健全贸易摩擦应对机制。大力发展服务贸易，提升服务贸易在贸易中的地位，促进外贸提质增效升级。实施质量效益导向型的外贸政策，协调财政、金融、投资、贸易、产业等领域的政策，支持技术含量高、附加值大、资源和能源消耗低、环境污染小、产业关联度强的对外贸易活动。积极推进外贸市场多元化，稳定传统市场，进一步拓展新兴市场，将贸易提质增效与产业结构升级相结合，提高中国产品的国际竞争能力。健全贸易摩擦应对机制，对滥用贸易保护措施和歧视性做法，善于运用规则进行交涉和制衡，维护国内产业企业合法权益。

（四）进一步推动形成全方位的区域开放新格局

要立足东中西协调，陆海统筹，推动形成国土区域全方位开放新格局。统筹推动建设若干自由贸易试验园区，通过试点以点带面，扩大服务业和先进制造业对外开放，形成促

进投资和创新的政策支持体系，及时总结改革试点经验，在全国复制推广，推动体制改革创新。将沿边地区开放与"一带一路"建设有机配合，加快沿边开放步伐，将沿边地区建成我与周边国家合作的前沿。抓住全球产业重新布局机遇，以内陆中心城市和城市群为依托，完善内陆开放新机制。积极推动京津冀一体化战略，建设长江经济带，发挥长三角、珠三角、环渤海地区对外开放门户的作用，打造沿海开放新高地，建设若干服务全国、面向世界的国际化大都市和城市群，建成具有更强国际影响力的沿海经济带。扩大对港澳台开放合作，发挥港澳地区的开放平台与示范作用，深化内地与港澳更紧密经贸关系安排，加快实现与港澳服务贸易自由化，加快台海两岸经贸和产业合作。推动形成全方位的区域开放新格局，以区域开放的提质增效带动国内经济的协调发展。

（五）拓展国际合作新空间

要坚持正确的义利观，弘义融利，因地制宜，务实合作，重视国际经贸合作顶层设计，统筹内外因素，服从国家总体外交大局。巩固和加强多边贸易体制，维护多边贸易体制在全球贸易投资自由化的主渠道地位，坚持均衡、普惠、共赢原则，反对贸易投资保护主义。加快实施自由贸易区战略，坚持分类施策、精耕细作，逐步构筑起立足周边、辐射"一带一路"、面向全球的高标准自由贸易区网络。积极参与全球经济治理，全面参与国际经贸体系变革和规则制定。抓紧建立依法有序、科学高效、协调有力、执行有效的谈判咨询、评估、协调、决策、执行、监督、绩效评价机制。在气候变化、电子商务、能源安全、粮食安全、食品安全、贸易金融体系改革、发展合作等全球性议题上，主动提出新主张、新倡议和新行动方案，增强我国在国际经贸规则和标准制定中的话语权。扩大国际教育、文化、人才合作与交流，努力形成深度交融的互利合作网络，提高我国在国际交流与合作中的软实力。

（六）构建开放安全的金融体系

提升金融业开放水平，在持续评估、完善审慎监管和有效管控风险的基础上，进一步放宽证券和保险业股比限制，有序推进银行业对外开放，包括对外国投资者的股权开放，形成公平、有序、良性的金融生态环境。提升金融机构国际化经营水平。稳步推进人民币国际化，扩大人民币跨境使用范围、方式和规模，加快实现资本项目可兑换。构建政策性金融和商业性金融相结合的境外投资金融支持体系，推动金融资本和产业资本联合走出去。探索我国与国际金融组织和外国政府贷款的合作模式创新。进一步理顺国际商业贷款和境外发行债券的管理体系，有效运用境外低成本资金支持国内实体经济发展。完善国际投融资合作机制，建立健全宏观审慎管理框架下的外债和资本流动管理体系，有效防范金融风险。

（七）建设稳定、公平、透明、可预期的营商环境

加强对外开放的法制建设，积极参与国际经贸法律交流。强化涉外法律服务，维护我国公民、法人在海外及外国公民、法人在我国的正当经济权益。优化市场竞争环境，建立统一开放、竞争有序的市场体系和监管规则，加快转变政府职能，完善经济管理体制和运行机制。大力培育开放主体，鼓励各类所有制企业发挥自身优势，完善国有资本对外开放的监管体系，积极发展混合所有制经济，深度参与国际产业分工协作。充分发挥商会协会在制定技术标准、规范行业秩序、开拓国际市场、应对贸易摩擦等方面的积极作用，加强境外中资企业商会协会建设。积极融入全球创新网络，全面提高我国科技创新的国际合作水平，有效利用全球创新资源。

（八）建立健全开放型经济安全保障体系

要大力加强对外开放的安全工作，在扩大开放的同时，坚持我国核心利益，建立系统完备、科学高效的开放型经济安全保障体系，健全体制机制，有效管控风险，切实提升维护国家安全的能力。完善外商投资安全审查机制，建立与负面清单管理模式相适应的外商投资安全审查制度。建立"走出去"风险防控体系，综合运用经济、外交、法律等多种方式，加强重大事项协调，规范"走出去"秩序。构建经贸安全保障制度，对涉及国家安全和社会公共利益的进出口管制物项建立安全认证和风险评估制度。进一步加强和完善产业安全预警机制。健全金融风险防控体系，加强金融监管的国际交流与合作机制建设，预防危机，维护金融稳定。

综上，"十三五"期间，在经济发展新常态的大背景下，我国仍处于可以大有作为的重要战略机遇期，但机遇期的内涵和条件正在发生深刻变化。必须准确判断我国开放型经济发展环境和要素条件发生的阶段性变化，全面把握新机遇，沉着应对新挑战，树立全球视野，强化战略思维，做好顶层设计和布局规划，主动作为，有效维护好国家安全，构建开放型经济新体制，全面提高开放型经济水平，为实现全面建成小康社会的宏伟目标提供有力支撑。

附 件

基本对外经济指标情况

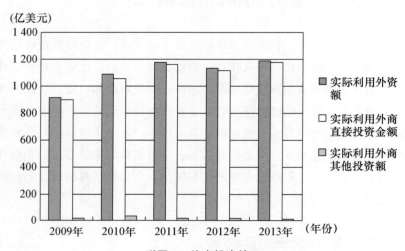

附图 1　外商投资情况

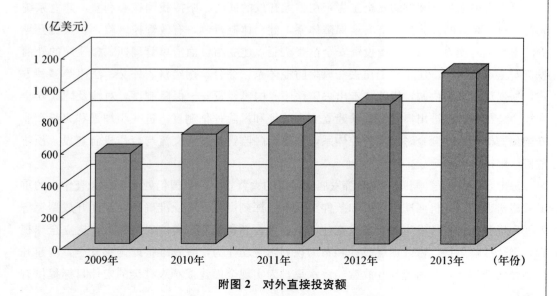

附图 2　对外直接投资额

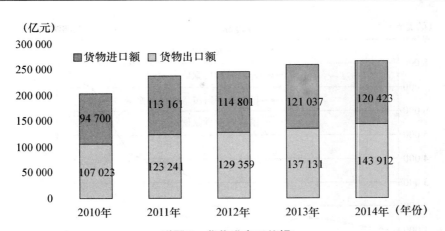

附图 3　货物进出口总额

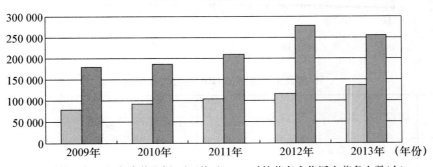

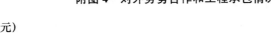

附图 4　对外劳务合作和工程承包情况

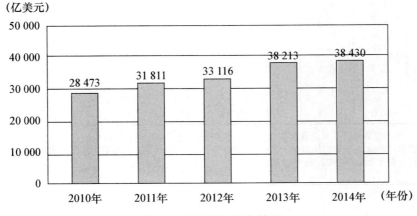

附图 5　国家外汇储备情况

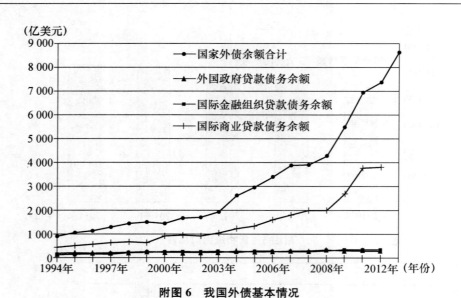

附图6　我国外债基本情况

附表1　　　　　　　　　世界及主要经济体 GDP 同比增长情况　　　　　　　　单位:%

经济体	2012 年	2013 年	2014 年	2013 年		2014 年		
				三季度	四季度	一季度	二季度	三季度
世界	2.4	2.5	2.6	3.3	2.8	1.7	2.3	3.0
美国	2.3	2.2	2.4	4.5	3.5	一2.1	4.6	5.0
欧元区	−0.7	−0.5	0.8	0.1	0.3	0.3	0.1	0.2
日本	1.5	1.5	0.2	0.4	−0.4	1.4	−1.7	−0.5
南非	2.5	1.9	1.4	1.8	2.9	1.9	1.3	1.4
巴西	1.0	2.3	0.1	2.4	2.2	1.9	−0.9	−0.2
印度	5.1	6.9	7.4	7.5	6.4		6.5	8.2
俄罗斯	3.4	1.3	0.7	1.3	2.0	0.9	0.8	0.7
墨西哥	4.0	1.4	2.1	1.6	1.1	1.9	1.6	2.0

　　注：2014 年为世界银行 1 月份预测数据。世界经济增长率按汇率法 GDP 加权汇总。印度数据为印度中央统计局修订后数据；印度由于基期从 2004—2005 年修订为 2011—2012 年，且核算方法及分类体系也有所改变，印度中央统计局上调了 2013 年和 2014 年数据。

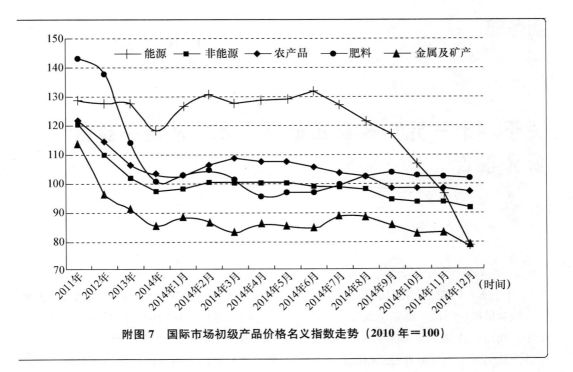

附图7　国际市场初级产品价格名义指数走势（2010年＝100）

商务部

关于"十三五"时期我国对外开放战略举措的研究报告

"十三五"时期是我国全面建成小康社会、实现两个一百年奋斗目标和中华民族伟大复兴中国梦的决胜阶段，也是全面深化改革开放、建设世界经贸强国的关键时期。未来五至十年，我国经济发展进入新常态，面临前所未有的挑战和错综复杂的外部环境。总体上看，对外开放仍处于大有可为的战略机遇期，但战略机遇期的内涵和条件发生深刻变化。作为新兴的世界经济政治大国，我国崛起正在深刻改变着全球政治经济格局，同时传统国际治理体系的分化、重构、演进也会对我国产生深远影响；作为最大的发展中国家和社会主义国家，我国的基本国情、基本制度和综合优势将为提升对外开放水平提供有力支撑，同时经济全球化动力转换，全球产业、贸易投资格局深度调整也给我国的开放发展带来多重影响。

面对国际国内环境深刻变化，要主动适应经济发展新常态，树立全球视野、战略思维和安全意识，切实统筹好国际国内两个大局，用好两个市场、两种资源、两类规则，以"一带一路"建设为统领，丰富对外开放内涵，提高对外开放水平，协同推进战略互信、经贸合作、人文交流，努力形成深度融合的互利合作格局。要探索高水平对外开放的新路径、新模式与新体制，以开放促改革促创新促发展，推进供给侧结构性改革，巩固和发挥传统优势和条件，加快形成国际竞争合作新优势，建成安全高效、多元平衡的开放型经济新体系，开创对外开放新局面。

一、"十三五"期间对外开放的形势

改革开放以来，我国已基本形成了全方位、多层次、宽领域的对外开放格局，开放型经济总量规模跃居世界前列，对外经济合作层次质量和水平显著提升，不仅促进了社会主义市场经济体制的完善，带动了国内经济发展和就业稳定，而且对全球经济发展和国际经济体系变革发挥了越来越重要的影响。"十二五"期间，我国沉着应对国际金融危机后续影响，坚定不移地推进对外开放的顶层设计与试点探索，着力破解深层次矛盾和问题，推动新一轮全方位主动开放，开创了高水平对外开放新局面。

党的十八大提出，必须实行更加积极主动的开放战略，完善互利共赢、多元平衡、安全高效的开放型经济体系，加快转变对外经济发展方式，推动开放朝着优化结构、拓展深度、提高效益方向转变。十八届三中全会着眼于加快培育参与和引领国际经济合作竞争新优势，以开放促改革，对构建开放型经济新体制做出了重要部署，为推进新一轮高水平对外开放指明了方向。

在党中央、国务院坚强领导下，我国加快转变对外经济发展方式，全面推进对内对外开放，取得了一系列成就。我国已成为世界第二经济大国、货物贸易第一大国、第二大对外直接投资国、最大外汇储备国、最大旅游市场，开放型经济对国民经济和世界经济的引领作用增强。构建开放型经济新体制稳步推进，对外贸易投资管理、中国上海自由贸易试验区等涉外经济体制改革重大举措相继出台落地，参与世贸组织、自由贸易区等重大谈判取得积极进展，参与全球经贸治理的话语权和影响力扩大。对外开放的战略布局全面展开，"一带一路"等重大战略付诸实施，合作共赢理念得到广泛认同，大国经贸合作关系更趋密切，与新兴经济体及发展中国家合作成果丰硕；内陆沿边开放力度不断加大，对外开放的区域布局进一步优化，多层次、宽领域对外经贸合作格局基本形成。我国正在从被动开放向主动开放转变，从单边政策性开放向双向制度性开放转变。

当前，我国对外开放已站在新的起点上，开放的深度和广度前所未有，但要看到开放承受的压力与挑战也是前所未有。实践证明，开放进行得越深入，遭受的内外环境变化影响就会越大，开放涉及的领域越广泛，遭受的冲击和风险点就会越多。我们必须认清开放大势，权衡开放利弊，统筹开放进程，管控开放风险。

（一）世界经济低速增长，经济全球化动力转换

国际金融危机爆发以来，世界经济呈现"低通胀、低增长、高失业"的基本走势。受经济增长、外需分化和能源供需格局调整等因素影响，全球贸易投资增速明显放缓。国际金融危机加速催生科技创新和产业变革，以绿色、低碳、智能为特征的新技术和新兴产业快速兴起，经济全球化动力转换，世界经济出现大调整大重组大变革。全球经济重心自西向东转移、美国等发达国家左右世界经济复苏进程等趋势并存。未来五年，以中国为代表

的发展中国家在全球经济中的比重将不断增加，但要承受全球经济低速增长压减贸易投资红利的损失，在多边经贸体系和国际分工体系中的地位将进一步提升，但要面对发达国家货币政策分化等的各种传导性风险的冲击。

（二）全球治理体系重构，大国战略博弈纷争凸显

传统国际政治经济格局已经打破，新的格局尚未确立。在维护世界经济稳定发展、重塑国际经贸规则、改革国际货币金融体制，以及气候变化、能源资源安全、粮食安全等领域，南北博弈竞争更加复杂激烈。未来五年，多边贸易体制面临更多挑战，美国主导推动TPP、TTIP谈判将基本定局，通过构建高标准超大型自贸区，美欧力推高标准国际经贸规则，掌控话语权，挤压新兴经济体和发展中国家。世界多极化加速，地缘政治格局调整步伐加快，我国与世界各经济体之间的竞合关系更趋复杂，对外开放过程中的内外平衡、权责协调等压力增大。

（三）国内经济步入新常态，以开放促发展挑战增多

"十三五"期间，我国经济发展进入新常态，改革进入攻坚期和深水区，发展处于转型期和换挡期。在这段时间里，我们将面临"中等收入陷阱"等现实难题，经济结构、产业结构调整的压力增大，土地、劳动力、原材料等各类要素成本上升，传统竞争优势弱化，加上能源消耗、环境保护的约束强化、节能减排任务艰巨，经济社会转型进程中需要解决的矛盾和问题相互叠加；受发达国家再工业化战略以及东南亚、南亚、非洲承接国际产业转移等因素影响，我国处于传统产业链、价值链中低端的部分地区和行业转型升级压力加大。解决这些矛盾和问题，还是要通过更高水平的对外开放，推进供给侧结构性改革，提高全要素生产率，为经济长远健康发展再造一个开放红利期，通过开放型经济的转型升级、提质增效，带动我国经济社会的发展。

（四）建设强国任务繁重，开放能力和水平亟待提升

我国已经是对外经济大国，但还不是经济强国，综合实力、核心竞争力与世界强国相比有差距，对外开放还存在观念、体制、管理等方面的不足。主要表现在：主动开放、有序开放的意识和能力还有欠缺，政府事中事后管理不到位问题突出，参与全球治理经验与人才不足；经贸大国的优势地位受到挑战，对外贸易投资结构较为单一，企业创新能力不

足，技术、品牌、服务、质量的竞争新优势尚未形成；引进来和走出去的结构性矛盾凸显，区域对外开放水平差异较大，内陆沿边对外开放质量和水平亟待提高；贸易投资便利化等软环境亟待改善，对外开放的管理体制与国家治理体系和治理能力现代化要求相比，还有诸多不适应的地方。

二、"十三五"时期对外开放的总体思路、目标和原则

研究制定"十三五"规划的对外开放战略举措，必须紧密联系世界经济格局的重大变化，牢牢把握我国经济进入新常态的基本特征，深刻认识到新时期对外开放的曲折性、复杂性和艰巨性，谋划推进双向开放战略，充分集聚开放红利，以开放促改革促发展，为实现"十三五"规划目标打下坚实基础。

（一）指导思想

贯彻落实党的十八大、十八届三中全会和四中全会精神，以习近平总书记的系列重要讲话精神为指引，统筹国内国际两个大局，实施更加积极主动和互利共赢的开放战略，牢牢把握对外开放的主动权，以改革创新为动力，以服务国内发展、维护国家利益和国家安全为前提，坚持高标准、高起点、法治化的发展方向，推动对内对外开放相互促进、引进来和走出去更好结合，促进国际国内要素有序自由流动、资源高效配置、市场深度融合，完善对外开放战略布局，形成对外开放新体制，积极参与全球经济治理，积极承担国际责任和义务，培育国际竞争合作新优势，形成全方位开放新格局，建设开放型经济强国，为实现"两个一百年"目标和中华民族伟大复兴的中国梦做出更大贡献。

（二）基本原则

处理好引进来和走出去的关系。坚持对内对外开放并进，引进来和走出去并重。加强引进来和走出去在规划、政策、管理、服务等方面的协调配合，充分吸纳世界经济、科技、文化最新成果和创新人才为我所用，丰富和发展改革开放实践，推动中国制造、中国服务和中国品牌在全球推广，不断提高全球资源和市场配置能力，增强与世界各国的利益汇合点和优势互补点。

处理好体制改革和法制保障的关系。坚持问题导向，加强制度创新、制度供给，着力推进供给侧结构性改革，着力破解制约对外开放的体制机制性障碍。坚持依法推进改革开

放，重大开放举措必须于法有据。要以法治思维和法制方式推进对外开放，促进各类开放主体尊法学法守法用法。要坚持底线思维，切实提高经济安全保障能力，完善安全审查、反垄断等制度，强化经贸摩擦应对和境外权益保障等机制，依法保障国家安全、维护核心利益。

处理好市场和政府的关系。 发挥市场在资源配置中的决定性作用，关键在于企业真正成为对外开放合作的主体，要坚持市场主导、政府支持，通过简政放权，最大限度减少对企业的行政干预，厘定政府和市场的作用边界，营造统一、公开、透明的市场环境。政府更好地发挥引导和服务作用，从重事前审批转为注重引导和事中事后监管，形成市场作用和政府作用有机统一、相互协调、相互促进的开放型经济新秩序。

处理好与世界接轨和保持中国特色的关系。 要坚定理论自信、道路自信和制度自信，牢牢掌握开放的主动权，自主把握开放的力度、程度和进度。对于符合我国改革开放方向的制度、政策与规则，可与全面深化改革进程结合，主动学习借鉴、适时复制推广。要发挥我国的制度优势和比较优势，及时总结并向世界传播和推广有中国特色的对外开放经验、理念和方法，为推进经济全球化、创新互利合作新模式提供重要支撑。

处理好国内发展和参与全球治理的关系。 以国内改革发展需要为依归，最大限度地营造良好的外部环境。要发挥大国优势、运筹大国谋略，将综合国力转换成制度性影响力，推动建立更加公正、合理的国际经贸规则新体系。提高参与国际经济治理的能力，通过发出更多中国声音、中国倡议、中国方案，积极推进全球治理体系重构，推动建立国际经济新秩序，促进中国和世界可持续发展。

（三）战略目标

构建开放型经济新体制取得实质进展。 以准入前国民待遇加负面清单管理为基础的外商投资管理新体制逐步确立，以"备案为主、核准为辅"为核心的对外投资管理新体制加快形成，以提高便利化水平为方向的外贸管理体制改革进一步深化；沿海内陆沿边开放协同并进，基本形成分工协作、优势互补、均衡协调的对外开放新格局；在确保安全、风险可控的前提下，逐步建立起统一协调、高效便利、运行顺畅的开放型经济新体制。

参与和引领国际合作竞争新优势日益增强。 我国比较优势从"数量、价格优势"加速向"质量、效益优势"转换，以技术、品牌、质量、服务为核心的竞争新优势加快形成，在全球价值链中的地位显著提升，形成一批有较强创新能力和国际竞争力的中国跨国公司，利用配置全球资源的能力大幅提升，拥有创新体系更加完备、集聚度更高的产业集群。

对外经济发展质量效益显著提高。对内对外开放相互促进，引进来和走出去更好结合，对外贸易、利用外资和对外投资在促进国民经济提质增效升级、区域协调发展等方面的战略效应充分发挥，形成国际国内要素有序自由流动、资源高效配置、市场深度融合的开放新局面。

参与全球治理能力不断增强。树立正确义利观，统筹推进经济外交工作水平日益提高，多双边区域开放合作步伐加快，推动形成公正合理的全球治理体系取得新进展，在部分领域和议题上掌握了国际规则制定的主动权和话语权，综合国力、核心竞争力和国际影响力显著增强。

三、"十三五"时期对外开放重大战略举措

（一）推进"一带一路"建设

将建设丝绸之路经济带和 21 世纪海上丝绸之路，作为全方位开放的总抓手和主引擎。秉持亲诚惠容，坚持共商共建共享原则，以政策沟通、设施联通、贸易畅通、资金融通、民心相通为主要内容，坚持经贸先行、合作共赢，打造利益共同体、命运共同体和责任共同体。

深化双向贸易投资合作。推动沿线国家经贸合作由简单商品贸易向更高级的相互投资转变，实现贸易与投资良性互动、齐头并进。相互扩大市场开放，深化海关、质检、电子商务、过境运输等全方位合作，提高贸易便利化水平。积极开展面向沿线国家的贸易促进活动，搭建更多更有效的贸易促进平台。深化多层次投资合作，与沿线国家共建经贸合作园区，形成产业示范区和特色产业园，推动建立当地产业体系。推进与沿线国家地区的自贸区谈判，共建区域大市场。

推进基础设施互联互通和国际大通道建设，共同建设国际经济合作走廊。建设海上能源运输、贸易往来和经济合作通道，深化海洋安全与海洋权益保障合作。加强能源资源合作，提高就地加工转化率。

加强同国际金融机构合作，参与亚洲基础设施投资银行、金砖国家新开发银行建设，发挥丝路基金作用，吸引国际资金共建开放多元共赢的金融合作平台。

（二）完善对外开放区域布局

继续实施西部开发、东北振兴、中部崛起、东部率先的区域发展总体战略，重点实施

"一带一路"战略、京津冀协同发展战略和长江经济带战略，推动东西双向开放，形成全方位开放新格局。

提高自贸试验区建设质量。深化上海自由贸易试验区改革开放，及时总结改革试点经验，在全国复制推广。推进广东、天津、福建三个新设自由贸易试验区的建设，形成各具特色的改革开放高地。

扩大内陆沿边开放。加强内陆沿边地区口岸和基础设施建设，开辟跨境多式联运交通走廊，发展外向型产业集群，形成各有侧重的对外开放基地。抓住全球产业重新布局机遇，创新内陆加工贸易模式，促进内陆贸易、投资、技术创新协调发展。加快沿边开放步伐，规划建设一批边境经济合作区、跨境经济合作区，开展面向周边市场的产业合作。加快边境贸易创新发展和转型升级。

打造沿海开放新高地。继续发挥长三角、珠三角、环渤海地区的开放先导作用，培育有全球影响力的先进制造基地和经济区，建设若干服务全国、面向世界的国际化大都市和城市群。推动京津冀协同发展，以优化首都功能为重点，推进交通、基础设施互联互通、产业转型升级与转移对接，加快建设承东启西、连接亚欧的国际经济中心。推动长江经济带发展，打造中国经济新支撑带，建设陆海双向对外开放新走廊。

深化内地与港澳台地区合作发展。深化内地与港澳更紧密经贸关系安排，实现与港澳服务贸易自由化。建设好深圳前海现代服务业示范区、珠海横琴新区、广州南沙新区。鼓励内地企业与港澳企业联合成立投资基金，通过多种方式开展走出去投资合作。积极推进中葡论坛各项后续工作，促进澳门经济适度多元。加强两岸产业合作、双向贸易投资及便利化方面的合作。充分发挥海峡西岸经济区、平潭综合实验区、昆山深化两岸产业合作试验区等先行先试作用。

（三）推进开放型经济转型升级

培育外贸竞争新优势，建设贸易强国。创新外贸发展模式，加强营销和售后服务网络建设，提高传统优势产品竞争力，巩固出口市场份额，推动外贸向优质优价、优进优出转变。提升贸易便利化水平，加快一体化通关改革，全面实施国际贸易"单一窗口"和通关一体化。巩固传统市场优势，积极拓展新兴市场。培育以技术、品牌、服务、质量为核心的外贸竞争新优势，提高自主品牌、自有技术产品出口比例。实施积极进口战略，鼓励先进技术设备和关键零部件进口，稳定资源性产品进口，扩大消费品进口。建立便利跨境电子商务等新型贸易方式的体制。推进服务贸易便利化和自由化，健全服务贸易促进体系，促进服务外包升级。推动加工贸易创新发展。

吸引外资进入高端制造和服务业，稳固引资大国地位。扩大开放领域，放宽准入限制。有序推进服务业开放，对金融、电信、交通运输、医疗、文化、法律等行业，要在风险评估的基础上，有重点地放开准入限制。加快海关特殊监管区域整合优化，推动国家级开发区创新发展。积极有效引进境外资金和先进技术，吸引外商投资中高端制造业，提升利用外资质量和水平。

推进国际产能合作，建设对外投资大国。完善走出去战略规划体系，优化产业、产能和资本全球布局。改革涉外投资审批体制，推进境外投资便利化，加强动态监测和事后监管。制定实施"建营一体化"工程，推动装备制造业走出去，形成资金、装备、技术、标准、设计、服务等为一体的全产业链服务输出，建立海外加工组装、境外分销、售后服务基地和全球维修体系，深度融入全球产业链、价值链、物流链。积极搭建国际产能和装备制造合作金融服务平台。

(四) 培育具有国际领先水平的开放主体

培育一批代表中国形象的跨国公司。吸纳先进生产要素，培育国际知名品牌，增强参与全球价值链的广度和深度，率先发展成为跨国公司。引导中国跨国公司制定实施国际化战略，带动上下游企业共同发展。强化社会责任，使跨国公司成为提升我国国际形象的重要窗口。

支持中小微企业集群式发展。围绕大众创业、万众创新，鼓励创新型、创业型和劳动密集型中小微企业发展，支持企业走专精特新的国际化道路。落实面向中小微企业的财税、融资、保险等优惠政策，鼓励大中型企业带动产业链上的小型微型企业，深度参与全球产业分工协作。

提升智库、商协会和中介机构服务水平。打造对外开放战略智库，增进国际智库研究交流，打造拥有国际视野和战略意识的智库力量。发挥商会协会在制定技术标准、规范行业秩序、开拓国际市场、应对贸易摩擦等方面的作用，加强与国际行业组织的交流合作，建设好境外中资企业商（协）会。支持设计咨询、资产评估、信用评级、法律服务等中介机构走出去。

增强企业创新发展能力。加快实施创新驱动发展战略，着力构建以企业为主体、市场为导向、产学研相结合的技术创新体系，支持企业参与全球创新资源配置，在开放合作中提高自主创新能力。完善引进消化吸收再创新的机制，鼓励企业加强技术研发国际合作。开展多层次、多领域、多形式的国际科技合作。

（五）提升对外开放法治水平

完善对外经贸法制体系。以促进发展、完善监管、规范秩序为导向，制定修订一批对外贸易的法律法规，推动服务贸易立法。制定出台统一的外国投资法，推行负面清单的外资管理方式，构建统一的外资准入管理和事中事后监管制度，调整完善相关外资法律。制定出台对外投资法律法规，理顺对外投资管理体制，健全权益保护、投资促进、风险预警等服务保障机制。适应加强和改进对外援助工作的需要，构建中国特色的援外法律制度体系。

营造法治化、国际化营商环境。推进对内对外开放的立法、执法与司法建设，加快形成高标准的贸易投资规则体系。以保护产权、维护契约、统一市场、平等交换、公平竞争、有效监管为基本导向，建立统一开放、竞争有序的市场体系和监管规则。完善经济管理体制和运行机制，建立政府权力清单制度，加强知识产权保护和反垄断制度建设，健全全社会诚信体系，清理妨碍全国统一市场和公平竞争的各种规定和做法。进一步加强贸易政策合规工作。

统筹加强对外经贸法律合作。积极参与国际经贸法律交流。强化涉外法律服务，维护我国公民、法人在海外及外国公民、法人在我国的正当经济权益。倡导企业运用国际规则和当地法律，依据双边投资保护协定，通过解决投资争端国际中心依法维权。搭建涉外经贸法律服务平台。

（六）开创经济外交新局面

积极参与全球经济治理。坚持世界贸易体制规则，维护多边贸易体制在全球贸易投资自由化的主渠道地位。支持联合国、二十国集团等发挥全球经济治理主要平台的作用。全面参与国际经贸体系变革和规则制定，参与推动国际货币基金组织和世界银行份额与投票权改革。推动金砖国家合作机制发挥作用，提高新兴市场和发展中国家在全球经济治理领域的发言权和代表性。在气候变化、电子商务、能源安全、粮食安全、食品安全、贸易金融体系改革、发展合作等全球性议题上，主动提出新主张、新倡议和新行动方案，增强国际经贸规则和标准制定话语权。

加快实施自由贸易区战略。加强顶层设计，坚持分类施策、精耕细作，逐步构筑起立足周边、辐射"一带一路"、面向全球的高标准自由贸易区网络。建立依法有序、科学高效、协调有力、执行有效的国际经贸谈判新机制，积极扩大服务业开放，加快新议题谈判。

积极落实中韩、中澳自由贸易区谈判成果，稳步推进亚太自由贸易区建设，适时启动与其他经贸伙伴的自由贸易协定谈判。

构建新型大国经贸关系格局。深化与主要经济体和发展中国家的互利合作，推动贸易双向平衡、资本双向高水平流动。丰富中美新型大国关系的经贸内涵，深化中欧多领域合作，稳步推进中美、中欧投资协定谈判。务实开展中日经贸合作。全面深化中俄战略合作。积极推进与亚非拉发展中国家的互利共赢发展。健全区域次区域合作机制，发挥亚太经合组织、亚欧会议、上海合作组织作用，有效落实北京 APEC 会议成果，强化中非、中阿、中拉、中国和东盟"10＋1""10＋3"等合作机制。

充分发挥援外的积极作用。扩大对外援助规模，完善对外援助方式，为发展中国家提供更多免费的人力资源、发展规划、经济政策等方面咨询培训，扩大科技教育、医疗卫生、防灾减灾、环境治理、野生动植物保护、减贫等领域对外合作和援助，加大人道主义援助力度。主动参与《2030 年可持续发展议程》。科学安排援助项目和资金，加强监管和评估，确保每一分钱都用在刀刃上。

（七）健全对外开放安全保障体系

我国面临的安全形势不容乐观，必须牢固树立国家总体安全观，严守我国核心利益，建立系统完备、科学高效的开放型经济安全保障体系，有效管控风险。

建立应对外部危机的体制机制。预防为主、应急为辅，加强国家战略储备体系建设。加强国际财政货币政策协调，建立健全区域货币金融稳定机制，防控经济金融风险。

完善投资安全审查制度。健全外商投资安全审查机制。完善外商投资国家安全审查的法律制度。加强安全审查事后监管，确保安全审查措施落到实处。

健全境外投资风险防控体系。完善境外投资合作的担保及保险制度，降低对外投资合作风险，提高境外投资合作质量水平。加快同有关国家和地区商签投资协定，完善领事保护体制，提供权益保障、投资促进、风险预警等更多服务。构建对外贸易安全保障制度。加快出口管制立法，加快构建和实施设计科学、运转有序、执行有力的出口管制体系。加强和完善产业安全预警机制，健全贸易摩擦应对机制。

健全金融风险防控体系。坚持便利化与防风险并重，形成适应开放需要的跨境金融监管制度，完善系统性风险监测预警、评估处置以及市场稳定机制，加强对短期投机性资本流动和跨境衍生品交易的监测，防范和化解金融风险。完善金融监管的国际交流与合作机制。

（八）完善对外开放支持保障体系

对外开放，必须紧紧围绕全面建成小康社会、全面深化改革、全面推进依法治国、全面从严治党的总体框架，持续深入推进。必须坚持和加强党对开放工作的领导，建立健全开放决策、执行与监督等责任机制。

建立中国特色对外开放理论体系。纵观世界主要经济强国，都有与之相应的国际贸易投资理论作为支撑，并得到广泛认同。我国成为经济强国，也要形成中国特色的开放理论，推动国际社会认同。建立更能反映我国对外开放水平的指标体系，综合考虑全球价值链、生态环境、创新活力、社会进步等因素，以科学指标体系指导推进对外开放。

着力提升软实力。坚持与时俱进，塑造和谐共享的人文环境，推动中国文化走出去，加强科技、教育、卫生、资讯等领域交流合作。实施开放的人才政策，充分集聚国际化的人才资源。鼓励走出去企业诚信守法经营，树立良好形象。

国务院参事室

"十三五"时期中国企业走出去战略研究

一、对"十三五"期间国内外发展环境的基本判断

在"十三五"期间，世界经济将进入一个以弱复苏、慢增长、多风险为核心特征的"新常态"。发达国家复苏势头不强，新兴经济体增长减缓趋势明显。美国退出"量化宽松"政策的不确定性给世界经济特别是发展中家经济带来不稳定的风险，欧债风险、东欧与中东的地缘政治都是潜在的风险源。由美国主导的 TPP 与 TTIP 一旦形成，现行多边贸易体制有可能会被边缘化，如无强有力的应对措施，有可能会造成中国的地缘经济困局。

中国经济正进入一个"新常态"，从高速增长转向中高速增长，从增量扩能转向调整存量、做优增量，从传统增长点转向新的增长点。按 6.5% 以上的经济增长率，到 2020 年我国 GDP 总量将达到 97 万亿人民币左右，约 15 万亿美元，人均 GDP 为 11 000 美元左右。随着我国人口结构变化和劳动力成本上升，传统竞争优势逐渐削弱；而高投入、高消耗、高污染的发展模式，造成资源、环境、生态约束难以为继；长期的低水平扩张造成产能过剩严重，企业赢利空间不断收窄。低成本支持传统产品的出口增长不可持续。另一方面，经济体制改革将释放新的增长动力与活力，城镇化潜力依然巨大，居民消费升级方兴未艾，我国竞争优势并未根本动摇。"十三五"规划期间还是一系列新技术革命的爆发期，"互联网＋""工业 4.0""第三次工业革命"等，全球化孕育大量的新机遇。

"十三五"规划期间中国企业走出去将进入一个历史新阶段。2015 年中国企业对外直接投资接近外资引入，我国将很快成为资本净输出国。这将是中国企业"走出去"的一个里

程碑，是中国企业国际化进程的分水岭。中国已成为世界三大对外投资国之一。

企业加速走出去将成为"十三五"的最重要特征之一。我们预计，到"十三五"期末，我国每年对外投资至少要在现在的基础上翻一倍，达到2 500亿美元左右，"十三五"期间累计对外投资将达到上万亿美元。

"十三五"期间，中国企业将全方位、多领域"走出去"。在以资源投资为目标的同时，以基础设施、产业转移、营销网络、研发平台等多种投资为目标，进而构筑中国的全球生产网络和全球供应链。我国实施的"丝绸之路经济带"和"21世纪海上丝绸之路"将成为中国企业走出去的最重要的抓手，我国建设和谐世界的理念得到越来越多的国际认同。

二、战略选择

（一）指导思想

"十三五"期间中国企业走出去的指导思想为：高举中国特色社会主义伟大旗帜，以邓小平理论、"三个代表"重要思想、科学发展观为指导，全面贯彻党的十八大和十八届三中、四中全会精神，贯彻落实习近平总书记系列重要讲话精神，主动适应世界经济危机后的深度调整和中国经济发展新常态的宏观环境；确立企业对外投资主体地位，鼓励和支持各种所有制企业开展境外投资；扶持一批以中国为基地的具有国际竞争力的大型跨国公司；将企业走出去与国内的产业转型有效地结合起来，在更大范围、更广领域、更高层次上参与国际经济技术合作与竞争，更积极参与国际新规则的制定；强化风险防控；与相关各国一起打造互利共赢的"利益共同体"和共同繁荣发展的"命运共同体"。

（二）基本原则

市场决定，企业主体。确立企业和个人对外投资主体地位，落实企业投资决策自主权，以市场为导向，以效益为中心，鼓励企业抱团出海，实现集约式、链条式转移；建立海外工业园区；进一步减少对企业海外投资的行政干预。理顺境外投资管理体制，厘清政府管理边界，减少政府干预，不让企业上政治项目。规范境外投资法律法规，为"走出去"发展战略实施营造一个更加简洁、明晰、透明和规范的法律法规环境。

扬长避短，打好组合拳。中国企业走出去是在企业准备严重不足，但又不得不快速走出去的形势下进行的，企业单打独斗式地走出去，风险很大，陷阱很多。应该充分发挥我们的优势，把我国参与建设的基础设施、资源开发、地区性投资基金与金融开发机构、对外援助、劳动密集型产业转移等有机地整合起来，产生组合拳式地投资效果，扩大协同效应。

风险控制，循序渐进。对于如此大规模、快速地走出去，企业准备不足，政府和国民也准备不足。在积极推动企业走出去的同时，要特别注意防范风险，化解风险；鼓励企业精心挑选国别、行业、合作伙伴；重点推动"一带一路"、中非合作与周边国家合作；鼓励企业自组行业协会协调企业间在国际市场上的恶性竞争；政府为走出去的企业提供信息、政治、外交、保险服务等多方面支持，为中国企业走得更快更好保驾护航。

平等合作，互利共赢。建立和完善国际投资合作机制。积极推动与有关国家和地区签订和完善双边投资保护，帮助中国企业获得与投资目标国企业同等的待遇。提高走出去企业环保意识与严格履行环境保护社会责任行为；尊重东道国宗教信仰，保障劳工合法权益；鼓励企业与国际接轨，研究和借鉴国际组织、多边金融机构采用的环保、社会发展标准和惯例。让合作参与国在就业、出口、财政收入及外债偿付能力等这些最关心的领域有所改善。与相关各国打造互利共赢的"利益共同体"和共同繁荣发展的"命运共同体"。

（三）投资重点

"十三五"期间企业走出去投资的产业重点包括：协助轻工、纺织、服装等劳动力密集产业，将因工资上涨逐渐失掉比较优势的加工生产环节转移到"一带一路"沿线，尤其是非洲，工资水平较低、社会稳定和我友好的国家；鼓励家电、一般装备制造等国内技术成熟、国际市场需求大的行业生产能力向目标市场转移；支持我国具有自主知识产权和技术水平比较高的领域，如高铁、轨道交通、核电、输变电、装备制造、汽车、电子信息等加大加快走出去；支持中国风险投资基金加大对海外前沿领域高科技公司的系统投资；支持具备实力的外贸企业、大型流通企业、中华老字号企业在境外投资建设批发市场、贸易中心。

在推动企业走出去的同时，要注意带动贸易与服务业的进出口增长。支持国内企业"走出去"与有关国家（地区）开展能源矿产、农业开发、海洋资源等方面互利合作，建立稳定的境外能源资源供应渠道；鼓励在产地开展能源资源产品的初级加工后再进口；鼓励承接境外承包工程，带动国内原材料、设备等产品出口；鼓励企业通过并购、重组、战略合作等形式，拓宽国际投资合作途径；鼓励企业在对外投资时把技术标准带出去；鼓励国内金融机构、会计师、律师事务所等服务机构"走出去"，为开拓国际市场提供优质服务。

（四）几个优先领域

"一带一路"优先。"一带一路"是一个突破性、全局性的长期战略，中国企业走出去要配合国家的大战略。我们的建议是：建立以双边为主、多边为辅的操作性强的政府间交流机制；在有条件的地方，可以考虑成立建设合作规划编制小组；推出一批"一带一路"投资项目清单，把基础设施投资、园区建设、资源开发和劳动力密集型产业转移项目有机地结合起来；以亚投行和丝路基金两大机构为投融资平台，去搭建更加开放的多元化基础设施投融资框架；支持"一带一路"沿线省份推出地方版丝路基金；鼓励国内银行与金融机构到"一带一路"国家设立分支机构，发行长期债券，动员私人部门以 PPP 模式[1]投资，通过国际金融组织"联合融资"。

非洲投资优先。非洲是唯一一个有能力承接我国大量劳动密集型加工业转移而工资不会马上大幅上涨的地区。很多国家社会稳定，工资水平低，政府相对有效率，发展经济的积极性很高，应该成为劳动力密集型企业走出去的优先地区。我们的建议是：将支持非洲国家吸引我国劳动密集型加工业的转移，作为"中非命运共同体"的主要内容；鼓励劳动密集型加工出口产业集中的地方政府帮助企业以"抱团出海"的方式走出去；通过各种多边和双边援助以及中国投资有限责任公司、中国进出口银行、国家开发银行、中非发展基金等渠道提供资金；协助非洲承接国设立工业园、开发区；有关部门要帮助在非洲投资的中国企业做好应急处理措施，提高境外投资企业事先购买政治风险的意愿和现场工作人员应对突发事件的能力；鼓励对外投资企业将总部、研发、品牌建设、关键原材料生产、海外接单、市场渠道等附加价值高的部分留在国内。

海外工业园优先。海外工业园区作为一种帮助中国企业"走出去"，解决接受国基础设施和营商环境不佳瓶颈限制的重要模式。我们的建议是：加大境外经贸合作区的制度设计和财政支持；成立更高级别和层级的政府境外经贸合作区管理机构，积极主动地通过外交手段解决投资和贸易摩擦问题；发挥地方政府作用，协助本地逐渐失去比较优势的产业抱团向外寻求新的发展机遇；注意为当地社会和政府提供税收、就业、配套产业等综合效益，建立利益共同体；中国出资建立的工业园也要欢迎其他国家的企业，包括当地企业入园

---

[1] PPP 模式即 Public-Private-Partnership 的字母缩写，通常译为"公共私营合作制"，是指政府与私人组织之间，为了合作建设城市基础设施项目。或是为了提供某种公共物品和服务，以特许权协议为基础，彼此之间形成一种伙伴式的合作关系，并通过签署合同来明确双方的权利和义务，以确保合作的顺利完成，最终使合作各方达到比预期单独行动更为有利的结果。

设厂。

能引进来的对外投资优先。要防止一些发达国家与地区在企业走出去时出现的产业空洞化的问题，就要把走出去与引进来相结合。我们的建议是：大力支持我国的制造业到海外并购现有的高端制造业企业，引进发达国家的高端制造业企业，为这些企业提供金融、外汇和其他配套政策；支持中国风险投资基金加大对海外前沿领域高科技公司的系统投资；在国内选择几个环境较好、制造业比较集中的地区，使海外创新者能够很方便地实现远程协作与远程控制，打造成全球高科技创新制造链条中的关键环节，在该地区对知识产权给予更严格的保护，对合同履约进行担保，以及对国内高科技创新企业一样的鼓励政策。

三、部分行业研究

农业企业走出去。农业"走出去"是国家"走出去"战略的重要组成部分，是新时期农业对外开放的重大举措，但至今整体规模偏小，面临多重困难。我们的主要建议是：需要重构推动农业"走出去"的政策支持体系，设立农业走出去专项，科学确定不同产品的权益产量和产业链布局；对"走出去"但为国内生产的农业企业提供与国内农业支持水平相当的支持；针对国家战略规划建立更多的境外农产品基地；尽早启动海外农业投资立法进程，深度参与国际上有关农业国际投资规则磋商和制定；鼓励大中型企业"走出去"，投资境外农业资源开发、农产品仓储物流设施，参股并购国际农产品加工和贸易企业，打造参与全球农业产业化经营的"农业航母"；打造一批境外农业合作示范区，引导企业入园，促进集群式发展；强化政府间合作，加强与俄罗斯、澳大利亚和巴西等我主要农业投资对象国的磋商谈判。向我主要投资贸易对象国驻派参赞级农业外交官，增强人力配备。

制造业走出去。积极利用国内和国外资源，开发国内和国外市场。针对不同产业类型，发挥政府不同的因势利导作用。我们的建议是：对于汽车、高端装备业、高端材料等和发达国家存在差距的追赶型产业，支持其到海外并购同类产业中拥有先进技术的企业，以此推进技术创新和产业升级；对白色家电、高铁、造船等技术处于或接近国际前沿的我国领先型产业，支持企业到海外拓展市场；对劳动密集型出口加工业等已经失去比较优势的产业，鼓励利用其技术、管理、市场渠道抱团出海到工资水平较低的发展中国家创造企业的第二春，将 GDP 扩大为 GNP；对信息、通信软件、手机等人力资本需求高、研发周期短，有利于"弯道超车"的产业，利用我国科技人才多、国内市场大的优势，鼓励企业到世界市场去竞争。

能源企业走出去。在企业走出去的发展战略中，能源企业走出去是重中之重。我们的建议是：坚持互利合作、多元发展、协同保障的能源安全观，促进全球能源共同安全；开展能源"走出去"全方位风险评估，做好风险预测预警和应急预案；提高境外矿产资源风险勘察专项资金额度，设立能源对外投资风险基金和海外油气风险勘探基金；在风险较高的区域要联合当地企业以及西方跨国公司一起投资经营；加强与主要能源生产国和能源过境国的合作，尊重当地法律、民俗，突出保护生态环境，加大对当地经济社会发展的贡献；强化与其他能源消费大国的战略协调，共同维护国际能源市场稳定；培育复合型国际化经营人才，在重点能源拥有国增设专职能源外交人员；积极参与国际能源组织活动，通过国际合作保护我国企业利益，破除一些国家的极端民族保护主义。

房地产业走出去。 自 2011 年以来，中国企业海外投资开发房地产项目规模不断扩张。这些出于自身投资和经营战略需求的以海外融资为主的自发性投资，有助于国内建材出口、服务业输出，如引导得当，对人民币的进一步国际化、提高国内投资者的收益都有一定好处。但是，当投资项目出现大的问题时，有可能会通过担保、信誉等渠道把国内的母公司卷进去。我们的主要建议是：有关部门首先要尽可能全面、准确地把握好房地产走出去信息，研究在什么情况下会出现系统性风险，与企业一起对这些风险加以防范；对开发使用的国内建材给予出口退税，提供国内融资便利；在严格风险控制的情况下，试点通过人民币进行海外投资；加强企业自律组织以及行业协会在市场协调，防止过度竞争中的作用。

金融业走出去。 我国走出去的企业迫切需要金融业的强大支持，而金融业自己也要走出去寻找新机会。我们的主要建议是：企业的贸易投资到哪里，就应该做到银行与金融服务到哪里。鼓励已经在境外运营的金融机构大胆创新金融产品，以联合融资、银团贷款、跟踪服务等多种方式支持企业走出去；支持有条件的民营中小银行和民间金融机构走出去，瞄准海外中小华商企业提供金融服务，发展海外华人的理财业务；进一步简化境外投资外汇管理手续，取消境外投资规模限制。允许跨国经营公司将外汇资金向境外子公司进行放款；大力推动走出去的金融机构积极参与跨境人民币结算、内保外贷和离岸金融等业务；加快加大保险业对走出去企业的支持力度，降低企业的融资成本；加强走出去的银行作为投资工具的发行者，投资人民币衍生产品等业务；创新外汇储备运用，加大对符合条件的银行对走出去企业委托贷款。

四、支持企业走出去的一些政策建议

（一）完善对外投资法规体系

尽快出台一部系统的、既适应国际规范又符合我国国情的《对外投资法》。此外，根据对外投资实践，及时补充境外投资法的实施细则及其他的单项法规，如《境外投资企业所得税法》《对外投资保险法》等，彻底改变我国企业海外投资无法可依、无章可循的局面。

（二）加大财政支持力度

整合各种援外的资金、国别基金、对外援助资金等支持企业走出去。在财政补贴补助时，要起到四两拨千斤的作用。对走出去企业在境外设立研发机构、境外经济贸易合作区，资源基地，品牌并购、环保、社会发展和培训费用，以及投资保险等费用，可以适量补助。认真落实有关多、双边税收协定和境外所得税抵免政策。对境外投资企业用于境外投资的出口货物，按规定办理出口退税。但是，对外投资应该是企业的行为，财政资金更多的是应该使用在战略意义的，有长期效应的，公共、公益性的，有开拓性的领域中，不要过多地直接补助企业。

（三）加强金融支持作用

为防控中国企业"走出去"的汇率与金融风险，国家可以创新多元地使用现有的外汇储备资产，以投资基金或类似模式为企业提供项目资本金支持；进一步支持出口信贷，扩大"走出去"企业的融资渠道；管理汇率预期，尽量防止汇率非预期的大幅度变动。企业应当加强对汇率与金融风险的管理，合理利用各种金融避险工具，不断降低财务风险。

（四）为企业走出去培养大批人才

中国企业走出去所面临的最大困难是人才准备不足。能否在不长的时间内培养与网罗大批人才，是中国企业能否成功地走出去的关键。我们的主要建议是：加大高等院校对走出去人才的培养，鼓励校企采取订单方式培养走出去人才，扩大小语种的招生，动员企业参与学校培训工作；吸引中国海外留学生与海外华侨在走出去的企业中就职；鼓励中国企业招收在华或曾在华留学的留学生，在外国留学生中开设中国企业走出去所需要的课程；充分利用海外孔子学院学生的资源，在孔子学院中请企业开设一些培训课；鼓励企业聘请当地人当高管，加快本地化进程。

（五）筹建中国对外投资与合作署

"走出去"的企业需要强有力的政府协调与执行机构帮助他们解决一些重大的政策问题

与技术问题。我国的对外援助与合作的规模越来越大，也需要更高层次地协调机制与机构。借鉴国际经验，我们建议在"十三五"期间筹建一个中国对外投资与国际合作署。该机构可以是副部级单位，由商务部主管，具有半官方、半民间的性质。这个机构有两大任务：一是制定我国对外投资与国际合作的战略、政策，以及规划、协调我国对外投资与国际合作计划，为中国企业对外投资提供信息咨询和人才交流支持；二是制定国际援助与合作计划的政策，执行与其他国家和国际组织的合作等。

（六）关注部分企业家的移民倾向

居民应该有迁徙的自由，企业家也不例外，但以投资移民为主的企业家大规模移民，会造成资金与财产的大量外流。为减缓这一趋势，要切实解决企业家所遇到的问题：通过加强法治与深化改革，改善投资环境，坚定企业家的信心；允许更多的中外合作办学，让企业家的子女在家门口就能得到国际水准的教育；鼓励那些移民的企业家申请绿卡，继续保留中国国籍；在必要时可以考虑开征各国普遍使用的"弃籍税"。

五、风险与规避

为防控中国企业"走出去"面临的越来越大的风险，需要政府和企业的共同努力，强化风险理念，提升风险控制能力。我们的主要建议是：一是重新梳理我国对外签订的双边投资保护协定。我国已累计对外签订130多个双边投资保护协定（BIT），但迄今中国企业利用双边投资协定维护其海外权益的案例并不多，说明这些协定的作用并不显著。除此之外，还应广泛签订检疫协议，以及往来人员便利化的协议等。二是政府应当建立公共信息服务平台，建立良好的风险预警机制和应对机制，发挥工商联、行业协会、地区性商会等企业自组织的作用。企业要主动参加包括世界银行与各地区性国际开发银行提供的海外投资保险，合理进行风险转移。三是提高走出去企业环保意识与履行环境保护社会责任行为，将环境影响评价、协议保护机制、生态补偿（生态服务费）和企业社会责任纳入其中，研究和借鉴国际组织、多边金融机构采用的环保原则、标准和惯例。四是建立能够为走出去企业和政府提供服务的智库与中介服务体系；鼓励商业企业或智库建立系统性地国别研究，定期发布对各国、各行业的风险评估；把一部分企业家与学者组织起来，建立对企业走出去以及国际环境变化的长期跟踪、服务体系。

中国国际经济交流中心

关于"十三五"时期进一步扩大对外开放的战略举措与建议

"十二五"时期，我国坚持全方位、宽领域、多层次的对外开放战略，更加积极、主动、全面地参与经济全球化，充分利用国际国内两个市场、两种资源，全球资源要素配置能力和对外开放水平显著提高，基本实现了由外向型经济向开放型经济大国的转变。2014年我国货物进出口总额达 43 030 亿美元，居世界第一位，比 2011 年增长 18%；2015 年我国货物贸易额为 39 586 亿美元，同比下降 8%。2015 年我国服务贸易额达 7 130 亿美元，占比由 2011 年的 10.3% 上升至 15.3%。2014 年我国实际利用外商直接投资金额为 1 196 亿美元，首次跃居全球第一位，其中服务业利用外资占比由 46.1% 上升至 55.4%；2015 年我国实际利用外商直接投资 1 262.7 亿美元，同比增长 6.4%，仍是全球最有吸引力的投资目的地之一。2015 年我国实现对外直接投资 1 180 亿美元，同比增长 14.7%，比 2011 年增长 96.4%，是仅次于美国的全球第二大对外投资国，投资国家和地区 155 个，设立境外企业 6 532 家，并将成为对外直接投资净流出国家。2011—2015 年我国对外工程承包金额、劳务合作分别由 1 034.2 亿美元、45.2 万人上升至 1 540.7 亿美元、53 万人。2015 年我国企业在"一带一路"沿线国家对外承包工程新签合同金额达 926.4 亿美元，占我国对外承包工程新签合同额的 44.1%，比上年增长 7.4%；完成营业额 692.6 亿美元，占总额的 45%，增长 7.6%。2015 年我国外汇储备额达 33 304 亿美元，居世界第一位。目前在建自贸区 20 个，涉及 32 个国家和地区，其中已签署自贸协定 12 个，涉及 20 个国家和地区，与 28 个国家和地区的货币当局签订了货币互换协议。2015 年 12 月 IMF（国际货币基金组织）正式决定人民币加入 SDR（特别提款权）。这是人民币国际化的重要里程碑，也是中国经济融入全球金融体系的重要里程碑。

　　"十三五"时期是我国全面建成小康社会的决胜阶段，也是推动实施"一带一路"战略、形成全方位对外开放格局的新起点。以不断扩大对外开放推动实现"两个中高"，顺利实现第一个百年目标，对于适应和引领新常态，进一步稳增长、调结构、促改革、惠民生、防风险，具有重大而深远的历史意义。为此，我们必须牢固树立创新、协调、绿色、开放、共享的发展理念，顺应经济全球化的新变化、新趋势和新特点，科学统筹国际国内两个大局，充分利用国际国内两个市场、两种资源，提高全球高效配置资源和市场深度融合的能力；积极参与全球经济治理和公共产品供给，提高我国在全球经济治理中的制度性话语权；推动互利共赢的开放战略，构建更广泛的利益共同体；提高开放型经济质量，构建开放型经济新体制，全面提升对外开放水平。

一、"十三五"时期我国对外开放面临的新形势和新特点

（一）国际金融危机后全球经济政治形势正在发生深刻复杂变化

　　从总体趋势来看，未来五年有利于我国和平发展的因素依然存在。

　　1. 全球经济政治格局深度调整，国际力量对比继续朝着"东升西降"的方向发展，新兴经济体群体性崛起已经成为推进全球变革的重要力量

　　2008 年金融危机之后，新兴经济体保持快速增长，20 国集团（G20）中的 11 个发展中经济体和金砖国家的名义 GDP 分别达到 19.90 万亿美元和 14.74 万亿美元，占七国集团（G7）的比重分别提高到 57.65％和 42.70％。新兴经济体（金砖国家）和发达经济体在经济规模、贸易投资、金融实力等方面的对比已经发生重大变化，追赶之势更加强劲。尽管 2015 年巴西、俄罗斯等新兴经济体增速下滑，但没有改变上述趋势。尤其是以中国、印度为代表的亚太地区人口占全球 40％、经济总量占全球的 57％、贸易总量占全球的 48％，是全球经济发展最快、潜力最大、经贸合作最活跃的地区。

　　而未来 5～10 年，美欧等西方国家仍将持续遭受国际金融危机余波的困扰基本已成定局。尽管美国重返亚太政策增加了亚太地区的不确定性和不稳定因素，但难以改变亚太及中国经济持续发展的总体态势。值得注意的是，美国在政治上深深卷入中东、乌克兰冲突后，美俄矛盾不断加深。2015 年 11 月，法国巴黎发生震惊世界的恐怖袭击事件，尽管美、英、法、德与俄罗斯在打击伊斯兰极端势力上暂时取得某种一致，但各方利益不尽相同，角力形势将继续复杂化。

2. 全球化驱动力发生重大变化，新一轮贸易投资规则正在密集重构，呈现多边停滞不前与区域安排蓬勃发展并存的"一慢一快"态势

世贸组织谈判成员国达 160 个，各自经济规模、发展水平、利益诉求及参与能力参差不齐，加之实行"协商一致"原则、"一揽子"谈判方式，使其效率低下，多哈回合谈判久拖不决。与此同时，美欧等发达经济体则另起炉灶，推动所谓更高标准的自贸区谈判和建设。当前，世界各种区域安排快速发展，包括"跨太平洋伙伴关系协定"（TPP）、"跨大西洋贸易与投资伙伴协定"（TTIP）以及"区域全面经济伙伴关系"（RCEP）等在内的自贸区谈判此起彼伏。TPP 和 RCEP 作为亚太地区最为重要的两个区域贸易协定谈判，在美主导的 TPP 已经建立的情况下，由我国主导的 RCEP、"10＋3"[1] 等区域贸易协定的重要性日益显现。目前，RCEP 已进行多轮谈判，在货物贸易、服务贸易、投资、经济技术合作、知识产权等领域都取得了积极进展，力争于 2016 年结束 RCEP 谈判。金融危机使国际经济秩序进入新一轮重构和调整期。各种国际规则的制定权、主导权之争将成为主要焦点，实质上是全球治理与国家领导力、综合实力和发展权之争，而围绕投资和服务贸易、知识产权保护、竞争规制及气候、环保、劳工等社会问题，已经成为新一轮国际经贸规则博弈的重点领域。

3. 全球治理结构和治理体系正在改革与重构，中国作为发展中大国的地位与作用将更加突出

现有国际经贸规则主要体现以美国为代表的发达国家利益诉求，2008 年金融危机后，我国开始进入世贸组织核心决策圈，在未来国际经贸规则的重构制定中将承担更多的大国责任。其重要标志是，发达国家与发展中国家各占一半的 20 国集团（G20）作为未来全球政策协调、国际货币体系改革、国际金融监管等治理平台的作用将大幅提高，而我国的话语权、主导权和影响力在 G20 中将越来越突出。在 2015 年 11 月举行的 G20 土耳其安塔利亚峰会上，我国明确提出建设开放型世界经济，维护多边贸易体制，构建互利共赢的全球价值链，培育全球大市场，反对贸易和投资保护主义，推动多哈回合谈判。这些主张对完

---

[1] 20 世纪 90 年代后期，在经济全球化浪潮的冲击下，东盟国家逐步认识到启动新的合作层次、构筑全方位合作关系的重要性，并决定开展"外向型"经济合作。"10＋3"和合作机制应运而生。"10＋3"是指东盟十国与中、日、韩三国。每年定期举行外长会议、财长会议、领导人会议等。

善全球经济治理，建设公平公正、包容有序的国际金融体系，提高新兴市场国家和发展中国家代表性和发言权，确保各国在国际经济合作中权利平等、机会平等、规则平等产生重要国际影响。2016年我国作为G20主办国，还将提出"构建创新、活力、联动、包容的世界经济"，致力于推动全球创新、转变经济增长方式、完善金融治理、促进国际贸易和投资，实现包容和联动式发展。"中国元素""中国议题""中国方案""中国声音"将在全球治理舞台上日益发挥其影响力。

（二）国内经济发展新常态要求构建新的高水平对外开放战略

"十三五"时期我国经济仍处于大有可为的战略机遇期。虽然我们正面临经济下行压力，但仍具有很大潜力和广阔的空间。需要通过重塑对外开放新优势，支撑我国经济实现中高速增长、推动产业链向中高端攀升。

1. 国内经济面临"三期叠加"带来的诸多挑战，推动供给侧结构性改革，加快产业结构转型升级，打造中国经济升级版的任务更加紧迫

"十三五"时期中国经济将保持GDP年均6%～7%的中高速增长水平。经济发展与资源、环境、生态的矛盾更加突出，化解过剩产能、优化产业结构的任务更加艰巨。要求我们必须立足全球市场配置要素资源，通过扩大开放有效化解国内矛盾，实现由注重增长速度向注重发展质量和效益转变，由要素驱动向创新驱动战略转变。

2. 对外经贸发展的总体环境不容乐观，重塑创新优势、技术优势、质量优势、品牌优势等新的竞争优势任务十分紧迫

我国虽然是世界第一贸易大国，但国际分工低端、出口产品附加价值低、缺少自主知识产权和关键核心技术、缺少国际知名品牌，长期以来主要依靠规模扩张、价格竞争、要素投入的增长模式仍然没有改变，随着人力成本持续上升以及土地、资源能源、生态环境等制约加剧，粗放型发展模式已难以为继。长期以来，货物贸易与服务贸易"一条腿长、一条腿短"的失衡状态仍未改变。从外部环境来看，世界经济复苏进程缓慢，全球市场总需求不振，短时期内难以回到金融危机前的水平，也要求我们必须加大变革力度。

3. 深化体制改革的任务艰巨，迫切要求加快构建开放型经济新体制，通过开放形成改革的新动力和国际国内经济相互促进、联动发展的新局面

改革开放30多年的实践证明，开放也是改革，开放倒逼改革。我国对外开放循序渐进，经历了由半封闭经济到外向型经济、开放型经济等内涵不断丰富、质量不断提升的过程，目前已经进入全面构建开放型经济新体制的阶段。"一带一路"的宏伟战略将扩大对外开放的力度、广度和深度，不仅将我国与世界经济更紧密地融合交织在一起，形成新的经济增长极，而且将全面推动国内改革开放。已经建成的上海、天津、广东、福建四个自由贸易实验区，通过实施负面清单管理加准入前国民待遇等体制改革创新，为我国贸易投资体制深化改革提供了经验和动力，将有利于进一步推动贸易投资自由化、便利化，更好地集聚全球高端资源，培育我国参与国际竞争的新优势。

二、"十三五"时期我国对外开放的总体思路

应该看到，"十三五"时期金融危机的影响仍将持续，世界经济仍在深度调整中缓慢复苏、曲折前行，全球经济贸易增长乏力，保护主义抬头，地缘政治关系复杂多变，我们所面临的外部环境不稳定、不确定因素可能增多。但更应该看到，世界和平与发展的主旋律没有变，开放包容、互利共赢的发展理念没有变，世界多极化、经济全球化、文化多样化、社会信息化的发展趋势没有变。新一轮科技革命和产业革命正蓄势待发，将为世界经济增长提供新引擎、新动力和新机遇。总体来看，全球治理体系正在深刻变革，发展中国家群体力量继续增强，国际力量对比逐渐平衡，这些都是我们发展的有利外部因素。

"十三五"时期，我国开放型经济发展将进入结构调整、提质增效、整体优化的新时期。对外贸易将由高速增长进入中低速增长阶段，利用外资由高速增长进入平稳增长阶段，对外直接投资进入加速发展阶段，国际经济合作进入全面深化阶段。我国对外开放的总体思路是：把握国内外大势，科学统筹对外开放与国内改革发展，科学统筹国际国内两个市场、两种资源，科学统筹长远利益与短期利益、整体利益与局部利益、民族利益与跨国公司利益的关系，以开放的主动赢得发展的主动。要牢牢把握机遇，以全面深化体制改革为着力点，以创新驱动战略为支撑，以"一带一路"宏伟战略为重点，加快构建开放型经济新体制，形成对外开放的新格局。要不断完善对外开放战略布局，加快形成陆海内外联动、东西双向开放格局，促进国内国际要素有序流动、资源高效配置、市场深度融合。继续推动对外贸易结构转型和优化升级，创新外贸发展方式，实施优质优价、优进优出战略，加

快从外贸大国向贸易强国转变。进一步提高利用外资质量和效益,全面推广准入前国民待遇加负面清单管理模式,进一步有序扩大服务业开放领域,放宽准入限制,积极有效引进境外资金和先进技术。不断完善海外投资促进体系,积极搭建国际产能合作、装备合作、金融合作等国际平台,推动我国装备、技术、服务、标准、品牌走出去,构建全球产业链和价值链、物流供应链和营销网络。全面构建对外开放新体制,进一步完善法治化、国际化、便利化的营商环境,提高自由贸易试验区及各类开放平台的质量和水平,在积极探索现有自由贸易试验区建设经验的同时,在更大范围推广复制。推进金融业双向开放,防范金融风险,加快人民币国际化步伐。

(一)全面提高对外开放质量和水平,拓展对外开放的广度和深度

一是构建由我国主导的全球产业链体系,实现全球价值链向中高端攀升。推动我国创新驱动战略的有力实施,为全面提升产业创新能力提供有力支撑;推动由"中国制造向中国创造转变,中国速度向中国质量转变,中国产品向中国品牌转变";推动我国产业结构向形态更高级、分工更细化、结构更合理的阶段演进。二是推动生产要素双向开放,促进商品、服务、资本、技术、信息和劳动力的跨国流动,实现从以商品输出为主向技术、资本和服务输出转变。三是积极参与国际经贸规则制定,建设法治规范、公开透明、有序竞争的市场经济体制,推动与国际贸易投资规则接轨,为贸易投资创造良好的营商环境。四是深化区域、次区域经济合作,积极推进亚太自贸区建设,在扩大开放中更好地维护发展中国家利益,为改革不公正、不合理的国际政治经济秩序做出贡献。

(二)构建"互利共赢、多元平衡、安全高效"的开放型经济新体制

一是坚持平等互利、开放共赢。随着我国经贸合作伙伴日益广泛,不同国家和地区在社会制度、经济发展水平、文化背景以及民族传统、宗教信仰、民俗习惯等方面都存在很大差异,我们要充分尊重对方选择的社会制度和发展道路,尊重彼此核心利益和重大关切,包容互鉴、合作共赢,深化利益交融,通过贸易投资合作实现双方共同利益。二是以内需为主导,实现"多元平衡"。要统筹好制造业与服务业平衡、进口与出口平衡、引进来与走出去平衡、国际收支平衡等问题,通过构建扩大内需长效机制、提高经济内生发展动力,促进国际国内联动,实现均衡发展。三是以维护国家主权、安全和发展为底线,把握对外开放的主导权和主动权,构建可控的国家经济安全体系,强化底线思维,把握开放节奏,系统防范经济、金融、文化等各类风险。

（三）完善"全方位、宽领域、多层次"对外开放新格局

通过大力推进"一带一路"、京津冀协同发展、长江经济带三大战略的全面实施，形成特色鲜明、重点突出、板块联动的区域对外开放新格局。着力提升环渤海、长三角、珠三角的开放型经济质量，以扩大开放提高内陆地区全球资源要素集聚能力，加强长江经济带"黄金水道"和"一带一路"的协同效应，打造沿海、沿边、沿江及内陆地区协同并进、全方位开放的新格局。

三、"十三五"时期我国扩大对外开放的重大战略举措

（一）以"一带一路"战略为统领开创对沿线国家开放新局面

1. 大力实施"一带一路"战略是"十三五"期间我国扩大对外开放的重中之重

"一带一路"是我国统筹国内国际两个大局、拓展国际市场空间、形成全方位对外开放格局的战略需要；也是我国积极参与全球治理和区域治理顶层设计、致力于维护世界和平发展的务实体现。"一带一路"横跨欧亚大陆桥，覆盖中亚、东南亚、南亚、西亚、东非、欧洲的 65 个国家及地区，其中主要是发展中国家，这些国家和地区的人口约 44 亿，占世界人口比重约为 62%。重点涉及三条陆上线路、两条海上线路、六条经济走廊，经过中蒙俄、中亚、南亚、西亚、东南亚、欧洲、非洲七个区域或次区域，以及西太平洋、南太平洋、北印度洋、地中海和东大西洋五大水域。贯穿欧亚大陆，东连亚太经济圈、西接欧洲经济圈，涵盖政治、经济、外交、文化、安全等诸多领域。应密切跟踪研究"一带一路"沿线国家的发展需求、战略调整和规划倡议，把握合作意愿和利益诉求，有针对性地实行"一对一"或"一对多"的差别化策略，推动沿线国家与我相向而行，并尽可能化解某些国家对我"一带一路"战略的疑虑及可能的反制行为。对蒙古、缅甸、哈萨克斯坦、印度尼西亚、斯里兰卡、土耳其等周边及沿线节点国家和具有较强地区影响力国家要认真研究、重点施策。通过推动互联互通、国际产能合作、金融合作、文化交流，促进贸易投资自由化和便利化，实现与沿线国家"政策沟通、设施联通、贸易畅通、资金融通、民心相通"，从而成为政治互信、经济融合、文化互容的利益共同体、责任共同体和命运共同体。

2. 重点推进与沿线国家基础设施合作，实现互联互通

加大对沿线国家的基础设施投资，加快我国轨道交通、信息通信、建筑工程、能源电力等产业走出去的步伐，优先建设国际大通道中的通路、通信、通航和通商等"主干道"。全面制定和规划"全球高铁战略"，将我国高铁打造成当代新"丝绸之路"的重要标识。应重点规划和优先实施欧亚高铁建设，将我国同中亚和欧洲主要城市连接起来，建设北京-莫斯科新的国际快速大通道，把世界经济引擎的亚太地区与最发达经济体欧盟连接起来，实现亚欧大陆更高层面的互联互通，为拓展亚欧经济一体化，构建亚欧大市场奠定基础，开创更为广阔的合作空间。同时，要加快建设中老、中泰、中缅、中巴、中吉乌等铁路，改造中塔公路、中哈公路，形成东亚、西亚和南亚经济区，为建成周边命运共同体创造条件。在能源通道方面，重点建设中俄、中亚天然气管道和管理中缅油气管道，建立国际能源、资源产业合作基地，在我国周边形成能源、资源陆上通道。在通信设施建设方面，应加快中缅、中塔、中巴等尚未建成的跨境通信干线建设，加快东南亚方向尚未完成的海底光缆项目建设等。

3. 加快构建沿线国家的经贸合作园区网络

经贸合作园区是我国对"一带一路"沿线国家开展海外投资和产业转移的重要载体。目前，我国已在全球 50 个国家建立了 118 个经贸合作园区，其中 77 个处于"一带一路"沿线的 23 个国家。应在此基础上，有步骤地推进我国与这些沿线国家的区域经济一体化进程，包括商签自贸区谈判等，以逐步形成立足"一带一路"、辐射周边、面向全球的对外经贸合作园区网络。

4. 加强与沿线国家产能合作，推动我国制造业转移

"一带一路"沿线多数国家正处于工业化快速推进之中，许多国家迫切需要建立现代工业体系，这为我国制造业对外投资创造了巨大市场需求。目前，我国在智能电网、核电、轨道交通、消费电子、钢铁、机械制造、汽车、化工、纺织、有色金属、船舶等领域已经具备国际竞争优势，开展国际产能合作前景十分广阔。应加快这些优势产业向沿线国家转移，力争在资源富集、劳动力密集、市场需求大的国家建立制造基地和产业园区，在输出产能的同时输出先进技术、标准和服务，延长产业链和价值链。同时带动当地企业发展、

扩大当地就业、促进经济增长，树立负责任大国形象，使沿线国家分享我国发展成果。从区位优势、产业结构、资源状况、要素供给等方面来看，我国在中亚、东南亚、中东欧、非洲、拉美等地区产能合作空间十分广阔。

5. 积极实施人民币国际化战略

加快推进亚洲基础设施投资银行、金砖国家开发银行、丝路基金等建设运营，鼓励符合条件的国内金融机构到各沿线国家设立分支机构和营业网点，为企业走出去提供融资，为人民币结算提供便捷服务。鼓励周边区域跨境使用人民币，不断扩大与沿线国家货币互换的规模和范围，发展多种形式的境外股权投资基金，研究动用部分外汇储备作为贷款推动沿线国家购买我国产品，加强与沿线国家的金融监管合作，逐步建立区域内高效监管协调机制，尽快构建区域性金融风险预警系统。

6. 开展与沿线国家的能源资源开发合作

进一步巩固和加强与中亚、俄罗斯等国能源通道建设与合作，保障运输通道安全；在中亚地区建立稳定的油气产业园与合作基地；加大从缅甸、印度、孟加拉、越南等沿线国家农产品进口的力度；扩大海外资源开发力度，发展在沿线国家的资源勘探业务。

（二）大力推动自由贸易区建设，构建全球自贸区网络

1. 以推动亚太自贸区为重点，加快建设周边自贸区网络

"十三五"期间要坚持立足周边，特别要加大推进亚太区域经济一体化，争取早日实现亚太自贸区（FTAAP）的"北京路线图"，破解当前亚太地区"碎片化"难题。我国作为亚洲最大经济体，应发挥区位优势、产业优势、技术优势和体制优势，通过与周边国家构建合理的产业分工体系、市场分工体系，积极推进与周边国家的自贸区建设。特别是积极打造我国与东盟自贸区升级版，尽快启动中韩自贸区的运行，加速推进中日韩自贸区谈判，开启中国-以色列自由贸易谈判，大力推进孟中印缅经济走廊、中巴经济走廊等建设，加快亚洲区域经济一体化进程。

2. 积极推进我国与美欧等发达国家的自贸区建设

美、欧等国家正积极推动 TPP 等所谓高标准的"下一代自贸协定"，不仅要求开放的部门多、程度高，还力图在其重点关注的劳工、政府采购、知识产权、投资、人权、环境等领域制定和形成新的规则，为未来全球各类自贸区谈判树立新的"标杆"，为此我们应保持开放态度，积极扩大中美贸易投资，把稳定中美经贸关系作为建立中美新型大国关系的重要基础。近期应尽快完成中美双边投资协定（BIT）谈判，并在此基础上争取启动中美双边投资与贸易协定（BITT）谈判，从而为启动中美自贸区（FTA）谈判做准备。要在落实《中欧合作 2020 战略规划》的基础上，尽快推动中欧自贸区可行性研究，共同促进贸易与投资自由化、便利化。

3. 积极推进我国与俄罗斯、中亚、中东欧及拉美和非洲国家合作

2015 年，俄白哈正式启动欧亚经济联盟，三国及中东欧国家对与我扩大合作的意愿强烈。各方在互联互通、基础设施建设、能源及金融合作等方面前景广阔。应从战略高度统筹谋划对俄、中亚及中东欧的全方位经济合作，并将其优先纳入"一带一路"建设的合作框架之中，积极推进合作方案。积极研究推进中俄蒙自贸区建设、落实"中东欧 16 国＋欧盟＋中国""中东欧 16 国＋中＋俄＋印"等多种合作平台，推动合作共赢。通过自贸协定将更多拉美国家纳入中拉经济合作一体化进程。巩固中非经贸合作快速发展的良好势头，积极参与非洲基础设施建设，帮助非洲国家增强自主发展能力。

（三）大力推动海外直接投资，培育世界级跨国企业

1. 推动中国制造业走出去，构建全球生产网络体系

加快推动铁路、电力、通信、能源等境外基础设施投资，以及工程机械汽车、飞机、电子通信等重大装备制造业走出去。在做好市场调研的基础上，积极推动我国高铁、核电、通信、北斗导航等一批具有技术优势的产业加快全球布局。大力推动纺织、电子消费品、机械加工、钢铁、冶金等传统制造业，重点到东盟、非洲、拉美等发展中国家建立工业园区和制造基地，加速形成覆盖全球的生产网络体系，推动制造业产能转移，把产业高端环节留在国内，把生产性环节布局世界各地，形成由我国主导的全球产业链和创新链。

2．加快培育一批拥有核心技术、自主品牌，有能力主导国际分工的全球企业

要利用我国在许多领域已经形成的技术竞争优势，支持和引导企业从单纯产品输出向技术、品牌、标准、服务输出转变，着力培育一批具有较强国际竞争力的跨国公司。鼓励国内企业与跨国公司结成战略联盟，共同携手到国际市场寻求并获取资源、技术和市场，推动国内具有自主知识产权的技术标准在境外推广应用。鼓励科技型企业与国际知名高校、研究实验室、跨国公司等机构开展国际研发合作，建立海外研发基地和产业化基地，拓展国家创新体系建设的全球化发展空间。推动我国大企业向研发设计、品牌营销等服务型、创新型制造企业转型，形成具有自主知识产权、自主品牌的世界跨国公司。

3．推动服务业海外投资，构建全球营销网络体系和研发创新体系

鼓励企业在美国、欧洲、日本等发达国家设立研发总部、设计创新中心以及科技园区，跟踪世界先进科技发展步伐，以利于获取世界前沿创新技术与科研信息。在我国制造业投资的重点国家建立一批研发、设计、金融、物流等服务体系，为制造企业海外发展提供服务支持。加快培育软件与信息技术、通信技术、互联网等新兴服务业，并积极向具有较大市场需求的发展中国家投资，扩大我国服务贸易规模。

4．推动农业海外直接投资，提高我国对全球农业资源的配置能力

确保我国粮食安全，必须充分发掘和利用国外土地、水等资源和农作物资源，要深入研究各国土地和农业投资制度，全面考虑不同国家的民众意愿和利益诉求，加强政府部门、行业组织、农业企业之间的通力合作，以减少和避免海外投资可能带来的政治经济与社会风险。

（四）吸引集聚全球高端要素，提高利用外资综合效益

1．我国利用外资新优势基本形成，吸引外资仍具有国际竞争力

"十三五"时期我国利用外资将进入趋稳趋缓的新阶段，低成本劳动力、土地等传统比较优势下降，新优势正在形成。我国多数城市基础设施完善，产业配套优势明显，形成了

全产业链发展的格局；东中西部地区吸引外资具有梯度优势；在创新驱动战略下，劳动生产率提升有较大空间，人力资本素质提高，要素成本仍具竞争力；通过实施外资准入前国民待遇和负面清单管理模式，体制机制改革创新红利继续释放。这些都有利于我们提高利用外资质量和综合效益。

2. 优化外资产业布局，推动价值链向高端攀升

从注重招商引资规模转变到提高引资质量和效益上，由招商引资向招商选资转变，把吸引资金与引进高科技、现代化管理、国际化人才结合起来，扩大外资技术溢出和管理溢出效应。发挥跨国公司技术创新优势，鼓励开发新技术、转移关键技术，鼓励内外资企业共同研发，在重大科技项目招标上做到内外资一视同仁。鼓励外资进入生产性服务业、战略性新兴产业、先进制造业等领域。要大力吸引信息技术、节能环保、生物医药、电子通信、软件与信息技术、研发设计、金融保险、医疗教育、文化创意等领域外资，在我国区域中心城市吸引更多的跨国公司投资研发中心、设计创新中心、财务结算中心、教育培训中心、运营中心和总部基地等高端服务业。推动加工贸易转型升级，充分利用跨国公司在我国布局的加工制造业延长产业链，促进加工贸易落地生根，提高区域产业配套能力和全产业链发展，推动加工贸易向自主创新、自主品牌、高附加值转变。

3. 优化外资区域布局，促进区域均衡发展

实施区域差异化的引资策略。中西部地区资源禀赋优势明显，但对外开放水平低一直是制约经济发展的重要因素，应对外商投资中西部欠发达地区继续予以适当优惠政策，提高中西部地区的对外开放水平和吸引力。加快东部地区外资结构向高端化发展，利用产业集聚、人才集聚、创新要素集聚等优势，重点吸引高新技术产业、现代服务业、先进制造业等领域外资，鼓励加工贸易向中西部转移。充分发挥东中西部互补优势，加速东部与中西部地区产业链融合互动发展。目前，跨国公司在我国已经形成了在东部和区域中心城市布局研发、设计、物流、咨询、总部基地等高端服务业，在中西部欠发达地区布局加工制造业的产业链布局。西部地区要重点提升基础设施水平、公共服务水平、产业集聚和要素集聚能力，通过加速吸引外资带动区域产业升级。

4. 扩大自贸试验区的探索示范功能，推动政策、体制和管理创新，提高现有自由贸易试验区的质量

总结上海自由贸易试验区经验，进行复制推广，加快建设天津、福建、广东等新的自由贸易试验区，不断改革与投资自由化、便利化不相适应的体制机制。在条件允许情况下，鼓励在沿海、沿边、内陆等不同区域设立若干自由贸易试验区。进一步创新利用外资模式，探索银行、保险、医疗、教育等服务业设立外商独资企业的试验，推动国家级高新区、经济技术开发区、边境经济合作区、跨境经济合作区等载体转型升级，更好地发挥区域引资平台作用。

5. 继续营造良好外商投资环境

统一内外资法律法规，改革投资审批体制，保持外资政策稳定、透明和可预期，逐步形成与国际通行规则相衔接的投资环境。由靠土地、税收等优惠政策引资，转变为靠市场机制、开放环境吸引外资。同时，要加大反垄断调查与执法机制化、制度化建设，提高透明度，加强与媒体沟通，正面引导舆论，防止对我反垄断调查及相关行动的误解和误判。完善国家安全审查制度，确保国家经济安全。

（五）大力实施贸易强国战略，重塑外贸竞争新优势

1. 实施优进优出战略，推动货物贸易结构向中高端攀升

"十三五"时期是我国外贸进入由高速增长向缓慢增长的历史拐点时期，这意味着我国长期以来依靠外贸规模数量的粗放式增长模式已经结束，我国外贸将面临较大的下行压力。为此，要加快供给侧结构性改革，通过创新驱动，提高出口商品质量、效益和品牌影响力。尤其要注重发挥创新设计对改造提升传统产业的作用，大力推动钢铁冶金、纺织服装、家用电器、汽车、消费电子、金属制品、机械等制造业的创新设计能力，提高系统集成和服务水平，实现产品出口从规模向技术、质量、品牌优势的转变。要着力提升高端装备制造、轨道交通、航空航天、新能源、新材料等战略性新兴产业的关键技术创新、系统集成创新、服务模式创新能力，扩大出口规模。

2. 加快发展服务贸易，提高"中国服务"的国际竞争力

服务贸易发展滞后已经成为制约我国贸易强国地位的关键因素。2014 年，我国服务贸易逆差达 12 163 亿元，目前在全部 160 个服务部门中，完全对外开放的服务部门不足 1/5。"十三五"期间应加大对服务贸易的政策支持力度，推动服务贸易自由化和便利化，扩大服务贸易规模，优化服务贸易结构，大力发展国际服务外包。要充分发挥各类示范城市、示范园区的作用，扩大软件与信息技术、电子商务、文化创意、中医药、教育、现代物流、设计咨询等技术密集型服务出口。要继续放宽服务业外资准入限制。尽快培育一批主业突出、国际竞争力较强的大型跨国服务企业。

3. 扶持军品贸易出口，提高我国军工产业国际化水平

放宽和扶持军品及军民两用品的对外贸易限制势在必行，对提升我国国防力量、平衡大国关系及反哺国内军事工业发展都具有特殊意义。"十三五"期间应制定相关政策，大力扶持军品贸易出口，使我国进入军品贸易强国行列。

4. 实施积极的扩大进口政策，进一步调整进口结构

"十三五"期间应积极推动先进技术、关键设备、关键零部件等高技术产品和服务的进口；扩大婴儿用品、老人用品、奢侈品等消费品进口，满足提高人们生活品质的需要，解决长期以来国人境外购物问题；抓住当前国际大宗商品价格下跌时机，继续扩大矿产资源、石油等进口，完善国家储备体系，支持企业建立商业储备；抓住国际农产品价格下跌时机，适度扩大农产品进口，提高农产品绿色安全标准，节约水和土地资源；优化进口环节管理，提高进口贸易便利化水平。

5. 加快外贸管理体制改革和发展模式创新

我国外贸管理体制、管理方式仍然严重滞后，不能适应网络信息时代和新产业革命时期外贸发展的要求。为此，应加快通关便利化、贸易便利化、简化审批程序等改革，提高效率；加快外贸金融创新，尤其要注重利用互联网金融、众筹等新的融资模式，解决中小外贸企业融资难问题；推动发展跨境电子商务，树立"买全球、卖全球"的理念，利用大

数据、云计算、物联网、移动互联网等信息技术平台创新贸易方式。

（六）建立安全、高效、开放的国际金融体系

1. 积极参与国际和区域金融合作

我国应在全球和区域金融规则制定中发挥积极作用。创造条件在各国合作意愿增加、渠道扩宽、合作领域扩大的背景下，更加积极主动地参与全球和区域金融规则制定，进一步提升在国际货币基金组织（IMF）中的话语权与影响力，提升参与国际货币体系改革、国际金融监管，特别是东亚区域金融合作的话语权与影响力。

2. 加速推进人民币国际化步伐

加入 SDR 标志着人民币正式成为可自由兑换的国际货币。应积极扩大贸易、投资、境外消费等使用人民币结算，夯实人民币作为国际货币的地位和声誉。增加人民币离岸交易中心，拓展海外人民币离岸交易市场，继续扩大货币互换的国家。在继续巩固和提升香港国际金融中心地位的同时，进一步深化内地与港澳台地区在人民币领域的金融合作，特别是在国际金融市场协同发展离岸人民币债券及探索推出人民币保险产品等，促进人民币在国际金融业务与资产的多样化。

3. 加快汇率制度改革

汇率改革对于稳步推进人民币国际化具有关键作用。要实施积极的人民币汇率政策，进一步完善人民币汇率形成机制，保持人民币汇率在合理、均衡水平上的基本稳定，推动汇率市场化改革，有效防范汇率风险。

4. 稳步推进资本账户开放

实现稳定有序的资本账户对外开放，实施审慎的资本流动管理和引导措施，加强跨境资本流动监管，力争避免出现其他发展中国家在资本项目开放过程中所出现的过度借贷、资本流动期限和结构错配、外资大量抽逃等问题。

后记

ZHONGYANG
"SHISANWU"
GUIHUA 《JIANYI》
ZHONGDA ZHUANTI
YANJIU

　　本书在《中共中央关于制定国民经济和社会发展第十三个五年规划的建议》 制定之前开展的若干重大课题研究成果的基础上汇编而成， 是《中央 "十二五" 规划 〈建议〉 重大专题研究》 丛书的延续。 鉴于涉密方面要求， 部分研究成果未收录在册， 出版前， 请有关部门对承担的课题又进行了审核， 有关数据做了尽可能的补充和修订， 以方便各级党政机关、 企业事业单位和有关院校、 专家学者研究与参考。

　　本书汇编工作是在中央财经领导小组办公室领导下进行的。 刘鹤同志主持了书稿的审定工作， 杨伟民同志牵头领导汇编工作， 吕传俊、 王志军、 李航、 朱红光同志负责全书的具体汇编。 参与研究的有关部门和机构的同志， 为本书出版做了大量工作。 中国市场出版社的领导和编辑同志为本书出版付出了辛勤劳动， 在此一并致谢。

　　由于研究成果丰硕、 资料浩瀚， 全书共分为四册编印。 汇编过程中难免出现疏漏，敬请读者批评指正。

编　者
2016 年 5 月